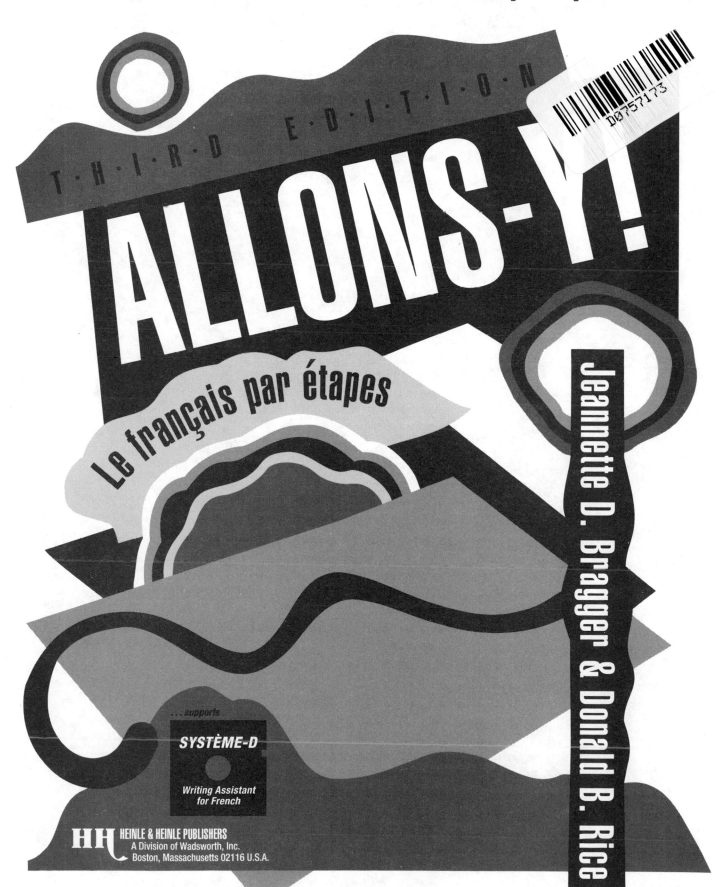

Cahier de laboratoire et de travaux pratiques

THIRD EDITION

ALLONS-Y!

Le français par étapes

Jeannette D. Bragger & Donald B. Rice

...supports

SYSTÈME-D

Writing Assistant
for French

HH **HEINLE & HEINLE PUBLISHERS**
A Division of Wadsworth, Inc.
Boston, Massachusetts 02116 U.S.A.

Illustrations by Valerie Spain, Jane O'Conor, Patricia Olmstead
Other credits and permissions appear on last page.

ISBN 0-8384-2427-9

10   9   8   7   6   5   4   3   2   1

TABLE · DES · MATIÈRES

CHAPITRE 12 ▪ Cherchons du travail!   271

CHAPITRE 13 ▪ Voyageons!   293

CHAPITRE 14 ▪ Dînons!   311

Pratique de la grammaire

CHAPITRE 11

CHAPITRE 12

CHAPITRE 13

CHAPITRE 14

Answers to *Pratique de la grammaire*

Preface

The Workbook for **Allons-y! Le français par étapes,** Third Edition has been totally rewritten and redesigned to coordinate with the revised textbook and ancillary program. The major changes introduced in the Workbook are designed both to enhance the focus on skills and to reduce the correction time for instructors. In an effort to make the Workbook more communicative, we have reorganized it to emphasize reading, writing, and listening skills, while still giving students systematic grammar practice.

Organization

The Workbook is divided into two parts:

1. The main part of the Workbook contains open-ended activities in each chapter that focus on reading, writing, and listening in real communicative contexts. Each of the chapters contains the sections described below, which are tabbed for easy reference.

    Each chapter is framed by two sections:
    - **Travail préparatoire:** Planning Strategy and Student Tape activities, designated by the student tape icon 📼
    - **Travail de fin de chapitre:** Student Tape 📼 and Word Game Activities

    Paralleling the first three **étapes** in each textbook chapter are three Workbook **étapes** that include the following sections:
    - **Lisons!** Reading strategies, text, and comprehension activities
    - **Écrivons!** Open-ended, authentic writing activities that reinforce the vocabulary and grammar of the **étape**

    The fourth **étape** of each Workbook chapter parallels the fourth **étape** of the textbook and includes the following sections:
    - **Écoutons!** Listening comprehension exercises correlated with the laboratory tape program 🎧
    - **Rédigeons!** Open-ended writing activities that combine the functions, vocabulary, grammar, and theme of the chapter

2. The second part of the Workbook (pages P1–P45) is the self-correcting **Pratique de la grammaire**, where students do highly structured exercises on each of the grammar points presented in the chapter. An answer key follows on pages P46–P58. Students are referred to specific pages of the **Pratique de la grammaire** at the beginning of each **Écrivons!** section in the main part of the Workbook.

Development of Skills

The separation of communicative functions and structured grammar practice places the responsibility on the student and makes the development of communicative skills more interesting and challenging. In turn, this organization relieves the tedium of mechanical exercise correction and allows instructors to give time to the development of the reading, writing, and listening skills.

Reading (*Lisons!*)   The Workbook contains many authentic texts that include literary excerpts, the popular press, realia, and so forth. In each text, students are directed to apply a specific reading strategy (e.g., skimming, scanning, use of cognates, guessing from context, word families, reading for gist, reading for supporting detail). All of these strategies are applied to a variety of text types to assure sufficient practice through regular re-entry.

Writing (*Écrivons! Rédigeons!*)   The exercises in these sections are communicative, often personalized, writing assignments that range from lists to sentences to paragraphs to multiple paragraphs. Each chapter ends with an extended writing activity that asks students to use the vocabulary, grammar, and functions learned in the particular chapter as well as previous ones. The writing tasks are keyed to *système-D* for students who have access to this writing program. (See the inside back cover of the textbook for a full description of this award-winning software program.)

L'art d'écrire,   which begins in Chapter 11, is a new writing section included in the first three étapes of each chapter. In all, these twelve writing lessons constitute a systematic writing development course similar to the typical freshman English composition course. Students are given explanations with examples of a particular writing strategy in a series of activities. Among the strategies presented are the expansion of the sentence, punctuation, personal and business letters, the development of an idea, the organization of a paragraph, the linking of sentences (temporal and logical), how to identify key words in a text, how to use the dictionary, and how to imitate French syntax.

Listening (*Écoutons!*)   The laboratory tape program that accompanies the third edition has been revised to focus on listening comprehension rather than speaking. Mechanical repetition drills have been eliminated in favor of oral texts such as dictations, sound and word discrimination, conversations, interviews, and so forth. Students learn to listen for gist as well as detail in a systematic progression of activities that recombines the sounds, words, structures, vocabulary, functions, and themes presented in the chapters.

We hope that students will find their experience with this Workbook both rewarding and enjoyable.

Nom .... Cours ....

P

Étape préliminaire

ÉTAPE PRÉLIMINAIRE
Apprenons une langue étrangère!

L·I·S·O·N·S! *(Let's read!)*

You are probably already able to read some French, even though you have barely begun your formal study of the language. Here and on pages 2–4 are six texts that a first-time visitor to France might want to read.

I. Qu'est-ce que c'est? (*What is it?*) Using your knowledge of English (and any other languages you know) as well as your experience in reading similar material, identify each *type* of text.

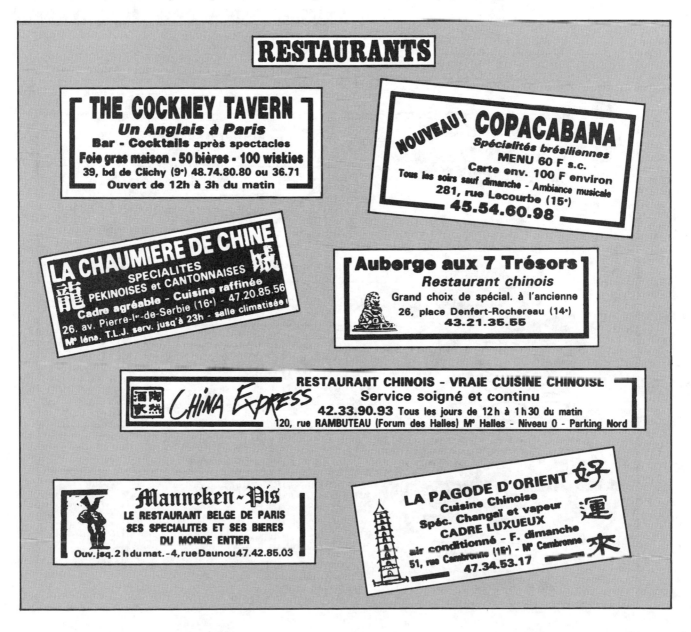

1 *Type of text:* _____

_____

2 *Type of text:* _____

codec [M] codec top

POUR CODEC VOUS ÊTES QUELQU'UN.

JUSQU'AU 8 AVRIL

Yaourts nature Chambourcy 12 x 125 g .... soit le kg : 5,27 F	**7,90**	**Croque Monsieur** 160 g. soit le kg : 27,50 F	**4,40**
Pizzas Margherita (surgelés) lot de 4, 390 g soit le kg : 25,64 F	**10,00**	**Bifteck 1re catégorie** le kg	**46,90**
		Pomme de terre nouvelle du Maroc - le kg	**2,95**
Croissants Dorémi sachet de 10, 400 g .... soit le kg :24,87 F	**9,95**	**Tomate française** catégorie 1 - Cal. 57/67 le kg	**18,50**

LOCMIQUELIC   **LORIENT**

3 *Type of text:* _____

TRANS EUROP EXPRESS
ENTRE 122 VILLES D'EUROPE

TEE
SNCF

4   **PARIS ↔ BORDEAUX**

L'Etendard   *Aquitaine*

km	[1] 5	[2] 1			[2] 2	[1] 4
»	[3] 7 50	[4] 17 50	**Paris-Austerlitz** .... A		[4] 12 02	[5] 21 40
232	9 23		A Saint-Pierre-des-Corps		10 24	
332	10 03	20 02	A Poitiers		9 44	
445	10 50	20 48	A Angoulême		8 59	
581	[3] 11 53	[4] 21 47	A **Bordeaux-Saint-Jean**		[4] 8 00	[5] 17 50

[1] L'ETENDARD.   [2] AQUITAINE.
[3] Sauf dimanches et sauf les 26 décembre, 2 janvier, 12 avril, 21 et 22 mai.
[4] Sauf samedis, dimanches et fêtes et le 21 mai.
[5] Sauf samedis et sauf les 25 décembre, 1er janvier, 11 avril, 20 et 21 mai.

5   **PARIS ↔ TOULOUSE**

Le Capitole (du matin) Le Capitole (du soir)

km	75	77			74	76
»	[1] 7 41	18 00	**Paris-Austerlitz** .... A		[1] 13 48	23 52
263	9 30		A Châteauroux			21 59
400	10 38	20 51	A Limoges-Bénédictins		10 49	20 52
499	11 38	21 52	A Brive-La-Gaillarde		9 48	19 51
600	12 40	22 54	A Cahors		8 45	18 49
662	13 19	23 32	A Montauban		8 09	18 11
713	[1] 13 48	0 02	A **Toulouse-Matabiau**		[1] 7 43	17 44

[1] ✕

14   **PARIS ↔ MILANO**

Le Cisalpin

km	23			22	
»	...	[1] 12 10	**Paris-Gare de Lyon** .... A	22 59	...
315	...	[1] 14 30	A Dijon-Ville	20 33	
361	...	[1] 15 00	A Dole-Ville	20 05	
462	...	[2] 16 19	A Vallorbe ⚒	[2] 18 59	
508	...	[2] 16 59	A Lausanne	[2] 18 18	
600	...	[2] 17 53	A Sion	[2] 17 15	
654	...	[2] 18 27	A Brig	[2] 16 44	
696	...	[2] 18 57	A Domodossola	[2] 16 17	
821	...	20 30	A **Milano-Centrale**	[2] 14 48	

[1] A partir du 13 novembre : Paris 12 h 17 ; Dijon 14 h 39, Dole 15 h 09.
[2] Réservation obligatoire.

4 *Type of text:* _____

_____

VENDREDI VOTRE SOIRÉE TV

France-Soir *VINGT-QUATRE*

7 AVRIL 1989 (DH)

Variétés

Carlos retrouve ses copains

20.35 : Tapis vert.

20.40 Avis de recherche

Présenté par Patrick Sabatier.
INVITÉ PRINCIPAL : CARLOS

 VARIÉTÉS : Europe, Boom-Boom et les Tequilas, Yvette Horner, vidéo de Georges Brassens, Mylène Farmer, Fred Mella.
COUP DE CŒUR : Michel Piccoli, Michèle Morgan.

Carlos.

22.45 **52 sur la Une**

proposé par Jean Bertolino, Gérard David et Jane Lagier.
BON CHIC-BON GENRE
Si, en 1968, être bourgeois paraissait infamant, aujourd'hui le bon chic-bon genre a de nouveau droit de cité. Avec ses codes, ses modes, ses stars, ses rallyes mondains, ses fêtes et ses écoles de maintien, le monde de BC-BG s'est définitivement imposé. Témoin privilégié de ce reportage haut de gamme : Jacques Chazot.

23.45 **Une dernière**

Présenté par Geneviève Gallay.

0.00 **Météo**

0.05 **Spécial sport**
RALLYE DE TUNISIE

0.10 **Arsène Lupin**
« VICTOR, DE LA BRIGADE MONDAINE »
Série de Jean-Pierre Decourt.
DISTRIBUTION : Georges DESCRIÈRES, Yvon BOUCHARD, Jacques BALUTIN.
L'HISTOIRE. — Victor, un policier en poste en Afrique et donc totalement inconnu, est engagé pour arrêter Arsène Lupin.

1.05 **Des agents très spéciaux**
« OPÉRATION VOLCAN »
DISTRIBUTION : Robert VAUGHN, David McCALLUM, Leo G. CARROLL.
L'HISTOIRE. — TRUSH possède une arme qui permet de réactiver les volcans.

Série

Les cris de Mountbatten

20.29 : Spot INC.

20.35 Lord Mountbatten

 QUE CHOISIR **ENQUETE FIABILITE ELECTRO-MENAGER**
7000 UTILISATEURS ONT JUGE : RESULTATS DANS QUE CHOISIR D'AVRIL

« LE DERNIER VICE-ROI DES INDES »
Quatrième épisode de la série réalisée par Tom Clegg. Scénario de David Butler. (Sous-titrage Antiope.)
DISTRIBUTION : Nicol WILLIAMSON (Mountbatten), Janet SUZMAN (Edwina), Ian RICHARDSON (Nehru), Sam DASTOR (Gandhi), Vladeck SHEYBAL (Jinnah), Nigel DAVEMPORT (Ismay), Wendy HILLER (la princesse Victoria).

 L'HISTOIRE. — L'Inde est désormais indépendante. L'enthousiasme populaire est indescriptible. Une foule évaluée à plus de 250.000 personnes emplit les rues de New Delhi. Aux acclamations qu'elle adresse à Nehru se mêlent les cris de Mountbatten Ki Jai (victoire à Mountbatten).

21.30 **Thalassa**
Proposé par Georges Pernoud.
« HENRY DE MONFREID : L'AVENTURE JUSQU'AU BOUT »
Deuxième partie du reportage de Daniel Grandclément.

22.25 **Soir 3**

Présenté par Maggy Gilbert.

22.50 **La Pétition**
Téléfilm d'après Vaclav Havel. Réalisation : Jean-Louis Comoll. Musique : Michel Portal.
DISTRIBUTION : Daniel GÉLIN, Stéphan MELDEGG, Lydie et Laura GÉLIN.

23.40 **Musiques, musique**
Proposé par Dominique Fournier.

0.15 **Delaney**
QUELQUES HEURES AVANT L'AUBE
Réalisation : Joseph Hardy. Scénario de Robert Garland et George Yanok. Musique : Pete Rugolo. Durée 1 h 10. Espionnage. (Sous-titrage Antiope.)
DISTRIBUTION : Ed LAUTER (Bud Delaney), Thalmus RASULA (Justice Sullivan), George MURDOCK (le sergent Hagen).

1.30 **Coupe Davis**
Commentaires : Michel Drhey et Jean-Paul Loth, en tant que consultant.
Deuxième tour en direct de San Diego (Californie):
ÉTATS-UNIS/FRANCE
(Groupe mondial - Deux simples)
LES ÉQUIPES
FRANCE : Yannick Noah, Guy Forget, Henri Lecomte, Thierry Tulasne. Capitaine : Eric Deblicker.
ÉTATS-UNIS : John McEnroe, André Agassi, Ken Flash, Robert Seguso. Capitaine : Tom Gorman.

Téléfilm

Gaz toxiques en Orient

20.00 Cosby Show.

20.35 Le Nuage de la mort

Téléfilm réalisé par Leslie Martison. Durée : 1 h 35.
DISTRIBUTION : Richard BASEHART, Leslie NIELSEN, Susan STRASBERG, Jack ALLEN, Russel WATERS.

 L'HISTOIRE. — La E/Force Authority consacre ses activités à la sauvegarde de l'environnement. Dans une ville d'Extrême-Orient, on signale la présence d'un gaz inconnu particulièrement dangereux. La E/Force Authority envoie l'un de ses meilleurs agents sur place. La tension monte dans la ville. La perspicacité de l'expert finit par porter ses fruits.

22.10 **L'Homme de fer**
« RETOUR DE MANIVELLE »
DISTRIBUTION : Raymond BURR (Robert Dacier), Don MITCHELL (Mark Sanger).
L'HISTOIRE. — Maerk Sanger, étudiant endroit, plonge Dacier et son équipe dans une situation embarrassante : un brouillon de discours de la défense a été remis à l'avocat général.

23.00 **Sexy clip**
Proposé par Jean-Luc Colin. Réalisation : Kate Jones.
THÈME : DROLE DE DRAME
Histoire de deux motards dont l'un se révèle être une femme.

23.30 **6 Minutes**

23.35 **Boulevard des clips**

2.00 **Adventure**
(Rediffusion.) Présenté par Charles Villeneuve.
« LA RUMEUR »

2.50 **Ondes de choc**
(Rediffusion.)
« LE BUSINESS DE LA NOUVELLE FESSE »

3.40 **S'il te plaît, montre-moi nos histoires**
« LA CHARTREUSE DE LA VERNE OU LA RENAISSANCE D'UNE GRAND ABBAYE »

4.05 **Destination santé**
(Rediffusion.) Présenté par LE DOCTEUR Marion Meney.

5.00 **Le Glaive et la Balance**
(Rediffusion.) (Rediffusion.) Charles Villeneuve.

5.30 **Adventure**
(Rediffusion.)

6.00 **Boulevard des clips**

5 *Type of text:* _____

_____

_____

_____

— A —

Ailes du désir (Les)
VO ST-ANDRÉ-DES-ARTS I 30, rue St-
André-des-Arts 43.26.48.18
GAUMONT COLISEE 38, av. des
Ch.-Elysées 43.59.29.46
GAUMONT PARNASSE 82, bd du
Montparnasse 43.35.30.40

Alexandre Nevski
VO ÉPÉE DE BOIS 100, rue Mouffetard
43.37.57.47

Amarcord
VO ACCATONE (EX-STUDIO CUJAS)
20, rue Cujas 46.33.86.86

Ami de mon amie (L')
LUCERNAIRE 53, rue Notre-Dame-
des-Champs 45.44.57.34

Ange gardien
VO CINOCHES 1, rue de Condé
46.33.10.82

Arbre du désir (L')
VO COSMOS 76, rue de Rennes
45.44.28.80

Au revoir les enfants
FORUM CINEMAS ORIENT-EX-
PRESS 1, rue de l'Orient-Express
42.33.42.26
SAINT-MICHEL 7, place St-Michel
43.26.79.17
GAUMONT AMBASSADE 50, av.
des Ch.-Elysées 43.59.19.08
MONTPARNOS 16-18, rue
d'Odessa 43.27.52.37

Aux quatre coin-coin du « Canard »
UTOPIA CHAMPOLLION 9, rue
Champollion 43.26.84.65

Aventure intérieure (L')
VO GEORGE-V 146, av. des Ch.-Ély-
sées 45.62.41.46
VF U.G.C. MONTPARNASSE 83, bd du
Montparnasse 45.74.94.94
CONVENTION SAINT-CHARLES
96, rue Saint-Charles 45.79.33.00

Aventures de Bernard et Blanca (Les)
VF NAPOLEON 4, av. de la Gde-
Armée 42.67.63.42

Aventures de Chatran (Les)
VF GAUMONT OPERA 31, bd des Italiens 47.42.60.33

— B —

Baby Boom
VO GAUMONT LES HALLES 1-3, rue
Pierre-Lescot Forum des Halles
(niveau–3) 40.26.12.12
PUBLICIS SAINT-GERMAIN 149,
bd Saint-Germain 42.22.72.80
GAUMONT AMBASSADE 50, av.
des Ch.-Elysées 43.59.19.08
GAUMONT PARNASSE 82, bd du
Montparnasse 43.35.30.40
VF MAXEVILLES 14, bd Montmartre
47.70.72.86
U.G.C. OPERA 34, bd des Italiens
45.74.95.40
U.G.C. LYON BASTILLE 12, rue de
Lyon 43.43.01.59
U.G.C. GOBELINS 66 bis, av. des
Gobelins 43.36.23.44
GAUMONT ALESIA 73, av. du Gal-
Leclerc 43.27.84.50
MONTPARNOS 16-18, rue
d'Odessa 43.27.52.37
GAUMONT CONVENTION 27, rue
Alain-Chartier 48.28.42.27
IMAGES 132-134, bd de Clichy
45.22.47.94

Benji la Malice
VF FORUM CINEMAS ARC-EN-CIEL 3,
rue de l'Arc-en-Ciel Forum des
Halles (niveau–3) 42.97.53.74
REX 1, bd Poissonnière
42.36.83.93
U.G.C. ERMITAGE 72, av. des Ch.-
Elysées 45.63.16.16
PARAMOUNT OPERA 2, bd des
Capucines 47.42.56.31
U.G.C. LYON BASTILLE 12, rue de
Lyon 43.43.01.59
FAUVETTE 58, av. des Gobelins
43.31.56.86
PATHÉ MONTPARNASSE 3, rue
d'Odessa 43.20.12.06
CONVENTION SAINT-CHARLES
96, rue Saint-Charles 45.79.33.00
NAPOLEON 4, av. de la Gde-
Armée 42.67.63.42
PATHÉ CLICHY 7-8, av. de Clichy
45.22.46.01
GAMBETTA 6, rue Belgrand
46.36.10.96

— R —

Retour sur Terre : Startrek IV
VO U.G.C. NORMANDIE 116 bis, av.
Ch.-Elysées 45.63.16.16
VF U.G.C. MONTPARNASSE 83, bd du
Montparnasse 45.74.94.94
U.G.C. OPERA 34, bd des Italiens
45.74.95.40
IMAGES 132-134, bd de Clichy
45.22.47.94

Robocop
VO FORUM CINEMAS ORIENT-EX-
PRESS 1, rue de l'Orient-Express
42.33.42.26
U.G.C. ERMITAGE 72, av. des Ch.-
Elysées 45.63.16.16
VF REX 1, bd Poissonnière
42.36.83.93
PARAMOUNT OPERA 2, bd des
Capucines 47.42.56.31
GAUMONT PARNASSE 82, bd du
Montparnasse 43.35.30.40

— W —

Wall Street
VO FORUM HORIZON 7, place de la
Rotonde 45.08.57.57
U.G.C. ODEON 124, bd Saint-Ger-
main 42.25.10.30
PATHÉ MARIGNAN-CONCORDE
27-33, av. Ch.-Elysées 43.59.92.82
U.G.C. BIARRITZ 79, Champs-Ely-
sées 45.62.20.40
MAX-LINDER PANORAMA 24, bd
Poissonnière 48.24.88.88
14 JUILLET BASTILLE 4, bd Beau-
marchais 43.57.90.81
ESCURIAL 11, bd de Port-Royal
47.07.28.04
14-JUILLET BEAUGRENELLE 16,
rue Linois 45.75.79.79
PATHÉ MAYFAIR 90, av. Paul-Dou-
mer 45.25.27.06
VF U.G.C. MONTPARNASSE 83, bd du
Montparnasse 45.74.94.94
PATHÉ FRANÇAIS 38, bd des Ita-
liens 47.70.33.88
NATION 133, bd Diderot
43.43.04.67
U.G.C. GOBELINS 66 bis, av. des
Gobelins 43.36.23.44
MISTRAL 70, av. du Gal-Leclerc
45.39.52.43
PATHÉ MONTPARNASSE 3, rue
d'Odessa 43.20.12.06
U.G.C. CONVENTION 204, rue de
la Convention 45.74.93.40
LE MAILLOT Pl. de la Porte-Maillot
Palais des Congrès 47.48.06.06
PATHÉ WEPLER Place de Clichy
45.22.46.01

6 *Type of text:* _____

_____

II. Vous venez d'arriver en France. (*You've just arrived in France.*) Use your basic reading skills to solve the following "problems" for your traveling companions. Refer to the texts in Exercise I.

1. Someone wants to know the weather for Paris today. _____

_____

2. Some of your companions want to watch TV in their hotel rooms. What programs might the children like? Indicate times and channels.

_____

_____

_____

_____

What programs might some of the adults understand? Again indicate times and channels.

_____

_____

_____

_____

3. What kinds of food are served in the restaurants advertised?

_____

_____

_____

_____

4. Some of your companions would like to go to a movie, but they want to see one in English. Select a movie for them and give them the address of the movie theater.

_____

_____

5. To save money, some people want to go to a store and buy some food. What is the name of the store advertising in the newspaper? What kind of food might they want to buy there?

_____

_____

6. A friend of one of the people traveling with you has to join a tour group in Toulouse. What time can she get a train to Toulouse tomorrow morning? How long will the trip take?

_____

_____

É·C·R·I·V·O·N·S! (Let's write!)

III. Les signes graphiques (*diacritic marks*)

A. Since English does not use diacritic marks or accent marks, English speakers often overlook them in French. This exercise is designed to help you notice diacritics. In the following paragraph about two professional dancers, circle each letter that has a diacritic mark. You should find sixteen such letters.

Françoise et Dominique: danseurs complètement français, malgré cet héritage de l'école allemande qu'ils ont reçu l'un et l'autre. Dans le contenu et dans le livret de leurs premières œuvres, dans le choix de musiques, de costumes, ils sont souvent restés explicitement proches du patrimoine culturel français ou méditerranéen. Proches aussi du folklore, ou tout au moins de danses et de musiques traditionnelles; il semblerait que ce fût là une volonté de remonter aux sources—sources européennes ou plus lointaines.

(Le Monde de la Musique—n° 130, février 1990, p. 84)

B. Now copy the following sentences, making sure to include all diacritics. Check the number of diacritic marks you've written against the number in parentheses at the end of each sentence.

1. **Accent aigu** (*acute accent*)
   Nous préférons célébrer la majorité d'André en été. (8)

   _____

2. **Accent grave** (*grave accent*)
   Le père et le frère espèrent voir leur chère mère à Genève. (7)

   _____

3. **Accent circonflexe** (*circumflex*)
   Le maître du château rêve d'être des nôtres. (5)

   _____

4. **Cédille** (*cedilla*)
   Commençons les livres de français que tu as reçus. (3)

   _____

IV. Cognates

A. **Les villes du monde.** (*The cities of the world.*) The French names of most major cities in the world are cognates with English. Write the French names of the cities numbered on the map on page 6. Be sure to include all accent marks. When you have finished, circle the number of each city whose name is *exactly* the same in both French and English.

Choose from these cities in French: **Alger, Bei-jing, Berlin, Bruxelles, Le Caire, Copenhague, Genève, Lisbonne, Londres, Madrid, Mexico, Montréal, Moscou, La Nouvelle-Orléans, Paris, Québec, Rio de Janeiro, Rome, Tokyo, Vienne**

1. _____   11. _____
2. _____   12. _____
3. _____   13. _____
4. _____   14. _____
5. _____   15. _____
6. _____   16. _____
7. _____   17. _____
8. _____   18. _____
9. _____   19. _____
10. _____   20. _____

B. **Les prénoms.** (*First names.*) Many French first names are also cognates with English—for example, **Hélène, Bernard, Isabelle, Paul, Francine, Vincent.** There are some "false friends" in French, however: for example, **Jean** is a male name while **Claude** may be either a male or a female name. To familiarize yourself with some of the French first names you will be using in *Allons-y!*, read the following lists; then do the exercise that follows.

Male names: Alain, Alfred, Bernard, Charles, Christian, Didier, Éric, Étienne, François, Georges, Gérard, Hervé, Jacques, Jean, Jean-Luc, Jean-Marc, Jean-Pierre, Marc, Mathieu, Michel, Nicolas, Pierre, Robert, Sacha, Serge, Stéphane, Vincent, Xavier, Yves

Female names: Anne-Marie, Annick, Béatrice, Bénédicte, Chantal, Christiane, Claire, Émilie, Francine, Françoise, Germaine, Hélène, Irène, Isabelle, Jeanne, Laure, Michèle, Mireille, Nicole, Pascale, Simone, Stéphanie, Sylviane, Véronique, Yvette, Yvonne

Male or female names: Claude, Dominique

In a tiny village in France, there are nine boys and nine girls of school age. Curiously, the first letters of the **prénoms** of eight boys **(garçons)** make up the name of the ninth boy; similarly, the first letters of the **prénoms** of eight girls **(jeunes filles)** make up the name of the ninth girl. Using the eighteen names listed below, complete the anagrams.

Prénoms (par ordre alphabétique): Alain, Alfred, Annick, Christian, Émilie, Étienne, Irène, Jacques, Jean-Marc, Laure, Mathieu, Nathalie, Nicolas, Robert, Simone, Sylviane, Véronique, Yvonne

Garçons   **Jeunes filles**

_____   _____

_____   _____

_____   _____

_____   _____

_____   _____

_____   _____

_____   _____

_____   _____

= _____   = _____

 É·C·O·U·T·O·N·S! *(Let's listen!)*

The **Écoutons!** activities will usually be found in the fourth (and final) section of each workbook chapter. The taped material that accompanies this section is usually found on the Laboratory Tapes that accompany **Allons-y!**

 However, *exceptionally* in this **Étape préliminaire,** the taped material for the **Écoutons!** section is found at the beginning of the Student Tape packaged with your textbook. Therefore, go now to the beginning of the Student Tape and do the first three exercises.

Exercice 1. The sounds of French. The French equivalents of the five basic English vowels (*a, e, i, o, u*) are [a], [ə], [i], [o], [y]. Listen and repeat.

[a] Madame   Coca   garçon   [o] **au   eau**   rose

[ə] de   demi   Monsieur   [y] nature   **u**ne   ét**u**diante

[i] merc**i**   limonade   kir

There are in French, however, six other vowels that are close to these basic vowel sounds. They are [e], [ɛ], [ø], [œ], [ɔ], [u]. Listen and repeat.

[e] café   thé   lait   [œ] mot**eu**r   act**eu**r   n**eu**f

[ɛ] express   verre   bière   [ɔ] Coca   Orangina   limonade

[ø] Monsieur   bleu   Europe   [u] p**ou**r   v**ou**s   r**ou**ge

French also has three nasal vowels; that is, the sound is pushed through the nose rather than through the mouth: [ã], [ɛ̃], [ɔ̃]. Listen and repeat.

[ã] française   blanc   menthe

[ɛ̃] **un**   v**in**   p**ain**

[ɔ̃] all**on**s   citr**on**   n**on**

While practicing the preceding vowel sounds, you probably noticed that many French consonants are pronounced very much like their English counterparts. Consequently, you should have little trouble with the following phonemes. Listen and repeat.

[b] **bière** **blanc**

[p] **pressé** **étape**

[d] **demi** **Madame**

[t] **Vittel** **citron**

[m] **menthe** **crème**

[n] **nature** **limonade**

[g] **garçon** **guitare**

[k] **crème** **kir**

[s] **pressé** **citron**

[z] fraise **Mademoiselle**

[v] **Vittel** **vous**

[l] **lait** **allemande**

[r] **rouge** **merci**

There are, however, a few consonant sounds that are not as easily recognizable. Listen and repeat the following.

[ʃ] **chapitre** **douche**

[ʒ] **je** **rouge**

[ɲ] espa**gn**ol si**gn**e

[j] **bière** **Perrier**

[ɥ] **Suisse** **huit**

[w] **oui** **boisson**

Exercice 2. Now that you have heard and repeated all the basic sounds of French, practice them by listening to and repeating some of the drinks you might want to order in a café.

une limonade	une menthe à l'eau	un verre de blanc
un demi	un Coca	un thé nature
un verre de rouge	un thé citron	un Perrier
un express	un Orangina	un kir
un café crème	une bière allemande	un citron pressé
un Vittel	un lait fraise	une bière française

Exercice 3. Now that you are a little more familiar with these sounds, let's practice listening to some spoken French. Imagine that a large group of people arrive at a café. As the waiter struggles to get their orders, you "keep score" on the checklist provided in your workbook.

_____ un café au lait	_6_ une limonade
_5_ un café crème	_____ un Perrier
_1_ un express	_7_ un Vittel
_____ une bière allemande	_____ un verre de blanc
_____ une bière française	_____ un verre de rouge
_2_ un demi	_____ un kir
_____ un thé citron	_____ un citron pressé
_____ un thé nature	_____ une orange pressée
_34_ un thé au lait	_8_ une menthe à l'eau
_____ un Coca	_____ un diabolo citron
_____ un Orangina	

CHAPITRE · PREMIER
Allons prendre quelque chose!

TRAVAIL PRÉPARATOIRE
▼▼▼▼▼▼▼▼▼▼▼▼▼▼

Before beginning the main work of each chapter, you will be asked to do two types of preliminary activities. In the first of these activities, **Planning Strategy,** *you are to provide phrases and expressions in English* that allow you to accomplish particular linguistic tasks. Doing so will create a starting point that helps you focus on how you function effectively and get things done in English. As you progress through the chapter, you will find French equivalents for some of these expressions. The second activity, **Écoutons!,** involves listening to a short taped conversation or series of conversations. Listen to the tape and answer the general comprehension questions. At the end of the chapter, you will have the opportunity to listen to the same and/or similar conversations and to answer more detailed questions.

I. Planning Strategy

How do I . . . ? You are tutoring your French friend in English. Answer your friend's questions (in English) by suggesting some useful words, phrases, and expressions.

1. If I want something to eat or drink after classes, where should I suggest to other students that we go? There aren't any cafés here, are there? _____

_____

2. When we get there, what do I say when I order something to eat or drink? _____

_____

3. What do I say when I run into some students I know on the street? How do I greet them? _____

_____

4. What do I say when I am introduced to a professor or to the parents of one of my new friends?

_____

_____

5. How do I make an introduction? Does it depend on who the person is? _____

_____

_____

II. Student Tape

You will hear four short conversations (1–4). Listen to each conversation and try to match its number with the appropriate description. You will not understand much of what is being said; however, use the little French you have already learned and any other clues you can pick up, to identify the context for each conversation.

_____ **a.** Three university students go to a café for lunch.

_____ **b.** Two friends have lunch in a café.

_____ **c.** Two high school students stop at a café for something to drink. While there, a friend of one of them comes by.

_____ **d.** Two friends go to a fast-food restaurant for lunch, where one of them runs into an older acquaintance.

L·I·S·O·N·S!

READING STRATEGY

Predicting from Context and Format

The physical context and the layout or format of a text can help you understand what you are reading. For example, the sizes of the typefaces and the location of words and phrases can provide clues about the information on the label of a bottle. If you recognize cognates and use the knowledge you have already gained from reading labels written in English, you will find that the format allows you to identify the name and type of product, the quantity, and other pieces of information.

When you want something to drink, it is not always necessary to go to a café. Sometimes you may go to a store to buy a bottle of soda, mineral water, beer, etc. While you can tell a lot from the color of the liquid and the size and shape of the bottle. it is often important to make sure you know what you are getting by reading the label.

I. Deux étiquettes françaises. (*Two French labels.*) Based on your familiarity with labels on American beverages, complete the analysis of the following two French labels by listing the appropriate French words.

Nom .... Cours ....

1

1ère **Étape**

A. **Tonic**

1. brand name _____

2. type of product _____

3. description of product _____

_____

4. quantity (volume) _____

5. address of bottler _____

B. **Wine**

1. year in which wine was produced _____

2. type of wine _____

3. name of vineyard _____

4. name of distributor _____

5. alcoholic content _____

6. quantity (volume) _____

READING STRATEGY

Recognizing Cognates

Many French words are easy for an English-speaking reader to guess because they resemble English words. These familiar-looking words, called *cognates*, provide you with a large vocabulary from the time you begin the study of French.

II. **Quelques boissons françaises.** (*A few French beverages.*) Study the labels from twelve beverages available in France (pp. 11–13). Then answer the questions. Do the exercise on page 13, making use of your knowledge of American labels and your ability to recognize cognates.

4

EAU MINERALE NATURELLE
Vittel
Grande Source

Vittel
Grande Source
e 1,5L.

MINERALISATION CARACTERISTIQUE

Calcium Ca²⁺	0,202 g/l	Sulfate SO₄²⁻	0,306 g/l
Magnésium Mg²⁺	0,036 g/l	Hydrogénocarbonate HCO₃⁻	0,402 g/l
Sodium Na⁺	0,003 g/l		

Grâce à sa composition minérale équilibrée et à sa très faible teneur en sodium, Vittel pénètre facilement dans les cellules, entraîne les impuretés, stimule les reins et favorise la détoxication.

Chaque jour Vittel vous aide doucement et régulièrement à entretenir votre forme. Il n'y a aucune contre-indication. Cure thermale toute l'année : lithiase, goutte, obésité, cellulite.

Informations consommateurs Vittel : BP 43 - 88800 Vittel.

Le Club Méditerranée à Vittel, c'est le village grande forme dans 450 hectares de domaine vert au cœur des Vosges.

SOCIÉTÉ GÉNÉRALE DES EAUX MINÉRALES DE VITTEL ... FRANCE.

... le 29 décembre 1903.
... la Santé Publique.
... pre, sec et tempéré.
... 2. EMB 88516

5

FLOREAL

ROSÉ DE BÉARN
APPELLATION BÉARN CONTRÔLÉE

MIS EN BOUTEILLE À LA PROPRIÉTÉ

LES VIGNERONS DU VIC-BILH MADIRAN
64350- LEMBEYE - FRANCE
PRODUIT DE FRANCE

750 ml   12 %vol

6

JOUEZ SUR 36.15
CODE ORANGINA
ET GAGNEZ
DES MILLIERS DE CADEAUX
SUR VOTRE MINITEL

ORANGINA®
A LA PULPE D'ORANGE

150 cl

7

Finley
MARQUE DEPOSEE

TONIC

SODA AUX EXTRAITS D'ORANGES AMÈRES
ET D'ÉCORCES DE QUINQUINA
(CONTIENT DE LA QUININE).

150 cl.

8

Chênailles

Vin de Table Français

11% vol   73 cl

MIS EN BOUTEILLE PAR E.V.P. F00220   L RUEL POITIERS 88

129   324

9

Cidre Bouché
BRUT
Alc 4,5% Vol.   75 cl

La Closerie

REF 108

10

GRAND VIN DE BORDEAUX
1987

Château Lieujean

CRU BOURGEOIS
HAUT-MÉDOC
APPELLATION HAUT-MÉDOC CONTRÔLÉE

12,1 % vol.   e 750 ml

MIS EN BOUTEILLE AU CHÂTEAU
S.C.E.V. Château Lieujean Saint-Sauveur de Médoc 33250 Pauillac France
PRODUCT OF FRANCE

11

12

1. List by number all of the alcoholic beverages. _____

_____

2. Which of these beverages has the highest alcoholic content? _____ the lowest? _____

3. Which of the bottles contains the greatest volume? _____ the smallest? _____ Are all the

   wine bottles the same size? _____ Explain. _____

   _____

4. Which of the labels come from fruit drinks? _____ How does each fruit drink differ from the

   other fruit drinks? _____

   _____

   _____

5. Which of the labels come from mineral water? _____ Are these drinks similar or different?

   _____ Explain. _____

   _____

   _____

6. In what ways are Tourtel and La Belle Brasseuse similar? How do they differ? _____

   _____

7. Which two drinks would you be most likely to buy? Why? _____

   _____

8. Which two drinks would you be least likely to buy? Why? _____

   _____

É·C·R·I·V·O·N·S!

PRATIQUE DE LA GRAMMAIRE

On pages P1–P2 of this Workbook, you will find additional, highly structured, self-correcting exercises on the conjugation of **-er** verbs (first and second persons) and on the differences between **tu** and **vous**. If you feel unsure about these structures, or if you wish additional practice, do those exercises in preparation for Exercises III through VI.

III. Le petit déjeuner et le déjeuner. You are seated in a café. When the waiter comes, you order something to eat and drink. On the basis of the drawings, write what you order.

1. *un sandwich au jambon et un demi* _____

2. _____

3. _____

4. _____

5. _____

6. _____

7. _____

IV. Au café. Two friends are having lunch at a café. Complete their conversation, using words or expressions that make sense and fit grammatically into the sentence.

JACQUES: Ah, voilà le garçon. _____, Monsieur!

GARÇON: Oui, _____ désirez?

JACQUES: Moi, _____ une omelette _____ et un

_____. Et _____, Thierry?

THIERRY: Je _____ un sandwich _____ et une

_____.

Quelques moments après (*a few moments later*).

GARÇON: Voilà, Messieurs.

THIERRY ET
JACQUES: _____, Monsieur.

GARÇON: _____, Messieurs.

THIERRY: Tiens! Voilà Mireille. Salut, Mireille.

MIREILLE: Salut, Thierry. Salut, Jacques.

JACQUES: Qu'est-ce que tu vas prendre?

MIREILLE: Eh bien, moi, je voudrais _____ et _____.

V. Martine et Gérard. Martine and Gérard are French university students. Ask them the following questions. Then answer the questions according to the information suggested by the drawings. Vary the form of your questions.

1.

2.

3.

Ask Martine and Gérard . . .

1. if they live in Paris.

    Est-ce que vous habitez à Paris?   *Oui, nous habitons à Paris.*

2. if they speak French.

    _____   _____

    _____   _____

3. if they study a lot.

    _____   _____

    _____   _____

4.

5.

6.

Ask Gérard . . .

4. if he sings.

    _____   _____

    _____   _____

5. if he eats a lot.

_____   _____

_____   _____

6. if he speaks Spanish.

_____   _____

_____   _____

Ask Martine . . .

7. if she speaks German.

_____   _____

_____   _____

8. if she often travels.

_____   _____

_____   _____

9. if she swims well.

_____   _____

_____   _____

VI. À vous, maintenant! You are going to write a letter in which you will introduce yourself to a new French friend. Using the verbs and adverbs listed below, write at least six sentences that you might include in this letter. In each sentence use one of the following subjects: **je** or **ma famille et moi, nous** or **mes amis et moi, nous.** Use a separate sheet of paper.

Verbs: **chanter, étudier, fumer, habiter, manger, nager, parler, travailler, voyager**
Adverbs: **beaucoup, bien, mal, un peu, souvent, rarement**

DEUXIÈME ÉTAPE
Parlons! _(Text p.22–p.30)_

L·I·S·O·N·S!

I. Prélecture: On va manger quelque chose. Answer the following questions.

1. When you are hungry, either for a snack between meals or for a light lunch or supper, what kinds of food do you like to eat? _____

_____

2. If you go out to get this food, where do you go? _____

_____

3. How much do you usually pay? _____

_____

4. Is any of this food you like to eat sold from sidewalk stands? If so, what? _____

_____

II. Deux autres possibilités. (*Two other possibilities.*) You have already learned that in a café one can get sandwiches, omelets, and other foods to eat. When in France, however, you do not have to go to a café for a snack or a light meal. Two other possibilities are a sidewalk food shop called **une briocherie** or a small snack restaurant called **un salon de thé.** In each case, using your newly acquired knowledge of French and the basic reading skills of predicting from format and recognizing cognates, you should be able to do more than just point at what you want or always order the same thing—that is, you should be able to *read* the menu.

A. La briocherie. This shop gets its name from **une brioche**—a light, sweet bun raised with yeast and eggs. However, you can buy numerous other treats there, both sweet (**sucré**) and salty (**salé**). The following sign can be seen on the street in front of a **briocherie** in Lyon. Study it. Then indicate what special deal is being offered.

_____

_____

La Brioche Lyonnaise

croissants   pizzas

brioches   glaces

croques   boissons

REPAS   PLATEAU

1 produit salé

1 produit sucré

1 boisson

(à partir de 19F)

Julie vous propose...

MENU à 49.50 F service compris

1 Salade Verte
1 Tarte Salée au choix à 26.00
1 Tarte Sucrée au choix à 17.50
ou 1 Glace 2 boules au choix à 16.00
1/4 Vin Rouge ou Rosé

MENU à 59.50 F service compris

1 Salade Verte
1 Pizza au choix à 34.00
1 Tarte Sucrée au choix à 17.50
ou 1 Glace 2 boules au choix à 16.00
1/4 Vin Rouge ou Rosé

PLAT DU JOUR

SES SALADES

Salade du Verger *(Endives, Pommes, Gruyère, raisin)*	35.00
Frisée au Confit et Filets d'Oie Fumés	42.00
Frisée aux Lardons	33.00
Frisée aux Noix et Chèvre Chaud	34.00
Frisée au Saumon fumé	42.00
Frisée au Roquefort et Noix	34.00
Julie au Jambon	35.00
Niçoise	36.00
Exotique au Crabe *(Soja, Tomate, Poivron, Crabe)*	36.00
Salade Diététique	34.00
Salade Landaise aux Gésiers Confits	39.00
Salade Gasconne *(à Victor Hugo seulument)*	65.00
(Foie gras de Canard mi cuit et magret d'Oie Fumé, Vinaigre de Framboise)	
Salade Mexicaine	32.00
Verte de Saison	12.00

SES TARTES SALÉES

Oignons Gruyère	26.00
Forestière *(Epinards, Lardons, Champignons)*	26.00
Provençale *(Tomates, Poivrons, Aubergines, Olives)*	26.00
Bleu d' Auvergne aux Noix	26.00
Chèvre Menthe Fraiche et Noisettes	26.00
Quiche Lorraine	26.00
Poireaux Roquefort	26.00
Feta *(Fromage de Brebis, Tomates et Basilic)*	28.50
Endives Jambon Gruyère	28.50
Foie de Volaille	29.50
Poulet Estragon	29.50
Steack Haché Poivre Vert	29.50
Lyonnaise *(Saucisson de Lyon, Pommes de terre)*	32.00
Saumon Oseille ou Epinards	32.00
Saumon Fumé Chester	35.00
Périgourdine au Confit d'Oie	35.00

SES PIZZAS

Super Julie *(Epaule, Champignons, Poivron, Oeuf)*	38.00
Milanaise *(Merguez, Tomate, Oeuf)*	38.00
Fruits de mer *(Moules, Crevettes, Calamars)*	38.00
Printanière *(Tomate, Champignon, Poivron, Oeuf)*	38.00
Reine *(Epaule, Champignon)*	34.00
Anchois	34.00
Marino *(Thon, Poivron)*	38.00

B. Tarte Julie. There is a relatively new chain of eating places in Toulouse that specialize in tea and pies **(les tartes).** The menu is fairly complicated. Study its organization. Then answer the questions that follow.

1. Identify (in English) for your traveling companion the six main sections of the menu. _____

   _____

   _____

2. What is the function of the italicized words in parentheses? _____

   _____

3. What English word does the French word **supplément** resemble? _____

   What do you think it refers to? _____

SES GLACES

Ananas ou Pêche Melba	26.00
Coupe Exotique *(Fruit de la Passion, Noix de Coco, Mangue)*	24.00
Coupe Grenobloise *(Glace Miel et Noix, Chantilly, Noix)*	26.00
Coupe Jolivet *(Glace Poire et Cassis, Crème de Cassis)*	26.00
Coupe Gaité *(Glace Vanille et Chocolat, Banane en morceaux, Chantilly)*	26.00
Coupe Julie *(Glace Vanille et Framboise, Cassis Grain)*	26.00
Coupe Normande *(Granité de Pommes Vertes, Calvados)*	26.00
Coupe Gersoise *(Glace Pruneaux à l'Armagnac, Pruneaux)*	26.00
Café ou Chocolat Liégeois	24.00
Glace 2 boules au choix	16.00
Glace 3 boules au choix	23.00

SES TARTES SUCRÉES

Tarte Julie *(Quetsches, Abricots, Mirabelles, Reine Claude)*	17.50
Pommes ou Rhubarbe	17.50
Rhubarbe Cassis ou Poire Cassis	19.00
Bananes ou Ananas Coco	19.00
Clafoutis Fruits Mélangés	19.00
Pommes, Poires et Noix	19.00
Pommes Cannelle Raisins	19.00
Raisins Cannelle Noix	19.00
Citron	21.00
Framboises ou Griottes	21.00
Groseille - Cassis	21.00
Mûres ou Myrtilles	21.00
Fromage Blanc Cannelle Raisin ou écorce Orange	21.00
Banane Chocolat	21.00
Poire Chocolat	21.00
Orange ou Mandarine Chocolat	21.00
Ananas Chocolat	21.00
Chocolat Pur	21.00
Délice de Fruits Rouges avec son Coulis	25.00
Fraises	24.00
Framboise Fruits de la Passion	27.00

Et aussi

Coupe Chantilly ou crème anglaise	13.00
Fromage Blanc coulis Cassis	13.00

Supplément

Sauce au Chocolat	6.00
Crème Anglaise	6.00
Coulis de Fruits Rouges	6.00
Chantilly	6.00

SON CHOIX DE THÉS

Orange Pekoe	13.00
Thé de Ceylan à grande feuille, parfumé et assez léger	
Darjeeling	13.00
Thé des Indes poussant sur les hauts plateaux de l'Himalaya, il est considéré comme le thé le plus parfumé qui soit	
Mandarin Jasmin	13.00
Thé de Chine vert non fumé fortement parfumé au Jasmin et agrémenté de fleurs	
Lapsang Souchong	13.00
Thé de Chine fumé	
Earl Grey	13.00
Mélange d'Orient traditionnel, il enchante grâce à la bergamote utilisée	
Goût Russe Douchka	13.00
Mélange spécial de thés de Chine et d'Inde de très belle qualité, un apport d'essence de fruits lui donne un caractère attachant	
Thé aromatisé à la Mangue	13.00
Mélange de thé de Ceylan et d'Inde aromatisé à la Mangue	
Thé au caramel	13.00
Thé de Ceylan et Chine non fumé, aromatisé au caramel	
Thé à la Vanille	13.00
Thé de Ceylan et Chine non fumé, aromatisé à la Vanille	
Mélange aux quatre Fruits Rouges	13.00
Mélange de Ceylan, Inde et Chine aromatisé à la fraise, à la framboise, à la groseille et à la mûre	
Chine Gunpowder n°1 plus menthe fraîche	13.00
"poudre à canon". Feuilles vertes roulées en boule. Le meilleur thé vert du monde	
Thé déthéiné	14.00
Earl gray déthéiné	
Supplément Lait ou Citron	1.00

Et...

Tisane *(Verveine, Tilleul, Menthe)*	12.00
Café	6.50
Petit Crème	7.50
Grand Crème	14.00
Capuccino	12.00
Chocolat chaud	14.00
Petit Chocolat chaud	7.50
Chocolat Viennois	18.00

4. How much would the following items cost?

_____ **a.** Earl Grey tea with lemon

_____ **b.** two scoops of vanilla ice cream with chocolate sauce

_____ **c.** a simple green salad

5. The restaurant offers two specially priced meals. Give an example of what someone could order to get *one* of these special prices. (Use the French words for the dishes you order.)

_____

_____

Chapitre premier **19**

PRATIQUE DE LA GRAMMAIRE

On pages P2–P3 of this Workbook, you will find additional, highly structured, self-correcting exercises on the conjugation of **-er** verbs (third person) and the definite articles (**le, la, l', les**). If you feel unsure about these structures, or if you wish additional practice, do those exercises in preparation for Exercises III through V.

III. On se rencontre. (*People run into each other.*) For each of the drawings below, imagine a short dialogue.

A. Bonjour, . . . When there are two people in the picture, have them greet each other. When there are three people, have them make introductions. Use the names accompanying the drawings, when appropriate.

1. Mme Serreau, M. Nougent

_____

_____

_____

_____

2. Dominique, Marie-Hélène

_____

_____

_____

_____

3. Simone Verdun, Germaine Ledoux, Jacques Olivier

_____

_____

_____

_____

4. Bénédicte Masson, Jean-Pierre Thibault, Vincent Beauchamp

_____

_____

_____

_____

B. Au revoir. Now have the people say good-bye to each other.

5. Marcel, Sylvie

6. Georges Molina, Andrée Gerbal

_____   _____
_____   _____
_____   _____
_____   _____

IV. **Moi, j'aime mieux . . .** Choose at least three items from each category and indicate your personal attitude toward them. Use each of the following expressions at least once: **aimer beaucoup, aimer bien, aimer mieux, aimer un peu, ne pas aimer, ne pas aimer du tout** (_not at all_), **détester.**

Modèle: boissons chaudes (thé, café, chocolat)

> _En général, je n'aime pas les boissons chaudes. J'aime bien le chocolat, j'aime un peu le café, mais je n'aime pas du tout le thé._

1. boissons chaudes (thé, café, chocolat)

_____
_____
_____

2. boissons froides (Coca, eau minérale, Orangina, limonade)

_____
_____
_____

3. petit déjeuner (café au lait, chocolat, croissants, thé)

_____
_____
_____

4. déjeuner (salade, sandwiches, omelettes, frites)

_____
_____
_____

V. Trois amis. Write two short paragraphs about some friends of yours. In the first paragraph, discuss *one* friend. In the second paragraph, talk about *two* other friends. Use as many of the suggested verbs and adverbs as possible. If you choose to talk about a male friend, begin with **Mon ami;** for a female friend, use **Mon amie.** When talking about two friends, if they are both female, use **Mes amies;** otherwise, use **Mes amis.** Use a separate sheet of paper.

Verbs: **aimer, chanter, étudier, habiter, manger, parler, préférer, travailler, voyager**
Adverbs: **beaucoup, bien, mal, un peu, souvent, rarement**

TROISIÈME ÉTAPE

Tu aimes les fast-foods? *(Text p.31–p.41)*

L·I·S·O·N·S!

American culture has had a strong influence on France. One obvious example is the development of fast-food restaurants, led by McDonald's. Since you have probably had considerable experience with McDonald's in the United States, you would be well equipped to function in the French version.

I. Un menu. First study the McDonald's menu. Then use your prior knowledge of both English and McDonald's as well as the French you already know to answer the questions that follow.

A. Les mots apparentés. (*Cognates.*)

1. List the French words for five vegetables whose French names you can recognize because of their resemblance to English. _____

_____

2. List ten other French words whose meaning you can guess because of their resemblance to English. _____

_____

_____

B. L'image et le contexte. Using the photos and the linguistic context (that is, those words that you know or recognize), find the French words or expressions that correspond to the following English words or expressions.

1. chicken _____

2. egg _____

3. fish _____

4. fruit pastries (pies) _____

5. games _____

6. shrimp _____

7. slice _____

8. strawberry _____

Nom .... Cours ....

1

3e Étape

Notre Hamburger : le goût véritable d'un steak 100 % pur bœuf.

Notre Cheeseburger : le goût véritable d'un steak 100 % pur bœuf avec une tranche de fromage fondant.

Notre Filet-O-Fish® : le goût délicieux d'un filet de poisson bien doré.

Notre Doublecheeseburger : le double plaisir de deux steaks 100 % pur bœuf avec deux tranches de fromage.

Nos fameuses frites croustillantes et bien dorées.

Difficile de résister à notre célèbre Big Mac® avec deux steaks hachés 100 % pur bœuf, accompagné de sa sauce spéciale, de salade fraîche, d'oignons...

...Ou à nos Chicken McNuggets®, savoureux beignets de poulet croustillants et bien dorés.

Salade Jardin : préparée le jour même, comme toutes les salades McDonald's®. Une délicieuse composition de salade, céleri, carottes, radis, tomates, concombres, fromage, œuf.

Salade aux Crevettes.
L'harmonie gourmande : crevettes, salade, céleri, carottes, radis, tomates, concombres, œuf.

Salade du Chef.
Un savoureux mélange de jambon, dinde, salade, céleri, carottes, radis, tomates, concombres, fromage, œuf.

Vanille, fraise ou chocolat : les parfums au choix de nos délicieux Milkshakes.

Nos desserts à fondre de plaisir : chaussons aux fruits ou sundaes.

Spécial enfants.®
Notre Happy Meal® : un délicieux menu conçu spécialement pour les enfants avec des jeux et des surprises à collectionner.

C'est bon comme ça chez McDonald's.®

II. Un set de table. (*A place mat.*) Even though the basic format of American fast-food restaurants remains the same when transported to other cultures, each country usually adds its own particular touches. One example is the place mat. Study this place mat from a McDonald's restaurant in Nice (on the Mediterranean coast). Then do the exercises that follow.

A. Comprenez-vous? (*Can you understand?*) Many of the words on the place mat may look strange to you, but you can probably figure out the type of information being communicated. Look at the following list. If an item is included on the place mat, put its number in the appropriate location on the outline (p. 25); if it is not, cross it out.

1. an ad for "Happy Meals"

2. the current month

3. the times you can see Ronald McDonald on TV

4. addresses of the other McDonald's restaurants in Nice

5. listings of classical music concerts in Nice

6. an ad for a radio station

7. the address and telephone number of this McDonald's restaurant

8. listings of sporting events in Nice

9. an announcement that McDonald's is hiring part-time workers

10. a menu

11. listings of rock and popular music

B. La France et les États-Unis. (*France and the United States.*) On the basis of the information provided on the French place mat, what cultural differences between France and the United States might you deduce? _____

_____

_____

_____

_____

_____

_____

_____

RESTAURANT McDonald's® - Nice-Masséna
20, av. Jean Médecin - Tél. 93.62.09.04

1er Anniversaire de votre restaurant **McDonald's®** Nice-Masséna, pour tout achat du fameux **Big-Mac®** un délicieux **SUNDAE** vous sera offert

BIENVENUE A NICE
où il se passe toujours quelque chose

WELCOME TO NICE...
where it is all happening

WILLKOMMEN IN NIZZA...
wo immer 'was los ist

BIENVENIDOS EN NIZA...
donde siempre occurre algo

BENVENUTI A NIZZA...
dove succede sempre qualche cosa

Date	Heure	MANIFESTATIONS	Lieu
Lundi 1 juin	20h00	Orch. symph. de Vienne Dir. Georges Prêtre	Acropolis
Sam. 6 juin	16h00	"Symphonie n° 4" G. Mähler	Opéra
Dim. 7 juin	16h00		
Dim. 7 juin	10h00	"Messe du couronnement" de Mozart	Cathédrale
Lun. 8 juin	20h30	Concert Simply Red	Théâtre Verdure
Mer. 10 juin	21h00	"La Création" de J. Haydn	Cathédrale
Sam. 13 juin	21h00	Jazz - Nuit du jazz azuréen	Centre cult. Cimiez av. de la Marne
Mer. 17 juin	21h00	"Te Deum" de Jean-Baptiste Lully	Cathédrale
Mar. 16 juin	19h30		
Jeu. 18 juin	19h30	"Hérodiade" de Jean Massenet	Acropolis
Dim. 21 juin	14h30	Direction Georges Prêtre	
Mar. 23 juin	19h30		
Sam. 20 juin	10-21h	Assemblée 173e District du Rotary Inter.	Acropolis
Jeu. 25 juin	21h00	"5e Symphonie" A. Brüchner	Cathédrale
Ven. 26 juin	21h00		
Ven. 26 juin	20h30	Concert Diane Dufresne	Théâtre Verdure
Mer. 8 juillet		Concert Paul Young	Théâtre Verdure
Jeu. 16 juillet		Concert David Bowie	Stade de l'Ouest

Juin

Nous recrutons des équipiers à temps partiel. Demandez un formulaire aux caisses.

Côte d'Azur 93 FM

La plus belle radio

GÉNIAL...

Un "Happy Meal" tout nouveau pour jouer tout l'été

COMPOSE TOI-MÊME TON MENU "HAPPY MEAL"

Happy Meal

Regarde-moi à la Télévision
Mercredi 10 juin
TF1 10 h
FR3 17 h 30
Samedi 13 juin
TF1 15 h
Dimanche 14 juin
TF1 10 h
FR3 17 h

Exemple :
1 hamburger
+ 1 frites
+ 1 boisson au choix
+ 1 cookie
+ 1 seau de plage
avec sa pelle : **22,50 F.**

McDonald's®

Ça se passe comme ça chez McDonald's®

PRATIQUE DE LA GRAMMAIRE

On page P3 of this Workbook, you will find additional, highly structured, self-correcting exercises on **être**, nouns of occupation, and adjectives of nationality. If you feel unsure about these structures, or if you wish additional practice, do those exercises in preparation for Exercises III through V.

III. Un album de photos. You are setting up a photo album of pictures taken during your recent travels around the world. Using the clues in the photo, complete the caption for each of the following entries.

Modèle: Herbert Reed

Herbert est professeur. Il est anglais.
Il habite à Londres.

1. Jean-Yves Leroux

_____

_____

_____

_____

2. Ana et Marta González

_____

_____

_____

_____

3. Dolores Rey

4. Kathryn Mallory

5. Hugo Fierbach et Rolf Vogel

6. Francesca Martinello

7. François Denis

8. Jean-Pierre et Catherine Letourneur

IV. Les cartes de débarquement. You are working for a tourist service that coordinates travel for international groups. Using the information on your group list, fill out the landing cards (**cartes de débarquement**) for the members of your group. They will be traveling from New York to Paris on Air France flight 017.

Group #2087   17 July 1994   New York–Paris   AF 017

Name	Gender	Country	Address	Occupation
Abruzzi, Marcello	M	Turin, Italy	via Garibaldi	businessman
Delteil, Jean-Claude	M	Montréal, Canada	rue Sainte-Catherine	accountant
Fodéba, Annie	F	Lyon, France	rue Jean Moulin	doctor
Frye, Alan	M	Bristol, England	Dickens Boulevard	farmer
Kramer, Hilda	F	Munich, Germany	Leopold Strasse	secretary
Oh, Mata	F	Sapporo, Japan	Hamamatsucho	dentist
Sormani, Helen	F	Zurich, Switzerland	Dietzinger Strasse	teacher

CARTE DE DEBARQUEMENT
DISEMBARKATION CARD

ne concerne pas les voyageurs de nationalité française
ni les ressortissants des autres pays membres de la C.E.E.
not required for nationals of France
nor for other nationals of the E.E.C. countries

1 NOM : _____
NAME (en caractère d'imprimerie — please print)

   Prénoms : _____
   Given names

2 Lieu de naissance : _____
Place of birth

3 Nationalité : _____
Nationality

4 Profession : _____
Occupation

5 Domicile : _____
address

_____

6 Aéroport ou port d'embarquement : _____
Airport or port of embarkation

Abruzzi, Marcello

CARTE DE DEBARQUEMENT
DISEMBARKATION CARD

ne concerne pas les voyageurs de nationalité française
ni les ressortissants des autres pays membres de la C.E.E.
not required for nationals of France
nor for other nationals of the E.E.C. countries

1 NOM : _____
NAME (en caractère d'imprimerie — please print)

   Prénoms : _____
   Given names

2 Lieu de naissance : _____
Place of birth

3 Nationalité : _____
Nationality

4 Profession : _____
Occupation

5 Domicile : _____
address

_____

6 Aéroport ou port d'embarquement : _____
Airport or port of embarkation

Delteil, Jean-Claude

Fodéba, Annie

CARTE DE DEBARQUEMENT
DISEMBARKATION CARD

ne concerne pas les voyageurs de nationalité française
ni les ressortissants des autres pays membres de la C.E.E.

not required for nationals of France
nor for other nationals of the E.E.C. countries

1 NOM : _____
NAME (en caractère d'imprimerie — please print)

    Prénoms : _____
    Given names

2 Lieu de naissance : _____
Place of birth

3 Nationalité : _____
Nationality

4 Profession : _____
Occupation

5 Domicile : _____
address

_____

6 Aéroport ou port d'embarquement : _____
Airport or port of embarkation

CARTE DE DEBARQUEMENT
DISEMBARKATION CARD

ne concerne pas les voyageurs de nationalité française
ni les ressortissants des autres pays membres de la C.E.E.

not required for nationals of France
nor for other nationals of the E.E.C. countries

1 NOM : _____
NAME (en caractère d'imprimerie — please print)

    Prénoms : _____
    Given names

2 Lieu de naissance : _____
Place of birth

3 Nationalité : _____
Nationality

4 Profession : _____
Occupation

5 Domicile : _____
address

_____

6 Aéroport ou port d'embarquement : _____
Airport or port of embarkation

Frye, Alan

CARTE DE DEBARQUEMENT
DISEMBARKATION CARD

ne concerne pas les voyageurs de nationalité française
ni les ressortissants des autres pays membres de la C.E.E.

not required for nationals of France
nor for other nationals of the E.E.C. countries

1 NOM : _____
NAME (en caractère d'imprimerie — please print)

    Prénoms : _____
    Given names

2 Lieu de naissance : _____
Place of birth

3 Nationalité : _____
Nationality

4 Profession : _____
Occupation

5 Domicile : _____
address

_____

6 Aéroport ou port d'embarquement : _____
Airport or port of embarkation

Kramer, Hilda

Chapitre premier   **29**

Oh, Mata

CARTE DE DEBARQUEMENT
DISEMBARKATION CARD
ne concerne pas les voyageurs de nationalité française
ni les ressortissants des autres pays membres de la C.E.E.
not required for nationals of France
nor for other nationals of the E.E.C. countries

1 NOM : _____
NAME (en caractère d'imprimerie — please print)

   Prénoms : _____
   Given names

2 Lieu de naissance : _____
Place of birth

3 Nationalité : _____
Nationality

4 Profession : _____
Occupation

5 Domicile : _____
address

_____

6 Aéroport ou port d'embarquement : _____
Airport or port of embarkation

CARTE DE DEBARQUEMENT
DISEMBARKATION CARD
ne concerne pas les voyageurs de nationalité française
ni les ressortissants des autres pays membres de la C.E.E.
not required for nationals of France
nor for other nationals of the E.E.C. countries

1 NOM : _____
NAME (en caractère d'imprimerie — please print)

   Prénoms : _____
   Given names

2 Lieu de naissance : _____
Place of birth

3 Nationalité : _____
Nationality

4 Profession : _____
Occupation

5 Domicile : _____
address

_____

6 Aéroport ou port d'embarquement : _____
Airport or port of embarkation

Sormani, Helen

CARTE DE DEBARQUEMENT
DISEMBARKATION CARD
ne concerne pas les voyageurs de nationalité française
ni les ressortissants des autres pays membres de la C.E.E.
not required for nationals of France
nor for other nationals of the E.E.C. countries

1 NOM : _____
NAME (en caractère d'imprimerie — please print)

   Prénoms : _____
   Given names

2 Lieu de naissance : _____
Place of birth

3 Nationalité : _____
Nationality

4 Profession : _____
Occupation

5 Domicile : _____
address

_____

6 Aéroport ou port d'embarquement : _____
Airport or port of embarkation

Fill out the last card for yourself. ➤

Nom .... Cours ....

1

⌒ 4ᵉ Étape

V. Au Quick. Three friends go to a Quick fast-food restaurant for lunch. After deciding what to eat and placing their order, they talk to an acquaintance of one of the three, who is eating at the same place. Complete their conversation with appropriate words and phrases that you have learned.

PASCALE: Alors, les amis, c'est l'heure du déjeuner. On _____ au Quick?

FRANCINE: Oui, _____? J'aime beaucoup _____ fast-foods.

MICHEL: Moi, aussi.

PASCALE: Eh bien, Francine, qu'est-ce que tu _____?

FRANCINE: _____ un Big Bacon et _____ limonade. Et _____, Michel?

MICHEL: Je _____ un Cheeseburger et _____ frites.

PASCALE: Tu prends une _____?

MICHEL: Oui, un jus d'orange.

PASCALE: Très bien. S'il vous plaît, deux Big Bacons, un Cheeseburger, deux limonades, un jus d'orange _____ des frites.

FRANCINE: Tiens! Voilà Jorge. Il _____ mexicain. Jorge! Jorge! _____, Jorge! Comment _____?

JORGE: Oh, ça va _____. Et toi, Francine?

FRANCINE: _____. Jorge, mes amis Pascale et Michel.

JORGE,
PASCALE,
MICHEL: _____.

PASCALE: Alors, Jorge, tu _____ mexicain. Tu _____ donc (*therefore*) espagnol.

JORGE: Oui. Et vous deux, vous _____ français?

PASCALE: Non. Francine et Michel _____ français, mais moi, je _____ suisse. Mais nous _____ tous les trois (*all three of us*) étudiants à la Sorbonne.

JORGE: Ah, bon. Moi aussi, je suis _____ à la Sorbonne.

QUATRIÈME ÉTAPE
(Text p.42–p.46)

É·C·O·U·T·O·N·S!

I. Dans la rue et au café. You will hear some conversations that take place in the street or in a café. Match each conversation with the appropriate description. In some instances, more than one answer is possible.

a. friends seeing each other in the street

b. acquaintances running into each other in the street

c. students meeting for the first time

d. older strangers meeting for the first time

e. friends having a drink together in a café

f. strangers having a drink in a café

g. friends saying good-bye

h. acquaintances saying good-bye

1. _____   **2.** _____   **3.** _____   **4.** _____   **5.** _____   **6.** _____

II. **Distinguez!** (*Distinguish!*) In each part of this activity, try to discriminate between the similar-sounding words you will hear. Although some of the words will be unfamiliar, you should concentrate on making the appropriate distinctions.

A. **Un ou une?** Listen to each statement and tell whether the drink that is ordered is masculine (**un**) or feminine (**une**).

Modèle: You hear: Un diabolo menthe, s'il vous plaît.

You circle: ⟨un⟩ *une*

1.	un	une	**3.**	un	une	**5.**	un	une
2.	un	une	**4.**	un	une	**6.**	un	une

B. **Le, la ou les?** Listen to each statement and tell whether the food or drink mentioned is masculine singular (**le**), feminine singular (**la**), or masculine or feminine plural (**les**).

Modèle: You hear: Je n'aime pas du tout le fromage.

You circle: ⟨le⟩ *la   les*

1. le la les   **4.** le la les   **7.** le la les

2. le la les   **5.** le la les   **8.** le la les

3. le la les   **6.** le la les   **9.** le la les

C. **Il, elle, ils ou elles?** Listen to each statement and tell whether the subject pronoun is masculine singular (**il**), masculine plural (**ils**), feminine singular (**elle**), or feminine plural (**elles**).

Modèle: You hear: François? Mais il ne parle pas chinois.

You circle: ⟨il⟩ *elle   ils   elles*

1. il elle ils elles   **6.** il elle ils elles

2. il elle ils elles   **7.** il elle ils elles

3. il elle ils elles   **8.** il elle ils elles

4. il elle ils elles   **9.** il elle ils elles

5. il elle ils elles   **10.** il elle ils elles

D. Masculin ou féminin? Listen to each statement and tell whether the person whose nationality is given is male or female.

Modèle: You hear: *Mathilde est française.*

You circle: m (f)

1. m f		**5.** m f		**8.** m f	
2. m f		**6.** m f		**9.** m f	
3. m f		**7.** m f		**10.** m f	
4. m f					

III. Cette valise est à vous? (*Does this suitcase belong to you?*) You are working as the representative of an American tour group in Paris. One of your jobs is to meet arriving flights and help people find their luggage. On this occasion, you are stuck with several pieces of luggage that have not been claimed. Based on the short conversations you overhear, try to match the person and the baggage tag. If a conversation does not match any of the tags, mark an X.

1. _____   4. _____

2. _____   5. _____

3. _____

IV. Dictée: Deux étudiants étrangers à Paris. Listen to the short text about two foreign students in Paris. It will be read first at normal speed, then in short segments, so you can write what you hear. At the end, it will be read in its entirety.

_____

_____

_____

_____

_____

_____

V. Au café. Listen to the conversation which takes place in a café. Then answer the questions by circling the letter of the correct response.

1. This conversation could not take place

   a. at breakfast.

   b. at lunch.

   c. in the late afternoon.

2. The people involved are

   a. mutual friends.

   b. two friends and an acquaintance of the second.

   c. two friends and a stranger.

3. What nationalities are represented?

   a. one Italian, one French person, and one American

   b. two Italians and one American

   c. two French people and an American

4. What occupations are represented?

   a. two students and a professor

   b. two lawyers and a student

   c. a lawyer, a businessperson, and a student

R·É·D·I·G·E·O·N·S!   *(Let's write!)*

Write an imaginary conversation that takes place either in a café or in a fast-food restaurant in Paris. You and an acquaintance of your parents (Mr. . . .) have made plans to meet for lunch. A French friend of yours (Janine Leclair) joins you. During lunch, Mr. . . . and Janine try to find out about each other. Make sure that everyone gets something to eat. Use a separate sheet of paper.

FONCTIONS: Pour saluer; pour répondre à une salutation; pour faire une présentation; pour proposer quelque chose à manger ou à boire; pour commander; pour prendre congé

VOCABULAIRE: Les boissons; le déjeuner; les professions

GRAMMAIRE: Le présent des verbes réguliers en **-er**

(**Writing Hint:** The information listed above may be of help as you do this writing assignment. The **Fonctions** category refers to the **Pour se débrouiller** section of the **Lexique** for this chapter in your textbook. The category **Vocabulaire** refers to the **Thèmes et contextes** section of the **Lexique** at the end of this chapter in the textbook. The category **Grammaire** refers to one of the structures in the textbook chapter. You will also find corresponding categories in the **système-D** computer program.)

TRAVAIL DE FIN DE CHAPITRE
▼▼▼▼▼▼▼▼▼▼▼▼▼▼▼▼

📻 **I. Student Tape**

Listen again to the four conversations on the Student Tape for Chapter One. Then answer the following questions.

Conversation 1

1. What does each person order? _____

_____

_____

2. How many drinks does the waiter suggest? _____

_____

Conversation 2

3. What are the names of the three customers? _____

_____

4. What does each one order? _____

_____

5. Why do the three people laugh? _____

_____

_____

Conversation 3

6. Why doesn't Laurent like the Quick restaurant? _____

_____

7. What does he finally order at the café? _____

_____

Conversation 4

8. Which of the two friends knows Mme Launay? _____

_____

9. How do you know that? _____

_____

10. What do Florence and Thibault order to eat and/or drink?

_____

_____

II. Jeu: Quelque chose à manger. The white blocks of letters are the names of drinks you can order in a café. Using the clues (the number of spaces and the letters or punctuation marks provided), fill in the names of the drinks. Then transfer some of the letters, following the arrows, to the shaded blocks in the middle. If you are correct, the shaded blocks will contain the name of something to eat that can also be ordered in a café.

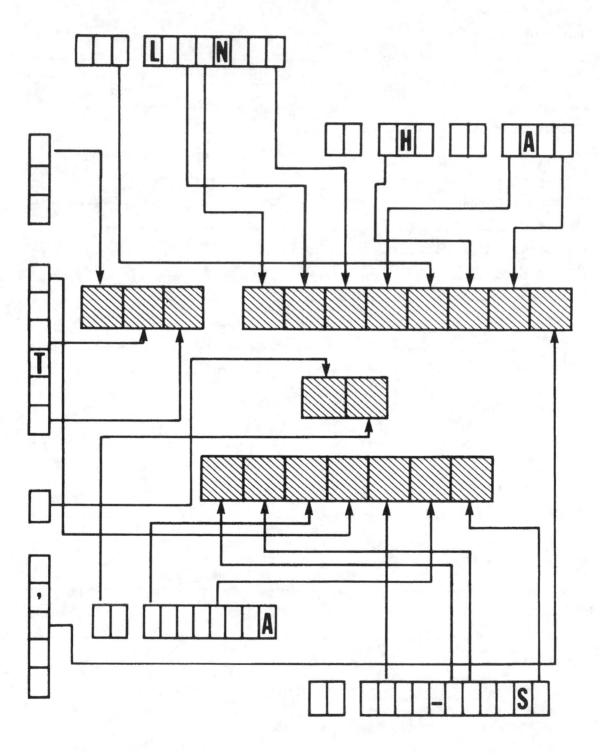

2

CHAPITRE · DEUX
Faisons connaissance!

TRAVAIL PRÉPARATOIRE
▼▼▼▼▼▼▼▼▼▼▼▼▼▼

I. Planning Strategy

Your new friend, the student from France, is having difficulty with her English. Answer your friend's questions about how to get acquainted with people.

1. What do I say when I want to introduce myself to someone? _____

   _____

2. What words and expressions do I need to tell someone about the makeup of my family? _____

   _____

   _____

3. People are always asking me whether I like certain things and activities. I'd like to be able to do more than just say yes or no. How do I express different degrees of liking and disliking?

   _____

   _____

II. Student Tape

A. You may have noticed that many of the names of letters in French are quite similar to those in English. For example, repeat the following letters:

   a b c d f l m n o p q r s t v

Now repeat the following letters, which are different. You will say each one twice:

   h k u w x y z

Finally there are two pairs of letters that can be confusing to speakers of English. Repeat each pair several times:

   e i   g j

To spell in French, you need to know several other expressions. For double letters, say **deux** (*two*) before the letters: **deux l, deux p, deux s, deux t**. If a letter has an accent mark, say the name of the accent after the letter: **e accent aigu (é), e accent grave (è), i accent circonflexe (î), c cédille (ç)**. The same is true for a capital letter (**majuscule**) and a small letter (**minuscule**): **F majuscule, d minuscule**.

B. **Comment s'écrit** _____? (*How do you spell* _____?) Knowing the alphabet will come in handy, particularly when someone gives you names or addresses over the telephone. In this exercise, a French friend is telling you about two people you could contact while traveling in the south of France. Your friend spells out the last names, the street names, and the names of the towns. (Your friend assumes you can spell the first names and cognate words such as **avenue** and **boulevard**.) Write the names and addresses.

_____   _____

_____   _____

_____   _____

_____   _____

C. Épelez... (*Spell...*) You in turn may need to spell in French when making reservations or filling out forms for someone. Imagine that you are trying to reserve a hotel room over the telephone. The clerk asks you for the following information, which you should be ready to spell in French for your instructor:

1. your last name

2. your first name

3. the name of the street where you live

4. your city

5. your state

D. In Chapter 2, you will be working with words and expressions used when getting to know someone. In particular, you will learn vocabulary to talk about things that you own or use (a stereo, for example) and activities you like (such as playing tennis). Many of these words are cognates. You are going to hear two short monologues. In the first, Jean-Pierre, a French university student, describes his room; in the second, Michelle, a young lawyer, talks about how she likes to spend her time. Much of what they say you may not understand; do not worry. Focus instead on the words you can recognize. For each monologue, look at the drawings below and circle the objects and activities mentioned.

PREMIÈRE ÉTAPE

C'est à toi, ça? (*Text p.50–p.61*)

L·I·S·O·N·S!

*In France, as in the United States, advertising (what the French call **la publicité** or **la pub**) is big business. Consequently, when you are in France, you are bombarded with ads for all types of merchandise. In this **étape**, you will work on reading ads for merchandise that you as student might want or need.*

I. Prélecture. Answer the following questions about ads on the basis of your general knowledge and your ability to observe.

1. Even if someone did not understand a single word of French, what physical cues might allow that person to distinguish the ad from the rest of this magazine page? _____

_____

Nom .... Cours ....

2

1ère Étape

BOND EN AVANT DE LA RECHERCHE SUR LE CANCER

Mais il serait aussi responsable d'accidents cérébraux (lésions, aires d'apoplexie) et d'un certain nombre d'affections neurologiques. Présent dans toutes les cellules du cerveau où il joue un rôle de transmetteur, le glutamate peut, à certains moments, se trouver en minuscules quantités dans les espaces intercellulaires. Mais il arrive que le cerveau soit brusquement privé d'oxygène, alors le glutamate devient plus abondant et envahit les cellules principales, les neurones, et les noie. Nécessaire à la vie, le glutamate se transforme alors en tueur.

Un détecteur ultrasensible. C'est le dernier gadget pour détecter plus facilement la moindre grosseur dans un sein. Il s'agit d'une poche en latex d'une vingtaine de centimètres de diamètre, remplie de silicone liquide, que l'on place sur le sein. Son application augmente considérablement la perception de la dimension de la plus minuscule grosseur. A travers cette poche, la palpation d'un grain de sel donne l'impression d'un caillou, un cheveu humain est aussi épais qu'un morceau de fil de fer. Comment le « sensor pad » permet-il de détecter les grosseurs les plus infimes ? En éliminant friction, chaleur et autres stimuli, il ne permet qu'à la seule perception de la forme de l'anomalie de parvenir au cerveau.

« Nous affirmons qu'il est réalisable et cliniquement utile de se servir des polymorphismes de l'A.D.N. (Acide DésoxyriboNucléique) pour déterminer le risque de cancer. » Traduite en clair, cette phrase signée par 14 cancérologues de réputation internationale – américains, anglais, suédois et allemands – publiée dans le fameux « New England Journal of Medicine », signifie que le dépistage aussi bien que le traitement de certains cancers vont devenir possibles. L'explication de cet optimisme et de cet espoir se trouve à l'échelon le plus intime de la cellule humaine. L'A.D.N. des chromosomes. Les biologistes se sont attelés au décryptage des quelque 100 000 gènes qui forment un individu. C'est ainsi qu'ils ont découvert sur le chromosome 11, puis sur le 13, puis sur le 17, des gènes dont la présence ou l'absence correspond à l'existence d'un cancer. Sur les chromosomes 11 et 17, la présence de certains gènes dits « oncogènes » ou cancéreux, est liée à des cancers du sein. Sur le chromosome n° 13, c'est l'absence d'un gène baptisé Rb qui coïncide avec l'apparition d'un cancer rare mais redoutable de la rétine – le rétinoblastome – chez les enfants (1 cas pour 15 000 à 34 000 naissances). Le Rb a sous sa dépendance la synthèse d'une protéine essentielle à la croissance cellulaire normale. Son absence correspond à une croissance cellulaire anormale, cancéreuse. Ainsi découvert, isolé et classé, le gène Rb a-t-il permis la

mise au point d'un test prédictif du rétinoblastome à partir d'un simple prélèvement sanguin. Test d'une importance capitale puisqu'il peut être effectué avant la naissance, ce qui met les futurs parents en face de leurs responsabilités. Mais le gène Rb n'est pas spécifique au rétinoblastome. Il est également impliqué dans la genèse des cancers du poumon à petites cellules, 20 % des cancers primitifs du sein et la moitié des cas de cancers des os. Ce gène Rb vient d'être réimplanté au sein du chromosome n° 13 d'une souris porteuse d'une tumeur et la croissance de celle-ci a été blo-

quée. Cette expérience prouve que la protéine codée par le gène Rb est capable d'enrayer la formation d'une tumeur. Des essais sur l'homme sont envisagés « d'ici un an ou deux », a déclaré le Pr Wenhwa Lee, qui dirige les chercheurs de l'université de Californie qui ont réussi cette expérience. Un autre cancérologue américain, Steven Rosenberg, veut aller plus vite et plus loin. A la fin janvier, il se préparait à implanter chez de grands malades des « gènes manipulés ». Pour la première fois, on devrait savoir s'il est possible d'aller « tuer un cancer dans l'œuf ». ■

Jean V.-Manevy

2. When you read an ad in a newspaper or magazine, how often do you expect to find the following types of information?

	Always	Usually	Rarely or never
a. type of product	☐	☐	☐
b. brand name	☐	☐	☐
c. name and address of manufacturer	☐	☐	☐
d. price	☐	☐	☐
e. materials and/or ingredients	☐	☐	☐
f. picture of the product	☐	☐	☐
g. reasons for buying the product	☐	☐	☐
h. testimonials	☐	☐	☐

II. Calculatrices et ordinateurs. Read the two ads for electronic products. Then tell which types of information listed in the preceding exercise are contained in each ad.

Sharp	Casio
_____	_____
_____	_____
_____	_____
_____	_____
_____	_____
_____	_____

READING STRATEGIES

Skimming and Scanning

Skimming and scanning are two techniques you can use when your main concern is to get information from a document or text. Skimming involves looking quickly over the material to get a general idea of the type of text you are dealing with and the basic content you are likely to find. In skimming, you make use of the physical layout and design of the text as well as any cognate words that are immediately apparent. Exercise II basically asks you to skim the ads for Sharp and Casio products.

Scanning involves looking over the material in search of a certain type of information. In scanning, you focus your attention on specific details while ignoring unrelated information. For example, you scan plane schedules and TV program listings for information about your particular destination or about programs playing at the current time. In the exercise that follows, you will be asked to scan the Sharp and Casio ads in order to answer certain questions.

Skimming and scanning usually occur simultaneously and are very useful when you have a specific need for information and are confronted with a text containing large amounts of unfamiliar vocabulary.

III. **Calculatrices et ordinateurs (suite).** Scan the ads in Exercise II in order to answer the following questions.

1. What are the important differences between the EL 531 and the EL 512? _____

   _____

   _____

2. The EL 512 has more functions than the PC 1401. Why does the PC 1401 cost so much more?

   _____

   _____

3. What is the approximate price in American dollars of each of these instruments? Can you buy

   similar instruments for the same or a lower price in the United States? _____

   _____

   _____

   _____

4. How does the PB 80 compare to the products in the Sharp ad? _____

   _____

   _____

5. No price is suggested for the PB 80. How might you find out more about this particular

   instrument? _____

   _____

   _____

6. Which of these products would you find the most useful? Why? (Or, if none would help you, explain why not.) _____

_____

_____

É·C·R·I·V·O·N·S!

PRATIQUE DE LA GRAMMAIRE

On page P4 of this Workbook, you will find additional, highly structured, self-correcting exercises on **avoir** and possessive adjectives. If you feel unsure about these structures, or if you wish additional practice, do those exercises in preparation for Exercises IV through VII.

IV. Il y a . . . Look at the drawings of Pascale's room and Didier's room. First, list at least ten objects that you see in Pascale's room.

Pascale

Didier

Dans la chambre de Pascale, il y a <u>*un bureau,*</u> _____

_____

_____

Now list at least five items in Didier's room that are *not* found in Pascale's room.

Dans la chambre de Didier, il y a _____

_____

V. Petites conversations. (*Little conversations.*) Complete the following conversations, using the expressions **il y a** or **voilà** or the appropriate form of the verbs **être** or **avoir**.

1. —À Cassis _____ des avocats?

   —Oui. Tiens! Regardez! _____ un avocat.

   —Ah, oui. M. Rocard. Il _____ de Marseille, mais il

   _____ une maison à Cassis.

2. —Nous sommes à l'université?

   —Oui. Regardez! _____ des étudiants. Là, au restaurant universitaire.

   —Est-ce qu'ils _____ français?

   —Non, espagnols et allemands. _____ beaucoup d'étudiants étrangers (*foreign*) ici.

3. —Où est-ce que Nathalie habite?

   —Est-ce qu'elle _____ un appartement?

   —C'est possible. _____ des appartements pour étudiants dans l'avenue Dauphine.

   —Où _____ l'avenue Dauphine?

   —_____ l'avenue Dauphine. Tout droit (*straight ahead*).

VI. À qui est-ce? (*Whose is it?*) Using the information suggested, complete the following exchanges.

1. Alain is looking for his pens. Francine sees where they are.

   ALAIN: Où sont _____ stylos?

   FRANCINE: Ils sont dans _____ sac à dos.

2. Alain and Francine are looking at Didier's house.

   ALAIN: Francine, c'est _____ maison?

   FRANCINE: Non, c'est _____ maison _____ Didier. Je n'habite pas dans une maison. J'ai un appartement.

   ALAIN: Ah, oui? Où est _____ appartement?

3. Francine has found a set of keys.

   FRANCINE: Didier et Christine, ce sont _____ clés?

   CHRISTINE: Oui, ce sont _____ clés.

4. Alain is looking at Francine's stereo.

   ALAIN: Francine, c'est _____ chaîne stéréo?

   FRANCINE: Oui, et ce sont _____ cassettes aussi.

5. Francine and Alain are trying to find out whose desk this is.

FRANCINE: À qui est ce bureau?

ALAIN: Didier, ce n'est pas _____ bureau?

CHRISTINE: Mais non, c'est _____ bureau, à moi.

6. Didier is looking for a computer.

DIDIER: Christine, où est _____ ordinateur?

CHRISTINE: Je n'ai pas d'ordinateur, mais voici _____ calculatrice.

7. Alain and Francine can't find their bikes.

ALAIN: Francine, où sont _____ vélos?

CHRISTINE: Vous cherchez _____ vélos? Ils sont dans le garage.

VII. Les chambres à la résidence universitaire. You have been asked to send a letter to a French exchange student who is planning to spend a year at your university. Write a paragraph in which you describe a typical room in a residence hall and explain what she will need. Use the expressions **il y a, il n'y a pas**, and **tu auras besoin de** (*will need*). Begin your paragraph with: **Dans une chambre typique . . .** Use a separate sheet of paper.

SUPPORTS SYSTEME-D

VOCABULAIRE: Matériaux scolaires; possessions

GRAMMAIRE: Le verbe irrégulier **avoir**

DEUXIÈME ÉTAPE

Moi, j'aime beaucoup . . . (*Text p.62–p.69*)

L·I·S·O·N·S!

The use of skimming and scanning as reading strategies is not limited to "practical" texts, such as timetables, schedules, ads, etc. We also use these techniques when reading newspapers and magazines. In the exercises that follow, you will apply skimming and scanning to a common type of article found in today's print media, mini-portraits of famous people.

I. Prélecture. Based on your experience looking at newspapers and magazines, answer the following questions.

1. What elements of layout are typical of a mini-portrait of a celebrity? _____

_____

2. List at least five types of information (for example, the person's name) that you almost always find in a short celebrity portrait. _____

_____

_____

3. List at least three other types of information that you sometimes find in a short celebrity portrait. _____

_____

Nom .... Cours ....

2

2e Étape

II. Trois célébrités. Rapidly scan the three portraits of people in the French spotlight and identify each person's claim to fame.

Henri Leconte

Il s'appelle Henri Leconte. Il a vingt-trois ans, et c'est un des meilleurs joueurs de tennis de France.

Henri est né en 1963 dans le nord de la France. Dans la famille Leconte, les quatre enfants et les parents aiment jouer au tennis le dimanche.

Aujourd'hui, Henri joue dans tous les grands championnats de tennis du monde.

Henri habite à Paris, mais il veut aller habiter en Suisse. Henri a beaucoup de talent et il est très sympathique; c'est un vrai champion!

Henri Leconte

l est pianiste et américain, mais d'origine chinoise, l'énigmatique Frederic Chiu. Formé à la Juilliard School, il aura donné son premier concert public à l'âge de 14 ans. Depuis, il court le monde. Ce 18 février à Paris, il interprétera des pages de Liszt. Dans le cadre de l'Heure musicale Scribe.

Steinberger-Enguerand

FREDERIC CHIU

SALIF KEITA

Salif Keita est un drôle de bonhomme. Fils d'une aristrocratique famille africaine, il naît albinos. Une caractéristique difficile à porter pour un bambin du Mali. Parti de chez lui, il traîne dans les rues, et se bâtit une existence de vagabond, «*Kô-Yan*» est son deuxième album. Il a eu les moyens de le peaufiner et d'utiliser les techniques modernes au service de mélodies ancestrales. Il répète sans cesse: «Pour nous, la France, c'est la maman».

1. Henri Leconte _____

2. Frédéric Chiu _____

3. Salif Keita _____

III. En plus. (*In addition.*) Scan the portraits a second time, a little more slowly. Then write a short paragraph in English about each of the three people. Use a separate sheet of paper.

É·C·R·I·V·O·N·S!

PRATIQUE DE LA GRAMMAIRE

On page P5 of this Workbook, you will find additional, highly structured, self-correcting exercises on **faire** and information questions. If you feel unsure about these structures, or if you wish additional practice, do those exercises in preparation for Exercises IV through VIII.

IV. Ce qu'on aime faire le week-end. Annick, Denis, and Nelly are discussing what they each like to do on the weekend when they have some free time. Complete their conversation, using an appropriate form of **faire** or **avoir**, a question word, or another word or expression that you know and that makes sense.

ANNICK: Denis et Nelly, qu'est-ce que _____ le week-end si (*if*) vous

n'_____ pas de devoirs (*homework*)?

DENIS: Moi, _____ du tennis. Toi aussi, Nelly?

NELLY: Moi, non. J'aime rester à la maison et _____ de la musique.

ANNICK: C'est vrai? Alors, tu ne _____ de tennis?

NELLY: Non, mais mes amis et moi, nous _____ beaucoup de promenades.

Et toi, Annick, tu _____ du sport?

ANNICK: Moi, j'adore _____ des tours à vélo.

DENIS: Ah, oui. Moi aussi. Mais je _____ vélo.

_____ on peut louer (*can rent*) un vélo?

NELLY: _____ un magasin (*store*) où on peut louer des vélos dans la rue St-Pierre.

V. Une interview. You have been chosen to interview a French person who is attending your university. Prepare questions that you could ask in order to elicit the following information. Do not translate word for word, but look for French equivalents.

1. where he/she lives in France (**en France**)

   _____

2. whether he/she lives in a house or an apartment

   _____

3. whether he/she works or is a student in France

   _____

4. (if he/she works) where he/she works / (if he/she is a student) what he/she is studying (*Make up two questions.*)

   _____

   _____

5. whether he/she prefers sports or music

   _____

6. why he/she doesn't like American beer

_____

7. what he/she likes to do on the weekend

_____

8. whether or not he/she is a skier

_____

VI. Encore une interview. (_Another interview._) You now have been asked to make up several questions that could be used to interview a French-speaking applicant for _one_ of the following positions:

1. You are looking for a roommate.

2. You are looking for a live-in baby sitter for your little brother and sister (or your children).

3. You are looking for a companion for your aging parents. Circle the situation you have chosen. Then make up six to eight appropriate questions. Once again, do not translate word for word. Use as many question words as you can. Do this exercise on a separate sheet of paper.

VII. Vous voulez rencontrer quelqu'un. (_You want to meet someone._) You are lonely and decide to make use of a dating service to meet some new people. The first service you contact sends you a questionnaire that includes the following questions. Answer them truthfully in complete sentences.

UNI CENTRE: LES RENCONTRES D'AUJOURD'HUI
♥ ♥ 94, RUE SAINT-LAZARE · PARIS, 9E ♥ ♥

QUESTIONNAIRE

1. Où est-ce que vous habitez? ....

2. Êtes-vous originaire de la ville où vous habitez? ....
....

3. Est-ce que vous travaillez? Où? ....
....

4. Avez-vous une voiture? ....
....

5. Quels sports aimez-vous le mieux? ....
....

6. Quelle musique préférez-vous? ....
....

7. Qu'est-ce que vous aimez faire le week-end? ....
....
....

8. Quelles émissions regardez-vous à la télévision? ....
....
....
....

VIII. Vous voulez rencontrer quelqu'un (suite). Not satisfied with the first dating service, you decide to try another. This time, instead of sending a questionnaire, they ask you to write a paragraph about yourself. Use a separate sheet of paper.

> **VOCABULAIRE:** Les goûts et les préférences; les activités
>
> **FONCTIONS:** Pour indiquer ses goûts et ses préférences; pour s'identifier; pour décrire une personne
>
> **GRAMMAIRE:** Les verbes réguliers en **-er**; le verbe irrégulier **faire**

TROISIÈME ÉTAPE

Voici ma famille! *(Text p.70–p.79)*

L·I·S·O·N·S!

Using reading strategies such as scanning and skimming and relying on the many cognates between French and English, you have already been able to read a variety of texts. This process has also been aided by the fact that the texts were printed. Postcards and letters, however, are usually handwritten, which introduces an additional complication. In the exercises that follow, you will work on recognizing letters and numbers as they appear in handwriting.

I. Prélecture. Study the handwritten note in English, left by the writer for his wife. Then do the activities that follow.

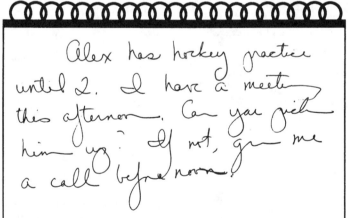

1. Circle any words that are difficult to read.
2. Which of these words can you figure out despite the poor handwriting? What allows you to

   identify them? _____

   _____

   _____

   _____

II. L'écriture. (*Handwriting.*) While letters and numbers are the same in both French and English, differences in handwriting styles between the two languages can cause some problems.

A. Les lettres. Rewrite the following words in your own handwriting. Then circle any letters that are formed in a different fashion in French.

Nom .... Cours ....

2

3ᵉ Étape

1. *Mademoiselle*
2. *français*
3. *Généralement*
4. *préparer*

5. *être*
6. *nature*
7. *déjeuner*
8. *Avez-vous*

B. Les chiffres (*Numbers.*) Study the handwritten French numbers from 0 to 9. Then rewrite the following numbers in your own handwriting.

0 1 2 3 4 5 6 7 8 9

1. *36*
2. *27*
3. *49*
4. *18*

5. *50*
6. *11*
7. *47*
8. *62*

READING STRATEGY

Guessing from Context

When faced with an unfamiliar word or, in the case of a handwritten text, with a word whose letters you can't completely make out, you can often figure out the probable meaning from the context—that is, from surrounding words that you do recognize. As a general rule, don't be afraid to make intelligent guesses about the meanings of words and phrases. If you are wrong, succeeding sentences will probably warn you to go back and try again.

III. Trois portraits de famille. Read the family descriptions written by three French speakers. Then, guessing from context when necessary, answer the questions that follow.

1. Who is the oldest child in Jean-Philippe Chaumette's immediate family? And the youngest?

_____

2. Which set of grandparents lives the closest to Jean-Philippe? _____

_____

> Je m'appelle Jean-Philippe Chaumette et j'ai 17 ans. J'habite avec ma famille à Lyon. J'ai un père, une mère et deux soeurs. Sandrine a 13 ans et Laurence a 15 ans. Mon oncle Etienne, le frère de mon père, et sa femme Véronique ont deux fils. Ils s'appellent Bernard et Emmanuel. J'ai de la famille dans d'autres villes de France aussi. Mon grand-père, le père de ma mère, habite à Bordeaux avec ma grand-mère. Les parents de mon père habitent à Grenoble.

3. Where does Isabelle Metz live? How many people live with her? _____

_____

4. What do her uncles have in common? _____

_____

5. How does Isabelle spend her free time? _____

_____

Je m'appelle Isabelle Metz, j'ai 24 ans et j'étudie l'allemand et l'anglais dans le but d'enseigner. Je vis à Strasbourg avec mes parents et ma soeur Laurence qui a 20 ans. Notre appartement a quatre pièces et deux grands balcons. Mon père travaille à la SNCF et ma mère est secrétaire à l'université.

Toute ma famille habite en Alsace. J'ai deux oncles qui portent le même prénom: Bernard. L'un est le frère de ma mère, l'autre celui de mon père. Mes cousins sont tous plus jeunes que moi: François, Lucie, Marie, Béatrice et Emmanuel.

Cette année, j'ai commencé à prendre des cours de guitare et je m'exerce dès que j'ai un moment de loisir. J'aime aussi sortir avec mes amis. Nous allons au restaurant ou au cinéma au moins une fois par semaine. Pendant les vacances, je fais des randonnées dans d'autres régions de France. Cet été, j'irai découvrir les volcans d'Auvergne.

6. Where do Françoise and her family live? _____

_____

7. How do you know that Françoise is considerably older than Jean-Philippe or Isabelle?

_____

_____

8. In what way(s) does Françoise's family differ from the traditional idea of a family?

_____

_____

_____

_____

Je m'appelle Françoise et je suis belge. J'habite à Namur, une petite ville au sud de la Belgique, avec mon mari et ma famille. J'ai deux enfants, une fille et un fils : Pascale et Bernard. Mais, comme ils sont déjà grands, vingt-cinq et vingt-deux ans, ils n'habitent plus à la maison. Ils ont leur propre appartement. Par contre, mon beau-fils Stéphane, le plus jeune garçon de mon second mari, habite encore chez nous. Il a seulement dix-huit ans et il fait ses études à l'université. J'ai aussi un autre beau-fils plus âgé, Patrick, qui est marié et qui a un petit garçon de quatre ans. C'est mon premier petit-fils ! Je suis très heureuse d'être grand-mère. Comme nous habitons tous dans la même ville, nous nous voyons assez souvent. C'est très agréable d'avoir toute sa famille autour de soi !

É·C·R·I·V·O·N·S!

PRATIQUE DE LA GRAMMAIRE

On pages P5–P6 of this Workbook, you will find additional, highly structured, self-correcting exercises on possessive adjectives. If you feel unsure about this structure, or if you wish additional practice, do those exercises in preparation for Exercises IV through VII.

IV. Lequel aimes-tu mieux? (*Which one do you prefer?*) In each case, tell whether you prefer the item pictured below or a similar item belonging either to you or to your family. Use a possessive adjective in your answer.

> *Modèle:* Lequel aimes-tu mieux—ton vélo ou le vélo de Michèle?
> *J'aime mieux mon vélo.* or *J'aime mieux son vélo.*

la chaîne stéréo de Gérard

notre voiture

mon programme

la maison des Blanchet

le vélo de Michèle

les posters de Chantal

1. Laquelle aimes-tu mieux—ta chaîne stéréo ou la chaîne stéréo de Gérard? _____
   _____

2. Laquelle aimez-vous mieux—votre maison ou la maison des Blanchet? _____
   _____

3. Lesquels aimes-tu mieux—tes posters ou les posters de Chantal? _____
   _____

4. Laquelle aimez-vous mieux—votre voiture ou notre voiture? _____
   _____

5. Lequel aimes-tu mieux—ton programme ou mon programme? _____
   _____

V. Ma famille. Answer the following questions about you and your family.

1. Comment vous appelez-vous? _____

2. Quel âge avez-vous? _____

3. Vous êtes combien dans votre famille? _____

4. Combien de frères est-ce que vous avez? Comment est-ce qu'il(s) s'appelle(nt)? _____
   _____

5. Combien de sœurs est-ce que vous avez? Comment est-ce qu'elle(s) s'appelle(nt)? _____
   _____

6. Quel est le prénom de votre grand-mère (la mère de votre père)? _____

7. Quel est le nom de famille de votre grand-père (le père de votre mère)? _____

8. Votre mère est-elle d'une famille nombreuse? Et votre père? Expliquez (*explain*). _____
   _____
   _____

VI. J'aime bien . . . Write a paragraph about one relative from *each* of the categories listed below.

> *Modèle:* tante
>
> *J'aime bien ma tante Béatrice. Elle a 37 ans. Elle est très petite. Elle a les yeux bleus et les cheveux blonds. Elle est mariée et elle a deux fils. Elle habite à New Haven. Elle travaille à la maison. Elle aime beaucoup le théâtre.*

1. oncle ou tante
2. cousin ou cousine
3. grand-père ou grand-mère

VOCABULAIRE: Les habitations; les possessions; les goûts et les préférences; les activités; la famille

FONCTION: Pour indiquer ses goûts et ses préférences; pour décrire une personne

GRAMMAIRE: Les adjectifs possessifs

VII. Voici ma famille. Your family has invited a young French-speaking student to spend the year with them. They ask you to write a letter to the exchange student, expressing their pleasure in her upcoming visit and describing your family. Complete the letter, giving as much information as you can about your family.

◆ ◆

Chère Colette,   *le 22 septembre 19___*

> *Ma famille et moi, nous sommes très heureux d'apprendre que vous allez passer l'année chez nous. Je m'appelle _____,*
> *j'ai _____ ans et je suis étudiant(e) à _____. Je voudrais vous faire une petite description de ma famille.*
>
> *Nous sommes _____*
> _____
> _____
> _____
> _____
> _____
> _____
> _____
> _____
> _____
> _____
>
> *Nous attendons avec impatience votre arrivée.*
>
>   *Cordialement,*
>
>   _____

SUPPORTS
SYSTEME-D

QUATRIÈME ÉTAPE

(Text p.80–p.85)

É·C·O·U·T·O·N·S!

I. Dans mon sac à dos . . . Dans ma chambre . . . Two students, Mireille and Vincent, are going to describe what can be found in their backpacks. Write **M** under the picture of each item Mireille has in her backpack and **V** under the picture of each item Vincent has. Not everything in the picture is mentioned on the tape. Mireille will begin.

_____   _____   _____   _____   _____   _____

Now Vincent and Mireille will describe what they have in their dorm rooms. Once again, write **V** or **M** under the picture of each possession. Not everything in the picture is mentioned on the tape. This time Vincent will speak first.

1. _____   2. _____   3. _____   4. _____

5. _____   6. _____   7. _____   8. _____

9. _____   10. _____   11. _____   12. _____

Nom .... Cours ....

2

⌒ 4ᵉ Étape

II. Une famille. The names of several members of the same family are listed below. One of the children is going to explain how these people are related to each other. As you listen to her explanation, fill in the family tree with the initials of the people she talks about.

Alfred Clément / Cécile Clément / François Clément / Marguerite Clément / Pauline Clément / Raymond Clément / Sylvie Clément

Ghislaine Favier / Henri Favier

André Truchet / Céline Truchet / Francis Truchet / Michèle Truchet

III. *Avoir* ou *être*. Certain forms of the verbs **avoir** and **être** resemble each other closely. For each of the following sentences, circle which of the two forms you hear and then write the corresponding infinitive (**avoir** or **être**). You may not recognize every word in the sentence; listen carefully for the verb.

Modèle: You hear: Vraiment? Il est avocat? Quelle surprise!

You circle: (il est)   il a

You write: *être*

1. elle a   elle est   _____
2. tu es   tu as   _____
3. ils sont   ils ont   _____
4. il a   il est   _____
5. tu as   tu es   _____
6. elles ont   elles sont   _____

IV. Combien? You have a job taking an inventory. Your partners count the objects; you simply write down each number that you hear.

Modèle: You hear: —Deux ordinateurs.
 —Combien?
 —Deux.

You write: __2__ ordinateurs

_____ chaînes stéréos   _____ téléviseurs

_____ Walkmans   _____ livres

_____ calculatrices   _____ cahiers

_____ magnétoscopes   _____ radioréveils

_____ bureaux   _____ cassettes

V. Les goûts. Four friends are discussing the sports, amusements, and subjects that they like and dislike. Listen to their conversations and tell how they feel about each item discussed. If they like something, write +; if they really like it, write ++. If they dislike something, write −; if they strongly dislike it, write − −.

Modèle: You hear: —Isabelle, tu aimes le golf?
 —Le golf? Pas vraiment. Je n'aime pas beaucoup le golf.

You write: − *(Isabelle, golf)*

	Isabelle	Jean-Patrice	Simone	Mathieu
golf	−	_____	_____	_____
tennis	_____	_____	_____	_____
football	_____	_____	_____	_____
télévision	_____	_____	_____	_____
cinéma	_____	_____	_____	_____
langues	_____	_____	_____	_____
mathématiques	_____	_____	_____	_____

VI. Mini-dictée. Complete the following conversation by writing the missing words. The conversation will be read twice.

—Ah, voilà _____ de Bernard. Elle s'appelle Yvonne. Salut, Yvonne.

—Salut, Stéphane. Où sont _____?

—Comment? Moi, je _____ frères, mais j'ai deux sœurs.

—Ah, oui. Elles _____ un appartement dans la rue Mauclair. Qu'est-ce

qu'elles _____ comme distractions?

—Ma sœur Denise _____, elle _____ du tennis; ma

sœur Isabelle _____ la politique.

—Moi, _____ la musique. Je suis pianiste.

—Ah, bon. _____ tu aimes comme musique?

—Je _____ la musique classique.

VII. Un portrait. Claire Turquin, a young French woman, talks about herself and her family. Listen to her portrait, then answer the questions on your worksheet. Circle the letter of the correct response. You may listen more than once to her portrait.

1. Claire habite
   a. à l'université.
   b. dans une maison.
   c. dans un appartement.

2. . . . n'habite(nt) pas avec Claire.
   a. Ses parents
   b. Son grand-père
   c. Ses frères
   d. Ses sœurs

3. Elle a
   a. une stéréo et des disques.
   b. des photos.
   c. un vélo.
   d. une auto.

4. Elle n'aime pas beaucoup
   a. le ski.
   b. le vélo.
   c. le camping.
   d. le basketball.

5. À l'université elle n'aime pas
   a. les sciences.
   b. l'histoire.
   c. les langues.
   d. la géographie.

R·É·D·I·G·E·O·N·S!

Un autoportrait. You are going to spend a semester studying in France and have requested to stay with a French family. To help the French housing bureau match you with a family, you need to write a short self-portrait. Use a separate sheet of paper.

VOCABULAIRE: La famille; les goûts et les préférences; les activités

FONCTIONS: Pour s'identifier; pour décrire une personne; pour indiquer ses goûts et ses préférences

TRAVAIL DE FIN DE CHAPITRE
▼▼▼▼▼▼▼▼▼▼▼▼▼▼▼▼▼▼

▭ **I. Student Tape**

Listen now to a short conversation between two students—Henri and Janine. Tell whether the characteristics below apply to Henri (**H**), to Janine (**J**), or to neither one (**X**).

1. être de Rennes _____
2. habiter à Lyon _____
3. être d'une famille nombreuse _____
4. avoir deux frères et une sœur _____
5. avoir des sœurs qui sont étudiantes _____
6. aimer le tennis _____
7. faire du ballet _____
8. aimer les sports de combat _____

II. Jeu: Qui gagne à l'ordinateur? Five students of different nationalities are attending a private school in Switzerland. One of them would like a computer, but his/her parents refuse to buy one. Consequently, he/she enters a lottery and wins the first prize—a computer! Using the clues given below, figure out which of the five students wins the computer.

Hint: After reading each clue, write something down. If you can fill in one of the boxes in the chart, do so. For example, for the statement **Le garçon canadien a un frère et une sœur,** put **Montréal** in the city box next to the number 2 in the brother/sister column. If you don't have enough information to fill in a box, jot down a connection. For example, **Éric aime écouter des disques compacts,** write down **Éric—CD—musique.** Be careful! Write only one name or number or item per box.

Les élèves s'appellent Jean, Louise, Éric, Sara et Peter. Ils sont de Londres, Paris, New York, Montréal et Madrid. Ils ont le nombre suivant de frères et de sœurs: 0, 1, 2, 3, 4.
Les pères des lycéens sont avocat, ingénieur, homme d'affaires, médecin et professeur.
Les élèves aiment beaucoup la musique, le football, le cinéma, le théâtre et la politique.
Ils ont (ou voudraient avoir) une voiture, un magnétoscope, un ordinateur, une chaîne stéréo et une motocyclette.

1. Le garçon canadien a un frère et une sœur.
2. Éric aime écouter des disques compacts.
3. La fille anglaise s'intéresse beaucoup aux élections.
4. Éric n'est pas canadien.
5. Le père de Sara travaille dans une université. Il enseigne la littérature.
6. L'élève qui a une Kawasaki 500 a un frère et n'a pas de sœurs.
7. Sara aime regarder les films d'horreur.
8. Le père de Sara parle espagnol à la maison.
9. Le fils du médecin a beaucoup de disques compacts.
10. L'élève qui aime les sports est canadien.
11. Le médecin a trois filles et deux fils.
12. Le fils de l'homme d'affaires aime beaucoup Shakespeare et Molière.
13. Jean adore le football.
14. Louise est la fille de l'ingénieur.
15. Sara a deux frères et une sœur.
16. Le père canadien n'est pas ingénieur et il n'est pas dans le commerce.
17. Peter voudrait être à Broadway.
18. Le fils de l'avocat a une Volkswagen.
19. La fille du professeur invite des amis à regarder des vidéos.
20. Le fils de l'homme d'affaires a un frère, mais il n'a pas de sœurs.

Nom	Ville d'origine	Frères et sœurs	Profession du père	Activités	Possessions
		0			
		1			
		2			
		3			
		4			

CHAPITRE·TROIS
Renseignons-nous!

TRAVAIL PRÉPARATOIRE
▼▼▼▼▼▼▼▼▼▼▼▼▼▼

I. Planning Strategy

Your French friend has been having trouble finding his way around your town and responding when people ask him for directions. Suggest some phrases and sentences he might use to accomplish the following tasks.

1. Find out from a stranger the location of the town library. _____

   _____

2. Find out from you if there is a drugstore nearby. _____

   _____

3. Explain to someone how to walk from campus to a bank (restaurant, post office, etc.) that is in

   the vicinity of campus but not right next to it. _____

   _____

   _____

   _____

4. Explain to a passerby how to get to campus from somewhere in town. _____

   _____

   _____

II. Student Tape

A. L'intonation. Intonation refers to pitch, the rising and falling of the voice within the speaking range. Rising intonation indicates continuation—that there is more to follow. Falling intonation signals closure—that is, the end of a sentence or idea. French intonation patterns are determined by word groups and by the type of utterance. Listen to the following examples:

1. In the basic intonation pattern, voice pitch rises and falls:

   Nous habitons à Paris.

   Ma sœur et moi, nous habitons à Paris.

   Ma sœur et moi, nous habitons à Paris depuis trois ans.

   Notice that the voice rises at the end of each group except the last.

2. Short phrases and sentences as well as commands and short information questions are all marked by falling intonation:

   Bonjour, Madame.

   Je ne sais pas.

→
Dépêche-toi, mon petit!

→
Comment allez-vous?

3. Questions that can be answered by **oui** or **non** are marked by rising intonation:

→
Tu aimes danser?

→
Elle a des frères et des sœurs?

→
C'est ton livre?

Take a few minutes to practice these basic intonation patterns by saying the following sentences aloud. In each case, when you hear the number of the sentence, read the word groups, listen to the model intonation, and then repeat the word groups.

First, practice the basic sentence pattern with rising and falling intonation.

1. Elle a deux frères.
2. Elle a deux frères et une sœur.
3. Dans ma chambre j'ai une chaîne stéréo et des cassettes.
4. Dans ma chambre j'ai un téléviseur, un frigo, un bureau et un lit, mais je n'ai pas de chaîne stéréo.
5. Je n'aime pas danser.
6. Je n'aime pas chanter, mais j'adore écouter des cassettes de musique classique.

Now practice some short utterances with falling intonation.

7. Très bien, merci.
8. Quelle heure est-il?
9. Merci beaucoup.
10. Un moment, s'il vous plaît.

And finally, practice some yes-no questions with rising intonation.

11. Tu as faim?
12. Est-ce qu'elles habitent à Paris?
13. Ce sont vos clés, Madame?
14. Vous voulez prendre quelque chose?

B. **Dans la rue.** You will hear four short conversations in which people ask for directions. Match the number of the conversation (1, 2, 3, 4) with the appropriate brief description. You will not understand most of each conversation in detail; simply listen for the general context.

_____ A motorist asks a policeman for directions.

_____ A tourist asks a passerby for directions, but the passerby can't help.

_____ A student tells a friend how to get somewhere in town.

_____ A student explains to a friend how to get to a relative's house.

PREMIÈRE ÉTAPE

Faisons connaissance de la ville! *(Text p.90–p.98)*

L·I·S·O·N·S!

Whether in a city or in the town where you live, you will often want to read about opportunities for entertainment. The city of Toulouse, in southwestern France, publishes a biweekly entertainment guide called **Flash: L'Hebdo Loisirs.** *In this* **étape,** *you will make use of your skimming and scanning skills to read parts of an issue of* **Flash.**

I. **Prélecture.** To begin, think about reading an entertainment guide for an American city with which you are familiar.

1. The first thing you would probably want to do is to locate the table of contents. What visual and linguistic cues will help you find it? _____

_____

2. Describe how you would go about making use of the guide, once you had found the table of contents. _____

_____

_____

II. **Flash: L'Hebdo Loisirs.** Take a quick look at the pages of **Flash** reproduced below. Then do the exercises that follow on pages 62 and 63.

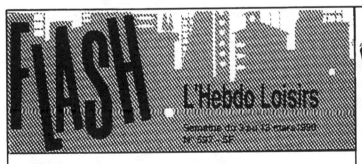

Copyright 1992 Heinle & Heinle Publishers

FLASH L'Hebdo Loisirs
Semaine du 3 au 12 mars 1990
N° 597 - 5F

Sommaire

1

AU BLUE'S NOTE

PHILIPPE LEJEUNE
GERARD FREMAUX
Duo jazz

Philippe Lejeune : *piano*
Gérard Frémaux : *batterie*

CALLEJA QUARTET
Les 9 et 10 mars

Se succèdent blues, compositions originales et standards hiératiques. De plus Calleja a su réunir la section rythmique idéale. On a pu lire dans Jazz Magazine à propos de Richard Calleja *"qu'il est l'un des saxophonistes français les plus intéressants à l'heure actuelle."*

A 22 H AU RAGTIME

SIOU BROTHERS
Sextet blues
Les 9 et 10 mars

Le Ragtime :
14 place Arnaud Bernard.
61.22.73.01.

LE RENDEZ-VOUS ROCK
DU SUD TOULOUSAIN

A 18 H A LA BODEGA
LE FLAMENCO
PACO DE ALHAMBRA
Flamenco

A 22H AU MANDALA
BATUCADA
Musique brésilienne

SPECIAL JAZZ CLUB. les **mardis et mercredis.**

Le Mandala :
23, rue des Amidonniers.
61.23.95.58.

11

**ENSEMBLE PONTORMO
GROUPE VOCAL DE TOULOUSE**

Direction : Alix BOURBON

«LE VOYAGE A LUBECK»

Œuvres de J. S Bach et D. Buxtehude

**Mardi 13 mars, à 21h,
en L'Eglise Saint-Exupère**

20

ESPACE CROIX-BARAGNON
24 rue Croix-Baragnon
61.52.57.72.
Du 21 février au 24 mars
Isabelle Mottes
Peintures

DIAGONAL
37 place des Carmes 61.55.57.59.
Jusqu'au 24 mars
Graham Rawle
*"Boxes, photo-collages,
tableaux en trois D, installations.*

GALERIE, CHARLENE RIBIERE
2 rue Dalayrac 61.99.09.99.
Jusqu'au 31 mars
Monique Malbert
peintures
"Femmes, Fleurs et Fruits"

**GALERIE MUNICIPALE
DU CHATEAU D'EAU**
Place Laganne 61.42.61.72
Du 1er mars au 2 avril
Espace I, II et III
"20 ans de photographies
créatives en France"

ART-SUD
17 rue Peyras 61.23.37.27.
Jusqu'au 10 mars
Isabelle Bloch
Peintures

ESPACE DES ARTS
Plein Centre - Colomiers 61.78.15.41.
Du 23 février au 31 mars
André Nouyrit
Sculptures et peintures
Mercredi 14 mars, à 20h30,
conférence de Marguerite Gaston
sur le thème «Sculpture et Nature».

GALERIE AXE ACTUEL
11 pl. de la Daurade 61.22.43.32.
Jusqu'au 17 mars
Marie Ducaté
Œuvres récentes

47

A. 1. On what page is the table of contents found? _____

2. Were you able to use the same cues that you mentioned in Exercise I, Question 2? Explain.

_____

_____

3. Tell your friends which page(s) of **Flash** they should consult for information about the activities in which they are interested.

a. Katie would like to see a play. _____

b. Tom would like to go see a French movie. _____

c. Diane would like to see an exhibit of paintings. _____

d. Lynn has heard that there is a place in Toulouse where you get free-fall lessons. _____

e. Jim wants to go to hear some jazz. _____

f. Roger is mainly interested in having a good meal. _____

g. Ginny wants to hear some Bach or some Beethoven. _____

B. Not all of your friends can read French; help those who ask for your assistance.

1. Diane, a painter, is interested in seeing the work of other female painters. How many choices does she have? _____ She wants to know what hours the galleries are open. Based on the information provided in **Flash,** what would be the easiest way for you to get her such information? _____

2. Where will Jim be able to listen to some jazz? _____ Some of your other friends like music, but don't particularly care for jazz. What other kinds of music can

you hear in Toulouse? _____

3. Will Ginny be able to hear some Bach or Beethoven? _____ Where?

_____ In what form? _____

É·C·R·I·V·O·N·S!

PRATIQUE DE LA GRAMMAIRE

On pages P6–P7 of this Workbook, you will find additional, highly structured, self-correcting exercises on **aller, à** with the definite article, and the immediate future. If you feel unsure about these structures, or if you wish additional practice, do those exercises in preparation for Exercises III through VI.

III. **Je suis désolé(e), mais c'est impossible!** When you and your friends are invited to go somewhere, you unfortunately must refuse. Using the cues provided, complete the refusal notes by explaining that you are going somewhere else.

Modèle: je (cinéma) / Jeanne (bibliothèque)
Je vais au concert ce soir. Est-ce que Jeanne et toi, vous voudriez y aller aussi?   Marc

> *Je suis désolée, mais c'est impossible. Moi, je vais au cinéma et Jeanne va à*
> *la bibliothèque.   Alice*

1. je (stade) / Michel (rester à la maison avec son petit frère)
Nous allons à la piscine cet après-midi. Toi et Michel, vous voudriez y aller aussi?   Jeanne-Marie

> *Je suis désolé(e), mais c'est impossible.*

2. je (cathédrale) / Yvette et Jacqueline (musée)
On va au parc aujourd'hui. Tu voudrais y aller aussi? Tu voudrais inviter Yvette et Jacqueline aussi?   Hervé

> *Je suis désolé(e), mais*

3. Vincent et moi, nous (théâtre)
On va au concert ce soir. Vincent et toi, vous voudriez nous accompagner?   Chantal

>

IV. Ce soir et demain. (*Tonight and tomorrow.*) List at least three places to which you are going to go and three things you are going to do in the next 24 hours or so. Suggested expressions: **ce soir, demain, demain matin, demain après-midi, demain soir.**

Modèle: *Ce soir je vais aller au théâtre.*
Demain après-midi je vais jouer au tennis.

1. _____

_____

2. _____

_____

3. _____

_____

4. _____

_____

5. _____

_____

6. _____

_____

V. Laissez un mot. (*Leave a message.*) You are supposed to meet a French-speaking friend at his dorm room. When you get there, he is not in. After waiting a few moments, you write a note to explain where you will be (are going) and what you are going to do.

Modèle: You'll be at the library doing your French homework.

> *Jacques, je vais à la bibliothèque. Je vais faire mon français.*   *Janet*

1. You'll be at the park. You're going to take a walk.

2. You and a friend are going downtown (**en ville**). You are going to the bookstore; your friend is going to listen to some CDs.

3. You are going to your friend's house (**chez**). You are going to work on the computer (**à l'ordinateur**); your friend is going to watch TV.

Nom .... Cours ....

3

2e Étape

VI. Ma ville (mon quartier). Describe your town or, if you live in a large city, your neighborhood **(quartier)** by giving precise information about what one finds or does not find there.

> *Modèle: Dans ma ville (dans mon quartier) il y a trois églises, mais il n'y a pas d'hôpital.*

VOCABULAIRE: Les bâtiments et les lieux publics; les bâtiments commerciaux

FONCTION: Pour situer un endroit

DEUXIÈME ÉTAPE

Où se trouve . . .? *(Text p.99–p.107)*

L·I·S·O·N·S!

When visiting a city, tourists are usually interested not only in evening entertainment but also in the sites and attractions for which the city is famous. Thus, they often use a guidebook to find their way around. In this **étape,** *you will use your reading skills to compare an excerpt from the well-known French guidebook series, the* **Guide Michelin,** *with guidebooks published here in the United States. One major difference is that the* **Guide Michelin** *has one volume, the* **Guide rouge,** *that lists hotels and restaurants for all the cities in France, and a series of smaller volumes, the* **Guides verts,** *that present tourist attractions by region. While scanning and skimming the excerpts from the* **Guide vert** *for Provence, a region in southern France, you will discover other differences.*

I. Prélecture. What types of information (other than listings of restaurants and hotels) would you expect to find in a guidebook for tourists visiting a fairly large city in the United States?

_____

_____

_____

READING STRATEGIES

Skimming Section Heads
Publications such as guidebooks are often divided into small, easy-to-handle segments. To facilitate the use of these segments, the publisher provides various titles and subtitles. Consequently, when skimming a text, it is very useful to start by looking first at the major headings, and then at the minor ones.

II. Deux guides. Skim the extracts for San Diego in **Frommer's** and for Nîmes in the **Guide vert** on pages 66–69.

1. What types of information do you find in both guidebooks? _____

_____

_____

_____

SAN DIEGO

The oldest city in California and the second largest on the Pacific Coast, San Diego has a Spanish/Mexican heritage. Interstate 5 connects San Diego with Los Angeles, 137 miles to the north, and San Diego is about 18 miles north of the U.S.–Mexican border at Tijuana.

A couple of years ago San Diego was only the third-largest city on the West Coast. But the numbers who came to look and decided to stay have increased by the day. Now San Diegans are beginning to wonder about the virtues of beauty.

San Diego is probably the best all-around vacation spot in the country, and blessed with the best climate. It's now the eighth-largest city in the U.S., though if you stood at its busiest corner you'd never know it. San Diego's secrets are sunshine (most of the time), mild weather, soft winds, one of the most famous natural harbors in the world, and a very informal lifestyle. This adds up to sailing on Mission Bay or the Pacific; fishing, snorkeling, scuba-diving, and surfing (what else do you do with 70 miles of county waterfront?); lots of golf (there are over 60 courses) and tennis, biking, jogging, sunbathing, even hang-gliding into an unending supply of air currents. Or you can just go fly a kite any day.

Mission Bay Park alone has 4,600 acres for boating and beachcombing. However, to save San Diego from being totally overrun by visitors, the Lord, in his infinite wisdom, gave the city an ocean cooled to a chilly average of 62° —not exactly bathtub temperature for swimming, but not bad for surfers who wear wet suits—and who cares ·if you're fishing? Then there's the surrounding territory—within reasonable driving time you can be in the desert, the mountains, or even another country.

About 6,000 pleasure boats are moored in the bay, and that's where the U.S. Navy berths the Pacific submarine fleet, along with an impressive collection of over 100 warships.

Many of San Diego's most popular attractions are discussed below; however, listings of current entertainment happenings are best found in the Sunday edition of the *San Diego Union*, in the *La Jolla Light*, a weekly newspaper appearing every Thursday, and in the *Reader* (a free tabloid), also appearing on Thursday.

The excellent **San Diego Convention and Visitors Bureau and International Visitors Information Center**, 11 Horton Plaza, at 1st Ave. and F St. (tel. 619/236-1212), is open daily from 8:30 a.m. to 5:30 p.m. They offer visitors to San Diego a one-stop service center for information on hotels, entertainment and sightseeing, fishing licenses, boating permits, and even sports events, bullfights, other Tijuana attractions, not to mention Mexican auto insurance. For a recorded message about all sorts of local events, call 619/239-9696.

THINGS TO SEE AND DO:

San Diego Zoo

With more than 3,200 animals, this world-famous zoo contains one of the most exotic collections of wildlife anywhere, yet it's right in Balboa Park, just minutes from downtown San Diego. You can wander through the 100 acres, which are also lavishly landscaped as a botanical garden (some of the plants provide food for the animal residents), and admire the baby orangutans, koalas, the finest collection of primates ever assembled, and tropical birds with plumage of every imaginable color.

For a bird's-eye view of the animals, you can take the **Skyfari Aerial Tramway** across the treetops of the zoo ($2 for adults, $1.50 for children 3 to 15). There's also a great bus tour in which driver-guides point out some of the more exotic creatures living along the path of the three-mile tour ($3 for adults, $2.50 for children). Admission to the zoo is $10.50 for adults, $2.50 for children. There's also a **Children's Zoo** with a petting section and a nursery where baby animals are raised. Admission is 50¢; under 3, free.

From July to Labor Day the zoo is open daily from 9 a.m. to 5 p.m. Between Labor Day and the end of June it closes at 4 p.m. For additional information, call 619/234-3153 or 231-1515.

Seaport Village

One of San Diego's centers for shopping and dining is Seaport Village, 849 W. Harbor Dr., at Pacific Coast Hwy. (tel. 619/235-4013). It is easily reached by following Harbor Drive south from the Maritime Museum.

The 22-acre complex is beautifully landscaped and has more than 70 shops including galleries and boutiques selling handcrafted gifts, collectibles, and many imported items. Two of my favorite shops are **Hug-A-Bear** (tel. 619/230-1362), with a selection of plush bears and woodland animals, and the **Seaport Kite Shop** (619/232-2268), with kites from around the world. I also enjoy the **Upstart Crow & Co.** (619/232-4855), a delightful combination bookstore and coffeehouse.

The restaurants in and near Seaport Village run the gamut from take-out stands to a Mexican bakery and more conventional facilities. The **Harbor House**, at 831 W. Harbor Dr. (tel. 619/232-1141), offers good seafood with a pleasant view.

Old Town

The spirit of the "Birthplace of California," the site of the first European settlement on the West Coast, is captured in the six-block area northwest of downtown San Diego. Although the Old Town was abandoned more than a century ago for a more convenient business center near the bay, it has again become a center of interest—this time as a State Historic Park. Some of its buildings have been restored, and the combination of historic sights, art galleries, antique and curio shops, restaurants, and handcraft centers make this an interesting and memorable outing.

The park is bounded by Congress, Twiggs, Juan, and Wallace Streets. There's a map of Old Town's layout at the intersection of Twiggs and San Diego Streets to help you find your way around.

Many of the historic buildings here have been restored or reconstructed. They include the magnificent **Casa de Estudillo**, the **Machado/Stewart Adobe**, the **San Diego Union's newspaper office**, the old one-room **Mason Street schoolhouse**, and the **stables** from which Alfred Seeley ran his San Diego–Los Angeles stagecoach line. (The latter now houses a collection of horse-drawn carriages.)

Wild Animal Park

A sister institution of the world-famous San Diego Zoo, the San Diego Wild Animal Park (tel. 619/747-8702), located in the San Pasqual Valley, 30 miles north of downtown San Diego via Interstate 15 and then via Rancho Parkway, is a 1,800-acre wildlife preserve dedicated to the preservation of endangered species. Some 2,500 animals from Africa and Asia roam free here, much as they would in their native habitats. You can watch gorillas at play in the giant Gorilla Grotto, or wander through the giant aviary where exotic birds fly freely in a lush African setting.

The Wild Animal Park is open daily in summer from 9 a.m. to 6 p.m. Monday to Thursday, to 8 p.m. Friday to Sunday; daily till 4 p.m. the rest of the year. Adults pay $14.95; children 3 to 15, $8.95. Price of admission includes the monorail and all shows. Parking is $2.

★★★ NÎMES

129 924 h. (les Nîmois)

Posée au pied des collines calcaires des garrigues, élégante, gaie, vivante. Nîmes offre le visage accueillant d'une grande ville d'art fière de son prestigieux patrimoine gallo-romain, impressionnant témoin d'un passé grandiose.

En outre, chaque année, les arènes, le jardin de la Fontaine ou le temple de Diane servent de cadre à des manifestations artistiques.

Ville de vieille tradition industrielle (vêtements, chaussures) qui transforme aussi les productions agricoles locales (conserveries de fruits au sirop, commerce du vin), ville administrative (chef-lieu du Gard), elle essaye depuis peu de développer ses activités culturelles.

Parmi les spécialités gastronomiques nîmoises, retenons la brandade de morue, les olives confites, le « caladon », biscuit sec aux amandes, et le croquant Villaret, fabriqué depuis deux cents ans dans le même four.

Mais tout cela ne doit pas faire oublier que Nîmes est le temple de la tauromachie : les corridas dans les règles de l'art aux arènes, les courses à la cocarde dans les rues remportent un immense succès populaire et portent haut le renom de la cité.

En octobre 1988, d'importantes inondations ont gravement endommagé la ville.

UN PEU D'HISTOIRE

Le crocodile enchaîné. — Capitale des Volques Arécomiques, Nîmes était à la tête d'un vaste territoire de 24 oppidums entre mer et Cévennes, du Rhône à la montagne de Sète, quand elle accepta sans difficulté la domination romaine. Son nom — Nemausus — vient d'une source sacrée autour de laquelle était née la ville indigène.

La date de l'implantation de la colonie romaine, l'identité de son fondateur, son statut et l'origine ethnique des colons sont actuellement l'objet de controverses. La version admise jusque là voyait en Auguste le père fondateur d'une colonie romaine peuplée de vétérans d'Égypte installés ici après la bataille d'Actium (31 avant J.-C.), colonisation illustrée par la fameuse monnaie au crocodile enchaîné. Certains historiens estiment cependant que Nîmes fut une colonie latine créée sous César ou peu après sa mort (44 avant J.-C.).

Luttes religieuses. — Avec l'empreinte romaine, le trait le plus marquant de l'histoire nîmoise est l'âpreté des luttes religieuses séculaires. Au 5e s., les Wisigoths, qui règnent sur tout le pays de Toulouse au Rhône, se heurtent à la population catholique en voulant imposer l'hérésie arienne (ne reconnaissant pas la divinité du Christ) ; les églises sont fermées et les persécutions durent pendant une grande partie du 6e s.

Nouvelles difficultés du 13e s. ; les Nîmois prennent fait et cause pour les albigeois *(voir le guide Vert Michelin Pyrénées Roussillon Albigeois)*. Mais, dès l'apparition du terrible Simon de Montfort à la tête des croisés du Nord, la ville préfère se rendre sans résistance (1213).

Au 14e s., une vague d'intolérance frappe les juifs, pourtant bien intégrés à la vie économique et intellectuelle locale ; ils sont expulsés de la ville et leurs biens confisqués.

Au 16e s., Nîmes devient huguenote : c'est le rempart de la nouvelle religion dans le Midi, les trois-quarts des habitants ayant opté pour la Réforme. La ville ressemble alors à une petite Genève qui se gouverne de façon autonome et traque le catholicisme. Le 29 septembre 1567, la tragédie de la Michelade se traduit par le massacre de 200 catholiques, principalement des prêtres. Il s'ensuit une longue période de troubles, de guerres et de persécutions, qui s'étend sur tout le 17e s. et ne prend fin qu'à la Révolution, vécue ici comme une revanche des protestants sur les catholiques.

L'essor économique. — A plusieurs reprises, dans son histoire, Nîmes est passée de la prospérité à la déconfiture. Au début du 15e s. en particulier, les guerres, les incursions des routiers, des tremblements de terre et la peste ont fait, de l'antique et altière Nemausus, un bourg de cent feux, rattaché à un bailliage du Vivarais.

Dès la fin du 15e s., la ville se relève, on y travaille le bois, le cuir, la soie et le verre ; Louis XI ordonne la création d'une manufacture de draps et d'étoffes de laine. Mais c'est surtout sous le règne de François Ier que Nîmes se développe ; l'industrie des étoffes s'intensifie, et dès lors, la progression ne s'arrête plus. Au 18e s., les tissages nîmois (soierie et serge) font tourner plus de 300 métiers et occupent 10 000 personnes. Cette production, entre les mains de la bourgeoisie protestante, s'exporte en Espagne, au Portugal et aux Indes. Au 19e s., l'arrivée du chemin de fer favorise les activités industrielles et l'extension du vignoble gardois. Le 20e s. apparaît moins favorable : la ville stagne, ses industries vieillissent ; elle est supplantée par Montpellier en Languedoc oriental.

⊙ LES MONUMENTS ROMAINS *visite : environ 3 h*

★★★**Arènes** (AY). — *Voir également p. 33.* Cet amphithéâtre merveilleusement bien conservé est le frère jumeau de celui d'Arles : sensiblement de la même époque (fin du 1er s., début du 2e s. de notre ère), de mêmes dispositions, de dimensions et de contenance voisines (133 m sur 101 m, 24 000 spectateurs), il ne s'en distingue que par des nuances architecturales dans les galeries où la voûte en berceau, de tradition romaine, se substitue au plafond plat, de tradition grecque.

Les spectacles. — Ils étaient extrêmement variés et, la plupart du temps, sanguinaires. Annoncés à grands fracas publicitaire, les combats de gladiateurs étaient très prisés. Prisonniers de guerre, condamnés, professionnels ou aventuriers, les gladiateurs appartenaient à différentes écuries, entraînées par des sortes d'imprésarios qui les louent très cher à de riches notables, le plus souvent candidats à des fonctions publiques.

Guide Michelin, Provence

★★★ Maison Carrée (AX). — Ce magnifique temple, le mieux conservé des temples romains encore debout, a été construit sous Auguste (fin du 1er s. avant J.-C.), probablement par un architecte de Narbonnaise qui a repris, en l'adaptant, le plan du temple d'Apollon à Rome. Il dessine un rectangle de 26 m de long sur 15 m de large pour 17 m de hauteur et se hausse sur un podium auquel on accède par un escalier de 15 marches (le nombre impair de ces dernières était calculé de façon à ce qu'en commençant à monter du pied droit, on arrive du même pied sur le podium).

Comme tous les temples classiques, il se compose d'un vestibule délimité par une colonnade et d'une chambre de la divinité, la « cella ». Consacré au culte impérial et dédié aux petits-fils d'Auguste — les princes de la jeunesse —, il bordait le forum et était entouré d'un portique aux belles colonnes sculptées.

La pureté de lignes et d'exécution de l'édifice, ses proportions harmonieuses et l'élégance de ses colonnes cannelées dénotent une influence grecque qui se retrouve dans la décoration sculptée : chapiteaux corinthiens, architrave rythmée par des rangées de perles, frise à rinceaux, corniche à modil-

(D'après photo Ciccione/Rapho)

Nîmes. — La Maison Carrée.

lons avec rosaces, grecques, têtes de lions… La façade d'entrée et la façade opposée portent chacune un fronton triangulaire, les dix colonnes du vestibule se détachent avec une rare souplesse tandis que vingt autres colonnes s'engagent dans les murs de la « cella ».

Sous le podium se logeaient des pièces aménagées pour la conservation des archives du sanctuaire, du trésor et divers ustensiles.

Gambetta (Bd)	ABX
République (R de la)	AYZ
Briçonnet (R)	BY 8
Cirque-Romain (R du)	AY 13
Fontaine (Q. de la)	AX 19
Gamel (Av P.)	ABZ 22
Générac (R de)	AYZ 23
Leclerc (Av. du Gén)	BY 29
Mallarmé (R Stéph)	AX 34
Martyrs de la R (Pl des)	AZ 36
Painlevé (R P)	BY 39
Ste-Anne (R)	AY 46
Verdun (R de)	AY 47

★ Musée des Antiques. — Installé dans la « cella », il présente d'intéressantes pièces contemporaines de l'édifice. Parmi elles, une tête d'Apollon en bronze, une statue colossale d'Apollon, une tête de Vénus en marbre blanc proviennent du sanctuaire de la Fontaine.

★★ Jardin de la Fontaine (AX). — Ce monumental jardin est l'œuvre inattendue d'un ingénieur militaire du 18e s., J.-P. Mareschal. Situé au pied et sur les premières pentes de la colline — le mont Cavalier — que surmonte la tour Magne, il respecte le plan antique de la fontaine de Nemausus qui s'étale en miroir d'eau, avant d'alimenter des bassins et un canal. Dans l'Antiquité, ce quartier sacré comprenait, outre la fontaine, un théâtre, un temple et des thermes.

Temple de Diane (AX). — Cet édifice, qui daterait de la première moitié du 2e s., est connu sous le nom de temple de Diane, mais on ignore quelle était sa véritable fonction. Il s'intégrait sans doute à un ensemble architectural beaucoup plus vaste encore enfoui, et comprenait plusieurs niveaux (restes d'escaliers). Occupé par des religieuses bénédictines au Moyen Age, qui en firent leur église sans l'altérer gravement, il fut ruiné pendant les guerres de Religion en 1577.

★**Tour Magne (AX).** — Plantée au sommet du mont Cavalier, au point le plus haut de la ville, la tour Magne est le plus remarquable vestige de la puissante enceinte de Nîmes élevée en 15 avant J.-C., dont le tracé et une trentaine de tours ont été reconnus ces dernières années. A l'origine, la tour Magne faisait partie d'un rempart préromain et fut simplement renforcée et surélevée sous Auguste. Polygonale à trois étages, haute de 34 m depuis les travaux de déblaiement de Traucat *(p. 147)* au 16ᵉ s., on y accède par un escalier intérieur de 140 marches qui conduit à une petite plate-forme d'où la **vue**★ est fort belle sur le Ventoux, les Alpilles, Nîmes, la plaine du Vistre et les Garrigues. De la rue Stéphane-Mallarmé, belle vue sur la tour.

Castellum (AX D). — Vestige unique en son genre, cet ancien château d'eau romain était le point d'aboutissement de l'aqueduc (Pont du Gard) amenant l'eau d'Uzès. Celle-ci se déversait dans un bassin circulaire d'où partaient dix canalisations en plomb de 40 cm de diamètre, qui répartissaient l'eau dans les différents quartiers de la ville.

Porte d'Auguste (BX F). — Cette porte, vestige de l'enceinte augustéenne sur la voie domitienne, était flanquée à l'origine de deux tours semi-circulaires encadrant une cour intérieure, dispositif défensif efficace comparable à celui de la Porta Nigra de Trèves.

AUTRES CURIOSITÉS

★**Musée d'Archéologie (BX M¹).** — Installé dans l'ancien collège des Jésuites, il présente, dans la galerie du rez-de-chaussée, de nombreuses sculptures antérieures à la conquête romaine : bustes de guerriers gaulois, stèles, frises.

★**Musée des Beaux-Arts (ABY M²).** — Le rez-de-chaussée est utilisé pour la présentation de grandes expositions temporaires.
Au 1ᵉʳ étage, sont présentées des collections qui comportent notamment des tableaux des écoles allemande, espagnole, flamande, française, hollandaise, italienne, du 16ᵉ au 19ᵉ s. Parmi les toiles importantes, remarquer : Coecke, Bassano (Suzanne et les vieillards), Ribera (St-Paul), Brueghel (Musiciens ambulants), Rubens (Portrait d'un moine), Cornelis de Heem (Nature morte).

Maison natale d'Alphonse Daudet (AX E). — *Au nᵒ 20, boulevard Gambetta.* Vaste demeure bourgeoise dont l'entrée est encadrée de colonnes.

Fontaine Pradier (BY). — Construite en 1848. La statue, qui symbolise Nîmes, a eu pour modèle Juliette Drouet, amie de Pradier avant de devenir celle de Victor Hugo.

Le Vieux Nîmes. — Ce secteur sauvegardé se groupe autour de la cathédrale et offre un ensemble de ruelles anciennes dans lesquelles s'ouvrent notamment de pittoresques passages intérieurs.

Cathédrale Notre-Dame et St-Castor (ABX K). — Élevée en 1096 et souvent remaniée au cours des siècles, elle fut reconstruite presque entièrement au 19ᵉ s.

★**Musée du Vieux Nîmes (AX M³).** — Installé au rez-de-chaussée de l'ancien palais épiscopal (17ᵉ s.), au cœur de la ville ancienne, ce musée, récemment réaménagé, présente de nombreux souvenirs régionaux dans un décor ancien remarquablement mis en valeur.

EXCURSIONS

Les Garrigues. — *11 km par ① du plan, D 979, pour gagner l'itinéraire décrit en page 119.*

Circuit de 44 km. — *Environ 2 h 1/2. Quitter Nîmes par la rue Arnavielle (AZ), prolongée par la route de Sommières, D 40.*

Caveirac. — 1 879 h. Un imposant château du 17ᵉ s. en fer à cheval abrite la mairie. Il a conservé deux tours d'angle carrées couvertes de tuiles vernissées, des fenêtres à meneaux, de belles gargouilles et un grand escalier à rampe en fer forgé. Une route, le D 103, emprunte le vaste porche d'entrée.

Suivre le D 40 et entrer à droite dans Calvisson.

Calvisson. — 1 793 h. Calvisson, bourg paisible au milieu des vignes, est au centre d'une plaine appelée la Vaunage.

Dans le centre du bourg, prendre le CD 107 vers Fontanès ; sortir du village et prendre à gauche la route signalisée vers le Roc de Gachonne.

De la table d'orientation aménagée au sommet d'une tour, on découvre une **vue** pittoresque sur le village aux toits de tuiles rouges, sur la vallée du Vidourle au Sud-Ouest et le pic St-Loup à l'Ouest, tandis qu'au loin la vue s'étend vers la Méditerranée et les Pyrénées.

Prendre le D 40 vers Nîmes, puis le D 137 à droite vers Nages.

Source Perrier. — La source forme une nappe d'eau souterraine d'une température de 15° ; le gaz naturel, très abondant, qui s'en échappe, est recueilli par des captages pour être réincorporé à l'eau. On visite les importants ateliers de fabrication de bouteilles, d'embouteillage, d'étiquetage, d'emballage et de stockage.
La production, qui était de 24 millions de bouteilles en 1938 et de 70 millions en 1949 dépasse maintenant 800 millions de bouteilles par an grâce à un matériel d'embouteillage automatisé. Outre la France et les pays de la Communauté, les principaux clients sont les États-Unis, le Canada, la Suisse, l'Australie et l'Arabie Saoudite.

Revenir à la N 113 qui ramène à Nîmes.

Guide Michelin, Provence

2. What differences do you notice between the two guidebooks?

III. Un itinéraire. Guidebooks written in French often use the infinitive, rather than the present tense or the imperative, when laying out an itinerary. Read the following itinerary for a tour of Nîmes and its Roman monuments. Then *trace* the route on the map below. Vocabulary aids: **prendre** (*to take*), **suivre** (*to follow*), **laisser** (*to leave*).

Prendre comme point de départ de la visite le boulevard des Arènes.

Visiter les Arènes (l'amphithéâtre de Nîmes).

Suivre en auto le boulevard Amiral Courbet jusqu'au boulevard Gambetta. Tourner à gauche et suivre le boulevard Gambetta jusqu'au square Antonin; prendre le boulevard A.-Daudet. Laisser la voiture près de la Maison Carrée.

Visiter la Maison Carrée (un temple romain).

Reprendre la voiture. Suivre la rue Auguste et tourner à gauche après (*after*) le square Antonin, puis suivre le quai de la Fontaine jusqu'au Jardin de la Fontaine.

Visiter le parc.

Reprendre la voiture et revenir aux Arènes par le boulevard Victor-Hugo.

É·C·R·I·V·O·N·S!

PRATIQUE DE LA GRAMMAIRE

On pages P7–P8 of this Workbook, you will find additional, highly structured, self-correcting exercises on the preposition **de** and the definite article and on the imperative. If you feel unsure about these structures, or if you wish additional practice, do those exercises in preparation for Exercises IV through VIII.

IV. Montréal: La ville souterraine. A large part of downtown Montreal is connected by a series of underground walkways. Study the map of this underground city **(ville souterraine)** on p. 71. Then use an appropriate preposition of place to explain the relationship between each set of places.

Modèle: la gare Windsor / la gare Centrale

La gare Windsor est près de la gare Centrale.

1. l'hôtel Bonaventure / la gare Centrale

_____

2. le Grand Hôtel / la tour de la Bourse

_____

3. le Complexe Desjardins / la place des Arts / le Complexe Guy Favreau

_____

4. la station de métro Peel / la Maison Sodercan

_____

5. la station de métro Victoria / le Grand Hôtel

_____

6. la gare Centrale / la Baie

_____

7. le Complexe Desjardins / la rue Sainte-Catherine / le boulevard Dorchester

_____

8. la Banque Nationale de Paris / les Terrasses

_____

V. Des ratures. (*Erasures.*) Your younger brother and his friends are spending a week at the lycée Camus (see p. 112 of your textbook). They have been given instructions on how to get to various points in the city from the school, but, unfortunately, certain parts of the instructions got wet in the rain and have been erased. The starting point is the lycée Camus.

1. Complete the first set of instructions, using appropriate forms of **aller, continuer, tourner,** and **traverser.**

Vous _____ au musée des Beaux-Arts. Vous _____ à droite dans la rue Nôtre-Dame et vous _____ jusqu'au boulevard Victor-Hugo. _____ à gauche et _____ tout droit. Vous _____ la place de la Révolution et le musée est sur votre gauche, à côté du restaurant La Bonne Soupe.

2. This time some prepositions and adverbs are missing. Complete the directions, using expressions such as **au, sur le, dans la, près de, à gauche,** etc.

Nom .... Cours ....

3

3e Étape

> *Vous allez au théâtre municipal. Vous tournez   la*
> *rue Notre-Dame et vous allez   boulevard Victor-Hugo.*
> *Vous tournez   et vous continuez*
> *place de la Libération. Vous tournez   le bou-*
> *levard Gambetta et vous continuez   . Le théâtre*
> *est sur votre gauche,   parc.*

VI. Rendez-vous à . . . h devant le . . . (*Meet at . . . o'clock in front of the . . . .*) You rarely see your new French-speaking friends from Montreal. Consequently, you leave them notes, telling what your plans are and explaining where and when to meet. Since they don't know the city very well, you give them directions.

1. You are in the city represented by the map on p. 112 of your text. You leave a note for your friend Gérard and his sister Évelyne, saying that you are going to the movies. They are staying in an apartment in the rue de Verdun.

> *Nous allons au cinéma ce soir. Rendez-vous à 8h devant le cinéma Manet, sur le boulevard Manet. Vous allez dans la rue de Verdun jusqu'à*

2. It's another day. This time you are going to a soccer match. You will meet your friends in front of the église St-Vincent de Paul, which is very near the stadium.

> *Il y a un match de foot ce soir au stade municipal. Rendez-vous à*

VOCABULAIRE: Les bâtiments et les lieux publics; les lieux commerciaux

FONCTIONS: Pour expliquer comment aller quelque part; pour demander et indiquer l'heure; pour situer un endroit

GRAMMAIRE: L'impératif

 TROISIÈME ÉTAPE

Rendez-vous à 10 heures! (*Text p.108–p.118*)

L·I·S·O·N·S!

Tarascon is only one of many small cities in France that organize annual festivals. In this section of the Workbook, you will read about a festival that takes place in Quimper, a city of some 60,000 inhabitants in Brittany (la Bretagne), the westernmost province of France. This region of France was settled in the fifth century by people from Britain and the Celtic influence is still very strong. (For example, the area around

*Quimper is still known as **la Cornouaille,** the same name as the southern part of the British Isles—Cornwall.) The inhabitants of Brittany, **les Bretons,** are fiercely independent and retain many vestiges of their original dialect. Consequently, when looking at the program for the festival at Quimper, even native French speakers will find words they do not understand.*

I. Prélecture. List the different types of information you would expect to find in a brochure designed to attract tourists to a regional festival. _____

_____

RENCONTREZ LA BRETAGNE

QUIMPER
Festival de Cornouaille
21 AU 27 JUILLET

Depuis 1923, Quimper, ville d'art et d'histoire, rassemble les ferments de la tradition populaire bretonne.

Au début, fête des costumes, des chants et des danses, le Festival de Cornouaille a su s'étendre aux diverses expressions des cultures bretonnes et celtiques d'hier et d'aujourd'hui.

Pendant sept jours, du 21 au 27 juillet, le Festival, avec ses spectacles, ses concerts, ses animations, ses expositions, ses milliers de participants en costumes, apparaît comme l'un des grands moments de la vie culturelle bretonne.

Mais c'est aussi la fête authentique qui s'installe au cœur de la cité, de chaque côté de sa rivière marine, sur ses places et ses allées, dans ses rues et ses jardins. Et cela, pour l'enthousiasme des visiteurs de l'été et le plaisir profond des Bretons venus retrouver leurs racines.

PROGRAMME   PROGRAMME   PROGRAMME   PROGRAMME   PROGRAMME   PROGRAMME   PROGRAMME

Date	Heure		Prix du billet
LUNDI 21	21h00	Théâtre en Breton	30 F
	21h30	Chant et musique de Corse et de Bretagne **I MUVRINI et Melaine FAVENNEC**	50 F
MARDI 22	18h30	Musique et danse de Bretagne et d'Ecosse	25 F
	21h00	**FEST-NOZ** avec "Sonerien Du" et jeux bretons	20 F
MERCREDI 23	17h00	Spectacle de marionnettes : Enfants **La Forêt des Fleurs** Adultes	10 F 20 F
	18h00	Présentation des Costumes de Bretagne	30 F
	18h30	Musique et danse de Bretagne	25 F
	21h00	Théâtre en français : **La Révolte des Bonnets Rouges**	30 F
	21h30	Musique d'Irlande avec **STOCKTONS WING**	60 F
JEUDI 24	17h00	Spectacle de marionnettes : Enfants **La Forêt des Fleurs** Adultes	10 F 20 F
	18h30	Musique et danse de Bretagne et d'Ecosse	25 F
	21h30	**TRI YANN** en concert	70 F
VENDREDI 25	14h00	**Excursion** en Cornouaille	50 F
	15h00	**Exposition-vente** des artisans-luthiers	20 F
	17h00	Spectacle de Marionnettes : Enfants **La Forêt des Fleurs** Adultes	10 F 20 F
	18h00	CONCERT-CRÉATION de Jean-Pierre Lécuyer **"Une Vielle à la Mer"**	25 F
	19h00	**NOCTURNE AU VIEUX QUIMPER** Animations éclatées : 23 groupes (chant-musique). Théâtre en français et en breton · Diaporama. Conteurs · Marionnettes · Artisans. Expositions. Repas de campagne et des ports. Dégustation de produits du terroir.	25 F

Date	Heure		Prix du billet
SAMEDI 26	10h30	Concours de biniou-braz et bombarde	*
	14h00	Concours de biniou-koz et bombarde	*
	14h00	Concours de batteries	*
	14h30	**FESTIVAL DES GROUPES D'ENFANTS** Musique · Chant · Danse · Théâtre	30 F
	16h30	**CONCERT** et conférence-animation A la découverte du chant et des instruments traditionnels de Bretagne	25 F
	17h00	**CONCERT DE BAGADOU**	30 F
	21h30	**BALLET NATIONAL DE POLOGNE "SLASK"** 100 artistes · 1 800 costumes	60 F 80 F
DIMANCHE 27	9h00	Messe en langue bretonne	
	10h30	**GRAND DÉFILÉ DES GUISES BRETONNES** 2 500 participants	20 F
	14h30	**ABADENN VEUR** (La Grande Assemblée) 2 000 participants Spectacle de chant, danses, traditions Danse des mille	50 F
	15h00	**CONCERT DE BAGADOU**	30 F
	18h00	Triomphe de la Fête	*
	18h30	Animations par les bagadou	*
	21h30	Soirée des lauréats **MUSIQUE ET DANSE DE BRETAGNE ET D'ÉCOSSE** Feu d'artifice en musique	30 F
	22h00	Fest-noz de clôture	

Vous trouverez le programme complet de toutes les manifestations dans le PROGRAMME OFFICIEL qui sera en vente à partir du 10 juillet à la Permanence et à l'Office du Tourisme.

Le Comité se réserve le droit de modifier le programme sans préavis.

You will be able to find the full series of events in the OFFICIAL PROGRAMME, which will be on sale from the 10th of July at the Local Festival Office and the Tourist Office.

The Committee has the right to alter the programme as necessary without prior notice.

Sie finden das Programm aller Veranstaltungen in dem offiziellen Programm, das ab dem 10. Juli in der Kartenverkaufstelle und im Verkehrsbüro verkauft wird.

Das Komittee behält sich das Recht vor, das Programm ohne vorherige Benachrichtigung zu ändern.

* Entrée gratuite

Le Festival c'est aussi :

— des STAGES : harpe · vielle · danse évolutive;
— des ATELIERS* : initiation à la danse bretonne;
— MUSIQUE DANS LA RUE* : 20 groupes dans les vieux quartiers;
— la TAVERNE* avec ses animations musicales en après-midi et en soirée;
— des EXPOSITIONS* avec les concours du Musée Départemental Breton, du Cercle Culturel Quimpérois et de l'Association La Boëze;
— des CONFÉRENCES*;
— des COLLOQUES*;
— le SALON DU PRODUIT BRETON, organisé par l'Association "Vent d'Ouest";
— du CINÉMA, avec la collaboration de l'Atelier Régional Cinématographique de Bretagne, l'Association Daoulagad Breizh et la SOREDIC.

RENSEIGNEMENTS
FESTIVAL DE CORNOUAILLE
2, place de la Tour d'Auvergne - B.P. 77 - 29103 QUIMPER CEDEX
Tél. 98 55 53 53 + 98 90 09 33 (en juillet)

REDUCTIONS

GROUPES (tribune réservée) :	Samedi soir	50 F · 70 F
	Dimanche (Défilé + Abadenn Veur)	60 F
	(journée complète)	90 F
GROUPES DE JEUNES :	Samedi soir	30 F · 40 F
	Dimanche (Défilé)	10 F
	(Abadenn Veur)	25 F
ENFANTS	: Gratuit jusqu'à 12 ans, sauf marionnettes.	

II. Les mots apparentés. Read the four paragraphs that serve as an introduction to the festival and underline all of the English cognates. Then, with the help of these cognates, summarize the main ideas of the introduction to the best of your ability.

_____

_____

_____

_____

_____

III. Au Festival de Cornouaille. Read the program of activities. Then pick out at least four activities that various members of your family might particularly like. For each activity, specify the family member, the date and time of the activity, the cost of admission (if any), and the reason for your choice.

1. _____

   _____

   _____

   _____

2. _____

   _____

   _____

3. _____

   _____

   _____

   _____

4. _____

   _____

   _____

É·C·R·I·V·O·N·S!

PRATIQUE DE LA GRAMMAIRE

On page P8 of this Workbook, you will find additional, highly structured, self-correcting exercises on the irregular verb **prendre** and telling time. If you feel unsure about these structures, or if you wish additional practice, do those exercises in preparation for Exercises IV through VII.

IV. Questions personnelles. Answer the following questions about you, your family, and your friends.

1. Combien de cours est-ce que vous prenez? _____

   _____

   _____

2. Quelles langues vivantes est-ce que vous apprenez? _____

   _____

   _____

3. Est-ce que vos amis apprennent le français aussi? _____

_____

_____

4. Est-ce que vous comprenez toujours vos professeurs? _____

_____

_____

5. Vous et votre famille, est-ce que vous prenez souvent le petit déjeuner ensemble?

_____

_____

6. Est-ce que vous prenez toujours votre temps quand vous faites quelque chose? _____

_____

_____

V. **Une lycéenne française.** Anne-Marie Réveillon tells about her life as a student in a French **lycée.** Complete the paragraphs with the appropriate forms of the following verbs: **aller, apprendre, avoir, commencer, comprendre, continuer, être, étudier, parler, prendre.**

Je _____ en troisième au lycée Max Jacob à Quimper. (Troisième, c'est l'équivalent, plus ou moins, de l'année «sophomore» dans une école américaine.)

J'_____ un emploi du temps très chargé (*a very heavy schedule*).

Je _____ onze cours. J' _____ deux langues vivantes: l'anglais et l'allemand. Et j'_____ aussi le latin et le grec. Mon cours préféré, c' _____ le cours d'anglais. Mon grand-père maternel

_____ de Grande-Bretagne et il _____ anglais à la maison de temps en temps. Par conséquent, je _____ sans difficulté mon professeur d'anglais.

Mes cours _____ à 8h du matin et ils _____ jusqu'à 5h de l'après-midi. Heureusement (*fortunately*) nous _____ deux heures pour le déjeuner. Mes amis et moi, nous _____ d'habitude à un café ou à un fast-food près du lycée.

VI. **Tu voudrais aller à la Fête des Fleurs?** While spending the summer in Tarascon, you meet a student from Spain, who has just arrived in town. Using the information in the textbook (p. 108 and p. 109), complete the following note inviting him/her to join you and your friends at the festival.

◆◆

Cher (Chère) _____,

Samedi, c'est la Fête des Fleurs à Tarascon. J'y vais avec mes amis.

Tu voudrais nous accompagner?

Le matin il y a _____ et _____ .

L'après-midi quelques-uns (some) de mes amis vont _____ ;

d'autres (others) préfèrent _____ . Nous allons nous

retrouver à 7h30 du soir au bord du Rhône pour _____ .

Ensuite nous allons _____ et _____ .

Tu voudrais y aller? Eh bien, rendez-vous à _____ h

Tu habites près de la piscine, n'est-ce pas? Eh bien, pour aller

_____ , tu _____

_____

_____

À bientôt,

_____

VII. Tu voudrais aller au festival? Imagine that you have just met a French-speaking foreign student and would like to invite him to join you and your friends at a festival in your town or region. Write your new friend a note similar to the one in Exercise VI.

VOCABULAIRE: Les bâtiments et les lieux publics; les bâtiments commerciaux

FONCTIONS: Pour fixer un rendez-vous; pour demander et indiquer l'heure; pour expliquer comment aller quelque part

GRAMMAIRE: Le verbe irrégulier **prendre**

QUATRIÈME ÉTAPE

(Text p.119–p.123)

 É·C·O·U·T·O·N·S!

I. Les renseignements. People frequently need to ask for directions. Match each conversation you hear with the appropriate drawing.

a.

b.

c.

d.

1. _____   2. _____   3. _____   4. _____

Nom .... Cours ....

3

⌒ **4ᵉ Étape**

II. À quelle heure? In each conversation that you will hear, a time is mentioned. Match each conversation to the appropriate clock.

a. _____   **b.** _____   **c.** _____   **d.** _____

III. Une journée chargée. (*A busy day.*) Christiane Barbey is an executive in an advertising firm in Quimper. In addition to her regular work, she is also one of the organizers of the Festival de Cornouaille. Listen to her conversation with her secretary. Then fill in her appointment schedule for the busy day just before the opening of the festival.

> *vendredi 18 juillet*
>
> 9h ....
> 10h ....
> 11h ....
> 12h ....
> 1h ....
> 2h ....
> 3h ....
> 4h ....
> 5h ....
> 6h ....
> 7h ....
> 8h ....
> 9h ....

IV. Mini-dictée: Le quartier de l'université. Listen to this description of the area around the University of Nancy and fill in the missing words. The description will be read twice.

Le quartier de l'université est _____ la gare. Pour aller à l'université, vous

prenez _____ Chabot _____ boulevard de l'Université.

La bibliothèque municipale est _____ l'université.

_____ il y a un restaurant et _____ restaurant se

trouve une librairie. La librairie est _____ l'École. Pour s'amuser, les

étudiants vont au café _____ boulevard de l'Université et aussi

_____ Royal, qui se trouve _____ de Bourgogne.

V. Des messages. You find yourself alone in the apartment of the French family with which you are staying. The parents (**M. et Mme Loridon**) and your French "brother" (**Mathieu**) are all out, so you have to answer the phone. Listen to each conversation and fill in the time, place, and any other relevant information on the message pad by the phone.

Rendez-vous   à ____ h ____

à _____

_____

_____

_____

Rendez-vous   à ____ h ____

à _____

_____

_____

_____

Rendez-vous   à ____ h ____

à _____

_____

_____

_____

VI. Où êtes-vous? You will be given three sets of directions, either by a stranger or by a friend. Follow each set of instructions, tracing your route on the map below and indicating where you end up. If you get lost, listen to the directions again.

1. _____

2. _____

3. _____

R·É·D·I·G·E·O·N·S!

Votre région. Create a small brochure advertising your town or area to French-speaking tourists. Include a title, a short general description, a list of attractions, a map of places of interest, and suggestions for activities. Use a separate sheet of paper.

TRAVAIL DE FIN DE CHAPITRE
▼▼▼▼▼▼▼▼▼▼▼▼▼▼▼▼▼

 I. Student Tape

Listen again to the four conversations that you heard at the beginning of this chapter. Then do the following exercises.

A. Conversation 1. Diagram the instructions given in the conversation. Use the following proper names: **la rue Saint-Jacques, l'avenue Lafayette, le boulevard Saint-Germain.**

B. Conversation 2. Diagram the location of the store that the person is going to. Use the following proper names: **Hachette, Saint-Michel, Duprès, Longchamp.**

Nom .... Cours ....

3

Rédigeons!

📼 **Travail de fin de chapitre**

C. Conversation 3. Circle the number of the statement that best describes the passerby in this conversation:

1. impolite and not at all helpful
2. polite and a bit helpful
3. polite, but not helpful at all
4. impolite, but very helpful

D. Conversation 4. Answer the following questions. Use the following proper names as needed: **Hautes-Feuilles, Petits Fours, Haussmann.**

1. Why does Hélène call Élisabeth? _____

2. Where is Élisabeth? _____

3. What is the address? _____

II. Jeu: Mots croisés. Do the following crossword puzzle in French by filling in the words missing from the clues. Do not worry about accent marks: the letter **E** may stand for **é** or **è** or **ê** or **e**. (A few of the more difficult answers have been filled in for you.)

Horizontalement

1. On achète des choses sucrées et des choses salées à une _briocherie_____.

5. On achète un journal (*newspaper*) dans un bureau de _____.

8. Vous allez souvent _____ théâtre?

9. Ils habitent près d'ici? Quelle est _____ adresse?

10. Je _____ voudrais pas être ingénieur.

11. Marc est un élève sérieux. Il fait toujours ces devoirs. Il _____ beaucoup.

12. Qui _____ à la piscine? Vous y allez? Tiens! Nous aussi.

13. On va à la Fête des Fleurs à la _____ de Tarascon.

14. Est-ce qu'il y a _____ pharmacie près d'ici?

15. Les jeunes Français font des études secondaires dans un collège ou dans un

_____.

18. Où est Cécile? Voici _____ livres.

20. —La bibliothèque, s'il vous plaît?

    —Je m'excuse, mais je ne suis pas d'ici. Demandez à l'_agent_____ de police.

23. J'ai, tu as, elle a, etc. Ce sont les formes du verbe _____.

24. Le continent où se trouve la France s'appelle l' _____.

26. L' _____ St-Sauveur, elle est protestante ou catholique?

27. Quel âge avez-vous? J'ai dix-sept _____.

28. Vous avez des lettres à envoyer (*to send*)? Allez au bureau de _____.

Verticalement

1. Il y a beaucoup d'argent dans une _____.

2. S'il vous plaît, la _____ Mazeppa, elle est près d'ici?

3. Le maire et ses adjoints travaillent à l' _____ de ville.

4. Je suis _élève_____ dans un lycée à Bordeaux.

5. Jacqueline _____ la rue Dauphine pour aller à la pharmacie.

6. Les gens du Midi (du sud de la France) aiment jouer aux _boules_____.

7. On retrouve ses amis au _____ pour parler et pour prendre quelque chose à boire ou à manger.

16. On va voir le film *Cyrano* au _____ Rex.

17. Vous aimez voyager par le train? Il y a cinq _____ à Paris: St-Lazare, Montparnasse, etc.

19. On fait du sport au _____.

21. Est-ce que _____ as tes clés?

22. _____, je préfère la musique moderne.

23. Quel _____ avez-vous?

25. Ma sœur et moi, nous cherchons _____ disques compacts. Est-ce qu'ils sont chez vous?

Nom .... Cours ....

4

Planning
Strategy

CHAPITRE·QUATRE
Allons en ville!

TRAVAIL PRÉPARATOIRE
▼▼▼▼▼▼▼▼▼▼▼▼▼

I. Planning Strategy

Your French friend asks you the following questions about speaking English. Suggest words and expressions she might use.

1. How do I arrange with someone to go downtown with me? (Where? Why? When?) _____

_____

_____

_____

2. If someone invites me to go downtown, how do I find out about means of transportation? _____

_____

3. If I take a taxi, how do I find out the length of the trip and how much I owe? What do I say and do

about a tip? _____

_____

_____

II. Student Tape

A. Le métro de Paris. In this chapter, you are going to learn about the Paris subway system. Part of using that system is recognizing the many station names. To familiarize yourself with some of these proper names most frequently used, listen to the short conversations between people talking about using the metro. In each conversation, two stations will be mentioned by name; find each station in the list below and put the number of the conversation next to it.

_____ Chapelle (Porte de la)   _____ Nation

_____ Châtelet   _____ Neuilly (Pont de)

_____ Châtillon-Montrouge   _____ Orléans (Porte d')

_____ Clignancourt (Porte de)   _____ Pantin (Église de)

_____ Concorde   _____ République

_____ Italie (Place d')   _____ St-Denis-Basilique

_____ Montparnasse-Bienvenüe   _____ Sèvres (Pont de)

_____ Montreuil (Mairie de)   _____ Vincennes (Château de)

B. Samedi soir. Listen to three friends discussing their plans for Saturday evening. Then answer the following questions by circling the letter of the correct response.

1. Où est-ce qu'ils vont?

a. à un concert   b. au cinéma   c. au musée   d. à une discothèque

2. Comment est-ce qu'ils y vont?

    a. en taxi   **b.** en voiture   **c.** en autobus   **d.** en métro

3. Combien de personnes y vont?

    a. 1   **b.** 2   **c.** 3

PREMIÈRE ÉTAPE

Vous allez en ville? *(Text p.128–p.135)*

L·I·S·O·N·S!

*One of the principal means of getting around many French cities is by bus. In this **étape,** you will be asked to use your reading skills (predicting, scanning, skimming, recognizing cognates, guessing from context) to read a bus schedule and related information. The schedule comes from the bus system of Toulouse, a city of some 350,000 inhabitants located in southwestern France.*

I. Prélecture. You have just arrived in Toulouse, where you have not yet gotten to know anyone. You want to take the bus to explore the city. What kinds of information would you want to know about

taking a bus from where you are staying to downtown? _____

_____

_____

_____

II. Plan et horaires

    A. Rapidly skim the brochure on pages 87 and 88. Then tell what types of information are provided on each page.

        1. cover (left panel) _____

        _____

        2. back page (right panel) _____

        _____

        3. inside, upper _____

        _____

        4. inside, lower _____

        _____

    B. You have a room in a residence hall at the **cité universitaire du Mirail.** Skim the brochure to find the answers to the following questions.

        1. Is this a schedule for the whole bus system or for a single bus line? How can you tell? _____

        _____

        2. What is the closest place for you to go to buy bus tickets? _____

        _____

Nom .... Cours ....

4

1ère **Étape**

3. How often do buses run during the week? On the weekend? _____

_____

_____

LIGNE 148
4 Sept. 89

plan et horaires

réseau urbain

Semvat

POINTS DE VENTE SEMVAT
– TICKETS BUS et VIGNETTES –

Jours et heures d'ouverture

Lundi au samedi inclus

Matabiau	5 h 45 - 19 h 15
Jeanne d'Arc	6 h 00 - 19 h 20
Capitole	6 h 15 - 19 h 45
Esquirol	6 h 00 - 19 h 30
Gare du Mirail (semaine)	6 h 25 - 19 h 55
Gare du Mirail (samedi)	{ 8 h 20 - 12 h 50 16 h 00 - 18 h 05
Leclerc	{ 9 h 35 - 13 h 00 15 h 45 - 19 h 05
Cours Dillon	{ 8 h 50 - 12 h 10 15 h 05 - 18 h 25
Fondeyre	{ 9 h 10 - 12 h 30 14 h 45 - 18 h 05

Lundi, mercredi, vendredi

Sept-Deniers	{ 9 h 25 - 13 h 00 15 h 35 - 18 h 45

Mardi, jeudi, samedi

Empalot	{ 9 h 55 - 13 h 00 15 h 10 - 18 h 45
Purpan	{ 8 h 35 - 11 h 35 15 h 00 - 18 h 45

bus 61|41|70|70 information

Semvat

LIGNE 148 GARE DU MIRAIL — MARENGO

PREMIERS ET DERNIERS DEPARTS
FREQUENCES.

148	LUNDI A VENDREDI		SAMEDI		LUNDI A VENDREDI VACANCES SCOLAIRES		DIMANCHES ET JOURS FERIES	
	PREMIERS DEPARTS	DERNIERS DEPARTS	PREMIERS DEPARTS	DERNIERS DEPARTS	PREMIERS DEPARTS	DERNIERS DEPARTS	PREMIERS DEPARTS	DERNIERS DEPARTS
Marengo vers Gare du Mirail	6.05 - 6.30	20.40 - 21.00	6.05 - 6.30	20.30 - 21.00	6.05 - 6.30	20.30 - 21.00	6.50 - 7.25	20.35 - 21.00
Gare du Mirail vers Marengo	5.30 - 5.50	20.05 - 20.25	5.30 - 5.50	19.55 - 20.25	5.30 - 5.50	19.55 - 20.25	6.15 - 6.50	20.00 - 20.25
Fréquence moyenne de passage	7 mn		9 à 12 mn		9 à 12 mn		16 à 30 mn	

Les dimanches et jours fériés, le terminus Marengo est reporté à Matabiau.

---

4. Pick out three places you might want to go on the bus and name the bus stops where you would get off.

Destination	Bus stop
a. _____	_____
b. _____	_____
c. _____	_____

5. On your first day in Toulouse (a Saturday), you go downtown in the afternoon and plan to eat in a restaurant on the rue d'Alsace. At what time should you be at your bus stop to avoid

missing the last bus back to the Cité? _____

_____

READING STRATEGY

False Cognates

You have already seen how helpful cognates (**les mots apparentés**) can be when you are scanning a text. In this text, for example, are words such as **urbain, ligne, tickets, bus, information,** and **fréquences,** which are quite recognizable from English. However, from time to time you will run into false cognates (**les faux amis**)—French words that look like English words but that have quite different meanings. The primary way of recognizing a false cognate is that the apparent English word does not make sense in context. For example, in the sentence, **Le train entre en gare et nous montons dans le premier wagon,** the word **wagon** does not mean *wagon*; from context, you can probably guess that it is the equivalent of *train car*.

In the sentence, **Les dimanches et les jours fériés, le terminus Marengo est reporté à Matabiau,** the word **reporté** is a false cognate. Using all of your reading skills, try to figure out

the meaning of this sentence. _____

_____

É·C·R·I·V·O·N·S!

PRATIQUE DE LA GRAMMAIRE

On page P9 of this Workbook, you will find additional, highly structured, self-correcting exercises on the days of the week and the irregular verb **vouloir.** If you feel unsure about these structures, or if you wish additional practice, do those exercises in preparation for Exercises III through V.

III. **Moi, je . . .** Using the expressions below, write five sentences that tell how you get around town. Use at least one expression from each column in each of your sentences. Use as many of the words and expressions as you can.

d'habitude	aller	à pied	en ville
souvent	prendre	le métro	au . . .
toujours		l'autobus	à la . . .
de temps en temps		un taxi	à l' . . .
quelquefois		mon vélo	à . . .
rarement		la voiture	
ne . . . jamais			

Modèle: *D'habitude je vais à l'université à pied.* or: *Quelquefois je prends l'autobus pour aller à l'université et quelquefois j'y vais dans la voiture de mon frère. Je ne prends jamais de taxi.*

1. _____

2. _____

3. _____

4. _____

5. _____

IV. **Des invitations.** Use the verb **vouloir** to extend invitations to the following people. Whenever possible, choose activities that might interest them. Use a separate sheet of paper.

Modèle:

> **Chère Isabelle,**
> **Est-ce que tu veux venir** (to come) **avec nous samedi soir?**
> **Nous allons voir un film de Woody Allen. Si tu veux y aller,**
> **téléphone-moi ce soir.**
>
> > **Diane**

VOCABULAIRE: Les jours de la semaine

FONCTIONS: Pour proposer de faire quelque chose ensemble; pour organiser une sortie

GRAMMAIRE: Le verbe irrégulier **vouloir**

1. un(e) ami(e)

2. deux ou trois camarades de classe

3. votre père et/ou votre mère

V. **Vos activités.** Complete the paragraphs from two letters that you are writing, using some of the suggested expressions. Write on a separate piece of paper.

FONCTIONS: Pour organiser une sortie; pour parler de ses projets

A. To your parents: **le lundi, le mercredi soir, le samedi après-midi, le dimanche,** etc.

> La vie à l'université est assez monotone ...

B. To a friend who does not go to your school: **ce soir, demain matin, demain soir, dimanche après-midi,** etc.

> C'est vendredi. Le weekend va bientôt commencer! ...

Nom .... Cours ....

4

2ᵉ Étape

DEUXIÈME ÉTAPE

Prenons le métro! *(Text p.136–p.146)*

L·I·S·O·N·S!

*Most Americans arrive in France by plane, and most commercial flights from the United States arrive at Charles de Gaulle Airport in Roissy, a northern suburb of Paris. Consequently, one of the first situations they need to deal with is getting from the airport into the city. In this **étape,** you will apply your reading skills to a brochure about one means of getting into the city—a train-bus service called **Roissy-Rail.***

I. Prélecture. Imagine that you are arriving in Paris and that someone has told you about the train-bus service between the airport and the city. What information would you need about this service before making use of it? Complete the following list.

the cost of a ticket, _____

_____

_____

_____

II. Roissy-Rail. Using the brochure, answer the following questions about the train-bus service.

LES LIAISONS PARIS-AÉROPORTS
PARIS ⟵⟶ AÉROPORT CHARLES DE GAULLE

LES TRANSPORTS :

BUS AIR FRANCE de 5 h 45 à 23 h
Paris/CDG 2A/CDG 2B/CDG 1

de 6 h à 23 h CDG/Paris
Toutes les 12 mn

Départ de Paris vers CDG :
PLACE CHARLES-DE-GAULLE - ETOILE
(Avenue Carnot)
PORTE MAILLOT (près agence AF)

Départ de CDG vers Paris :
CDG 2A porte A5
CDG 2B porte B6
CGD 1 porte 36 niveau arrivée

Trajet moyen : 40 mn – 35 F

ROISSY RAIL de 5 h 25 à 23 h 25 Paris/CDG

de 5 h 10 à 23 h 45 CDG/Paris
Toutes les 15 mn
Départ de Paris vers CDG :
Toutes les stations de la ligne B du RER
Départ de CDG vers Paris :
CDG 2A porte A5
CDG 2B porte B6
CDG 1 porte 28 ou 30 niveau arrivée

Trajet moyen : 35 mn
35 F Gare du Nord en 1ʳᵉ classe
(navette comprise)

1. If we arrive at Terminal Number 1 at Charles de Gaulle, where do we get on the shuttle bus?

   _____

2. How much will our train ticket cost? How long will it take to get into Paris?

   _____

3. If we have a hotel near the Jardin du Luxembourg, should we get off at the Gare du Nord?

   _____

4. If we have a hotel near the Notre-Dame-des-Champs station (D4 on the metro map on p. 138 of your textbook), how could we get there from the airport? (Where would we switch from the RER to the metro?)

   _____

   _____

É·C·R·I·V·O·N·S!

PRATIQUE DE LA GRAMMAIRE

On page P10 of this Workbook, you will find additional, highly structured, self-correcting exercises on adverbs used to designate the present and the future as well as the expressions **espérer** and **avoir l'intention de**. If you feel unsure about these structures, or if you wish additional practice, do those exercises in preparation for Exercises III through V.

III. **Mais oui.** Antoine's friends ask him questions about his activities. Using the calendar as a guide, play the role of Antoine and answer the friend's questions. Today is June 6.

J U I N	
L 6	matin: travailler à la maison; après-midi: aller en ville; soir: aller au cinéma avec des amis
M 7	visiter le musée
M 8	après-midi: faire des courses en ville; soir: rester à la maison
J 9	matin: faire un tour à vélo; soir: aller à une discothèque
D 12	matin: aller à l'église; après-midi: déjeuner avec mes parents
L 13	faire des achats
M 14	aller à Londres (M14-D19)

Modèle: Tu aimes te promener à vélo?

   Mais oui. Je vais faire un tour à vélo jeudi matin.

1. Tu travailles à la maison de temps en temps? _____

   _____

2. Tu vas souvent à une discothèque? _____

_____

3. Quand est-ce que tu vas en ville? _____

_____

4. Tu aimes voyager? _____

_____

5. Tu as besoin d'acheter quelque chose pour le voyage? _____

_____

6. Tu vas au cinéma avec tes amis de temps en temps? _____

_____

7. Tu as le temps de déjeuner avec tes parents? _____

_____

8. Tu vas faire des courses en ville bientôt? _____

_____

IV. L'avenir. (*The future.*) Different people have different plans and dreams for the future. Using the suggested expressions, write three sentences for each situation. Tell about (a) your best friend **(mon meilleur ami, ma meilleure amie),** (b) your parents, and (c) yourself.

1. cette année / avoir l'intention de

    a. _____

    b. _____

    c. _____

2. l'année prochaine / vouloir

    a. _____

    b. _____

    c. _____

3. un jour / espérer

    a. _____

    b. _____

    c. _____

V. Prenez le métro! Using the information provided on page 94, and the metro map on page 138 of the textbook, write notes to the following people, telling them how to use the metro to meet you. Write the second and third notes on a separate sheet of paper.

1. Your German friend Greta is staying in the Latin Quarter. She wants to see the Arc de Triomphe. Départ: station Saint-Michel (E4) → arrivée: station Charles de Gaulle–Étoile (C3) / sortie: avenue de Friedland

> Greta,
> On va visiter l'arc de Triomphe demain après-midi. Pour prendre le métro, tu vas à la station Saint-Michel, et tu prends la direction _____. Tu changes à _____, direction _____. Tu descends à la station _____. Rendez-vous à 3h. à la sortie (exit) dans l'avenue de Friedland.
>
> Paul

2. Your Brazilian friend Jorge is staying behind the Gare Montparnasse. He wants to go see a play at the Comédie-Française. Départ: station Pasteur (C4) → arrivée: station Palais-Royal (D3) / sortie: rue St-Honoré

3. Your Egyptian friends Anwar and Farah are staying near the place d'Italie. They want to see the basilica of the Sacred Heart (**Sacré-Cœur**) in Montmartre. Départ: station / Place d'Italie (E5) → arrivée: station / Barbès-Rochechouart (E2) / sortie: boulevard Rochechouart

～ TROISIÈME ÉTAPE ～

Je veux prendre un taxi! *(Text p.147–p.157)*

L·I·S·O·N·S!

Although most French cities have excellent public transportation systems, the French, like Americans, all like to own their own car. One evidence of this love affair with the automobile is the vast number of car ads that appear in weekly and monthly magazines. Because the visual impact of any ad is usually more important than the words used, you can probably read and evaluate car ads in French even though your French is still limited.

I. **Prélecture.** Study the two ads from American magazines. Then answer the questions.

1. First, consider only the picture part of the ad. What does it suggest?

   a. Toyota _____

   _____

   b. Ford (p. 96) _____

   _____

2. Now consider the titles (the parts printed in the largest typeface). What is the key word in each title?

   a. Toyota _____

   b. Ford _____

Nom .... Cours ....

4

3e Étape

3. Finally, look at the smaller print. Does this part of the ad reinforce the picture and/or the title? Does it introduce new ideas?

   a. Toyota _____

   _____

   b. Ford _____

   _____

II. La pub en France. Now look at the ads for two French-made automobiles: a Renault Supercinq and a Peugeot 205 (page 98). Read the two ads in the same way you read the American ads in Exercise I. Then answer the questions.

1. What similarities do you notice between the two ads? _____
_____
_____
_____

2. What differences do you notice between the two ads? _____
_____
_____

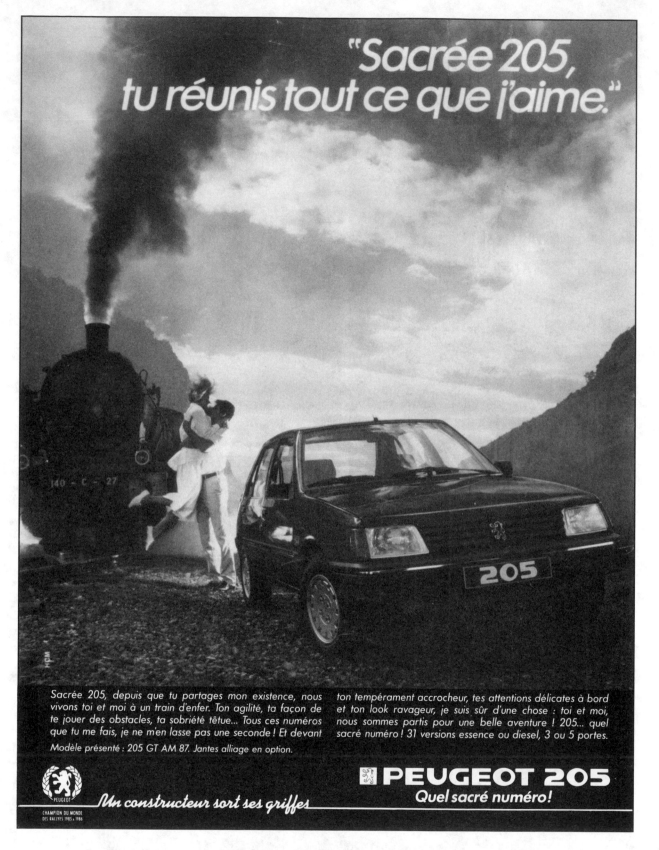

"Sacrée 205, tu réunis tout ce que j'aime."

Sacrée 205, depuis que tu partages mon existence, nous vivons toi et moi à un train d'enfer. Ton agilité, ta façon de te jouer des obstacles, ta sobriété têtue... Tous ces numéros que tu me fais, je ne m'en lasse pas une seconde ! Et devant

Modèle présenté : 205 GT AM 87. Jantes alliage en option.

ton tempérament accrocheur, tes attentions délicates à bord et ton look ravageur, je suis sûr d'une chose : toi et moi, nous sommes partis pour une belle aventure ! 205... quel sacré numéro ! 31 versions essence ou diesel, 3 ou 5 portes.

PEUGEOT 205
Quel sacré numéro!

Un constructeur sort ses griffes

CHAMPION DU MONDE
DES RALLYES 1985 à 1986

3. Both ads suggest that the cars are similar to people. Using your ability to recognize cognates and to guess from context, show how this comparison is developed in each ad.

   a. Renault Supercinq _____

_____

_____

b. Peugeot 205 _____

_____

_____

4. In what ways are the American ads different from the French ads? _____

_____

_____

5. Are these differences generally true or are they true only for the particular set of American ads

reproduced here? _____

_____

_____

É·C·R·I·V·O·N·S!

PRATIQUE DE LA GRAMMAIRE

On pages P10–P12 of this Workbook, you will find additional, highly structured, self-correcting exercises on the present, the immediate future, and the imperative of pronominal verbs. If you feel unsure about these structures, or if you wish additional practice, do those exercises in preparation for Exercises III through VII.

III. Les vacances. Complete the following letters written by people either on vacation or getting ready for vacation. Use the appropriate forms of the verbs suggested. The same verb may be used more than once. Be sure to distinguish between pronominal and nonpronominal verbs. Verbs: **aller, s'amuser, se coucher, faire, se lever, prendre, se préparer, se promener, se reposer, se retrouver, visiter**

1. Jean-Jacques is writing his parents about life at his summer camp (**camp d'adolescents**).

> Chers Maman et Papa,
>
> Tout va bien! Il fait un temps splendide! On passe toute la journée à faire du sport et on mange très bien. Le seul inconvénient, c'est que nous _____ de très bonne heure (6h30 du matin) et que nous _____ assez tôt aussi (9h du soir). À part ça, c'est vraiment très sympa ici et je _____ bien.
>
> Grosses bises,
> Jean-Jacques

2. Mireille, who is spending her vacation at the family summer home, is writing her school friend.

Salut, Annick.

Comment vont les vacances? Tu _____ bien, j'espère?

La vie ici n'est pas très gaie. Il n'y a pas grand-chose à faire. Je ne _____ pas avant 10h30 ou 11h du matin. Puis je _____ quelque chose à manger. Je passe l'après-midi dans le jardin où je regarde les plantes et les fleurs. Après le dîner, je _____ avec mes parents et mes grands-parents. Nous _____ un petit tour du village, puis nous rentrons à la maison et regardons la télé. On _____ vers 10h30. C'est vraiment ennuyeux!

À bientôt,
Mireille

3. Henri has just arrived in Florence, Italy, after a long drive. He is writing to his best friend.

Éric,

Nous venons d'arriver à Florence. Nous sommes tous très fatigués. Il est 11h30 du soir. Je vais _____ bientôt. Demain on ne va pas faire grand-chose. Nous voulons _____ un peu. Mardi nous allons _____ la ville et mercredi nous allons repartir pour Rome.

Toi et ta famille, vous _____ à partir pour le Maroc, non? Amusez-vous bien!

À bientôt,
Henri

4. Catherine is writing her aunt about her family's vacation plans.

> *Ma chère Tante Caroline,*
>
> *Nous partons bientôt pour Biarritz. Papa et Jean-Louis, ils y*
> *_____ en voiture demain. Ils aiment*
> *_____ en auto! Maman et moi, nous*
> *allons _____ le train vendredi. Nous*
> *allons _____ à Biarritz le 3 juillet.*
> *On te téléphonera la semaine prochaine.*
>
> *Grosses bises,*
> *Catherine*

IV. On vous a laissé un mot. (*There's a message for you.*) You and your foreign student dorm mates rarely see each other during the day. Consequently, you leave each other written messages on the bulletin board in the hall. Use the suggested expressions to complete your response to each of the following messages. Expressions: **assieds-toi! (asseyez-vous!), amuse-toi bien! (amusez-vous bien!), dépêche-toi (dépêchez-vous), ne te dépêche pas (ne vous dépêchez pas), ne t'énerve pas (ne vous énervez pas), ne t'inquiète pas (ne vous inquiétez pas)**

1

Jacqueline et moi, nous allons voir le nouveau film de Depardieu ce soir. Tu veux venir avec nous ?

Anne-Marie

Je voudrais bien, mais je dois travailler. On dit que c'est un très bon film . . .

2

> *Nous avons rendez-vous avec Alain et ses parents ce soir. J'ai cours jusqu'à 4h.30, puis j'ai des courses à faire en ville. Je vais faire un effort pour rentrer avant 7h.*
>
> *Gérard*

> *. . . Nous avons beaucoup de temps. Alain a téléphoné. Ses parents arrivent à 8h.*

3

> *Quelle catastrophe! Je dois retrouver Bénédicte et sa cousine en ville ce soir, mais je n'ai pas ma voiture et le dernier autobus est à 9h. Qu'est-ce que je vais faire? Comment est-ce que je vais y aller?*
>
> *Daniel*

> *. . . Tu peux prendre ma voiture à moi. J'ai beaucoup de devoirs à faire ce soir. Je vais à la bibliothèque, mais je peux y aller à pied.*

V. Les Berthier. Using the verbs suggested, describe what is going on in the lives of the Berthiers. Then answer the questions about your own life.

Modèle: Antoine / ne pas vouloir, avoir envie de
Antoine ne veut pas se coucher à 10h. Il a envie de regarder la télé.

Et vous, est-ce que vous vous couchez souvent à 10h?
Non, moi, je me couche d'habitude vers 12h ou 1h.

> Couche-toi, mon petit. Il est déjà 10h.

> Mais Papa, il y a un très bon film à la télé.

1. Sophie / se lever, rester au lit

_____

_____

Et vous, le matin, est-ce que vous vous levez tout de suite ou est-ce que vous préférez rester au

lit un peu? _____

_____

2. Jacques, Philippe / se retrouver, faire des courses

_____

_____

Et vous, où est-ce que vous retrouvez vos amis? _____

_____

3. Pascale, Vincent / ne pas se dépêcher, rentrer

_____

_____

Et vous, quand est-ce que vous vous dépêchez? _____

_____

4. Alain, Chantal, Michel / s'amuser à (+ infinitif), se promener

_____

_____

Et vous, qu'est-ce que vous préférez? _____

_____

5. Jeanne, Madeleine / acheter, s'acheter

_____

_____

Et vous, qu'est-ce que vous voudriez vous acheter? _____

_____

VI. Tu vas arriver à l'aéroport Charles de Gaulle. Georges Martin is writing to his French-Canadian friend, Louise Villandré, to explain how she should get to his apartment when she arrives in Paris. Complete the letter with the appropriate forms of the suggested verbs. Verbs: **s'arrêter** (_to stop_), **arriver, descendre, prendre**

Chère Louise,

J'attends avec impatience le jour de ton arrivée. Tu vas

_____ à l'aéroport Charles de Gaulle. Pour aller à

Paris, tu _____ le car Air France. Il

_____ deux fois—le premier arrêt, c'est à

l'avenue des Ternes; le second arrêt, c'est à la place Charles de

Gaulle-Étoile (près de l'arc de Triomphe).

Tu _____ à la place Charles de Gaulle-Étoile.

Là, il y a deux possibilités. Si tu _____ un taxi, tu

vas payer 20 ou 25 francs. Si tu _____ l'autobus

22, tu vas payer 5 francs, mais tu vas _____ six

fois. Tu _____ à la place Possoz et mon adresse,

c'est 54, avenue Paul Doumer.

À bientôt,

Georges

VII. Pour aller chez moi, tu . . . Imagine that a French friend is coming to visit you. She will arrive at an airport, a train station, or a bus station (**une gare routière**) in your town. You will be unable to meet her. Therefore, write a letter explaining how she can use some form (or forms) of public transportation to get to where you live. Use a separate sheet of paper.

 FONCTION: Pour organiser une sortie

QUATRIÈME ÉTAPE
(Text p.158–p.163)

 É·C·O·U·T·O·N·S!

I. Pourquoi est-ce qu'ils vont en ville? Listen to the four conversations. Then write the number of each conversation under the appropriate drawing.

_____

_____

_____

_____

II. Comment est-ce qu'ils vont en ville? Listen to the four conversations. Then match the number of each conversation with the appropriate form of transportation.

_____ en taxi   _____ en métro

_____ en autobus   _____ à vélo

III. Les verbes pronominaux

A. Listen to each sentence and circle **oui** if it contains a pronominal verb or **non** if it contains a nonpronominal verb.

1. oui   non   4. oui   non   7. oui   non

2. oui   non   5. oui   non   8. oui   non

3. oui   non   6. oui   non

B. Now tell whether each thing said is a question, a statement, or a command.

1. ? . !   4. ? . !   7. ? . !

2. ? . !   5. ? . !   8. ? . !

3. ? . !   6. ? . !

C. Finally, tell whether each of the following is in the present (**présent**) or the future (**futur**).

1. présent   futur   3. présent   futur   5. présent   futur

2. présent   futur   4. présent   futur   6. présent   futur

IV. Les nombres

A. **Combien? Quel numéro?** Write the number you hear in each of the following statements.

Modèle: You hear: *Marie-Louise habite quarante et un, rue de Fleurus.*

You write: ___*41*___

1. _____   2. _____   3. _____   4. _____   5. _____   6. _____

B. **C'est combien?** Write the final amount involved in each transaction you hear.

Modèle: You hear: *C'est combien, ce livre?*
Vingt-deux francs cinquante.
Vingt-deux francs cinquante? C'est pas cher.

You write: à la librairie _____*22,50 (22F50)*_____

1. dans un taxi _____   2. au guichet _____

3. au bureau de poste _____   4. au café _____

5. au bureau de tabac _____

V. Mini-dictée: Une semaine très chargée. (*A busy week.*) Use the words you hear to complete the following sentences about a businessperson's week. Each sentence will be read twice.

Modèle: You hear: *Lundi je suis au bureau.*

You write: _____*Lundi*_____ je suis au bureau.

1. _____ je prépare une présentation orale.

2. _____ je vais au théâtre avec mon mari et des clients.

3. _____ je travaille avec mes collègues.

4. _____ j'ai rendez-vous avec une cliente importante.

5. _____ je passe du temps avec mes enfants.

6. Et _____ je vais être obligée d'aller à Berlin.

VI. Vous voulez prendre un message? You are alone in the home of some French friends. The parents (**M. et Mme Roche**) and the children (**Christine et Mathieu**) are all out for the evening. When the phone rings, you answer and take messages for the absent family members. Fill in the message slips with the vital information. You may write in French or in English; the important thing is to get the basic message.

MESSAGE IMPORTANT

_____ a appelé

pour _____

Message: _____

_____

_____

_____

_____

_____

_____

MESSAGE IMPORTANT

_____ a appelé

pour _____

Message: _____

_____

_____

_____

_____

_____

_____

_____

_____

VII. Samedi soir à Paris. Listen to the following conversation between Claire, who is French, and her American friend, David. Then answer the questions by circling the letter of the correct response.

1. Ce soir Claire et David vont . . .

    a. dîner au restaurant.

    b. aller au cinéma.

    c. visiter la place de l'Étoile.

    d. chercher des amis au club des Américains.

Nom .... Cours ....

4

Rédigeons!

2. Qui prend les billets de métro?

    a. Claire a un carnet; elle a un billet pour David.

    b. David prend deux billets.

    c. Claire prend deux billets.

    d. David prend son billet, mais Claire a déjà son billet.

3. Quel est l'itinéraire de David et de Claire?

    a. Wagram / Opéra / église de Pantin

    b. Mairie d'Issy / Galliéni / Wagram

    c. Wagram / Opéra / Monge

    d. Opéra / Mairie d'Issy / Monge

4. À qui est-ce que Claire et David parlent?

    a. à un ami de Claire qui veut parler à un Américain

    b. à un Allemand qui aime beaucoup les films italiens

    c. à un ami de Claire qui va prendre le métro au Châtelet

    d. à un Allemand qui veut aller à la place de l'Etoile

R·É·D·I·G·E·O·N·S!

Une lettre à un(e) ami(e). You and a friend (or relative) have made plans to go downtown one week from today. Write a letter to a French friend, inviting him/her to join the two of you. Begin the letter with **Cher (Chère)** . . . and end with **Bien à toi.** Use a separate sheet of paper. Include the following ideas:

1. Mention what day it is today and tell what your plans are for the same day next week.

2. Invite your friend to join you and the other person.

3. Explain what means of transportation you will use and why.

4. Mention one or two things you hope and/or intend to do in town.

5. Tell your friend to call you **(Téléphone-moi).** Specify two times (such as Monday evening) when you are likely to be home.

VOCABULAIRE: Les jours de la semaine

FONCTIONS: Pour organiser une sortie; pour proposer de faire quelque chose ensemble

TRAVAIL DE FIN DE CHAPITRE
▼▼▼▼▼▼▼▼▼▼▼▼▼▼▼▼▼

I. Student Tape

Listen again to the second part of the tape, the conversation among the three friends (Laurent, Élisabeth, Hélène), and answer the questions.

1. Qui ne va pas aller au concert? Pourquoi pas? _____

_____

2. Qui propose d'aller au cinéma? Pourquoi est-ce qu'ils ne vont pas tous les trois au cinéma?

_____

_____

3. Pourquoi les deux qui vont au concert décident-ils de prendre le métro? _____

_____

4. Où est-ce qu'ils vont se retrouver? _____

_____

II. Jeu de mots.
Unscramble the five sets of letters to form the names of means of transportation. Then reassemble the circled letters to form the name of a frequently used **direction** of the Paris metro system.

BUTUSOA   _ _ _Ⓞ _ _Ⓞ

LOVE   _ⓄⓄ _

ROTEM   _ _ _ⓄⓄ

IDAEP   _ Ⓞ _ _Ⓞ

TENRINA   Ⓞ _ ⓄⓄⓄ _Ⓞ

Direction   _ _ _ _ _ _ , _ _ _ _ _ _ _

CHAPITRE · CINQ
Amusons-nous!

TRAVAIL PRÉPARATOIRE
▼▼▼▼▼▼▼▼▼▼▼▼▼▼

I. Planning Strategy

Your French friend is trying to improve his English and asks you the following questions. Suggest some useful English expressions for each situation.

1. When someone asks me about the weather in France, I always say, "It's very nice." How can I elaborate and give more details? _____

_____

2. I would like to ask some friends to go to the movies with me.

   a. How do I bring up the subject? _____

   _____

   b. How do I find out what kinds of films they like? What types of films are there? _____

   _____

   c. What do I say to make arrangements to meet my friends somewhere? _____

   _____

3. My American "family" wants to know what activities I enjoy. What are some typical outdoor activities? What can one do when the weather is bad? _____

   _____

   _____

4. I'm having trouble talking about the past.

   a. What expressions can I use to tell at what point in the past something happened? _____

   _____

   b. How do I express the amount of time it took to do something? _____

   _____

🔲 II. Student Tape

A. **La météo.** (*The weather report.*) You will hear four short conversations in which people talk about the weather as predicted by the reports on the radio. Based on what you hear, decide what clothing you'll bring on your vacation. Match the number of the report (1, 2, 3, 4) with the clothing description. (You will not understand everything in the reports in detail; listen for the gist of each conversation.)

   _____ I'm going to take light clothing: a bathing suit, shorts, sandals, T-shirts.

   _____ I've got to take some warmer clothing, a raincoat, and a light jacket.

   _____ I had better bring my ski jacket, a hat, a pair of gloves, and some boots.

   _____ It's hard to know what to bring. To be sure, I'll take some warm clothing, but I'll also want a pair of shorts, some sandals, and my bathing suit.

B. Les amis. Listen to some friends trying to make plans together. Then answer the questions.

1. How many people are involved in the conversation?

   a. 2   **b.** 3   **c.** 4   **d.** more than 4

2. What are they organizing?

   a. a business trip   **b.** a party   **c.** a weekend   **d.** a vacation

3. Which of the following activities are they *not* going to do?

   a. visit an art exhibit   **b.** play tennis   **c.** go to the movies   **d.** go free-falling

PREMIÈRE ÉTAPE

Quel temps fait-il? *(Text p.174–p.184)*

L·I·S·O·N·S!

I. Prélecture. Skim the weather sections from an American and a French newspaper.

THE WEATHER

FORECASTS

TODAY Partly cloudy in the Twin Cities with a 40 percent chance of thunderstorms. High in the lower 90s. South wind at 10 to 20 mph. Tonight's low, mid-60s.

WEDNESDAY Partly cloudy with a high in the lower 80s.

EXTENDED Cooling Thursday through Saturday with a chance of thunderstorms Friday. Highs from the upper 80s Thursday, cooling into the upper 80s Saturday.

MINNESOTA Partly cloudy with a chance of showers and thunderstorms. Highs in the lower 70s north to the lower 90s south.

WISCONSIN Partly sunny and warmer with a chance of thunderstorms north. Highs from the upper 70s north to near 90 south.

THE DAKOTAS Partly to mostly sunny with highs in the upper 70s to lower 90s. Partly cloudy tonight with lows in the mid-50s to mid-60s.

TUESDAY ALMANAC
SUNRISE is at 6:38 a.m.
SUNSET is at 7:46 p.m.
DAYLIGHT — 13 hours, 8 minutes on Sept. 4, the 247th day of 1990.

PHASES OF THE MOON
First qtr. Sept. 27   Full Sept. 5
Last qtr. Sept. 11   New Sept. 19

THE REGION

International Falls 78/50/pcloudy
Fargo-Moorhead 80/53/pcloudy
Duluth 75/52/rain
Ashland 78/57/ptsunny
Brainerd 82/60/pcloudy
Rice Lake 80/58/ptsunny
St. Cloud 82/62/rain
Eau Claire 82/59/ptsunny
Twin Cities 92/65/pcloudy
Green Bay 80/60/ptsunny
Redwood Falls 88/63/rain
Rochester 90/64/pcloudy
La Crosse 87/62/ptsunny
Mason City 88/65/ptsunny
Milwaukee 87/62/ptsunny

THE NATION

Seattle 80/53/clear
Rapid City 86/61/cloudy
Twin Cities 92/65/pcloudy
Detroit 85/58/cloudy
Boston 70/55/clear
New York 77/61/clear
San Francisco 73/57/cloudy
Denver 92/58/clear
Des Moines 94/71/clear
Chicago 89/65/clear
New York, D.C. 86/64/clear
Los Angeles 85/66/cloudy
Kansas City 94/71/clear
St. Louis 95/73/clear
Phoenix 98/78/rain
Dallas 96/72/cloudy
Atlanta 91/72/cloudy
New Orleans 95/74/clear
Miami 88/77/cloudy

FOR THE RECORD

MONDAY	Normal	1989	Record/Year
Low temperatures	64	55	57	32 in 1974
High temperatures	83	75	73	97 in 1925

TWIN CITIES HOURLY TEMPERATURE AND HUMIDITY

Hour	T	H	Hour	T	H	Hour	T	H
Midnight	68	76	8 a.m.	65	93	4 p.m.	82	65
1 a.m.	66	84	9 a.m.	65	100	5 p.m.	83	63
2 a.m.	66	84	10 a.m.	68	93	6 p.m.	82	67
3 a.m.	65	87	11 a.m.	69	90	7 p.m.	81	69
4 a.m.	66	87	Noon	72	87	8 p.m.	78	76
5 a.m.	66	87	1 p.m.	74	74	9 p.m.	77	76
6 a.m.	66	87	2 p.m.	77	69	10 p.m.	76	82
7 a.m.	67	81	3 p.m.	79	67			

PRECIPITATION

	Monday	Month to date	Year to date
Total	.42	.42	28.70
Normal		.20	20.15
Departure		+.22	+8.55

POLLEN AND MOLD
Counts are not available.

FOUR-STATE TEMPERATURES AND PRECIPITATION

Minnesota

	H	L	Pcp.
Alexandria	80	62	.33
Duluth	63	54	.05
Hibbing	67	50	.02
Internat'l Falls	79	53	
Redwood Falls	83	64	
Rochester	80	61	.78
St. Cloud	80	62	.38
Twin Cities	83	64	.42

North Dakota

	H	L	Pcp.
Bismarck	93	68	
Grand Forks	87	70	

Wisconsin

	H	L	Pcp.
Eau Claire	77	59	T
Green Bay	75	57	T
La Crosse	80	61	NA
Madison	78	54	
Milwaukee	75	64	T
Wausau	70	55	.03

South Dakota

	H	L	Pcp.
Aberdeen	94	69	1.49
Huron	97	72	.17
Sioux Falls	93	72	

Figures are as of 7 p.m. Monday.

COOLING DEGREE DAYS

	Sunday	Year ago	Normal year
Total for day	7	0	2
Season total	632	730	628

September normals and extremes

▼ Precipitation
Normal monthly total: 2.50"
Wettest on record: 7.77" (1903)
Driest on record: 0.41" (1940)
Greatest in 24 hours: 4.96" 9/12/03

▼ Temperature
Normal mean monthly: 60.6
Warmest mean monthly: 68.6 (1931)
Coldest mean monthly: 52.8 (1965)
Normal daily high: 71.0
Normal daily low: 50.2
Highest on record: 104
Lowest on record: 26

▼ Normal # of days with..
Maximum of 90 or higher: 1
Minimum of 32 or lower: 1
Heating degree days: 160
Cooling degree days: 28
Precip... 0.01 or more: 9
Precip... 0.1 or more: 5
Precip... 0.5 or more: 1
Thunderstorms: 4
Snowfall: 0
Clear: 10
Partly cloudy: 9
Cloudy: 11

▼ Miscellaneous averages
Prevailing wind: South 9.9 mph
Sunshine: 61% of possible

A LOOK AT THE NATION

Wet weather dampened Labor Day activities Monday across parts of the South and the upper Midwest, and the desert Southwest was threatened with heavy rain.

In the Upper Midwest, showers and thunderstorms spread across parts of western Wisconsin, central Minnesota, southeastern North Dakota, and eastern South Dakota.

Rain was light but welcome at Kodiak, Alaska. Only 0.01 of an inch of rain had fallen at Kodiak from Aug. 17 until Monday morning, when 0.09 of an inch of rain fell.

Cape Hatteras, N.C., warmed to a record-tying 90 degrees.

The high in the nation Monday was 110 at Borrego Springs, Calif.; the low was 29 at Truckee, Calif.

Associated Press

UNITED STATES

City	Monday H	L	Pcp.	Forecast Tuesday H	L	Sky	Forecast Wednesday H	L	Sky
Albuquerque	87	65	—	85	64	rain	85	66	cloudy
Anchorage	57	50	.10	59	49	cloudy	62	48	cloudy
Atlanta	94	73	—	91	72	cloudy	90	69	clear
Atlantic City	80	66	—	77	62	clear	78	65	cloudy
Austin	96	72	.01	93	72	cloudy	94	74	cloudy
Baltimore	84	70	—	79	58	clear	83	59	cloudy
Billings	90	60	.07	85	60	rain	88	57	clear
Bismarck	83	58	—	81	60	cloudy	82	54	cloudy
Boise	88	54	—	80	56	clear	92	56	clear
Boston	71	63	.01	70	55	clear	79	53	cloudy
Brownsville	92	75	—	92	75	cloudy	91	76	cloudy
Buffalo	71	57	—	77	52	cloudy	78	52	clear
Charleston, S.C.	93	77	2.42	91	72	cloudy	88	70	clear
Charlotte, N.C.	93	75	—	85	67	clear	87	64	clear
Cheyenne	90	58	.11	85	48	rain	84	55	cloudy
Chicago	82	59	—	89	65	clear	88	70	rain
Cincinnati	82	59	—	86	64	clear	85	68	cloudy
Cleveland	73	65	—	82	60	cloudy	83	65	cloudy
Dallas-Ft. Worth	96	73	—	96	72	cloudy	97	72	cloudy
Denver	93	58	—	92	54	clear	90	53	clear
Des Moines	87	67	—	94	71	clear	90	71	clear
Detroit	78	60	—	85	58	cloudy	85	67	cloudy
El Paso	86	64	—	93	67	clear	94	73	clear
Fairbanks	58	48	.07	63	41	cloudy	59	43	rain
Honolulu	87	73	—	88	73	cloudy	87	73	clear
Houston	87	73	.03	91	73	cloudy	94	74	cloudy
Indianapolis	83	64	—	89	65	clear	88	68	clear
Jacksonville	94	68	—	90	70	cloudy	90	70	cloudy
Juneau	54	44	—	54	46	rain	53	46	rain
Kansas City	86	69	—	94	71	clear	94	72	cloudy
Las Vegas	92	76	—	95	76	rain	97	75	rain
Los Angeles	84	65	—	85	66	cloudy	86	66	cloudy
Louisville	86	68	—	87	61	cloudy	88	68	cloudy
Memphis	100	77	—	90	76	cloudy	98	77	cloudy
Miami Beach	88	73	—	89	77	rain	90	78	cloudy
Nashville	96	73	—	93	73	cloudy	97	74	cloudy
New Orleans	93	72	—	95	74	clear	91	75	cloudy
New York, Va.	83	74	—	80	69	clear	83	68	clear
Omaha	93	71	—	95	89	clear	94	70	clear
Orlando	92	74	—	90	80	cloudy	91	80	rain
Philadelphia	83	68	—	80	60	clear	85	61	cloudy
Phoenix	104	84	—	98	78	rain	98	78	rain
Pittsburgh	83	51	—	85	61	cloudy	83	61	cloudy
Portland, Ore.	83	57	—	78	56	clear	87	58	cloudy
Rapid City	97	62	—	86	61	cloudy	87	58	cloudy
Reno	88	53	—	90	52	clear	94	56	clear
St. Louis	93	67	—	90	64	cloudy	95	73	clear
Salt Lake City	76	49	—	77	53	rain	84	53	clear
San Diego	72	58	—	75	57	cloudy	78	57	cloudy
San Francisco	72	58	—	73	57	cloudy	73	57	cloudy
San Juan, P.R.	90	77	.10	90	77	cloudy	90	77	cloudy
San taFé	84	65	—	91	59	cloudy	91	59	cloudy
Tampa-St. Ptrsbg	93	73	.01	91	74	cloudy	90	74	cloudy
Tucson	95	73	—	91	70	cloudy	94	72	cloudy
Washington, D.C.	84	72	.49	80	64	clear	84	65	cloudy

CANADA

	Monday H	L	Sky
Calgary	65	49	clear
Edmonton	65	48	clear
Montreal	70	51	clear
Ottawa	68	51	clear
Regina	71	62	clear
Toronto	67	49	clear
Vancouver	68	52	clear
Winnipeg	91	70	cloudy

WORLDWIDE

	Sunday H	L	Sky
Amsterdam	72	55	cloudy
Athens	95	68	clear
Auckland	—	—	clear
Bangkok	91	81	clear
Beijing	77	58	clear
Beirut	88	72	cloudy
Belgrade	73	59	clear
Berlin	68	57	clear
Bermuda	82	73	clear
Brisbane	—	—	clear
Brussels	77	46	clear
Buenos Aires	57	39	clear
Cairo	91	72	clear
Copenhagen	68	50	cloudy
Dublin	66	54	clear
Frankfurt	70	59	rain
Geneva	68	57	clear
Havana	88	72	cloudy
Helsinki	59	41	cloudy
Hong Kong	88	77	clear
Istanbul	84	64	clear
Jerusalem	90	64	clear
Johannesburg	62	45	cloudy
Lisbon	81	64	clear
London	73	61	clear
Madrid	93	61	clear
Manila	88	77	clear
Mexico City	72	59	cloudy
Moscow	—	—	clear
Nassau	91	77	clear
New Delhi	99	83	clear
Oslo	70	55	rain
Paris	79	55	clear
Rio de Janeiro	90	66	cloudy
Rome	88	63	clear
Santiago	61	48	cloudy
Seoul	81	66	clear
Singapore	88	72	cloudy
Stockholm	66	55	clear
Sydney	—	—	rain
Taipei	91	79	rain
Tel Aviv	88	64	clear
Tokyo	88	75	cloudy
Vienna	77	60	clear
Warsaw	68	54	cloudy

Nom .... Cours ....

5

1ère Étape

MÉTÉO

Aujourd'hui. — Région parisienne les nuages laissent passer quelques rayons de soleil ce matin mais peu à peu le ciel va se couvrir. Après-midi plus gris et temporairement humide Les températures matinales sont autour de 9°C et cet après-midi il ne fera pas plus de 14°.

Ailleurs. — Sur la Bretagne, la Normandie, la journée s'annonce nuageuse avec des pluies intermittentes. Sur le Nord, la Picardie et les Ardennes, après une matinée grise et humide, quelques éclaircies se développeront. De la région parisienne à la Champagne et aux Vosges, le ciel est mitigé ce matin. Les nuages seront de plus en plus nombreux et menaçants cet après-midi.

De la Vendée et des Charentes aux régions du Centre, à la Bourgogne, au Jura et à l'Alsace, le soleil brille généreusement ce matin mais le ciel se voilera au fil des heures et cet après-midi il y a des risques d'ondées sporadiques.

L'Aquitaine et le Pays basque débutent la journée dans la grisaille et par des bruines locales mais les éclaircies reviendront

Sur toutes les autres contrées de la moitié sud, belle journée printanière et bien ensoleillée. Le mistral et la tramontane souffleront en rafales près de la Méditerranée. Les températures matinales restent de saison : 7°C à 11°C sur la plupart des régions. Cet après-midi.

Demain

Les nuages vont gagner les Pyrénées, le Massif central, les Alpes et persister sur le Jura Ils donneront des averses et quelques chutes de neige au-dessus de 1.800 m Près de la Méditerranée, alternance de nuages et d'éclaircies. mistral et tramontane souffleront plus fort. Sur les régions au nord-

est de la Seine, le temps mitigé sera souvent incertain, donnant des ondées locales. Sur la moitié ouest, succession de petits passages nuageux et de soleil. Les températures matinales seront en baisse. Il fera entre 5°C et 10°C du nord au sud.

L'après-midi, au mieux, de 12°C à 21°C de la Manche à la Méditerranée.

AUJOURD'HUI A 14 HEURES

○ CIEL CLAIR	◔ PEU NUAGEUX	◑ VARIABLE	◐ TRES NUAGEUX
● COUVERT	///// PLUIES		▼ AVERSES
❄ NEIGE	~ VERGLAS	⚡ ORAGES	= BRUMEUX
VENTS ○ FAIBLES	○ MODERES	○ FORTS	○ TEMPETE
		⚡ BRUINES	

DEMAIN A 14 HEURES

○ CIEL CLAIR	◔ PEU NUAGEUX	◑ VARIABLE	◐ TRES NUAGEUX
● COUVERT	///// PLUIES		▼ AVERSES
❄ NEIGE	~ VERGLAS	⚡ ORAGES	= BRUMEUX
VENTS ○ FAIBLES	○ MODERES	○ FORTS	○ TEMPETE
		⚡ BRUINES	

Pression atmosphérique à Paris, le 13 mai à 14 heures 769,6 millimètres de mercure, soit 1 026,1 hectopascals.
Renseignements astronomiques pour le 14 mai (exprimés en heure légale française, base d'observation Paris) :
Soleil. — Lever : 6 h 11 ; passage au méridien : 13 h 47 ; coucher : 21 h 24, durée du jour : 15 h 13.
Lune (nouvelle lune). — Lever : 5 h 48 ; passage au méridien : 14 h 1 ; coucher : 22 h 26.

CLIMAT POUR VOS VOYAGES

● Première colonne : temps à 14 heures (heure de Paris), le 13 mai. (S : soleil ; N : nuageux ; C : couvert ; P : pluie ; A : averse ; O : orage ; B : brouillard ; * : neige.)
● Deuxième colonne : température à 8 heures (heure de Paris), le 13 mai.
● Troisième colonne : température à 14 heures (heure de Paris), le 13 mai.

Étant donné l'important décalage horaire entre Paris et certaines stations étrangères (celles d'Extrême-Orient en particulier), les températures qui y sont relevées à 8 heures (heure de Paris) peuvent être parfois supérieures à celles relevées à 14 heures (heure de Paris).

FRANCE

Ajaccio	S	11	19				
Biarritz	P	12	12				
Bordeaux	N	11	17				
Brest	C	10	15				
Cherbourg	N	10	13				
Clermont-F.	C	8	17				
Dijon	N	8	18				
Dinard	N	10	12				
Embrun	C	6	12				
Grenoble	N	7	18				
La Rochelle	C	10	16				
Lille	N	8	16				
Limoges	C	8	16				
Lorient	N	10	15				
Lyon	S	9	17				
Marseille	S	12	21				
Nancy	B	7	16				
Nantes	C	11	13				
Nice	S	13	18				
Paris	P	10	12				
Pau	S	12	16				
Perpignan	S	15	20				
Rennes	C	10	14				
Rouen	C	7	12				
St-Étienne	N	7	17				
Strasbourg	S	7	18				
Toulouse	N	12	18				
Tours	N						

ESPAGNE · PORTUGAL

Barcelone	S	10	19
Las Palmas	S	16	22
Madrid	C	11	20
Marbella	S	11	22
Palma de Mal.	S	11	22
Séville	S	11	25
Lisbonne		13	22
Madère		15	19
Porto		14	12

ITALIE

Florence			
Milan	C	10	20
Naples			
Olbia	B	11	21
Palerme		13	
Reggio Cal.	B	15	17
Rimini	N	15	19
Rome		9	16
	S	12	18

GRECE · TURQUIE

Athènes	N	18	22
Corfou			
Patras	S	15	21
Rhodes	S	15	21
Salonique	S	17	24
Ankara	N	14	23
Istanbul	S	15	18

EUROPE

ILES BRITANNIQUES

Brighton	B	18	18
Edimbourg	B	9	8
Londres	C	11	17
Cork	C	11	14
Dublin	S	13	14

ALLEMAGNE · AUTRICHE

Berlin	C	9	15
Bonn	C	8	16
Hambourg	P	7	13
Munich	N		
Vienne	P	11	14

BENELUX

Luxembourg	N	10	17
Bruxelles	P	8	16
Amsterdam	P	10	12

PAYS NORDIQUES

Copenhague	S	9	12
Helsinki	C	11	16
Oslo	C	9	12
Stockholm	N	10	17

SUISSE

Bâle	N	7	17
Berne	B	7	14
Genève	N	7	14

U.R.S.S.

Leningrad		10	19
Moscou		16	10
Odessa		12	14

YOUGOSLAVIE

Belgrade	P	11	11
Dubrovnik	S	15	20

RESTE DU MONDE

AFRIQUE DU NORD

Agadir	S	11	20
Alger	C	9	20
Casablanca	S	14	23
Djerba	S	13	25
Marrakech	S	13	25
Tunis	C	14	19

AFRIQUE

Abidjan	N	27	30
Dakar	N	18	22
Le Cap		6	20

PROCHE-ORIENT

Beyrouth			
Eilat	N	34	38
Le Caire	N	30	39

ETATS-UNIS · CANADA

Boston	S	21	17
Chicago	B	19	19
Houston	S	25	25
Los Angeles	B	13	13
Miami	S	24	25
New York	S	24	25
Nouv.-Orléans	B	25	22
San Francisco	C	11	11
Montréal	S	10	15

CARAIBES

Ft.-d.-France	C	24	27
Pte-à-Pitre	C	24	26
San Juan	C	24	26

EXTREME-ORIENT

Bangkok	N	35	31
Hongkong		25	23
Pékin	C	18	23
Singapour	O	30	29
Tokyo	P	33	19

AMER. CENTR. ET SUD

Acapulco			
Buenos Aires		27	25
Cancun	S	15	23
Lima	C	18	15
Mexico	B	18	15
Rio de Jan.			
Santiago			

PACIFIQUE

Papeete	S	25	24

1. Circle those parts of the weather sections that are similar in both newspapers and label the French ones with the English names of the corresponding sections.

2. What types of information are provided in the American newspaper but not in the French one?

_____

3. What types of information are provided in the French newspaper but not in the American one?

_____

4. What explanation(s) can you propose for these differences? _____

_____

_____

_____

II. **Quel temps fait-il?** Scan the weather section of the French newspaper *Le Figaro* and do the following exercises.

A. Indicate the next day's predicted weather for each of the following regions.

1. Paris _____

_____

2. northern France _____

_____

3. southeastern France _____

_____

4. southwestern France _____

_____

5. the Mediterranean region _____

_____

B. Use information provided in the weather section to respond to each of the following inquiries.

1. Will today in Paris be warmer or cooler than yesterday? _____

_____

2. What will the weather be like tomorrow in Paris? _____

_____

3. Where was the warmest spot in France yesterday? And the coldest? _____

_____

4. My aunt and uncle are leaving for Spain tomorrow. What's the weather like there at this time

of year? _____

_____

É·C·R·I·V·O·N·S!

PRATIQUE DE LA GRAMMAIRE

On pages P12–P13 of this Workbook, you will find additional, highly structured, self-correcting exercises on months, dates, and seasons as well as on the **passé composé** with **avoir**. If you feel unsure about these structures, or if you wish additional practice, do those exercises in preparation for Exercises III through VI.

III. **Quel temps fait-il en France?** Study the following chart, which gives an overview of the winter and summer weather in some major French cities. Then answer the questions on page 116.

Quel temps fait-il en France?

	l'hiver	l'été	la pluie	les vents
Paris	l'hiver peut être assez froid, avec quelques gelées	les mois d'été sont en général, chauds et orageux	il pleut 160 jours par an, en petites ondées	changeants N O E S
Brest	il fait doux, les gelées sont rares	l'été est souvent frais et humide	elle tombe 2 jours sur 3, le temps est souvent couvert	les vents d'ouest dominants amènent une petite pluie fine : le crachin
Strasbourg	durs hivers avec une centaine de jours de gelées	étés chauds, parfois très chauds, et lourds	la pluie tombe 190 jours par brusques averses	bise du Nord ou du Sud
Grenoble	longue saison froide, avec 80 jours de gelées ; l'hiver est très doux	l'été est plutôt court et assez frais	pluies et chutes de neige record (140 jours par an)	locaux et tournants parfois violents
Bordeaux	hivers doux et brumeux, comme à Brest	étés chauds	pluies fréquentes (un jour sur deux)	vents d'ouest et de nord-ouest
Perpignan	il ne fait jamais bien froid, l'air reste sec	le temps reste au "beau fixe" comme à Nice	pluies rares mais fortes (un jour sur quatre)	tramontane marin
Nice	il gèle rarement	long, souvent très chaud	même genre de pluies qu'à Perpignan	mistral marin

En somme, il ne fait jamais ni très chaud ni très froid... grâce aux vents de l'Atlantique, qui entrent profondément à l'intérieur des terres (sauf en Alsace et en montagne)... il pleut un peu partout mais ni trop, ni trop peu. ☆196

1. Dans quelle ville est-ce qu'il pleut le plus souvent (*the most often*)? _____

2. Si (*if*) on cherche le beau temps en hiver, quelles villes est-ce qu'on va visiter? _____

_____

3. Quel temps fait-il à Paris en été? _____

4. Quel temps fait-il à Grenoble en hiver? _____

5. Dans quelles villes est-ce qu'il pleut rarement, mais quand il pleut, il pleut à torrents?

_____

6. Quelles villes ont l'été le plus long et l'hiver le plus court (*shortest*)? _____

_____

IV. **Dans la région où j'habite . . .** Write a short paragraph about weather conditions in your area during each of the following months or seasons.

Modèle: au mois de septembre

> *Dans la région où j'habite, il fait très beau au mois de septembre. Il ne pleut pas beaucoup. J'aime le mois de septembre parce que j'adore le football américain.*

1. en été

_____

_____

_____

_____

_____

_____

2. au mois de décembre

_____

_____

_____

_____

_____

_____

3. en avril

_____

_____

_____

_____

_____

_____

Nom .... Cours ....

5

2e Étape

V. Une boum. (*A party.*) Think about the last party you went to and answer the questions about what you and your friends did. If the question is asked with **vous,** answer with **nous.** If the question is asked with **tu,** answer with **je.** Answer all other questions with **ils** or **elles.**

1. Est-ce que vous avez dansé? _____

_____

2. Est-ce que tu as pris des boissons alcoolisées? _____

_____

3. Est-ce que tes amis et toi, vous avez regardé une vidéo? _____

_____

4. Est-ce que vous avez écouté de la musique? _____

_____

5. Est-ce que tes ami(e)s ont fumé? _____

_____

6. Est-ce que tu as parlé avec beaucoup de gens (*people*)? _____

_____

7. Est-ce que tu as mangé beaucoup de choses sucrées (*sweets*)? _____

_____

8. À quelle heure est-ce que tu es rentré(e)? _____

VI. Ce que j'ai fait hier. (*What I did yesterday.*) Write a short paragraph about what you did yesterday. Remember to use the **passé composé.** Use a separate sheet of paper.

DEUXIÈME ÉTAPE

Tu veux voir le nouveau film au Gaumont les Halles? (*Text p. 185–p.195*)

L·I·S·O·N·S!

*In addition to providing movie listings and capsule movie descriptions, weekly entertainment magazines such as **Pariscope** and **L'Officiel du spectacle** offer reviews of new films. Much more extensive than the short summaries you have already read, these texts will be more difficult for you to understand. However, using the reading skills you have developed so far, you should be able to get enough information from a review to decide whether or not you might like to see a particular film.*

I. Prélecture. The following are things you might find in a movie review. Tell whether each tends to occur always (A), usually (U), sometimes (S), rarely (R), or never (N).

_____ **a.** summary of the plot

_____ **b.** reviewer's recommendation about whether or not to go see the film

_____ **c.** comments about the main actors

_____ **d.** comments about the director

_____ **e.** comments about technical aspects of the film (special effects, lighting, makeup, etc.)

_____ **f.** mention of other films by the same director or with the same actors

_____ **g.** comparison with films by other directors or with other actors

_____ **h.** overview of the year's films

II. Le porteur de serviette. Skim the review of **Le porteur de serviette** that appeared in *Pariscope*, then do the exercises that follow.

FICHE TECHNIQUE

LE PORTEUR DE SERVIETTE

Coproduction franco-italienne
Réalisateur :
Daniele LUCHETTI
Sujet original :
**Franco BERNINI, Angelo PASQUINI
Daniele LUCHETTI**
Scénario :
**Sandro PETRAGLIA,
Stéphano RULLI,**
avec la collaboration
de **Daniele LUCHETTI**
Image : **Alessandro PESCI**
Décor : **Giancarlo BASILI
Léonarda SCARPA**
Montage : **Mirco GARRONE**
Musique : **Dario LUCANTONI**
Produit par **Nanni MORETTI
Angelo BARBAGALLO**
(Sacher film),
Nella BANFI (Banfilm),
Francis BOESPFLUG
(Pyramide Production)
Distribution : **PYRAMIDE**
couleurs
Sortie : **15 mai 1991**
Durée : **1h30**

Les interprètes : Silvio Orlandi (Luciano Sandulli), Nanni Moretti (Cesare Botero), Guilio Brogi (Francesco Sanna), Anne Roussel (Juliette), Angela Finochiaro (Irène),

Le réalisateur : Daniele Luchetti a d'abord été l'assistant réalisateur de deux films de Nanni Moretti : « Bianca » (1984) et « La messe est finie » (1985). Moretti a pu voir à qui il a faire et lui produit son premier long métrage « Domani, domani », en 1989. Le film se fait remarquer partout et l'on attend avec impatience son second film. En 1990, il réalise « La settimana della sfinge », inédit en France. Moretti produit et interprète son film suivant « Le porteur de serviette », un film qui aurait pu réaliser lui-même, et qui fait de Luchetti l'égal de son « maître ». Avec ses deux là le cinéma italien n'est plus tout à fait moribond.

Le film : Professeur de lettres dans une petite ville de province, Luciano, écrivain en mal d'éditeur, est le nègre d'un obscur romancier. Luciano a une belle plume qui, un jour, lui est bel et bien achetée par Cesare Botero, un jeune ministre de l'Industrie, magouilleux et combinard, pour ne pas dire véreux. Il est engagé pour écrire les discours de cette canaille intégrale. Et commence pour Luciano la corruption et l'esclavage - ne demandant pour lui que celle qu'il aime, qui enseigne à 700 kms, soit nommée à Rome, et une pension de vieillesse pour un poète pauvrissime qu'il vénère.

Notre avis : Enfin, un bon, un excellent film italien ! D'une impertinence jubilatoire, « Le porteur de serviette » renoue avec la tradition de la comédie satirique italienne. L'attaque est précise, insolente, d'une virulence et d'un cynisme à la Wilder. La caricature du ministre a le trait un peu forcé comme toute satire, certes. Mais si pour nous la charge peut paraître outrée, pour les Italiens tout est vraisemblable. En Italie, où le film fait un tabac, les élus socialistes ne rient même pas jaune ; ils voient rouge.   **José Maria BESCOS**

A. Answer the following questions about the review.

1. What country was the film made in? _____

2. When was it released? _____

3. What type of film is it? _____

4. The review is divided into four paragraphs. Indicate briefly the content of each part:

   a. Les interprètes: _____

   b. Le réalisateur: _____

   c. Le film: _____

   d. Notre avis: _____

5. Who is the author of this review? _____

6. What does he(she) think about the film? _____

_____

_____

B. On the basis of what you have understood from this review (and assuming that it has subtitles), would you be interested in seeing **Le porteur de serviette**? Why (not)?

_____

_____

_____

_____

É·C·R·I·V·O·N·S!

PRATIQUE DE LA GRAMMAIRE

On pages P13–P14 of this Workbook, you will find additional, highly structured, self-correcting exercises on adverbs and prepositions used to designate the past as well as exercises on the **passé composé** with **être**. If you feel unsure about these structures or if you wish additional practice, do those exercises in preparation for Exercises III through VI.

III. Récemment. Answer the following questions about your recent activities. Be specific about when you did these activities.

1. Est-ce que vous avez dîné au restaurant récemment? _____

_____

2. Est-ce que vous avez fait une promenade récemment? _____

_____

3. Est-ce que vous avez visité un musée récemment? _____

_____

4. Est-ce que vous êtes allé(e) au cinéma récemment? _____

_____

5. Est-ce que vous avez été à la bibliothèque récemment? _____

_____

6. Est-ce que vous êtes resté(e) dans votre chambre pour toute la soirée (*the whole evening*)

récemment? _____

_____

7. Est-ce que vous avez téléphoné à quelqu'un (*someone*) récemment? _____

_____

8. Est-ce que vous êtes sorti(e) avec un(e) ami(e) récemment? _____

_____

IV. **Un après-midi en ville.** You and your friend Paul (Paulette) spent yesterday afternoon in town. Using the drawing below as a guide, describe your activities. Write on a separate sheet of paper. Suggested verbs: **aller, acheter, admirer, chercher, continuer, descendre, entrer dans, prendre, quitter, regarder, rentrer, rester, retrouver, tourner, traverser, visiter.**

V. **Mon après-midi en ville.** Now describe an afternoon that you spent in town recently. Use a separate sheet of paper.

FONCTIONS: Pour énumérer une suite d'actions; pour situer des actions dans le passé

GRAMMAIRE: Le passé composé

Nom .... Cours ....

5

3ᵉ Étape

VI. Une invitation. Choose one of the activities featured in the ads below. Then write a note to a friend, inviting him/her to join you for that activity. Follow the suggested guidelines. Use a separate sheet of paper.

1. Say that you are going downtown on Saturday; you have some errands to run.

2. Ask if your friend would like to go to a concert (movie, play, etc.) with you.

3. Explain the attraction of this activity.

4. Suggest a time and place to meet.

5. Say that you can take a walk and have a bite to eat before the event.

 TROISIÈME ÉTAPE

On pourrait faire une excursion! *(Text p.196–p.202)*

L·I·S·O·N·S!

In the hotel lobbies of many cities in France, you can find brochures advertising the numerous outdoor activities available in the region. In this **étape***, you will use your reading skills and techniques to explore some things to do, other than going to the beach, when you are in Nice.*

I. Les «amis» et les faux amis. In previous chapters, you have worked on recognizing cognates while also being wary of false cognates. Let's review these reading techniques while looking at four activity brochures on the pages that follow.

A. In each brochure, find at least five French-English cognates.

1. Stages de tennis _____

   _____

2. Ski de fond _____

   _____

3. Rafting _____

   _____

4. Canoë/kayak _____

   _____

1

STAGES DE TENNIS

Jeunes
Adultes

Vacances

CACEL Vallon des Fleurs
164, avenue Henry Dunant
06100 NICE — Tél. : 93.13.13.06

STAGE MINI-TENNIS
• 5 heures

4 / 7 ans : **350 F**
1 h de cours pendant 5 jours

STAGE INITIATION
• 10 heures

8 / 12 ans : **450 F**
1 h 30 de cours + 1/2 h tennis libre

STAGE PERFECTIONNEMENT
• 10 ou 20 heures

12 / 18 ans :
560 F ou 1000 F
2 h ou 4 h par jour

STAGE COMPETITION
• 30 heures

Jeunes / Adultes : **1300 F**
Footing + 2 h 30 de tennis + 1/2 h tennis libre
Participation à 1 ou 2 tournois FFT

STAGE ADULTE
• 10 heures

600 F
2 h tous les soirs

• Nos stages auront lieu du lundi au vendredi.
• Leçons individuelles • Cafétéria sur place

2

SKI DE FOND

dans un ESPACE de LIBERTE

une occasion de "faire le plein"
d'air pur, de lumière,
de sous-bois
à

L'orée du Mercantour
ANNOT

65 Kms de PISTES
ENTRETENUES et BALISEES

des SENTIERS RAQUETTES BALISES

"GAREZ VOTRE VOITURE A NICE ET LAISSEZ-NOUS VOUS CONDUIRE"
SKI DE FOND - RANDONNEE A RAQUETTES

	INDIVIDUEL	OU	EN GROUPE

A Nice, PARKING gratuit à droite de la Gare des Chemins de Fer de la Provence.
(renseignements auprès du Chef de Gare)
DEPART: Tous les jours de la Gare des CHEMINS DE FER DE LA PROVENCE à NICE -
33 av. Malaussena à 6h20 ou à 8h35 - Arrivée Gare d'Annot à 8h09 ou 10h22.
RETOUR: Tous les jours de la Gare d'Annot à 15h07 ou à 18h51.
Arrivée en Gare de Nice à 16h55 ou à 20h35.
A Annot, transport assuré de la Gare au départ des pistes (chalet).

FORFAIT D'UNE JOURNEE
AUCUNE RESERVATION-BILLETS DELIVRES AU MOMENT DU DEPART

TRANSPORT NICE- Pistes d'ANNOT		De 10 à 20	De 20 à 50 personnes
train+navette minibus-aller et retour	95 F	93 F	92 F
LOCATION DE MATERIEL (ski ou raquettes)	42 F	37 F	32 F

FORFAIT POUR 2 JOURS(n'importe quels jours)
(inscriptions voir au verso)

TRANSPORT NICE- Pistes d'ANNOT		De 10 à 20	De 20 à 50 personnes
train + navette minibus-aller et retour + CHALET 3 repas+1 petit déj. nordique	334 F	300 F	270 F
LOCATION DE MATERIEL	75 F	68 F	60 F

FORFAIT SEJOUR DE 6 JOURS (inscriptions voir au verso)

TRANSPORT NICE- Pistes d'ANNOT aller et retour + CHALET: 6 repas de midi + 5 dîners + 5 nuitées + 5 petits déj.		De 10 à 20	De 20 à 50 personnes
hors vacances scolaires	950 F	840 F	800 F
pendant vacances scolaires	1100 F	990 F	950 F
LOCATION DE MATERIEL	220 F	200 F	175 F

ET TOUTE LA SAISON STAGES EN PENSION COMPLETE AVEC ENCADREMENT
A PARTIR DE 1410 F (TRANSPORT ALLER RETOUR COMPRIS)
Les hébergements proposés se font au chalet auberge de Roncharel, situé sur les pistes de ski de
fond, en chambre de 4 avec salle de bain. D'autres possibilités d'hébergement existent au village:
hôtels, gîtes ruraux, gîte d'étape, caravaneige, village de vacances...

NOUVEAU !

• 14 pistes pour tous les niveaux
• 65 Km effectifs damés quotidienne-
ment pour le skating (3m plan lisse) +
trace classique
• Enneigement de début et de fin de
saison assuré sur le haut plateau
(1700 - 1850 m)
• itinéraires de randonnée nordique -
télémark et randonnées raquettes
• piste de luge

**OU SE RENSEIGNER ET
OU ACHETER LES FORFAITS ?**
A la Gare des Chemins de Fer de la Provence
33 Av. Malaussena - NICE
Au stand d'information dans le hall
Heures d'ouverture:
M,M,J et V de 8h à 12h30 et de 14h à 18h
le Samedi de 8h à 12h30
Téléphone: INFO-FORFAITS-SKIS:
93 88 28 56
POUR LES FORFAITS 2 ET 6 JOURS,
inscriptions obligatoires 48h à l'avance.

3

Découvrez le monde secret des gorges du Verdon, en raft sur un spectaculaire parcours de randonnée aquatique, ou en canyoning dans les clues chaudes des Alpes du sud.

AVRIL A OCTOBRE

DESCENTES

RAFT
Castellane à Chasteuil

CANYONING   PRIX **160 F**
Descente d'initiation

JOURNEES   PRIX **200 F**

INTEGRALES RAFT
VERDON : Castellane au Point Sublime, 1ère partie du Grand-Canyon
HAUT-VAR : Gorges de Daluis
PRIX (déjeuner inclus)   **350 F**

DESCENTE DE CANYONS
Exploration engagée des clues particulièrement profondes des affluents du Verdon : Festival de cascades, plongeons et spéléo à ciel ouvert
PRIX (déjeuner inclus)
1 jour randonnée aquatique   **300 F**
1 jour canyoning (techniques de rappels)   **400 F**

Guides, équipements de sécurité, combinaisons isothermiques, transferts en bus, inclus.

RESERVATIONS
AN RAFTING
Le Moulin de la Salaou (Route des gorges) - 04120 CASTELLANE
Tél. saison : 92 83 70 83. Toute l'année 92 81 54 90

PLAN D'ACCES

92 83 70 83
RC DIGNE 88 B 79

4

CANOE KAYAK

NOUVEAU !!!

1989 : **PLAN D'EAU DU SAVE**

Ouverture pour la saison 1989 d'un plan d'eau d'un hectare en bordure du Var à 1 km de Puget-Théniers.

Sur le site vous trouverez :

- Location de bateaux
- Moniteurs pour l'initiation en eau calme et en eau vive.
- Accueil, Animations, Aire de picnic et de détente. Jeux pour enfants.

à PUGET-THENIERS

....

TEL : **93 05 02 81**
      93 05 04 55

Depuis plusieurs années Puget-Théniers est un des seuls lieux des Alpes-Maritimes à proposer une initiation au Canoé Kayak.

Le Var se prête en effet merveilleusement à cette initiation de la Citadelle d'Entrevaux au village perché de Touët/Var.

Cette année, nous complétons cette initiation aux joies de l'eau vive par un plan d'eau aménagé pour répondre aux aspirations de tout ceux qui préfèrent la sérénité des eaux dormantes.

TARIFS 1989

- Location : Bateau + Matériel sur plan d'eau : 10 F/heure
- Leçons : sur plan d'eau   30 F/heure
- Descente en eau vive : ½ journée :   90 F
                         moniteur + matériel.
- Stage : 1 semaine : - leçons sur plan d'eau
                      + descente de rivière   400 F
                      Moniteur + Matériel

Hébergement en pension complète au Gîte de Puget-Théniers. Tout compris = 1 000 F Réduction pour les groupes et les familles.

- Tarif Groupes et Collectivités : (8 personnes Minimun) :
  . Descente : 60 F/personne/½ journée

....

HEBERGEMENT :

S.I. de la moyenne Vallée du Var
B.P. 7 PUGET-THENIERS 06 260

- Gîte de Puget-Théniers :
  30 places. 40 F/personne/ nuit. Tarif groupes.
  Repas sur place
  Tel : 93 05 04 55 ou 93 05 07 39

93 05 02 81
93 05 04 55

- Camping caravaning de Puget-Théniers :
  Tel : 93 05 04 11

B. The following words are **faux amis** (*false cognates*). Study the contexts in which they appear and try to guess their meaning.

1. stage _____

2. affluent _____

3. forfait _____

4. location _____

5. pension _____

6. moniteur _____

If you have trouble guessing from context, see if any of the following meanings make sense: *bonus, clinic, instructor, lodging, package price, payment, rental, room and board, tributary.*

II. Un week-end de libre. (*A free weekend.*) You and your traveling companions have a free weekend in Nice. Skim the brochures above and suggest a possible activity for each person. Be as precise as possible in describing the activity, the amount of time, the price, and where one must go to do the activity.

1. John and Cliff are avid tennis players.

_____

_____

_____

2. Mary Ellen likes to live dangerously.

_____

_____

_____

3. Bob and Helen love winter sports.

_____

_____

_____

4. Jack, Nancy, and Susan have always wanted to go canoeing.

_____

_____

_____

É·C·R·I·V·O·N·S!

PRATIQUE DE LA GRAMMAIRE

On page P15 of this Workbook, you will find additional, highly structured, self-correcting exercises on the **passé composé** of pronominal verbs. If you feel unsure about these structures, or if you wish additional practice, do those exercises in preparation for Exercises III through VI.

III. Qu'est-ce qu'ils aiment faire? Write a short paragraph describing the favorite outdoor activity of each of the following people.

Modèle: votre père

Mon père adore jouer au golf. Il joue au golf tous les samedis en été. Il joue à Rolling Hills avec ses amis Doug et Lew.

1. votre père (ou votre oncle)

   _____

   _____

2. votre mère (ou votre tante)

   _____

   _____

3. votre ami

   _____

   _____

4. votre amie

   _____

   _____

5. vous

   _____

   _____

IV. Un week-end au bord de la mer. (*A weekend at the shore.*) Marie-Laure spent last weekend at the shore with her parents and her brother Didier. From the drawings, describe Marie-Laure's and Didier's activities. When appropriate, use connecting words such as **d'abord, puis, ensuite,** and **enfin.**

Marie-Laure

1. Samedi matin

   Marie-Laure s'est levée à 8 heures. D'abord, elle est allée à la plage (beach) *où . . .* _____

   _____

   _____

   _____

Chapitre cinq **125**

*Marie-Laure
sa mère*

2. Samedi après-midi

_____

_____

_____

Didier

Marie-Laure

3. Samedi soir

_____

_____

_____

Didier

Marie-Laure

4. Dimanche matin

_____

_____

_____

Nom .... Cours ....

5

⌒ 4ᵉ Étape

V. Hier. Write a short paragraph describing your activities from the time you got up yesterday to the time you went to bed. When possible, talk about what you did with other people (**ma camarade de chambre et moi, mes amis et moi,** etc.). Use a separate sheet of paper.

VI. Une lettre. After having studied French for a year in the United States, you have the opportunity to spend six months in France with some business acquaintances of your parents who live in Lille, in northern France. You live in their house and take French courses at the local **Alliance Française.** After a couple of weeks, you write a letter in French to your former French teacher. Tell him about:

1. Your new routine—you get up at 7:30, have breakfast, get to the **Alliance** around 9:00, have classes, eat lunch at noon with some of the other students from different countries, have more classes in the afternoon (until 5:00), eat dinner at 8:30, watch TV, and get to bed around 11:00 or 11:30.

2. Your activities last weekend—you and your French family went on an outing to Calais. You went jogging on the beach, swam in the English Channel (**la Manche**), got to bed quite late, and had a great time.

3. Your plans for this weekend—you are very tired. You are going to stay in bed, get up late, and generally rest.

Use a separate sheet of paper.

QUATRIÈME ÉTAPE
(Text p.202–p.207)

⌒ É·C·O·U·T·O·N·S!

I. Les loisirs. (*Leisure-time activities.*) Listen as each person describes his/her favorite leisure-time activity and match the name with the drawing of that activity.

1. Serge _____   3. Philippe _____   5. Yves _____

2. Catherine _____   4. Martine _____   6. Annie _____

II. Qu'est-ce que vous recommandez comme film? Listen to some young people talk about the types of films they prefer. Then write each person's name under the films you think he or she would like best.

Names: **Éric, Ghislaine, Bertrand, Christine, Pierre**

TESTAMENT DU DOCTEUR MABUSE (LE). — Allemand, noir et blanc (32). Epouvante, de Fritz Lang : Mabuse se substitue au directeur de l'asile où il est interné. Avec Rudolf Klein-Rogge, Otto Wernikke, Gustave Diessl. **Républic Cinémas 11ᵉ** (vo).

△ **ALIENS, LE RETOUR.** — Amér., coul. (86). Fantastique, de James Cameron : Ripley, seule rescapée de la catastrophe du Nostromo, est invitée à participer à une expédition sur la planète Acheron. Le commando découvre un spectacle d'horreur et le cauchemar recommence. Avec Sigourney Weaver, Paul Reiser, Lance Henriksen, Carrie Henn, Bill Paxton, William Hope. **Grand Pavois 15ᵉ** (vo).

JACQUES BREL. — Franç., noir et blanc (81). Documentaire, de Frédéric Rossif : Un récital posthume du célèbre chanteur. Avec Jacques Brel. **Grand Pavois 15ᵉ**.

◆ **ASTERIX CHEZ LES BRETONS.** — Franç., coul. (86). Dessin animé, de Pino van Lawsweerde : Astérix et ses compagnons, en volant au secours d'un village breton menacé par les Romains, se laissent ravir le précieux tonneau contenant leur potion magique. **Saint-Lambert 15ᵉ**.

---

8 ET DEMI (Otto e mezzo). — Italien, noir et blanc (62). Comédie dramatique, de Federico Fellini : Un metteur en scène, préparant son prochain film et harcelé par sa femme et sa maîtresse, s'isole dans une station thermale. Il y puisera l'inspiration. Avec Marcello Mastroianni, Claudia Cardinale, Anouk Aimée, Sandra Milo. **Denfert 14ᵉ** (vo.)

ASCENSEUR POUR L'ECHAFAUD. — Franç., noir et blanc (58). Policier de Louis Malle : Le déroulement d'un crime, parfait jusqu'à l'imprévisable incident qui retient l'assassin prisonnier d'un ascenseur. Avec Jeanne Moreau, Maurice Ronet, Lino Ventura, Félix Marten. **Studio Galande 5ᵉ, 14 Juillet Parnasse 6ᵉ**.

POULE ET FRITES. — Franç., coul. (86). Comédie, de Luis Rego : Roger mène une double vie depuis dix ans. Tout irait bien s'il ne finissait par s'embrouiller dans ses mensonges... Quiproquos et rebondissements, le vaudeville par excellence. Avec Luis Rego, Anémone, Michel Galabru. **Forum Orient Express 1ᵉʳ, George V 8ᵉ, UGC Boulevard 9ᵉ, UGC Lyon Bastille 12ᵉ, Gaumont Alésia 14ᵉ, Gaumont Parnasse 14ᵉ, Gaumont Convention 15ᵉ, Clichy Pathé 18ᵉ**.

III. Passé? Présent? Futur? Listen to the following sentences and, based on the verbs and other time words, tell whether they refer to the past, the present, or the future.

A. First, distinguish between past and present.

Modèle: You hear: Elle a beaucoup mangé hier.

You circle: (*passé*)   *présent*

1.	passé	présent	**5.**	passé	présent
2.	passé	présent	**6.**	passé	présent
3.	passé	présent	**7.**	passé	présent
4.	passé	présent	**8.**	passé	présent

B. Now distinguish between past and future.

Modèle: You hear: Elle va regarder la télé ce soir.

You circle: *passé* (*futur*)

1.	passé	futur		**5.**	passé	futur
2.	passé	futur		**6.**	passé	futur
3.	passé	futur		**7.**	passé	futur
4.	passé	futur		**8.**	passé	futur

C. Finally, distinguish between past, present, and future.

Modèle: You hear: Est-ce qu'elles sont allées au concert?

You circle: (*passé*) *présent* *futur*

1.	passé	présent	futur	**5.**	passé	présent	futur
2.	passé	présent	futur	**6.**	passé	présent	futur
3.	passé	présent	futur	**7.**	passé	présent	futur
4.	passé	présent	futur	**8.**	passé	présent	futur

IV. Mini-dictée: Mon voyage en Californie. Chantal is a foreign student at your university. She has just spent Christmas vacation traveling around California with friends. Now she's telling your French class about her experiences. As she talks, fill in the blanks. Her comments will be read twice.

J'ai passé quinze jours en Californie. Nous _____ notre voyage à San Diego où nous _____ Marineland. Nous _____ San Diego le 22 décembre. Nous _____ vers Los Angeles par la route nationale. J'ai un ami qui _____ un appartement à Oceanside. Là, nous _____ trois jours. Je _____ à la plage, j' _____ des promenades en ville et nous _____ de très bonnes choses. Après trois jours nous _____ à Los Angeles. Là j' _____ l'occasion de _____ au quartier mexicain et j' _____ Hollywood. Ça _____ formidable! À Los Angeles, nous _____ l'avion (*plane*) pour aller à San Francisco. Quelle belle ville! On _____ des promenades sur les quais, on _____ beaucoup _____ et j' _____ des souvenirs. Après San Francisco, nous _____ à la maison. Je _____ très contente de ce voyage. J' _____ beaucoup de photos. L'année prochaine mes parents et moi, nous _____ les États Unis. Nous _____ en Californie, mais nous _____ aussi _____ la Floride et la ville de New York.

V. Le samedi de Clotilde. Listen while Clotilde Vautier talks about what she did last Saturday. Then answer the questions in French.

1. Qui est Clotilde? _____

_____

2. Complétez le résumé de ses activités.

   a. samedi matin

     7h15—elle s'est levée _____

_____

_____

_____

   b. samedi après-midi

_____

_____

_____

_____

   c. samedi soir

_____

_____

_____

_____

VI. Des projets de vacances. Listen while Luc and his family discuss their plans for spring vacation. Then answer the questions on your worksheet.

Les personnages: Luc, sa sœur Sophie, son père, sa mère
Les endroits mentionnés: la Normandie, les Alpes, Aix (Aix-en-Provence), Agadir (Maroc)

Compréhension générale

1. Où est-ce que la famille passe les vacances normalement?

   a. dans la montagne

   b. chez des amis

   c. dans un autre pays européen

   d. chez la grand-mère de Luc et de Sophie

2. Où est-ce que la famille va passer les vacances cette année?

   a. chaque membre de la famille dans un endroit différent

   b. dans un Club Med en Afrique

   c. chez la grand-mère de Luc et de Sophie

   d. en Espagne

3. Est-ce que tout le monde est content?

   a. oui   **b.** non

Nom .... Cours ....

5

Rédigeons!

🖭 **Travail de fin de chapitre**

Compréhension des détails

Répondez, en français ou en anglais, aux questions suivantes:

1. Qui veut aller en Normandie? Pourquoi?_____

_____

2. Pourquoi est-ce que les jeunes ne veulent pas aller à Aix? _____

_____

3. Quel est le sport préféré de Sophie? Et de Luc? _____

_____

4. Qui a choisi (*Who chose*) les vacances pour cette année? _____

_____

R·É·D·I·G·E·O·N·S!

Mon journal. You have been keeping a diary in which you record your daily activities. You don't want any of your friends to understand it, so you write in French. Create entries for any two days in the last week or so. Choose days that are not similar (for example, a weekday and a Saturday or Sunday). Use a separate sheet of paper.

Modèle: le vendredi 17 octobre

> *Il a fait très beau aujourd'hui. Je me suis levé(e) à 9h. (D'habitude, je me lève à 8h.) Je n'ai pas pris le petit déjeuner. Je me suis dépêché(e) pour aller à mon cours d'anglais. Ensuite j'ai retrouvé mon amie Caroline . . .*

VOCABULAIRE: Les mois de l'année; les films et les activités

SUPPORTS SYSTEME-D

FONCTIONS: Pour parler du temps qu'il fait; pour donner la date; pour énumérer une suite d'actions; pour situer des actions dans le passé

GRAMMAIRE: Le passé composé

TRAVAIL DE FIN DE CHAPITRE
▼▼▼▼▼▼▼▼▼▼▼▼▼▼▼▼▼

🖭 **I. Student Tape**

Listen again to the Student Tape for Chapter 5 and answer the following questions.

A. La météo. Each of the four weather reports gives the general conditions as well as more detailed information. Listen carefully to the details and write them down.

1. Temperature: _____

   Roads: _____

   Mountains: _____

2. Temperature: _____

   Weather in the South: _____

   Weather in the rest of the country: _____

3. Temperature: _____

   Roads: _____

   Precipitation: _____

4. Temperature: _____

   Night temperature: _____

   Roads: _____

   Morning: _____

B. Les amis. Listen again to the second part of the tape, the conversation among friends, and answer the questions.

1. Pourquoi Jean-Michel ne veut-il pas faire de la chute libre? _____

   _____

2. Pourquoi Laurent ne veut-il pas aller au cinéma? _____

   _____

3. Pourquoi Jean-Michel veut-il faire du tennis? _____

   _____

4. Qu'est-ce que Mireille préfère? _____

   _____

5. Quelle décision prennent-ils finalement? _____

   _____

Nom .... Cours ....

6

Planning
Strategy

CHAPITRE · SIX
Allons faire les courses!

TRAVAIL PRÉPARATOIRE
▼▼▼▼▼▼▼▼▼▼▼▼▼▼

I. Planning Strategy

How do I . . . ? Your French-speaking friend is having some difficulty in dealing with shopkeepers. In particular, your friend wants to know how to tell salespeople what she wants or needs and how to find out the price of something. Suggest some phrases and sentences she might use to accomplish the following tasks.

1. How do I respond to the question, "Can I help you?" _____

_____

_____

2. How do I respond if someone asks, "Will there be anything else?" _____

_____

_____

3. How do I find out how much something costs? _____

_____

_____

4. What are some English terms that express general quantities? _____

_____

_____

5. What quantities do I need to be able to express in food stores? _____

_____

_____

II. Student Tape

You will hear four short conversations between customers and shopkeepers. Match the number of the conversation (1, 2, 3, 4) with the brief descriptions below. (You will not understand everything in each conversation in detail; listen for the general context.)

_____ Someone is buying fruit and vegetables.

_____ Someone is buying cold cuts for a picnic.

_____ Someone is buying pastries for dessert.

_____ Someone is buying meat.

PREMIÈRE ÉTAPE
À la boulangerie-pâtisserie (Text p.212–p.221)

L·I·S·O·N·S!

When reading longer texts, particularly if they're literary, you'll often find many unfamiliar words. The first rule of thumb is not to stop reading when you get to a word you don't know. Instead, continue reading and try to figure out the general meaning of the text. If you do this, you will find that you can get the gist of texts that are rather sophisticated.

I. Prélecture. Answer the following questions on the subject of bread.

1. Do you know someone who bakes bread at home? _____

_____

2. What kinds of bread can you buy in the United States? _____

_____

3. If you're particularly health conscious, what kinds of bread are you likely to buy? _____

_____

4. On what occasions do Americans tend to eat bread? _____

_____

_____

5. Is there any special symbolism attached to bread in the United States? _____

_____

_____

II. Lecture: Du travail et du pain, du pain et du travail . . .

In this excerpt from her novel *Une soupe aux herbes sauvages*, Émilie Carles recalls the role that bread and bread baking played in her childhood. As you read the text, focus on the main ideas of when and how Émilie's community made bread and in what order they did things. The verb tense used throughout most of the text is the imperfect, which indicates what the community *used to do* and how things *used to be*. You already know the present and the **passé composé** of many of these verbs (**avait** comes from **avoir, étaient** comes from **être, faisaient** comes from **faire,** etc.).

Du travail et du pain, du pain et du travail, il n'y avait rien de plus important. À la fin de l'été, . . . les paysans[1] cuisaient[2] le pain. Ils le faisaient pour six mois, après ce n'était plus possible, la coutume voulant[3] que le pain soit cuit collectivement dans un four[4] communal[5] et, passé novembre, le froid, la neige et le mauvais temps interdisaient[6] ce genre d'activités.

    Ces fours communaux étaient de taille[7] respectable, il y en avait plusieurs dans la commune . . . Le jour de la Toussaint[8] les paysans apportaient leur bois,[9] chaque famille venait[10] avec sa charrette et sa cargaison[11] et ce bois était mis en commun et réparti en tas[12] . . . La difficulté était de porter le four à la bonne température . . . Quand il était chaud c'était facile, il suffisait[13] de l'entretenir, mais celui qui cuisait son pain en premier prenait le risque d'avoir un four insuffisamment chaud. C'est la raison pour laquelle, lorsque les tas de bois étaient prêts, pour éviter les discussions et les injustices, les paysans procédaient à un tirage au sort.[14] Chacun tirait un numéro, c'était une loterie toute simple, des bouts de papier pliés[15] dans un chapeau[16] et le sort en était jeté:[17] «Toi tu as le numéro un, toi le deux, toi le trois», et ainsi de suite[18] jusqu'au dernier tas de bois. Celui qui tirait le numéro un était de corvée.[19] C'est lui qui devait allumer[20] le four et le chauffer.[21] C'était un travail extrêmement pénible . . .

Nom .... Cours ....

6

1ère **Étape**

La tradition voulait que le numéro un, le «pas de chance»²², ait l'initiative du démarrage.²³ C'est lui qui annonçait le jour et l'heure de la mise en route du four et, le lendemain ou le surlendemain, comme il avait été dit, il cuisait son pain. Les autres venaient après. Ces journées étaient tout à fait exceptionnelles, presque des jours de fête, tout au moins pour nous les enfants . . . Les femmes profitaient du four pour confectionner des gâteaux, des tartes et des tourtes au chou . . .

Ce pain, qui devait durer tout l'hiver, nous le portions au grenier,²⁴ nous l'étalions²⁵ sur d'immenses tréteaux²⁶ suspendus et c'est là que nous allions le chercher au fur et à mesure de²⁷ nos besoins. Évidemment il était aussi dur²⁸ que du bois, pour le ramollir²⁹ on en suspendait à l'avance quelques miches³⁰ dans la bergerie,³¹ juste au-dessus des moutons. La chaleur et l'humidité l'attendrissaient³² un peu, mais ce n'était pas du pain frais, . . . et, du début à la fin de l'hiver, nous mangions du pain rassis.³³ Pour le couper,³⁴ nous avions un couteau³⁵ spécial tellement il était dur, il éclatait en morceaux³⁶ qui s'en allaient aux quatre coins de la cuisine. Mais c'était bon . . . Ce pain avait une odeur extraordinaire, et un goût! Mes sœurs et moi nous nous disputions les croûtons,³⁷ nous le sucions³⁸ avec délice comme si ç'avait été du gâteau. Ce pain trempé³⁹ dans du café au lait était un vrai régal.⁴⁰

Après le pain, c'était l'hiver.

Émilie Carles. *Une soupe aux herbes sauvages*. pp. 22–24

Vocabulaire: 1. peasants 2. baked 3. requiring 4. oven 5. community 6. made impossible 7. size 8. All Saints' Day 9. wood 10. came 11. cargo 12. divided into piles 13. it was sufficient 14. lottery 15. folded 16. hat 17. the die was cast 18. and so on 19. had the hardest job 20. to light 21. to heat it up 22. unlucky one 23. start-up 24. attic 25. spread it out 26. boards 27. according to 28. hard 29. to soften it 30. loaves 31. sheep pen 32. softened it 33. stale 34. to cut it 35. knife 36. flew into pieces 37. ends 38. sucked on it 39. dunked 40. feast

A. **La chronologie des événements.** Reread the text and put the following main ideas into chronological order by numbering them from 1 to 9. When you've completed this task, read the statements again in the right order to arrive at the general meaning of the text.

_____ The loaves of bread were suspended above the sheep in the sheep pen.

_____ The wood was divided into piles.

_____ Everyone in the community made their bread in November.

_____ The loaves were put on boards in the attic.

_____ They held a lottery.

_____ The peasants brought their wood on All Saints' Day.

_____ The women baked cakes and pies.

_____ The person who was "number one" announced the day and time when the oven would be started up.

_____ The loaves were cut with a special knife.

B. **Appréciation du texte.** Answer the following questions to arrive at a more in-depth analysis of Émilie Carles's text.

1. In general, what might you conclude from the fact that the author devoted more than two pages of her novel to her childhood memory of bread making in her community? _____

_____

_____

_____

2. What role did each group in the community play in this bread-baking event (men, women, children)? _____

_____

_____

_____

3. How is the bread described by the author? _____

_____

4. Given the description of this particular event, describe what life was like generally in this community. For example, how did these people most likely make their living? How much schooling did the children probably get? What was the role of the women in the community?

In what kinds of houses did these people probably live? etc. _____

_____

_____

_____

_____

_____

5. Can you think of a specific event from your childhood that is analogous to the author's memory of bread baking? Describe it briefly. _____

_____

_____

_____

_____

_____

É·C·R·I·V·O·N·S!

PRATIQUE DE LA GRAMMAIRE

On pages P15–P16 of this Workbook, you will find additional, highly structured, self-correcting exercises on the demonstrative adjectives (**ce, cet, cette, ces**) and on expressions of quantity. If you feel unsure about these structures, or if you wish additional practice, do those exercises in preparation for Exercises III through VI.

III. **Mes goûts et mes préférences.** Complete the following sentences logically, using items that can be bought in a bakery or a delicatessen.

1. J'adore _____

2. Ce soir, je vais manger _____

3. Je n'aime pas _____

4. Récemment j'ai mangé _____

5. J'aime _____, mais je préfère _____

6. S'il vous plaît, madame. Je voudrais _____

7. Comme dessert, je préfère _____

8. Mon amie préfère _____

IV. **Dans notre cuisine, il y a . . .** Look in your kitchen (refrigerator, bread box, etc.) and explain what foods it contains. Include expressions of general and specific quantity as well as the expression **assez de . . . pour . . . .**

Modèle: Dans mon frigo, il y a *quelques tranches de jambon.*

Dans notre cuisine, il y a

1. _____

2. _____

3. _____

4. _____

5. _____

6. _____

7. _____

8. _____

9. _____

10. _____

V. **Déchiffrons!** (*Let's decipher!*) During your visit to France, a friend wrote out a shopping list so that you could go to the **charcuterie.** Unfortunately, you spilled something on it and all the words got blurred. Rewrite the list based on what you guess the words are.

LA CHARCUTERIE   LA PÂTISSERIE   LA BOUCHERIE   LA BOULANGERIE

Va à la charcuterie et achète les choses suivantes :
500 g. de ▮▮▮
10 tranches de jambon
du ▮▮▮▮▮
(assez pour 4 personnes)
6 saucisses de porc
▮▮▮▮ de tomates
(assez pour 2 personnes)
salade de ▮▮▮▮▮
(assez pour 3 personnes)
250 g. de salade de ▮▮▮

_____

_____

_____

_____

_____

_____

_____

VI. C'est à toi de le faire! You're still in France, but this time you're making a couple of shopping lists for members of the family you're visiting. Since there are quite a few people in the household (including you), be sure to get enough food in each store. Use a variety of expressions of quantity.

lundi / boulangerie-pâtisserie

jeudi / charcuterie

DEUXIÈME ÉTAPE

Au supermarché *(Text p.222–p.233)*

L·I·S·O·N·S!

I. Prélecture. In preparation for the reading, answer the following question.

What foods and drinks are considered a sign of sophistication in American society? What might a cultural snob offer people to eat at a party, for example? _____

_____

_____

_____

_____

II. Lecture: Culture et camembert

The following reading is taken from a play by the Cameroonian writer Guillaume Oyono-Mbia. As you read the excerpt, focus on the reason Colette wants her son to eat camembert cheese. Paying particular attention to the many cognates will help you understand the basic meaning of the text.

Le deuxième acte se passe à Yaoundé et nous sommes ici chez les Atangana, couple moderne dont la femme, Colette, se révèle complètement acculturée. Elle bavarde au salon avec son amie Charlotte. Son fils Jean-Pierre, dix ans, parle étonnamment comme un «petit Parisien».

COLETTE.   —C'est vrai que tu refuses de manger ton camembert, chéri?

JEAN-PIERRE. —Je n'aime pas le camembert!

Nom .... Cours ....

6

2ᵉ Étape

COLETTE. —La question n'est pas là! Il ne s'agit pas[1] d'aimer le camembert: il s'agit de le manger comme un bon petit garçon! (*L'entraînant*[2] *de force vers la table*) Viens![3]

JEAN-PIERRE, *qui commence à pleurer.*[4] —J'aime pas le camembert!

COLETTE, *tendre mais ferme, le faisant asseoir.*[5] —Il faut le manger, chéri! Apprends à manger le camembert pendant que tu es encore jeune! C'est comme cela qu'on acquiert du goût! . . . Onambelé!

ONAMBELÉ, *se précipitant.* —Madame?

COLETTE. Apporte-nous un couvert![6] Apporte aussi la bouteille de Châteauneuf-du-Pape que nous avons entamée![7] (*Onambelé obéit.*)

JEAN-PIERRE, *pleurant toujours.* —J'veux pas manger de camembert!

COLETTE, *toujours tendre et ferme.* —Il faut vouloir le manger, chéri! C'est la culture!

JEAN-PIERRE, *têtu.*[8] —J'veux pas manger de culture! (*Tous les grands*[9] *éclatent de rire.*[10] *Puis Colette dit, pensive.*)

COLETTE: Dis donc, Charlotte! Pourquoi est-ce qu'il n'a pas de goût, cet enfant? Dieu sait pourtant que je fais de mon mieux pour lui apprendre à vivre! Le chauffeur va le déposer à l'école urbaine chaque matin pour éviter que les autres enfants ne lui parlent une langue vernaculaire. J'ai déjà renvoyé trois ou quatre maîtres d'hôtel parce qu'ils lui servaient des mangues,[11] des ananas[12] et d'autres fruits du pays au lieu de ne lui donner que des produits importés d'Europe, ou, à la rigueur,[13] des fruits africains mis en conserves en Europe, et réimportés. Je ne l'autorise presque jamais à aller rendre visite à la famille de son père, parce que les gens de la brousse[14] ne boivent que[15] de l'eau non filtrée. D'ailleurs,[16] j'ai horreur des moustiques. Enfin, je fais tout ce qu'une Africaine moderne devrait faire pour éduquer son enfant, et il refuse de manger du camembert! (*Un autre soupir.*[17]) Écoute, mon chéri! Tu vas manger ton camembert!

JEAN-PIERRE, *criant.*[18] —Mais puisque je te dis que j'aime pas le camembert!

COLETTE, *doucement.*[19] —Je te répète qu'on ne te demande pas de l'aimer. On te demande de le manger! . . . Comme ceci, regarde! (*Elle prend un peu de camembert et de pain, et commence à le manger.*) Je le mange! Je le . . . (*Elle s'étrangle*[20] *un peu, et dit.*) Zut! . . . Donne-moi un verre de vin, Onambelé! (*Onambelé se hâte*[21] *d'obéir. Colette boit le vin et dit, après avoir un peu toussé.*[22]) Tu as vu?[23] (*Une autre gorgée*[24] *de vin, et elle ajoute.*) Tu crois[25] que j'aime le camembert, moi?

JEAN-PIERRE, *ingénument.*[26] —Pourquoi tu le manges alors?

Guillaume Oyono-Mbia. *Notre fille ne se mariera pas.*

Vocabulaire: 1. It's not about 2. Dragging him 3. Come! 4. to cry 5. making him sit down 6. a table setting 7. opened 8. stubborn 9. adults 10. burst out laughing 11. mangos 12. pineapples 13. if need be 14. bush (country) 15. drink only 16. Besides 17. sigh 18. yelling 19. softly 20. chokes 21. hurries 22. coughed 23. Did you see? 24. mouthful 25. think 26. ingenuously (naïvely)

A. Les mots apparentés. This text contains many cognates (words that are similar in English) that reveal the attitudes of the people in the play. First, give the English meaning of each word; then answer the question associated with the word.

1. *de force* _____

What does this action reveal about Colette's attitude toward her son? _____

_____

2. *se précipitant* _____

What does this action reveal about Onambelé's relationship with Colette? _____

_____

3. *obéit* _____

How does this word reinforce what we already know about Onambelé's relationship with

Colette? _____

_____

4. *tendre et ferme* _____
What do these words reveal about Colette's idea of how a mother should deal with her child?

_____

_____

5. *pensive* _____

What does this descriptive word say about Colette? _____

_____

B. Appréciation du texte. Reread the text and, based on your understanding, answer the questions.

1. What does camembert cheese represent in this scene? _____

_____

2. What does Europe represent in this scene? _____

_____

3. What kinds of things does Colette do to make sure that Jean-Pierre is properly raised? _____

_____

_____

_____

4. Why do you think Colette is trying to remove Jean-Pierre as much as possible from his African

surroundings? _____

_____

_____

5. What does this say about her attitude toward Africa? _____

_____

_____

6. Do you know anyone who tries to deny his/her heritage? How does this person do it? Why do

you think the person is doing it? _____

_____

_____

_____

_____

7. What message is the author trying to convey to the reader? _____

_____

_____

_____

É·C·R·I·V·O·N·S!

PRATIQUE DE LA GRAMMAIRE

On pages P16–P17 of this Workbook, you will find additional, highly structured, self-correcting exercises on the partitive articles (**du, de la, de l', des**). If you feel unsure about the use of partitive articles, or if you wish additional practice, do those exercises in preparation for Exercises III through V.

III. **Qu'est-ce qu'on utilise pour faire . . . ?** List the ingredients you need to prepare the following dishes. Some additional vocabulary: **le bœuf haché** (*ground beef*), **une boîte de** (*a can of*).

Modèle: Qu'est-ce qu'on utilise pour faire une omelette au jambon?
On utilise des œufs, du jambon, du sel et du poivre.

Qu'est-ce qu'on utilise pour faire

1. une omelette au fromage? _____

_____

2. une salade? _____

_____

3. une tarte aux fraises? _____

_____

4. une sauce de tomate? _____

_____

5. un sandwich au jambon? _____

_____

6. une salade de fruits? _____

_____

7. un ragoût de bœuf (*beef stew*)? _____

_____

IV. **Ce que j'ai acheté.** You went to the butcher shop to buy meat for your family's meals. Since no one is around when you get home, you leave a note about what you bought (you decide to whom the note is addressed). Use a separate sheet of paper.

1. Tell him/her that you went to the butcher shop.

2. Say that you bought four steaks, some roast beef, and a leg of lamb.

3. Say that you didn't buy any pork.

4. Tell where you are going and when you'll be home.

V. **Mes préférences.** You're about to visit a French family. They've written to ask what kinds of things you like to eat. Write a short letter to them, stating your likes and dislikes. Then say what you usually eat for breakfast, lunch, and dinner. Use a separate sheet of paper.

VOCABULAIRE: La boulangerie-pâtisserie, la charcuterie, la boucherie, le petit déjeuner, les légumes, les fruits, les produits laitiers, les produits surgelés

FONCTION: Pour indiquer ses goûts et ses préférences

GRAMMAIRE: Le verbe irrégulier **prendre**; les verbes **préférer, aimer(mieux), adorer**

TROISIÈME ÉTAPE
Au centre commercial *(Text p.234–p.242)*

L·I·S·O·N·S!

I. Prélecture. In preparation for the reading, answer the following questions.

1. What kinds of credit cards do many Americans have and what advantages do credit card companies offer their clientele? _____

_____

_____

_____

_____

2. Do you have any membership cards for clubs or special stores? What are they? What kinds of services can you get because you're a member of particular associations or stores? _____

_____

_____

_____

_____

II. Lecture: Être adhérent Fnac

*The following is part of a brochure from the chain of stores called **Fnac**. As you read the advertisement, pay particular attention to the promises made by the company to its customers. You can probably guess the meanings of some unfamiliar words by relating them to a word family that you already know.*

READING STRATEGY

Les mots de la même famille
One reading strategy you can use to better understand a text is to guess the meanings of words that belong to the same families as words you already know. For example:

If you know	You can guess
arriver	l'arrivée
la boulangerie	le/la boulanger(-ère)
la fleur	le/la fleuriste
le lait	laitier

Nom .... Cours ....

6

3ᵉ Étape

L'ADHÉSION

L'adhésion : des privilèges et avantages ouverts à tous

Décidément, la Fnac n'en finit pas de nous étonner. Elle réinvente sans relâche depuis 1954 un commerce qui la place délibérément du côté du consommateur.
Sa puissance d'achat lui permet de vous offrir le meilleur prix sur l'ensemble des produits de culture et de loisir. Sa volonté de ne vendre que des produits de qualité la conduit à tester impitoyablement le plus grand nombre de matériels dans son laboratoire d'Essais. Sa détermination à voir tomber les frontières culturelles en fait un centre d'animation où se mêlent technologies nouvelles et expressions multiples.
Les avantages de la Fnac sont ouverts à tous. Mais en devenant adhérent Fnac, vous devenez membre d'un club de 400 000 personnes qui bénéficient de remises importantes, de conditions spéciales d'utilisation des services Fnac et de véritables privilèges.

■ Des remises importantes et immédiates le premier jour

Le jour de votre adhésion à la Fnac ou de son renouvellement, vous bénéficiez de remises exceptionnelles. Une façon de vous accueillir dont vous vous souviendrez longtemps.
Les produits techniques tels que appareils et travaux photo, vidéo, son, bureautique... vous coûtent 6 % moins cher. Il en est de même pour les produits proposés par les magasins Fnac Service et Fnac Autoradio. Pour les disques et les cassettes audio et vidéo enregistrées, la réduction est de 10 %.
Seuls sont exclus de cette liste les produits

pour lesquels la remise serait légalement prohibée (vente à perte), les disques et cassettes étiquetés "nouveautés", dont le prix fait déjà apparaître une réduction de 20 %, et les articles faisant déjà l'objet d'une remise immédiate.

■ Des remises de fidélité

Dès que le cumul de vos achats de produits techniques, de disques et de livres atteint 15 000 F, vous avez droit à une nouvelle journée d'achats aux conditions du premier jour de votre adhésion, avec 6 % et 10 % de remise. La Fnac se charge de vous prévenir par courrier. Vous disposez alors de 2 mois pour venir chercher vos coupons de réduction au comptoir adhésion de votre magasin Fnac. Le cumul d'achats n'est pas limité dans le temps. En cas de renouvellement de l'adhésion, ce cumul est automatiquement reporté sur la nouvelle période. Une seule condition : que le renouvellement ait lieu dans les six mois qui suivent la date d'expiration de l'adhésion précédente.

■ Le bénéfice exclusif de remises exceptionnelles

Des offres spéciales et des remises immédiates sur des articles sélectionnés par la Fnac sont réservées exclusivement aux adhérents. Elles vous sont proposées régulièrement par l'intermédiaire de la revue Contact.

■ Des remises et avantages dans les magasins agréés Fnac

La Fnac a sélectionné et agréé plus de 300 magasins qui commercialisent des produits aussi divers que de la literie, du matériel de bricolage, de la parfumerie. Ils réservent aux adhérents Fnac des remises immédiates, prix de gros ou autres avantages. Leur liste, qui est disponible au comptoir adhésion des magasins Fnac, indique les conditions consenties aux adhérents Fnac par chaque magasin agréé.
Attention : les achats dans les magasins agréés Fnac ne font l'objet d'aucun cumul pour bénéficier des remises dans les magasins Fnac.

■ Un abonnement gratuit au mensuel Contact

Organe de liaison de la Fnac avec ses adhérents, Contact est une revue à la fois culturelle et d'informations pratiques. Des articles de journalistes et commentateurs réputés y côtoient la présentation des spectacles dont la Fnac assure la billetterie et les annonces d'offres spéciales et autres privilèges réservés aux adhérents.

■ La formation aux technologies nouvelles

Découvrez les techniques audiovisuelles (photo, son, vidéo) et les synthétiseurs au cours des stages organisés par la Fnac ! En tant qu'adhérent Fnac, vous bénéficiez d'une priorité d'entrée aux stages gratuits d'initiation et de réductions sur les prix des stages de perfectionnement.

■ L'inscription prioritaire aux activités Fnac Voyages

Fnac Voyages organise des circuits, séjours et croisières touristiques et culturels. Certains sont réservés exclusivement aux adhérents Fnac. Pour les autres, les adhérents s'inscrivent en priorité.

■ La possibilité d'un crédit permanent

La carte d'adhérent peut – sur demande et après acceptation du dossier – être investie d'une fonction supplémentaire de carte de crédit permanent qui permet un paiement échelonné de vos achats.

■ Une réduction de 5 % sur le coût du crédit

Si vous ouvrez un dossier de crédit pour financer un achat à la Fnac, votre qualité d'adhérent vous garantit un barème préférentiel. Pour plus de détails, renseignez-vous au service "crédit" de votre magasin Fnac.

Comment devenir adhérent de la Fnac

En óohango do la porooption d'un droit d'adhésion, la Fnac délivre pour une durée de 3 ans une carte magnétique personnalisée destinée à l'enregistrement des achats et à l'obtention des privilèges aux adhérents.

Coût de l'adhésion : 150 F

Renouvellement : 100 F.

Carte Fnac jeune (14 à 25 ans) : 100 F

Renouvellement : 100 F.

Une pièce d'identité sera demandée.

Ce document décrit les avantages et tarifs de l'adhésion à la date du 1ᵉʳ décembre 1991. Il n'a pas un caractère contractuel.

A. Les mots de la même famille. Read the brochure again and guess what the following words probably mean in the context of the advertisement.

1. If **l'adhésion** means *membership*, what does **l'adhérent** mean?

   _____

2. In the context of the brochure, what do you think these words mean?

   a. les travaux _____

   b. la billetterie _____

   c. la volonté _____

   d. la culture _____

   e. le journaliste _____

   f. côtoient _____

   g. l'entrée _____

   h. renseignez-vous _____

   i. le cumul _____

   j. la demande _____

   k. le coût _____

B. Compréhension du texte. Based on your reading of the brochure, answer the following questions.

1. What basic topics does the brochure address? _____

   _____

2. According to the brochure, what is unique about the **Fnac?** _____

   _____

   _____

   _____

3. As a consumer, what does the brochure say that might interest you in becoming a member of

   the **Fnac?** _____

   _____

   _____

   _____

   _____

4. If you were in the advertising department of the **Fnac,** what would you change about this

   brochure to make it a more effective advertising tool? _____

   _____

   _____

   _____

   _____

5. Pretend that one of the stores in your area has decided to set up a subsidiary in France and that you've been asked to design a brochure with an appropriate text in French. Using some of the words from the **Fnac** brochure, write the text part of the advertisement. Use a separate sheet of paper.

É·C·R·I·V·O·N·S!

PRATIQUE DE LA GRAMMAIRE

On pages P17–P18 of this Workbook, you will find additional, highly structured, self-correcting exercises on the irregular verb **devoir** and the interrogative adjective **quel**. If you feel unsure about the use of these structures, or if you wish additional practice, do those exercises in preparation for Exercises III through VI.

III. **Pourquoi . . . ? Parce que . . .** Use the verb **devoir** and the cues in parentheses to explain why the following people can't do what you thought they would do.

Modèle: Pourquoi est-ce que Suzanne ne va pas au cinéma? (aller au supermarché pour sa mère)
Parce qu'elle doit aller au supermarché pour sa mère.

1. Pourquoi est-ce que Jean ne va pas à la piscine? (aller à la Fnac) _____

_____

2. Pourquoi est-ce que tu ne vas pas avec Paul? (faire mes devoirs) _____

_____

3. Pourquoi est-ce qu'ils ne vont pas à la Fnac? (aller au centre commercial) _____

_____

4. Pourquoi est-ce que vous ne pouvez pas regardez la vidéo? (aller au supermarché) _____

_____

5. Pourquoi est-ce que je ne peux pas téléphoner à mes amis? (aller à la boulangerie) _____

_____

IV. Qu'est-ce que tu préfères? Read the following letter from your French friend Claire, who would like to know what music you like, what videos you watch, and other related information.

Bourges, le 6 mars 19___

(Cher) Chère _____,

Merci pour ta lettre. Moi aussi, j'adore la musique et je voudrais en savoir un peu plus sur tes préférences. Mes amis me posent souvent des questions sur les États-Unis parce qu'ils savent que tu me donnes beaucoup de renseignements. Voilà donc mes questions: Quelles sont les dernières chansons (les hits) que vous écoutez aux U.S.A.? Quels disques est-ce que tu as achetés récemment? Quelles cassettes est-ce que tu préfères? Est-ce que tu as un magnétoscope? Quelles vidéos est-ce que tu regardes? Est-ce que tu peux louer des vidéos? Est-ce que tu aimes la musique classique? Et le jazz? Est-ce que tu as un magnétophone? Est-ce que tu as une chaîne stéréo? Quels magazines est-ce que tu achètes? Est-ce que tu vas aux concerts de rock? Quels chanteurs est-ce que tu préfères?

J'ai beaucoup de questions parce que je fais un rapport pour mon cours de culture américaine. J'ai déjà fait un petit sondage parmi mes amis américains ici en France, mais j'aimerais aussi ajouter les renseignements que tu peux me donner. Merci mille fois.

Amitiés,
Claire

Now respond to Claire's letter, answering the 13 questions she asked. If you prefer, you may talk about yourself and your friends rather than just about yourself.

_____ le _____

Chère Claire,

Voici les renseignements que tu m'as demandés.

1. _____

2. _____

3. _____

4. _____

5. _____

6. _____

7. _____

8. _____

9. _____

10. _____

11. _____

12. _____

13. _____

Affectueusement,

_____

V. Un petit mot. (*A note.*) You're organizing a party and it's your responsibility to see to the music. Write a note to your friend to let him/her know what you can bring (**apporter**). Use a separate sheet of paper.

1. Explain that you have a lot of CDs and cassettes and say which ones you're willing to bring.

2. You'll also bring some music videos, but you have to borrow (**emprunter**) a VCR.

3. Ask if he/she has a CD player and a cassette player.

VI. On fait des courses. Reconstruct the shopping day of Mireille Loiseau and her family according to the store signs and products below. Explain what stores they went to and what they bought. Use a separate sheet of paper.

QUATRIÈME ÉTAPE

(Text p.243–p.249)

 É·C·O·U·T·O·N·S!

The exercises in this section can be found on the Laboratory Tapes for Chapter 6.

I. Où? Listen to the following short conversations and identify the store in which each takes place (**charcuterie, boucherie, boulangerie-pâtisserie**).

Nom .... Cours ....

6

⌒ 4ᵉ Étape

Modèle: You hear: —Bonjour, Madame.
—Madame Ferrier. Comment ça va?
—Pas trop mal, merci. Et vous?
—Très bien. Qu'est-ce que vous prenez aujourd'hui?
—Donnez-moi six tranches de jambon et 500 grammes de salade de tomates.
—Voilà. Et avec ça?
—C'est tout pour aujourd'hui.

You write: *charcuterie*

1. _____   3. _____

2. _____   4. _____

II. **Qu'est-ce qu'ils ont acheté?** In the following conversations, young people are talking about their shopping trips. As you listen to each conversation, identify the store the person went to (**Fnac, bijouterie, magasin de jouets, magasin de sport**) and what he or she bought.

Modèle: You hear: —J'ai dépensé trop d'argent aujourd'hui.
—Qu'est-ce que tu as acheté?
—Eh bien . . . regarde ces deux cassettes. Super, non?
J'ai aussi acheté une vidéo et un disque compact.
—Tu as raison. C'est cher, tout ça. Mais c'est sensationnel.
Écoutons d'abord le disque compact.

You write: **Magasin:** *Fnac*
Achats: *cassettes, vidéo, disque compact*

1. Magasin: _____

   Achats: _____

2. Magasin: _____

   Achats: _____

3. Magasin: _____

   Achats: _____

III. **Mini-dictée: Les villages de Provence.** There are many small towns in southern France. Write the population of each town in figures. You will hear each number twice.

1. Les Baux _____   4. Ménerbes _____

2. Cadenet _____   5. St-Rémy-de-Provence _____

3. Gordes _____   6. Viviers _____

IV. **Annonces au supermarché.** As you're walking through the supermarket, you hear a series of announcements about today's specials. As you hear the prices, write them down for reference while you shop.

Modèle: You hear: Mesdames et Messieurs, visitez notre boulangerie.
Nous avons aujourd'hui des tartes aux fraises superbes à 36F50 la tarte.

You write: tarte aux fraises _36F50_

1. gâteau moka _____   7. jambon _____ le kilo

2. pains au chocolat _____ la douzaine   8. saucisses _____ le kilo

3. petits fours _____ la douzaine   9. gigot _____ le kilo

4. religieuses _____ la pièce   10. rosbif _____ le kilo

5. salade de thon _____ la livre   11. bifteck _____ le kilo

6. pâté _____ le kilo   12. poulet _____ le kilo

V. Indéfini, défini ou partitif? Listen to each statement and indicate whether the person uses an indefinite article (**un, une**), a definite article (**le, la, l', les**), or a partitive article (**du, de la, de l', des**) in talking about food preferences.

Modèle: You hear: Je n'aime pas du tout le fromage.

   You circle: *indefinite*   (*definite*)   *partitive*

1. indefinite   definite   partitive
2. indefinite   definite   partitive
3. indefinite   definite   partitive
4. indefinite   definite   partitive
5. indefinite   definite   partitive
6. indefinite   definite   partitive
7. indefinite   definite   partitive
8. indefinite   definite   partitive
9. indefinite   definite   partitive
10. indefinite   definite   partitive

VI. Mini-dictée: Notre journée au centre commercial. Two friends are comparing their day at the mall. As they talk, fill in the blanks. The passage will be read twice.

—Je suis très fatiguée. J'ai passé toute _____ journée _____

centre commercial et j'ai acheté beaucoup _____ choses. D'abord, je suis

allée à _____ Fnac. J'ai trouvé _____ vidéo

_____ Sting, j'ai acheté _____ cassettes pour mon

frère et j'ai aussi acheté _____ disque compact.

—_____ disque compact est-ce que tu as acheté?

—_____ disque _____ U2.

—Moi, je me suis arrêté au magasin de jouets où j'ai trouvé _____ robot pour

mon petit frère. J'ai regardé beaucoup _____ jouets, mais je sais que mon

frère aime surtout _____ robots.

—Moi aussi, je suis allée _____ magasin _____ jouets.

J'ai acheté _____ jeu vidéo et _____ camion pour

mes cousins. Après, je suis allée _____ magasin

_____ sport où j'ai trouvé _____ raquette

_____ tennis qui était en solde.

—J'adore aller _____ centre commercial, mais je dépense toujours trop

_____'argent.

—Moi aussi, j'aime faire _____ shopping.

VII. Un cadeau pour mon petit frère. Cédric is in a toy store, looking for a present for his little brother. As you listen to his conversation with the salesperson, find out the following information.

1. How much money can Cédric spend on the present? _____

Nom .... Cours ....

6

Rédigeons!

 Travail de fin de chapitre

2. Which toys does the salesperson suggest? _____

_____

3. What does Cédric finally decide to buy? _____

4. Why does he make this particular selection? _____

_____

5. Since Cédric's brother really likes electric trains, why doesn't he buy him one? _____

_____

R·É·D·I·G·E·O·N·S!

Un dîner pour deux. You're planning to prepare a French dinner for a special friend or relative. You want to serve bread and wine along with a main course, salad, cheese, and dessert. Tell what stores you'll go to and what you'll buy there. Begin your paragraph with **D'abord, je vais aller à la boulangerie.** End the paragraph with **Enfin, je vais rentrer et je vais préparer le dîner.** Use a separate sheet of paper.

TRAVAIL DE FIN DE CHAPITRE
▼▼▼▼▼▼▼▼▼▼▼▼▼▼▼▼▼

 I. Student Tape

Listen again to Chapter 6 of the Student Tape and provide the details from the four conversations between customers and shopkeepers. You should tell where the purchases were made, what was bought, for what reason, and how much it cost, as required.

1. Where: _____

Purchase: _____

Reason: _____

Cost: _____

2. Where: _____

Purchase: _____

Cost: _____

3. Where: _____

Purchase: _____

4. Where: _____

Purchase: _____

Reason: _____

II. Jeu: Comment s'écrit . . . ? Use the cues to figure out the names of the foods.

If the word **salade de concombres** is written:

◐ ● ◔ ● ● ◔   ◑ ◔   ○ ◑ ⊕ ○ ● ⊕ ◔ ◔ ●

and **tarte aux fraises** is written:

◑ ● ◐ ◔   ● ◔ ⊕   ○ ◐ ● ◔ ◐ ●

and **gâteau au chocolat** is written:

◖ ● ◐ ◔ ● ⊕   ● ⊕   ○ ◑ ◐ ○ ◐ ◔ ● ◑

What are the names of the following foods?

1. ◔ ● ◔ ◐ ○ ◐ ◑

_____

2. ◑ ◐ ⊕ ● ◐ ◑ ◔

_____

3. ◔ ● ◔ ◑

_____

4. ◑ ● ⊕ ○ ○ ◔ ◐ ◔ ◔

_____

5. ● ◔ ◐ ◔ ○ ◔ ◐ ◑

_____

6. ○ ◐ ⊕ ◑ ◖ ◔ ◐ ◐ ◑ ◔

_____

CHAPITRE · SEPT
Parlons des études!

TRAVAIL PRÉPARATOIRE
▼▼▼▼▼▼▼▼▼▼▼▼▼▼▼

I. Planning Strategy

How do I . . . ? Your French-speaking friend finds it difficult to provide details when describing something. He knows how to make general statements but doesn't have the vocabulary to be more precise. Suggest some expressions and sentences that could be used to accomplish the following tasks.

1. I've been asked to give a short talk on my life as a university student in France. What are some of the topics I should include? _____

   _____

   _____

2. What words and expressions can I use to describe my university? _____

   _____

   _____

   _____

3. What if I want to describe a film I've seen? _____

   _____

   _____

4. Now, what if I want to give a physical description of a person? _____

   _____

   _____

   _____

5. What if I want to describe someone's personality? _____

   _____

   _____

II. Student Tape

Cinq étudiants. You will hear French students talk about their studies and their lives as students in France. Listen to the Student Tape, then indicate (1) whether each student goes to school in Paris or in a regional university and (2) whether (in American terms) each student specializes in fine arts, humanities, natural sciences, or social sciences.

1. _____

2. _____

3. _____

4. _____

5. _____

L·I·S·O·N·S!

*Like their American counterparts, French students are given a certain number of documents that help orient them to the university they are attending. For example, each university publishes a **Livret de l'étudiant** (a practical guide to the university), and the **Guide de votre UFR** (course descriptions for each field of study, or **unité de formation et de recherche**). Students may also go to the **Centre d'information et d'orientation** (a type of counseling center) to talk to people who have information about each field of study.*

*In addition, a number of magazines are published to help pre-college and college students unlock the mysteries of the French university system. The most widely read of these is **Phosphore**, a magazine that provides a variety of tips not only about the **baccalauréat** exam required for entry into the university but also about university life itself. Additionally, a new orientation magazine for college students, **Je m'oriente**, is designed to make the academic experience less complicated.*

*Many of the articles published in such magazines contain general tips that are intended to help students both academically and strategically as they begin their studies. The following article from **Phosphore**, for example, gives students some shortcuts for organizing their schedules and selecting the credits (**unités de valeur**) required for the first general university diploma (**DEUG** = **diplôme d'études universitaires générales**). As you read the article, focus on the main ideas that the author is trying to convey.*

I. **Prélecture.** In preparation for the reading, answer the following questions about your own academic experience.

1. What is some of the specialized terminology that a foreign student arriving at your university has to understand (for example, *credits*)? _____

_____

_____

_____

2. What kind of advice about courses do American academic advisers usually give freshmen when they first arrive at the university? _____

_____

_____

_____

3. How does an American student know the requirements for a particular program of study?

_____

_____

_____

4. How do American students go about choosing a major? What kind of help can they get to make this decision? _____

_____

_____

Nom .... Cours ....

7

1ère Étape

5. How do you decide what kinds of courses to take? _____

_____

_____

II. Lecture: Vivement la Fac!

Le premier cycle universitaire débouche sur le DEUG (Diplôme d'études universitaires générales). Il comporte plusieurs unités de valeur (U V) que vous devez acquérir en deux ans, trois ans maximum. Environ la moitié des U V sont imposées, c'est ce qu'on nomme de façon un peu barbare le « bloc fondamental ». C'est le cas par exemple, de la deuxième langue vivante en DEUG de langues, du latin en DEUG de lettres, etc. Le reste se divise en UV optionnelles (ou « complémentaires ») et en UV libres. Qui complètent la spécialité choisie.

COMPOSEZ VOTRE MENU

Pour les UV libres, on peut picorer dans le menu offert par l'ensemble de l'université, voire par les autres facs de la ville. Ces UV permettent à l'étudiant en philosphie de s'initier au japonais, ou à la peinture de la Renaissance. Plus le campus est grand, plus la palette des UV proposées est large. Celle des horaires aussi, ce qui permet de multiples combinaisons. Mais évitez de vous précipiter sur n'importe quelle idée alléchante si elle ne correspond en rien à votre projet personnel. Si votre fac de Lettres propose une option « francophonie » et que vous rêvez d'aller enseigner en Afrique, courez-y. Sinon, réfléchissez. Il est toujours utile, certes, de parfaire sa culture générale, direz-vous...

COMBINEZ VOS U V

En fait, il faut éviter deux erreurs de base, lorsque l'on compose son assortiment. Tout d'abord, séduit par la possibilité de choisir, vous optez pour un époustouflant mélange d'UV couvrant des domaines fort larges. En réalité, il est plus rentable de cibler des UV clairement liées à votre projet d'études. Surtout si vous visez une spécialisation professionnelle rapide après le DEUG. Le fait d'être inscrit à plusieurs UV traitant de sujets voisins facilite le travail, notamment parce que les lectures faites pour une UV peuvent souvent servir à une autre. Deuxième erreur : se fabriquer un emploi du temps déséquilibré. « *L'an dernier, j'avais fait mes inscriptions aux cours n'importe comment*, se souvient Pascal, étudiant en seconde année de droit. *Du coup, j'avais cours le lundi matin à neuf heures, puis plus rien avant le mardi après-midi. Le jeudi, j'avais un trou entre 11 heures et 16 heures. Après Noël, j'ai séché le cours du lundi matin plusieurs fois : il faisait froid, je devais partir très tôt de chez mes parents où je rentrais le week-end. C'était un peu trop. Mais l'année universitaire est tellement courte que sécher deux ou trois cours, c'est être à la remorque tout le reste de l'année. Cette année, c'est différent. J'ai mieux organisé mon emploi du temps. Et comme maintenant j'ai pas mal de copains, on s'échange les notes quand on sèche.* »

Pour avoir les meilleures chances de composer un horaire intelligent et de suivre le TD qui vous intéresse vraiment, une seule solution : vous présenter aux inscriptions dès la première heure d'ouverture et même si possible un peu avant. Les premiers arrivés seront les mieux servis. C'est particulièrement vrai pour les inscriptions à vos UV libres.

Vocabulaire:

débouche sur: results in
il comporte: it includes
unités de valeur: credits
UV imposées: required credits
UV optionnelles: credits related to one's major
UV libres: elective credits
picorer: to pick randomly
alléchante: intriguing
courez-y: run to it (*here:* be sure to take it)

époustouflant mélange: amazing mixture
rentable: profitable
cibler: to target (to focus on)
visez: target
un trou: a hole (empty time)
j'ai séché: I cut (class)
être à la remorque: to be behind
TD (travaux dirigés): laboratory or individualized work with the prof

A. Compréhension du texte. Answer the following questions by focusing on the main tips that the author gives students about selecting their courses.

1. In the first paragraph, the author describes the categories of credits required for the **diplôme d'études universitaires générales.** What are they? _____

_____

_____

_____

2. What advice does the author give in the paragraph entitled **"Composez votre menu"?** What do you think of the idea of calling a course schedule a **"menu"?** _____

_____

_____

_____

3. What are the two errors the author advises students to avoid when creating a course schedule? _____

_____

_____

_____

4. What do you think about the author's advice to avoid courses that are not related to one's projected academic major? In your opinion, is this an educationally sound idea? _____

_____

_____

_____

É·C·R·I·V·O·N·S!

PRATIQUE DE LA GRAMMAIRE

On pages P18–P19 of this Workbook, you will find additional, highly structured, self-correcting exercises on adjective agreement and placement. If you feel unsure about these structures, or if you wish additional practice, do those exercises in preparation for Exercises III through VI.

III. **Mon ami(e) a . . . Moi, j'ai . . .** Choose a friend or family member who has each of the items mentioned below. Compare yours with his or hers, using appropriate adjectives.

Modèle: vélo

Mon frère a un petit vélo américain. Moi, j'ai un nouveau vélo japonais.

1. vélo _____

_____

2. chambre (maison, appartement) _____

_____

3. auto _____

_____

4. cours _____

_____

5. livres _____

_____

IV. **Une description de ma chambre.** Give a physical description of your room. Include the objects that are in the room, their size, their color, and any other special features. Use as many of the adjectives you've learned as possible. (If you don't want to describe your own room, you may pick any other room.) Use a separate piece of paper.

VOCABULAIRE: Adjectifs

GRAMMAIRE: L'accord des adjectifs

V. **Petit guide du campus.** Véronique Béziers, a French exchange student, has just arrived on your campus. Since she doesn't know her way around, write out some directions for her. Using your own campus as a reference, tell her how to get to the central meeting place for students (the student union?), the library, the administration building, and one classroom building. Be sure to include some points of reference (across from, next to, etc.). Use a separate sheet of paper.

VOCABULAIRE: Noms des bâtiments

FONCTION: Pour expliquer comment aller quelque part

GRAMMAIRE: L'impératif; les prépositions de lieu

VI. **L'université où je fais mes études.** Write a letter to a French friend, describing the college or university that you attend. Talk about location, size, private or public, number of students, number of schools, buildings, school calendar, etc. Use a separate sheet of paper.

Begin your letter: *Cher (Chère) . . . Je vais te parler un peu de mon université. Je fais mes études à . . .*

End your letter: *Amitiés, . . .*

VOCABULAIRE: Adjectifs; noms des bâtiments

FONCTIONS: Pour parler des programmes; pour parler des cours; pour parler des examens; pour montrer son enthusiasme; pour réagir de façon négative

GRAMMAIRE: L'accord des adjectifs

DEUXIÈME ÉTAPE

Les profs et les étudiants *(Text p.267–p.278)*

L·I·S·O·N·S!

I. Prélecture. In preparation for an additional reading from **Phosphore**, answer the following questions.

1. Who are some of the main administrators in your university? What do they do? _____

_____

_____

_____

2. What offices at your university are intended to help students with various questions or

problems? _____

_____

_____

_____

3. What administrator would you go to if you had a problem with a prof? _____

_____

II. Lecture: Qui fait quoi? *(Who does what?)*

QUI FAIT QUOI?

ASSOCIATIONS ET SYNDICATS ÉTUDIANTS
Ils vous représentent auprès des autorités universitaires. Alertez-les dès que votre année ou simplement votre UV rencontre un problème. Ils se chargent aussi en général de vendre des polycopiés, de la papeterie ou des places de théâtre à prix réduit.

ASSISTANTE SOCIALE
Elle peut vous fournir les renseignements sur le logement étudiant, les bourses et autres problèmes concrets.

MUTUELLES ÉTUDIANTES
Elles proposent une meilleure couverture sociale que la simple Sécu. Dans les grandes villes, elles gèrent des dispensaires où l'on peut se faire soigner les dents pour un prix raisonnable, bénéficier d'informations sur la contraception, suivre une aide psychologique si l'on a un coup de cafard, etc.

PRÉSIDENT DE L'UNIVERSITÉ
Il est élu par les représentants des professeurs et des étudiants pour diriger l'ensemble des services de votre université. N'hésitez pas à lui adresser un courrier si vous rencontrez un problème en cours de route. Ne vous fiez pas à son air inaccessible, il est souvent sensible aux difficultés des étudiants.

SECRÉTARIAT DE L'UFR
Soyez indulgent avec la secrétaire de votre UFR. L'université manque cruellement de personnel administratif. Qu'on se le dise!

Nom .... Cours ....

7

2e Étape

En période d'examens, on mange
en étudiant.

Vocabulaire:

syndicats: unions
polycopiés: copies of class notes
papeterie: class materials (notebooks, etc.)
bourses: scholarships
mutuelles: insurance companies
couverture: coverage
gèrent: manage

dispensaires: health centers
coup de cafard: depression
courrier: mail
ne vous fiez pas: *here:* don't worry about
UFR (unité de formation et de recherche):
   academic department
Qu'on se le dise!: Let it be known!

A. **Qui fait quoi?** For each problem, decide which administrator or organization a French student
would consult. Choose one of the following: **association d'étudiants, syndicat étudiants,
assistante sociale, mutuelle étudiante, président de l'université, secrétaire de l'UFR.**

1. Jocelyne has a terrible toothache. She has very little money. _____

   _____

2. Philippe is very angry because he can't get accurate information from any of the offices he's

   consulted. _____

3. Monique hasn't found a room in town yet. _____

4. Bernard wants to find out more about the requirements for his major. _____

   _____

5. Janine was sick and had to skip several lectures. She needs some lecture notes.

   _____

6. Michel thinks that the administration is ignoring students' rights. _____

   _____

7. Sylvie needs a scholarship to help pay for textbooks. _____

8. Éric has just received the results of his exams. Since he didn't do too well, he's feeling very

   depressed. _____

É·C·R·I·V·O·N·S!

PRATIQUE DE LA GRAMMAIRE

On pages P19–P20 of this Workbook, you will find additional, highly structured, self-correcting
exercises on the comparative. If you feel unsure about the formation of the comparative, or if you
wish additional practice, do those exercises in preparation for Exercises III through V.

III. Mes deux profs. Choose two profs, one male and one female. Begin by naming them and describing them physically.

Mon professeur de _____

Description physique: _Il_ _____

_____

_____

_____

Mon professeur de _____

Description physique: _Elle_ _____

_____

_____

_____

Now tell to what degree each of the following adjectives applies to your two profs. Use some expressions of comparison (**plus, moins, aussi . . . que**).

Modèle: patient

> *M. Sanchez et Mme Kline sont tous les deux* (both) *très patients.* or *M. Sanchez est assez patient, mais je pense que Mme Kline est plus patiente que M. Sanchez.*

1. sportif _____

_____

2. optimiste ou pessimiste _____

_____

3. intellectuel _____

_____

4. généreux _____

_____

5. intelligent _____

_____

IV. Je suis comme je suis. You've bought a ticket for an educational cruise along the Atlantic coast of France. The cruise ship company now wants you to write a statement about yourself so that it can select a compatible cabin mate for you. Write a couple of paragraphs that give an accurate description of your personality, likes, and dislikes. Be sure to mention whether you're a woman or a man! Use a separate sheet of paper.

> **SUPPORTS SYSTEME-D**
>
> **VOCABULAIRE:** Adjectifs
>
> **FONCTION:** Pour donner les traits physiques d'une personne
>
> **GRAMMAIRE:** L'accord des adjectifs

V. Quelle catastrophe! You've now returned from your cruise. You've learned a great deal and, in general, enjoyed the experience. However, the cruise ship company made a serious mistake in the cabin mate they selected for you. Write a letter to a friend in France, comparing yourself and your cabin mate. For each of your traits, say that the other person was the opposite. Use a separate sheet of paper.

Nom .... Cours ....

7

3e Étape

VOCABULAIRE: Adjectifs

FONCTION: Faire des comparaisons

GRAMMAIRE: Le comparatif

TROISIÈME ÉTAPE

Les cours (Text p.279–p.288)

L·I·S·O·N·S!

I. Prélecture. In preparation for this final part of the *Phosphore* article, answer the following questions.

1. What is the best way to make contact with your professors so that they get to know you?

   _____

   _____

2. How can a new student in your school get to meet people and make friends? _____

   _____

3. Is it common to have study groups in your school? Do you participate in such groups? Why or why not? In your opinion, what are the advantages and disadvantages of studying in groups?

   _____

   _____

   _____

   _____

II. Lecture

ETONNEZ VOS PROFS

Par rapport au lycée, raconte Nathalie, en deuxième année d'Administration économique et sociale (AES), on a le sentiment de ne pas avoir beaucoup de contraintes : *moins d'heures de cours, moins de devoirs, moins de contrôles. On se laisse aller, on sèche un peu les cours ennuyeux. De toute façon, les profs ne disent jamais rien. Arrivent les premiers partiels, et là, on plonge.* » Résister à la tentation permanente de la paresse n'est pas facile.

A l'université, il faut apprendre à vivre seul. « *Personne n'est derrière vous à vous pousser* », poursuit Nathalie. « *A la limite, il faut pousser les*

profs. Si vous ne travaillez pas, ils se disent que vous allez décrocher et que leur TD sera un peu moins bondé. »

Presque tous les étudiants de première année jugent les professeurs compétents mais trop distants. « *C'est le règne de l'anonymat. Les profs ne cherchent même pas à retenir nos noms. On est des numéros. Qu'on progresse ou qu'on décroche, ils s'en foutent. Ils ne s'intéressent pas à nos études* », critique sévèrement Joël, étudiant en première année à Poitiers.

A l'inverse, lorsque le contact s'établit, de nombreuses difficultés s'aplanissent : « *Lors des inscriptions en fac, on a tous eu droit à un entretien individuel avec un prof. J'hési-*

tais entre droit et AES. On a discuté un bon moment et la prof m'a donné des informations utiles. Finalement, j'ai pris le droit qui ouvre davantage de débouchés. Je suis contente de mon choix et je passe en deuxième année », témoigne Françoise. Dans de nombreux départements, des permanences sont assurées par les enseignants le mois de la rentrée. Profitez-en pour prendre rendez-vous et pour y puiser toutes les informations nécessaires.

Pendant les heures de TD (travaux dirigés) aussi, toutes les occasions sont bonnes pour établir le contact avec l'enseignant.

TRAVAILLEZ A PLUSIEURS

Je ne savais pas comment utiliser la bibliographie, explique Philippe, étudiant en histoire. *Fallait-il juste lire les trois bouquins importants qu'il signalait en particulier? Fallait-il avaler les quinze titres? On a donc posé la question à plusieurs. Il nous a expliqué où trouver les livres, quelles étaient les librairies accordant des réductions aux étudiants et à quelles bibliothèques on avait accès.* » Ne perdez pas de vue que les enseignants, même s'ils sont submergés par le nombre des étudiants, sont là pour vous aider. En ce qui concerne les cours en amphi, les nouveaux arrivés à la fac se demandent souvent s'ils doivent vraiment y assister. Pourtant, la présence en cours apporte plus que la simple lecture du polycopié. Parfois, les profs y donnent des informations sur le déroulement de l'année, le contrôle continu ou la méthodologie. En s'organisant très vite en début d'année pour travailler à plusieurs, on peut s'arranger pour rattraper ce qu'on a manqué si l'on n'a pas assisté au cours. Mais attention, en première année, il est hasardeux de sécher les cours et de se fier aux notes prises par un camarade : c'est la source d'innombrables malentendus.

Cela dit, le travail à plusieurs est bénéfique à plus d'un titre. Tout d'abord, il aide à lutter contre le sentiment de solitude qui est ressenti si durement par les étudiants de première année. « *Il m'a fallu toute l'année pour connaître des gens* », regrette Jean-Manuel, qui termine sa première année de biologie. « *On n'a pas les mêmes horaires de cours ou de TD; à la cafeteria, personne ne se parle.* » Et puis, s'arranger pour aller ensemble à la bibliothèque ou pour réviser un partiel est bien plus stimulant que d'affronter le travail seul. En plus, un petit café en commun n'a jamais fait de mal au moral...

Vocabulaire:

les premiers partiels: the first midterm exams
on plonge: one falls down
la paresse: laziness
vivre seul : to live alone
décrocher: to fail
bondé: full
ils s'en foutent: they don't give a damn
s'aplanissent: get smoothed out
un entretien: an appointment

débouchés: jobs
permanences: office hours
enseignant : teacher
bouquins: books (*slang*)
avaler: to swallow (to read)
en amphi (amphithéâtre): in a lecture hall
le contrôle continu: tests and homework
se fier aux: to trust
d'affronter: to confront

A. **Des mots utiles.** Now that you've read the three parts of the ***Phosphore*** article, go back through all three and find the words that are particularly useful in talking about one's academic experience. Find at least ten words.

Modèle: *unités de valeur*

1. _____
2. _____
3. _____
4. _____
5. _____

6. _____
7. _____
8. _____
9. _____
10. _____

B. **Compréhension du texte.** To isolate the main ideas of the reading, answer the following questions.

1. What are some of the main differences between college and secondary school? _____

_____

_____

_____

2. What is the main criticism of university professors? _____

_____

_____

_____

3. How does the author advise making contact with professors? _____

_____

_____

_____

4. Why is it helpful to study in groups? Give several reasons. _____

_____

_____

_____

_____

É·C·R·I·V·O·N·S!

PRATIQUE DE LA GRAMMAIRE

On pages P20–P21 of this Workbook, you will find additional, highly structured, self-correcting exercises on **-ir** verbs and questions using inversion. If you feel unsure about the use of these two structures, or if you wish additional practice, do those exercises in preparation for Exercises III through VI.

III. Mon emploi du temps. Complete the form by writing your schedule for this term.

Nom _____ Semestre (Trimestre) _____

Spécialisation _____

	L	M	M	J	V
h					
h					
h					
h					
h					
h					
h					
h					

IV. Une interview. You're studying in France and are preparing a report on student reactions to the national competitive exams. To gather information, you plan to interview a number of French students. Prepare your questions in advance, based on the cues below. Use a mixture of inversion and **est-ce que** to form your questions. Use a separate piece of paper.

You want to find out. . .

1. if the person usually chooses easy or difficult classes.

2. if the person gains or loses weight when studying for exams.

3. if the person generally passes exams.

4. if the person generally obeys professors.

5. if the person studies with other students.

6. if the person is very nervous when taking exams.

V. Deux étudiants. Choose two students whom you know whose majors are in very different fields and describe their programs and schedules. Use a separate sheet of paper.

Modèle: *Paul est étudiant en sciences humaines. Il n'a pas un emploi du temps très chargé. Il prend trois cours—un cours de sociologie et deux cours de sciences économiques. Il a tous ses cours le mardi et le jeudi. Mais il a aussi deux heures de laboratoire où il travaille sur ordinateur. Etc.*

VOCABULAIRE: Les cours

FONCTIONS: Pour parler des programmes; pour parler des cours; pour parler des examens

VI. Petit guide des cours. One of your French friends has asked you to write descriptions of five courses to help him decide what to take next semester. Prepare the information he desires.

1. Nom du cours: _____

 Unités de valeur: _____

 Nombre d'étudiants: _____

 Nombre d'examens: _____

 Description: _____

 _____

 _____

 _____

 _____

2. Nom du cours: _____

 Unités de valeur: _____

 Nombre d'étudiants: _____

 Nombre d'examens: _____

 Description: _____

 _____

 _____

 _____

 _____

Nom .... Cours ....

7

 4e Étape

3. Nom du cours: _____

Unités de valeur: _____

Nombre d'étudiants: _____

Nombre d'examens: _____

Description: _____

_____

_____

_____

_____

4. Nom du cours: _____

Unités de valeur: _____

Nombre d'étudiants: _____

Nombre d'examens: _____

Description: _____

_____

_____

_____

5. Nom du cours: _____

Unités de valeur: _____

Nombre d'étudiants: _____

Nombre d'examens: _____

Description: _____

_____

_____

_____

_____

QUATRIÈME ÉTAPE
(Text p.289–p.295)

 É·C·O·U·T·O·N·S!

The exercises in this section can be found on the Laboratory Tapes for Chapter 7.

I. De quoi est-ce qu'ils parlent? You're listening to a series of commercials on the radio. Look at the drawings and put a check below the item or place talked about in each commercial.

Modèle: You see:

You hear: Noir et blanc portable avec écran de 31 cm. Livré avec antenne. Le prix avantageux de 899F. Idéal pour les enfants et comme télé secondaire.

You check:

✓

1

_____   _____   _____

2

_____   _____   _____

3

_____   _____   _____

4

_____   _____   _____

5

_____   _____   _____

II. De qui est-ce que tu parles? Your friends give descriptions of some people whose names they've forgotten. Listen to each description, look at the drawings, and name the person you think is being described.

Modèle: You see:

M. Grandier   M. Lecasier

> You hear: Cet homme est assez âgé. Il est petit et costaud. Il a un grand nez et une barbe et il a très peu de cheveux. Qui est-ce?
> You say: *C'est M. Lecasier.*
> You hear: Ah, bon. Il s'appelle M. Lecasier.

1

Sylvie Becque   Berthe Danon

Hervé Olivier

Jean Michaud

Mme Perriot

Mme Sentier

M. Hugot

M. Berlioz

III. Féminin ou masculin? Listen to each statement and indicate whether the adjective you hear is feminine or masculine.

Modèle: You hear: C'est un jeune homme très naïf.

You circle: *féminin* ⟨*masculin*⟩

1. féminin masculin	**6.** féminin masculin	
2. féminin masculin	**7.** féminin masculin	
3. féminin masculin	**8.** féminin masculin	
4. féminin masculin	**9.** féminin masculin	
5. féminin masculin	**10.** féminin masculin	

IV. Philippe et Martine. Claire is telling about her two friends, Philippe and Martine. Listen to the description and decide which of the following adjectives apply to Philippe and which to Martine. Some adjectives may apply to both friends; others, to neither. Circle the appropriate adjectives in each list.

Philippe: actif / ambitieux / dynamique / frivole / grand / heureux / jeune / intellectuel / beau / optimiste / pessimiste / riche / sérieux / sportif / triste / vieux

Martine: active / ambitieuse / dynamique / frivole / grande / heureuse / jeune / intellectuelle / belle / optimiste / pessimiste / riche / sérieuse / sportive / triste / vieille

V. Mini-dictée: Des rêves. You will hear a series of people tell what they would like to have or be or do. Complete their statements by writing the missing words that you hear. Each sentence will be read three times.

1. Nicole: Je voudrais habiter dans _____

2. Gérard: Je voudrais avoir _____

3. Suzanne: Je voudrais être _____

4. Denis: Je voudrais visiter _____

5. Émilie: Je voudrais descendre dans _____

6. Sacha: Je voudrais acheter _____

VI. Qui est le coupable? You're at the airport, listening to your radio while waiting for a plane. You hear a report about a crime that has just been committed. A witness describes the criminal. You see a person in the airport who looks like the accused. Look at the drawing and put a check next to the person who looks like the criminal. Then write your own description of the person.

_____

_____

_____

_____

_____

_____

VII. L'argot des étudiants. French students, like students of all nations, use slang **(argot)** to talk about school and university life. Listen to the following conversation between two French university students and try to pick out the slang expressions listed below. Following the conversation, the expressions will be explained. Write each term's equivalent in "standard" French in the space provided.

1. du boulot _____

2. des bouquins _____

3. vachement dur _____

4. bosser _____

5. le restau U _____

6. bouffer _____

7. taper _____

VIII. Une interview. Listen to the following interview, in which a French student compares French and American universities. Then write down, in English, at least five differences that she mentions.

1. _____

2. _____

3. _____

4. _____

5. _____

R·É·D·I·G·E·O·N·S!

Faisons de la publicité. You have been invited to write a blurb about your university for a brochure being sent to prospective students from French-speaking countries. Comment on location (and attractions of that part of the country), size and type of university, programs, living accommodations, student life, etc. Use a separate sheet of paper.

VOCABULAIRE: Adjectifs; cours

FONCTIONS: Pour parler des programmes; pour parler des cours; pour parler des examens; pour montrer son enthousiasme

GRAMMAIRE: L'accord des adjectifs

Nom .... Cours ....

7
Rédigeons!

▭ **Travail
de fin de
chapitre**

TRAVAIL DE FIN DE CHAPITRE
▼▼▼▼▼▼▼▼▼▼▼▼▼▼▼

▭ **I. Student Tape**

Listen again to the four presentations on the Student Tape for Chapter 7. Then write the following information about each student: **université, spécialisation, cours, logement, projets d'avenir.** There may not be information in every category for each student.

Étudiante 1: _____

_____

_____

Étudiant 2: _____

_____

_____

Étudiante 3: _____

_____

_____

Étudiante 4: _____

_____

_____

Par région

LES GUIDES REGIONAUX : actuellement au nombre de 4, ils présentent et analysent les villes universitaires des régions Rhône-Alpes, Provence, Languedoc-Roussillon, Nord-Pas-de-Calais, en trois parties : vie quotidienne, loisirs et culture, études et débouchés.

**BON
DE
COMMANDE
P. XV
DE VOTRE
CATALOGUE**

**ETRE ETUDIANT
A LILLE**
Réf. : 9001. Tarif : 40,00 F

**ETRE ETUDIANT
A MARSEILLE**
Réf. : 9002. Tarif : 40,00 F

**ETRE ETUDIANT
A MONTPELLIER**
Réf. : 9003. Tarif : 40,00 F

**ETRE ETUDIANT
A LYON ET GRENOBLE**
Réf. : 9004. Tarif : 40,00 F

A PARAÎTRE :

Etre étudiant à

Etre étudiant à Strasbourg

Etre étudiant à Toulouse

Etre étudiant à Bordeaux

Etre étudiant à Rennes

LA CARTE
"PRIVILEGES ESPACE"
DE L'ETUDIANT

AVEC VOTRE CARTE
"PRIVILEGES ESPACE"

- 5 %

Pour toute
commande

LES GUIDES REGIONAUX

II. Jeu: Trouvons les mots! Circle all the adjectives that you can find in the following puzzle. The adjectives may be read horizontally, vertically, or diagonally, either from left to right or from right to left.

P	S	E	N	S	A	T	I	O	N	N	E	L	L	E
M	A	B	O	C	D	E	R	F	A	G	H	O	I	L
I	J	K	U	E	L	M	V	I	E	I	L	U	N	E
N	E	U	V	E	N	O	V	P	S	Q	R	R	S	G
C	T	U	E	V	W	E	X	E	Y	T	Z	D	A	A
E	B	C	A	D	E	F	R	G	H	I	E	E	J	N
K	L	J	U	M	N	I	O	G	T	P	Q	R	O	T
B	B	O	N	N	E	S	R	I	I	T	U	I	V	V
L	W	L	X	U	Y	O	T	Z	A	Q	R	B	E	C
E	D	I	X	E	S	E	F	G	H	I	U	R	J	K
U	L	E	I	M	P	A	T	I	E	N	T	E	M	N

Adjectives to be found:

sensationnelle	**bonne**	**lourde**
nouveau	**vieil**	**vert**
énergique	**gros**	**bleu**
triste	**impatiente**	**naïve**
petit	**élégant**	**jolie**
sérieux	**noir**	

One adjective in the puzzle is not listed here. Can you find it? _____

CHAPITRE · HUIT
Soignons-nous!

TRAVAIL PRÉPARATOIRE
▼▼▼▼▼▼▼▼▼▼▼▼▼▼

I. Planning Strategy

During the school year, four of the French students studying at your university come to you to talk about health questions and problems. Note some of the expressions you might suggest they use.

1. Éric has a cold. What do you suggest he say to the pharmacist when he goes to the drugstore? How should he describe his symptoms? How should he ask for medicine? _____

    _____

    _____

    _____

2. Sylvie has come down with a bad case of flu. She asks you for help before going to see the doctor. Give her some expressions that she can use to describe her condition. _____

    _____

    _____

    _____

3. While playing basketball, Annick hurt her foot and ankle. What should she say to the nurse at the health service? _____

    _____

    _____

    _____

4. Geneviève is worried that she's not getting enough exercise and not eating enough healthful foods. She wants to explain her concerns to her friends. What expressions might she use?

    _____

    _____

    _____

    _____

II. Student Tape

Listen to the Student Tape for Chapter 8. Then do the following exercise.

1. You will first hear a conversation about health. Three people are involved, directly or indirectly—Catherine, Michèle, and Catherine's brother. Indicate which person matches each of the following descriptions.

    a. an accident victim _____

    b. a very healthy person _____

    c. a person not in great shape _____

2. Now listen to the second conversation, which takes place in a pharmacy. Tell where the customer's main medical problem is situated.

    a. her head   **c.** her respiratory system
    b. her digestive tract   **d.** her circulatory system

PREMIÈRE ÉTAPE

Ça va? Ça ne va pas? *(Text p.300–p.308)*

L·I·S·O·N·S!

I. Prélecture. Every year thousands of Americans are killed in automobile accidents. List what you think are the five major causes of accidents in which people are killed.

_____

_____

_____

II. Les accidents de la route. Read the excerpts from an article about traffic accidents in France. Then do the exercises that follow.

La vitesse tue

Principales causes d'accidents corporels sur les routes (1989) :

Vitesse excessive	**28%**
Inobservation de la priorité	**14%**
Influence de l'alcool	**11%**
Circulation à gauche	**5%**
Autres causes	**42%**

Gendarmerie nationale

❖ La proportion d'accidents mortels reste plus élevée en France que dans les autres grands pays occidentaux. Parmi les pays industrialisés, la France est l'un de ceux où l'on meurt le plus sur la route: 410 conducteurs ou passagers tués par million de voitures en circulation.

❖ Près de 40% des accidents mortels sont imputables à l'alcool.

❖ Contrairement à une idée répandue, les accidents ne sont pas systématiquement dus à la rencontre de deux véhicules. La moitié des accidents mortels ne mettent en cause qu'un seul véhicule. Le danger, ce n'est pas toujours les autres.

Nom .... Cours ....

⑧

1ère Étape

❖ Les erreurs humaines sont beaucoup plus nombreuses que les défaillances mécaniques. 2% seulement des accidents seraient dus à des défaillances mécaniques, mais on estime que 40% des véhicules sont en mauvais état.

❖ 10 millions de Français voient mal au volant: 11% d'entre eux ne portent pas de lunettes, 35% de ceux qui en portent ont une correction mal adaptée.

A. Les nouveaux mots. Although there are numerous words in this text that you have not seen before, by using some of the strategies already discussed, you should be able to figure out their meaning.

1. Find at least 12 cognates in the passage. _____

_____

_____

_____

2. Find at least one false cognate in the passage. _____

_____

3. Based on the content, guess the meaning of each term in boldface.

a. Principales causes d'accidents **sur route** _____

b. **Circulation** à gauche _____

c. La proportion d'accidents mortels reste élevée: 4,4 **tués** pour 100 millions de kilomètres

parcourus en France. _____

_____

d. Près de 40% des accidents mortels sont **imputables** à l'alcool. _____

_____

e. 2% seulement des accidents sont dus à des **défaillances** mécaniques. _____

_____

f. 10 millions de Français **voient mal** au volant: 11% d'entre eux ne portent pas de lunettes,

35% de ceux qui en portent ont une correction mal adaptée. _____

B. La vitesse tue. Based on what you read in the article, answer the following questions.

1. What are the four main causes of automobile accidents in France? _____

_____

_____

_____

2. Do you think the causes are similar for the United States? If not, how and why do they differ?

_____

_____

_____

3. Based on the article, do you agree or disagree with each of the following statements? If you disagree, tell why.

a. Alcohol causes a lot of minor traffic accidents. _____

_____

b. In many instances, it is the driver of the car who is responsible for the accident.

_____

_____

c. Many accidents occur because French cars are not particularly well built. _____

_____

d. It is more dangerous to drive in the United States than it is in France. _____

_____

É·C·R·I·V·O·N·S!

PRATIQUE DE LA GRAMMAIRE

On pages P21–P22 of this Workbook, you will find additional, highly structured, self-correcting exercises on the imperfect tense and the irregular verb **pouvoir**. If you feel unsure about these structures, or if you wish additional practice, do those exercises in preparation for Exercises III through V.

III. Qu'est-ce qu'ils ont? (_What's the matter with them?_) First, write sentences telling where each person pictured is in pain or hurts. Use the expression **avoir mal à**.

Janine

Modèle: _Janine a mal à la gorge._

Judith

Philippe

1. _____

   _____

2. _____

   _____

Marie

Yves

3. _____

_____

4. _____

_____

Now write a sentence to explain what happened to each of the following accident victims. Use the expressions **se casser, se couper** (*to cut oneself*), **se faire mal à, se fouler**.

Georges

Modèle: *Georges s'est fait mal au pied.*

Hélène

Marc

5. _____

_____

6. _____

_____

Yoko

Thierry

7. _____

_____

8. _____

_____

Lucie

Andrée

9. _____

_____

10. _____

_____

IV. Où étiez-vous? Certain events command so much attention that many years later people still remember what they were doing at the time.

   A. Le jour où on a assassiné le président Kennedy. The parents and grandparents of Nicole Ménétrier are talking about the day when President Kennedy was shot. Based on the drawings, write sentences answering Nicole's questions about that day. Put the verbs in the imperfect.

     Modèle: Papa, où étais-tu? Qu'est-ce que tu faisais?
          Moi, j'étais au bureau. Je travaillais.

1

2

3

1. Et Maman? _____

_____

2. Pépé, où étiez-vous, toi et Mémé? Qu'est-ce que vous faisiez? _____

_____

3. Où était l'oncle Georges? Que faisait-il? _____

_____

4. Et la tante Berthe? _____

_____

5. Et ma cousine Sandrine? _____

_____

B. Et vous? Write short paragraphs that tell where you were and what you (and your family and/or friends) were doing at each of the following times. (If you can't remember, invent the details.)

1. Le jour où la fusée Challenger a explosé

_____

_____

_____

_____

2. L'année de la réunification de l'Allemagne de l'Est et de l'Ouest

_____

_____

_____

_____

V. Quand j'étais au lycée . . . Your instructor would like to know a little more about your back-ground, in particular about your high school experiences—schools you attended, courses you took, activities in which you participated. Write a short composition about your high school years. Sugges-tion: use the imperfect tense for habitual actions; use the **passé composé** for those actions that happened only once or that occurred during a limited time (in this case, make this time period clear). Use a separate sheet of paper.

VOCABULAIRE: Les cours

GRAMMAIRE: L'imparfait; le passé composé

DEUXIÈME ÉTAPE

À la pharmacie *(Text p.308–p.318)*

L·I·S·O·N·S!

When traveling abroad, we hope, of course, not to get sick. However, just in case we need to buy some medicine or get some medical attention, it is useful to know how to read the types of text reproduced here and on pages 181–183.

I. Prélecture. Begin by thinking about how you might deal with similar situations in the United States.

1. Where do you (or your family and friends) usually go to buy toothpaste, hand soap, aspirin, etc.?

_____

_____

2. If you needed to buy some aspirin at midnight, where would you go? _____

_____

And if you had to get a prescription refilled? _____

_____

3. Identify each type of information indicated on the Dermolate package, such as name of manufacturer and price.

d | **Dermolate**™ HYDROCORTISONE 0.5% ANTI-ITCH CREAM | b

e | **Temporary relief of ITCHING and MINOR SKIN IRRITATION due to:**

a | Net Wt. 30 g (1.0 oz.)

● Poison Ivy, Oak, and Sumac
● Insect Bites ● Rashes from Soaps, Detergents, Cosmetics, and Jewelry ● Eczema

DERMOLATE Anti-Itch Cream contains hydrocortisone in a greaseless, vanishing cream. It provides temporary relief of itching and minor skin irritation. Until recently, hydrocortisone was available only on prescription and has been widely used by doctors.
Also available is DERMOLATE Anti-Itch Spray that provides cooling along with effective temporary relief of itching and minor skin irritation.
INDICATIONS: For the temporary relief of minor skin irritations, itching and rashes due to eczema, dermatitis, insect bites, poison ivy, poison oak, poison sumac, soaps, detergents, cosmetics, and jewelry.
DIRECTIONS: *For adults and children 2 years of age and older:* Gently massage into affected skin area not more than 3 or 4 times daily. *For children under 2 years of age* there is no recommended dosage except under the advice and supervision of a physician.
WARNINGS: For external use only. Avoid contact with the eyes. Discontinue use and consult a physician if condition worsens or if symptoms persist for more than seven days.

Do not use on children under 2 years of age except under the advice and supervision of a physician.
Keep this and all drugs out of the reach of children. In case of accidental ingestion, seek professional assistance or contact a Poison Control Center immediately.
Store between 2° and 30°C (36° and 86°F).

© 1980,
Schering Corporation,
Kenilworth, N.J. 07033

g

0085-0129-05

c

f

a. _____   e. _____

b. _____   f. _____

c. _____   g. _____

d. _____

II. **En vacances.** You and your family are spending a few days on the Riviera in Nice. Various problems and emergencies arise. Solve them by using the reading skills you've developed thus far.

A. **Où aller? À qui téléphoner?** When the following situations develop, you read the public service notices that appeared in a holiday morning edition of the Nice newspaper. Skim and scan the notices. Then tell where to go or whom to call in each case. In some instances, there may be more than one possible response.

Police secours : 17.
Sapeurs-pompiers : 18.
Taxis (toutes stations) : 93.52.32.32.
S.O.S. amitié : 93.26.26.26.
S.O.S. Jeunes (le matin de 9 à 12 heures) : 93.24.83.95.
S.O.S. troisième âge : 93.53.53.53.
Alcooliques anonymes : 93.87.47.45.
S.O.S. parents - enfants : 93.62.26.37.
S.O.S. drogue : 93.85.01.01.
« Le Patriarche ». – Toxicomanie, cures, postcures, tél. 93.98.73.98.

HAVAS
À VOTRE SERVICE
(13, place Masséna, à Nice)
– Publicité : 93.62.37.37.
– Voyages : 93.62.09.09.
SERVICE MÉDICAL
En cas de difficultés, appeler la permanence de police, 1, rue Maréchal-Foch, Nice, tél. 17.

DENTISTE
S.O.S. dentaire. – Tél. 93.88.06.03.
MÉDECINS
S.O.S. Médecins (24 heu-res sur 24). – Tél. 93.85.01.01.
Association médecins généralistes (24 h sur 24). – Tél. 93.53.03.03.
LABORATOIRE
Laboratoire de garde (24 heures sur 24). – Tél. 93.88.39.08.

NICE

Appels urgents

SAGE-FEMME
De ce soir 22 heures à demain 6 heures : Mme Menella, 1, rue Apollinaire, tél. 93.85.56.64 ; Mme Alberti, 55, avenue Colombo, villa « Médicis », tél. 93.81.41.91.
INFIRMIERS
Infirmiers libéraux (jour et nuit). – Tél. 93.44.36.44.
VÉTÉRINAIRES DE GARDE
S.O.S. vétérinaires (la nuit, dimanche et jour fériés), tél. 93.83.46.64.
AMBULANCES
– A.T.S.U. 06: tél. 93.85.51.15.
PHARMACIES
Service d'urgence : aujourd'hui, de 12h15 à 14h30 :
– Pharmacie « Le Papeete », angle Canavèse - Cyril-le-Besset.
La nuit. — Pharmacie de nuit, 7, rue Masséna (ouverte de 19h30 au lendemain 8h30).
Aujourd'hui, de 8h30 à 12h15 et de 14h30 à 19h30 :
– Pharmacie du Pont-Magnan, 2, avenue de la Californie.
– Pharmacie Le Papeete, angle 35, avenue Canavèse et 150, avenue C.-Besset.
– Pharmacie Thouvenot-Juffe, 122, avenue des Arènes.
– Pharmacie Rey-Gritti, 98, boulevard Virgile-Barel (ex-Saint-Roch).
–Pharmacie du Port, 17, rue Cassini.
–Pharmacie Laborieux, 23, rue de Belgique.

---

1. Your sister has a bad toothache. _____

2. You observe a crime being committed. _____

3. Your grandfather has run out of medicine, and he has to take his next dose before 5 P.M.

   _____

4. Your little brother has a terrible pain in his side. You're afraid it might be appendicitis.

   _____

5. You notice a building on fire. _____

6. Your mother wakes up in the middle of the night with a terrible headache. She needs some

   aspirin right away. _____

B. À la pharmacie. When visiting a pharmacy, you try to read the information on four packages. Skim and scan the packages. Then answer the questions.

a.

d

c

EFFERALGAN
paracétamol
vitaminé C

DOULEURS et FIÈVRE

États fébriles, états grippaux - Céphalées - Douleurs dentaires - Douleurs musculaires, courbatures, névralgies - Douleurs rhumatismales, lumbagos - Douleurs urinaires - Douleurs néoplasiques - Douleurs gynécologiques.

Posologie : •Adultes à partir de 15 ans :
1 à 2 comprimés 1 à 3 fois par jour dans un grand verre d'eau.
•**Enfants :** voir notice.

Précautions d'emploi : Lire attentivement la notice. Ces comprimés craignent l'humidité et la chaleur, reboucher le tube immédiatement après usage.

AMM 326 842 4

Laboratoires UPSA
128, rue Danton
92500 Rueil Malmaison ou 47000 Agen

T.V.A. 5,5 % F. 10,80

EFFERALGAN
paracétamol
vitaminé C

20 comprimés effervescents

Paracétamol 0,330 g - Acide ascorbique (vitamine C) 0,200 g - Excipient q.s.p. un comprimé effervescent de 3 g environ - AMM 326 842 4 - Made in France

e   b   a

b.

RHINOFLUIMUCIL

GOUTTES NASALES

FLACON NEBULISEUR DE 10 ml

Zambon France

c.

Végétosérum
à la Codéthyline

sirop adultes

Affections des voies respiratoires Trachéites Bronchites

POSOLOGIE :
Adultes : 4 cuillerées à soupe par jour. Une après chacun des 3 repas et la quatrième au coucher.
RESERVE AUX ADULTES
Pour les enfants de moins de 15 ans administrer la forme enfant.

Contre-indication : cure de désintoxication alcoolique.

PRÉCAUTIONS D'EMPLOI :
L'attention est appelée, notamment chez les conducteurs de véhicules et les utilisateurs de machines, sur les risques de somnolence attachés à l'emploi de ce médicament. L'absorption d'alcool pendant le traitement est formellement déconseillée. Chaque cuillerée à soupe contient 9,2 g de sucre blanc (saccharose). Ajuster en conséquence la dose autorisée aux diabétiques.

LABORATOIRES PHOSMA S.A.
59, Rue Bourbon - 33300 BORDEAUX

d.

DENTIFRICE
Vademecum
FLUOR ET PLANTES

Composition : Monofluorophosphate de sodium : 1,14 g soit 0,15 g de fluor pur. Extraits de plantes : 1,58 g (sauge officinale, mélisse, thym, girofle, camomille, menthe poivrée et crépue). Excipient Q.S.P. 100 g. **Important** : contient un dérivé fluoré.

Le fluor renforce efficacement les dents, mais ne suffit pas pour une hygiène dentaire complète : **les gencives, elles aussi, sont menacées.** C'est pourquoi, VADEMECUM FLUOR et PLANTES, qui contient du fluor actif, contient en plus **une combinaison spéciale d'extraits de plantes** médicinales aux vertus bienfaisantes (sauge officinale, camomille, thym, mélisse, menthe poivrée et crépue). Ainsi VADEMECUM FLUOR et PLANTES, par son association unique de fluor et d'extraits de plantes, non seulement **renforce les dents** mais aussi **protège les gencives.**

2 ACTIONS

RENFORCE LES DENTS ET PROTEGE LES GENCIVES

Modèle 2 : 75 ml

Garantie d'hygiène : tube operculé

1. Identify the type of product.

   a. Efferalgan _____

   b. Rhinofluimucil _____

   c. Végétosérum _____

   d. Vademecum _____

2. Identify the different types of information provided on the Efferalgan package.

   a. _____

   b. _____

   c. _____

   d. _____

   e. _____

3. Answer the following questions about these products.

   a. What is a normal dose of Efferalgan? _____

   _____

   b. What makes Vademecum different from other products of the same type (according to the package, at least)? _____

   _____

   c. Try to guess the meaning of **Flacon nébuliseur.** _____

   _____

   d. How do you have to be careful when taking Végétosérum? _____

   _____

É·C·R·I·V·O·N·S!

PRATIQUE DE LA GRAMMAIRE

On pages P22–P23 of this Workbook, you will find additional, highly structured, self-correcting exercises on the uses of the imperfect and on the irregular verb **devoir.** If you feel unsure about these structures, or if you wish additional practice, do those exercises in preparation for Exercises III through VII.

III. Les symptômes. Write sentences describing the symptoms of the people in the drawings.

Modèle: *Il a mal à l'estomac.*

1. _____

2. _____

3. _____

4. _____

5. _____   6. _____

_____   _____

IV. Malheureusement . . . (*Unfortunately . . .*). Write four sentences about yourself (or some other person of your choice). Say that you were (or the other person was) (1) supposed to do something (imperfect of **devoir**), (2) but couldn't (**passé composé** of **pouvoir**) because (3) you/he/she had to do something else (**passé composé** of **devoir**). Use a separate sheet of paper.

> *Modèle:* Jean-Pierre devait aller au théâtre avec nous, mais il n'a pas pu (y aller) parce qu'il a dû s'occuper de son petit frère.

V. Mon passé. Complete the following sentences by recalling what you did when you were only six or seven years old. Be sure to use the imperfect tense.

1. Quand j'avais _____ ans, je _____

_____

2. Tous les jours je _____

_____

3. Après l'école je _____

_____

4. D'habitude mes parents _____

_____

5. Quelquefois mes amis _____

_____

6. Fréquemment mes amis et moi, nous _____

_____

7. Mon frère (ma sœur, mon cousin, ma cousine) _____

_____

8. Pendant les vacances, nous _____

_____

VI. Le début d'une histoire. Here are the first few lines of a story that someone is planning to tell you. Redo each sentence, putting all the verbs in the imperfect.

C'est une nuit de décembre. Il fait froid. Il neige. Nous sommes deux dans la voiture—ma sœur Lucienne et moi. Mais la voiture ne marche pas. Nous n'avons plus d'essence (*gas*). Au bord de la route il y a une vieille femme. Elle a les cheveux blancs et son cou est très long. Elle promène un chien et elle chante très fort. Ma sœur et moi la trouvons un peu bizarre.

_____

_____

_____

_____

_____

_____

_____

_____

_____

VII. Le début de votre histoire. Think of a time when something strange or interesting happened to you or to a member of your family. Imagine that you are going to tell the story in a letter you are writing to some friends from Quebec. Write the paragraph in which you prepare to tell the story by establishing the basic situation: who? where? when? what was going on?, etc. In other words, use the imperfect to describe the setting, the situation, and the characters. Use a separate sheet of paper.

TROISIÈME ÉTAPE
Santé passe richesse (*Text p.319–p.329*)

L·I·S·O·N·S!

*Physical fitness has become the rage, not only in the United States, but in France as well. Since body care and physical fitness activities have their origins in numerous countries around the world, the vocabulary tends to be international and is therefore easily recognizable from one language to another. In this **étape**, you are going to read some texts associated with physical fitness opportunities in France.*

I. Prélecture. Some people like to work out on their own with little or no equipment; however, others prefer sophisticated equipment and some sort of organized activity. Based on your own experience as well as that of your friends and family members, answer the following questions.

1. Where do Americans go when they want to work on their physical fitness? Name some places in the town or city where you live. _____

_____

_____

_____

Nom .... Cours ....

⑧

3e Étape

2. What kinds of facilities do these places offer? _____

_____

_____

3. What kinds of organized activities do they provide? _____

_____

_____

II. **Pariscope.** In addition to movie and theater listings, weekly entertainment magazines such as *Pariscope* also list places where people can work out, take dance lessons, and the like. Read the following listings. Then do the exercise that follows.

centres sportifs et de danse

ALESIA CLUB, 143, rue d'Alésia. 45.42.91.05. Culture physique, brunissage, UVA. Danse «aérobic».

CENTRE AQUABUILDING, 6, rue St-Paul (4e). 42.71.66.69. Gyms aquatiques, danse classique, kinégyne, stretching, musculation, sauna, hammam, piscine.

CENTRE DE DANSE DU MARAIS, 41, rue du Temple (4e). 42.77.58.19 et Ouv. tte l'année 7 jours/7. Danse classique, jazz, moderne, afro, rock, claquettes, espagnole, tonic-dance. Adultes, enfants, amateurs et professionnels.

CENTRE SIVANANDA DE YOGA, 123, bd de Sébastopol (2e). 40.26.77.49. Yoga, pour débutants et adeptes. 1re leçon gratuite.

ESPACE VIT'HALLES, Place Beaubourg, 48, rue Rambuteau. 42.77.21.71. Ouvert 7 jours sur 7. Gym aquatique, harmonic, afro-brésilien, samba, modern jazz, danses contemporaines, jazz débutant, aérobic, jogging, stretching, relaxation, gymnastique, cours musculation collectifs, programme individuel, 50 appareils, UVA hte pression, sauna, hammam, jacuzzi, boutique, restaurant diététique, piscine, stages divers.

GARDEN GYM MOLITOR, 12, avenue de la Porte Molitor (16e). 46.51.99.88. Gym, musculation, danse, golf, piscine.

GEORGES ZSIGA, 4e dan, à l'Eglise américaine, 65, quai d'Orsay. 43.38.12.76. Me Invalides. Karaté spécialisé enseigné par un ex-champion de France (équipe). Accessible à tous. Hommes et femmes.

RIVOLI CLUB, 140, rue de Rivoli. 40.26.39.69. Ouv. t.l.j., tte l'année. Culture physique, gym tonic, sauna, bronzage U.V.A., bains à remous, hammam, aérobic, musculation, club naturiste.

ROCK N' ROLL DANCE CENTER, 6, impasse Levis, 75017 (niveau 20, rue Levis). Me Villiers. 43.80.90.23. Cours de rock au sol, acrobatique et compétition pour adultes et enfants par professeurs agréés AFDA. Gym, jonglage, trampoline, trapèze.

THERMES DU ROYAL MONCEAU, 39, avenue Hoche (8e). 42.25.06.66. Du Lun au Ven de 8h à 22h; Sam et Dim. Sur R.V. Musculation, gymnastique, piscine, yoga, U.V., Hammam, sauna, bains bouillonnants, restaurant diététique.

1. Many of the terms in these listings will be familiar to you because they are cognates. List at least 10 French terms for activities that are easy to recognize because of their similarity to terms used in English. _____

_____

_____

2. Which of the activities listed are you unable to figure out? _____

_____

III. La forme à la française. (*Fitness, French-style.*) While vacationing with your French friends at Hossegor (on the Atlantic coast, to the north of Biarritz), you are given two brochures, one for **le Mercédès, une salle californienne,** and a second advertising a **salle fitness forme.** Skim and scan these two ads and then answer the questions.

1. Explain to your American friends what each of the following activities involves.

   a. musculation _____

   b. sauna _____

   c. hammam _____

   d. formostar _____

   e. bains-remous _____

   f. aérobic _____

   g. U.V.A. _____

2. What differences (if any) do you notice between these establishments and American health clubs? _____

   _____

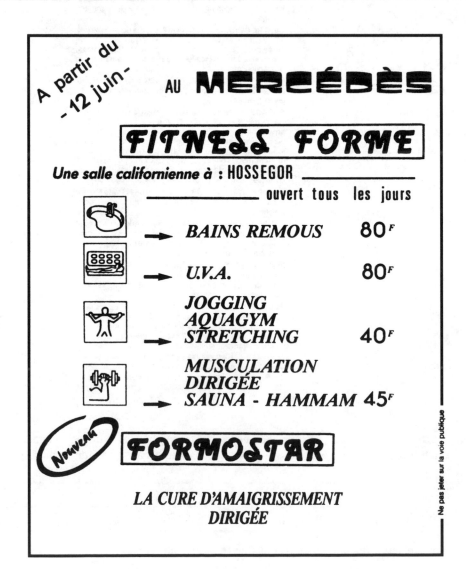

A partir du -12 juin-

AU **MERCÉDÈS**

FITNESS FORME

Une salle californienne à : HOSSEGOR _____

_____ ouvert tous les jours

→ **BAINS REMOUS** 80ᶠ

→ **U.V.A.** 80ᶠ

→ **JOGGING AQUAGYM STRETCHING** 40ᶠ

→ **MUSCULATION DIRIGÉE SAUNA - HAMMAM** 45ᶠ

Nouveau **FORMOSTAR**

LA CURE D'AMAIGRISSEMENT DIRIGÉE

Ne pas jeter sur la voie publique

SALLE FITNESS FORME

MUSCULATION

SAUNA

La chaleur sèche qui élimine les toxines et qui détend.

BAINS-REMOUS

Unc des plus belles
inventions !!!
Un vrai calin,
dans les algues.

HAMMAM

La volupté
orientale des bains
turcs parfumés
à l'eucalyptus.

AEROBIC

Un temps pour la forme !

FORMOSTAR

Une cure d'amincissement sérieuse et efficace. 10 séances.

U.V.A.

Pour être hâlé ... en revenant, quoiqu'il arrive.

PRATIQUE DE LA GRAMMAIRE

On page P24 of this Workbook, you will find additional, highly structured, self-correcting exercises on the irregular verb **savoir** and on **depuis.** If you feel unsure about these structures, or if you wish additional practice, do those exercises in preparation for Exercises IV through VII.

IV. **Les calories, tout un menu!** With the help of the chart on p. 322 of the textbook as well as the short article about calories reproduced below, evaluate your food intake on a recent day. Use a separate sheet of paper. (**Suggestion: Avez-vous mangé des aliments des cinq groupes? Avez-vous dépassé** (*gone beyond*) **la quantité de calories recommandés?**) (100 grammes = approximately 3.5 ounces.)

Modèle: *Hier j'ai mangé des aliments du groupe 1 . . . J'ai mangé des fruits à basses calories . . . Etc.*

Les calories, tout un menu!

En période normale, les besoins caloriques pour la journée sont de 2200 calories. A vous d'équilibrer vos repas afin de ne manquer d'aucun aliment sans dépasser la quantité de calories suffisantes.

• **Viandes, poissons**

Pour 100 gr, les aliments champions des basses calories

Sole : 75 cal.
Truite : 100 cal.
Crabe : 100 cal.
Poulet : 120 cal.
Filet de bœuf : 140 cal.
Côte de veau : 165 cal.
Filet de porc : 170 cal.

• **Fruits et légumes**

Pour 100 gr, les aliments champions des basses calories

Concombre : 12 cal.
Tomates : 22 cal.
Fraises : 20 à 30 cal.
Melon, orange, pamplemousse : 30 à 40 cal.
Pêche, ananas : 40 à 50 cal.
Cerise, poire, pomme, raisin : 60 à 70 cal.

• **Halte ! danger !**

Voici une petite liste non exhaustive des aliments à fuir absolument. Et s'ils vous mettent l'eau à la bouche, pensez à leur teneur en calories, l'appétit vous passera.

1 petit avocat : 425 cal.
1 croque-monsieur : 400 cal.
100 gr de frites : 400 cal.
100 gr de mousse au chocolat : 400 cal.
1 sandwich saucisson, gruyère... : 500 cal.

JE VAIS PRENDRE LE POULET.

ET POUR MOI, LE POISSON.

V. Tu devrais te mettre au régime. (*You should go on a diet.*) Explain to each person pictured what he or she should eat to improve his or her physical condition. Use expressions such as **être bon (mauvais) pour la santé, faire grossir,** and **faire maigrir.**

> *Modèle: Tu es trop maigre. Tu devrais grossir. Mange du fromage, de la viande, du pain. Ces aliments sont bons pour la santé et font grossir. Ne mange pas de yaourt.*

1. _____

_____

_____

_____

2. _____

_____

_____

_____

VI. Moi, je . . . Use the cues and **depuis** to talk about yourself and your family.

> *Modèle:* ma famille / habiter
> *Ma famille habite à New Richmond depuis 40 ans.*

1. ma famille / habiter

_____

2. mon père (ma mère) / travailler

_____

3. je / faire mes études à

_____

4. je / apprendre le français

_____

5. je / avoir (*a car or computer or other prized possession*)

_____

6. je / faire cet exercice

_____

Now choose three things that you, a friend, and/or a family member have *not* done for a while and explain how long it has been.

Modèle: *Mon frère n'a pas travaillé depuis six mois.*

7. _____

8. _____

9. _____

VII. Ne mange pas trop de fast-foods. Your French "mother" has written you a letter in which she warns against eating too many fast foods, watching too much TV, etc. Using some of the expressions and ideas found in this ad for a special offer at **Quick** restaurants, try to persuade her that your life-style is really quite healthy. Use a separate sheet of paper.

LES SECRETS DE QUICK POUR GARDER LA FORME

• Mangez équilibré. D'abord, prenez le temps de "petit-déjeuner" le matin, avec un jus d'orange, des tartines, des céréales. Ensuite, veillez à manger "un peu de tout" chaque jour.

Il y a quatre grands groupes d'aliments :
– les fruits et légumes, crus ou cuits,
– la viande, le poisson, les œufs,
– le lait, et tous les produits laitiers,
– le pain, les pommes de terre, les pâtes.
C'est facile, les repas de la journée doivent nous apporter des aliments de chaque catégorie. Et puis, c'est plus varié !

• Buvez, buvez. Des jus de fruits, de l'eau : au moins un litre par jour.

• Marchez et... dormez. Une idée : au moins une fois par semaine, débranchez le télé-

JUSQU'AU 23 FÉVRIER

LE MENU QUICK TONIC

Une crudité,   Un grand jus d'orange,   Un BIG.

PRIX SPÉCIAL TONIC : **25ᶠ**

phone à 22 heures, et dodo. Rien de tel pour avoir la pêche !

RESPIREZ !

• Ne dormez pas dans une pièce trop chauffée. L'idéal : la fenêtre entrouverte et une bonne couette, comme les pionniers du Far West.

• Tous les matins, étirez-vous. Sur la pointe des pieds, tendez les bras en l'air, et tirez, tirez encore...

• De temps en temps, dans la journée, rentrez le ventre et respirez très profondément, en fermant les yeux.

Idéal contre le stress et la fatigue. Essayez...

DE L'ÉNERGIE, DES VITAMINES, ET C'EST BON !

Nom .... Cours ....

8

∩ **4e Étape**

VOCABULAIRE: Les activités physiques; le corps; les aliments

FONCTIONS: Pour parler de sa santé; pour parler de sa taille

GRAMMAIRE: Depuis

 QUATRIÈME ÉTAPE

(Text p.330–p.337)

∩ É·C·O·U·T·O·N·S!

I. Un accident. Listen to the story of Michel's accident. Then circle the drawing that best represents what happened.

II. Les cinq groupes d'aliments. As you listen to the descriptions of the five basic French food groups, consult the chart and write the number of each description next to the appropriate group.

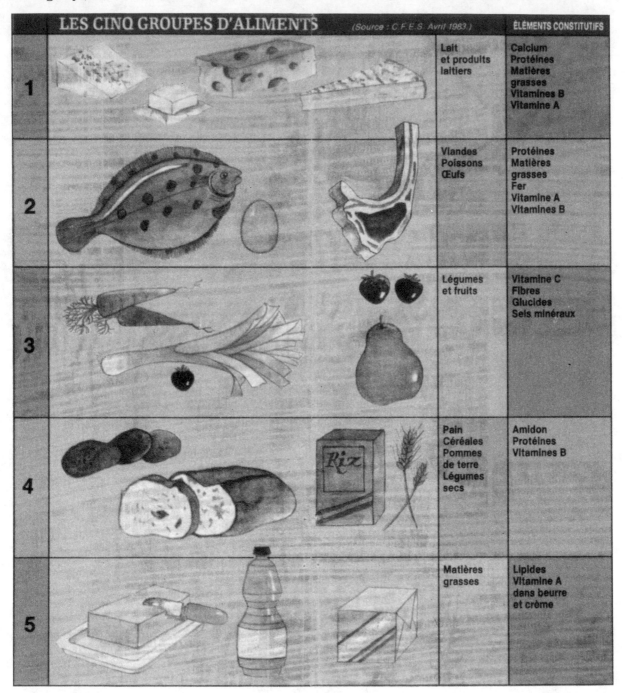

LES CINQ GROUPES D'ALIMENTS	(Source : C.F.E.S. Avril 1983.)	ÉLÉMENTS CONSTITUTIFS
1	Lait et produits laitiers	Calcium Protéines Matières grasses Vitamines B Vitamine A
2	Viandes Poissons Œufs	Protéines Matières grasses Fer Vitamine A Vitamines B
3	Légumes et fruits	Vitamine C Fibres Glucides Sels minéraux
4	Pain Céréales Pommes de terre Légumes secs	Amidon Protéines Vitamines B
5	Matières grasses	Lipides Vitamine A dans beurre et crème

III. Quel verbe? Listen for the verb *that is conjugated* in each of the sentences. Then identify it by writing its infinitive.

> *Modèle:* You hear: Est-ce que tu vas sortir ce soir?
> You write: *aller*

1. _____   4. _____

2. _____   5. _____

3. _____   6. _____

7. _____   10. _____

8. _____   11. _____

9. _____   12. _____

IV. Pouvez-vous les identifier? You will hear physical descriptions of six people. As you listen to each description, write the person's initials under the appropriate drawing.

Names: **Sophie Delpoux / Ahmed Fazoul / François Gélin / Roger Grignet / Juliette Marchand / Marcelle Waggonner**

_____   _____   _____

_____   _____   _____

V. Dictée: Discussion à table. The Cazenave family is eating dinner when they notice that the youngest child, Bernard, is not acting like his usual self. Write their conversation. The conversation will be read once at normal speed. Then each sentence will be read twice.

JANINE: _____

_____

MME CAZENAVE: _____

_____

_____

_____

BERNARD: _____

_____

_____

MME CAZENAVE: _____

_____

_____

_____

M. CAZENAVE: _____

_____

_____

MME CAZENAVE: _____

_____

_____

M. CAZENAVE: _____

_____

_____

MME CAZENAVE: _____

_____

JANINE: _____

_____

_____

VI. Que dit le médecin? You are traveling in France with your brother and sister when they become ill. Because they do not speak French, you have explained their symptoms to the doctor. As you listen to the doctor's advice and instructions, take notes *in English*. You will probably not understand every word; the important thing is to get the gist of the information.

1. *About your sister:* _____

_____

_____

_____

_____

_____

_____

2. *About your brother:* _____

_____

_____

_____

_____

_____

_____

_____

Nom .... Cours ....

⑧
Rédigeons!

📼 **Travail de fin de chapitre**

VII. Vous êtes témoin d'un accident. You are one of four witnesses **(témoins)** to an accident. When the police arrive, the three other witnesses, who are native speakers of French, explain what happened; however, their versions do not agree. Compare the three stories with the picture and circle the number of the most accurate description. Although there will be words you do not recognize, you should be able to tell the police which witness to rely on.

Qui a raison? 1   2   3

R·É·D·I·G·E·O·N·S!

Quand j'étais petit(e) . . . Write a paragraph telling what usually happened when you were sick as a child. For example, were you sick often or rarely? When you were sick, what did you usually have—a cold, the flu? What were your symptoms? Did you usually go to the doctor? Who went to the drugstore? What did that person usually get for you? Did you like taking medicine? Remember to use the imperfect tense to talk about what usually happened.

SUPPORTS SYSTEME-D

VOCABULAIRE: Le corps; les médicaments

FONCTIONS: Pour parler de sa santé; pour décrire ses symptômes; pour faire des excuses

GRAMMAIRE: L'imparfait

TRAVAIL DE FIN DE CHAPITRE
▼▼▼▼▼▼▼▼▼▼▼▼▼▼▼▼▼▼

📼 **I. Student Tape**

Listen again to the Student Tape for Chapter 8. Then do the following exercises.

A. Answer these questions about the first conversation.

1. Comment savez-vous que Michèle n'est pas en bonne santé? _____

_____

_____

2. Que fait Catherine pour être en bonne santé? _____

_____

3. Quel type d'accident est-ce que le frère de Catherine a eu? _____

_____

4. Où est-ce qu'il a été blessé? C'était grave? _____

_____

_____

B. Now answer these questions about the second conversation.

1. Quels sont les symptômes de la jeune femme? _____

_____

2. Quelles sont les deux explications proposées dans la conversation? _____

_____

3. Mentionnez au moins trois recommandations faites par le pharmacien. _____

_____

II. Jeu. Can you find in this **crucigram** 20 (or more) French words relating to health, exercise, and the body? The words may be read forward, up, down, or diagonally. Accents do not matter.

```
M  E  D  I  C  A  M  E  N  T
A  S  B  D  H  O  Y  B  E  E
L  T  E  K  E  C  G  R  Z  T
D  O  S  I  V  I  S  A  G  E
E  M  L  S  E  L  P  S  R  A
M  A  I  N  U  R  N  W  I  T
E  C  E  G  X  Q  T  H  P  F
R  Z  O  U  L  F  J  N  P  I
Y  M  E  E  C  O  U  D  E  E
O  Y  B  O  U  C  H  E  M  V
G  E  N  O  U  R  O  D  A  R
A  I  C  H  E  V  I  L  L  E
```

CHAPITRE · NEUF
Faisons des études à l'étranger!

TRAVAIL PRÉPARATOIRE
▼▼▼▼▼▼▼▼▼▼▼▼▼▼

I. Planning Strategy

How do I . . . ? Your French friends are visiting the United States and are having some difficulties communicating accurately in English. In particular, they need to find out how to get a hotel room. Suggest some words, expressions, and information to help them out.

1. When we're at the front desk of a hotel, how do we ask for a room? _____

_____

_____

_____

2. What details do we have to give to get the room we want? _____

_____

_____

_____

3. How do we ask about meals? _____

_____

_____

4. If we want a telephone and a television in the room, do we have to say something? _____

_____

5. Should we make sure that there is a bathroom with our room? _____

_____

6. What information is the desk clerk likely to want from us? _____

_____

_____

II. Student Tape

Quelle chambre? You will hear descriptions of three different types of rooms at the Hôtel Rabelais in Grenoble. Decide which room you're going to take according to your requirements: You want a room with a telephone and a television. You're going to have breakfast in the hotel, but you plan to go out for dinner. The price of the room is not important.

Room number _____

L·I·S·O·N·S!

I. **Prélecture.** In preparation for the reading, answer the questions to determine what type of study-abroad program would most interest you.

1. If you couldn't go to Paris, which part of France would you like to visit? _____

2. What kinds of courses would you like to take? _____

_____

_____

_____

_____

3. Would you prefer to live in a dorm or with a family? _____

_____

4. Besides taking courses, what else would you like to do during your stay in France? _____

_____

_____

_____

_____

5. Have you thought seriously about participating in an education-abroad program? If yes, why? If no, why not? Which French-speaking country would you prefer to visit? _____

_____

_____

_____

II. **Lecture: Des programmes d'échange**

A. **Oui!** Skim the five ads on pages 201 and 202 quickly and identify the programs that best match your answers to the **Prélecture** exercise. Based on general information, such as location and your general needs, explain why you selected each program.

_____

_____

_____

_____

_____

_____

_____

_____

Nom .... Cours ....

9

1ère Étape

B. Pourquoi? Now scan all the ads you selected in Exercise A for details. Then select *one* program and explain why you would like to participate in it. Depending on what information the ad provides, talk about location, available courses, extracurricular activities, lodging, length of stay, etc.

_____

_____

_____

_____

_____

_____

_____

_____

É·C·R·I·V·O·N·S!

PRATIQUE DE LA GRAMMAIRE

On pages P24–P25 of this Workbook, you will find additional, highly structured, self-correcting exercises on the superlative and official time. If you feel unsure about these structures, or if you wish additional practice, do those exercises in preparation for Exercises III through VI.

III. Un programme d'échange. Fill in the form below to apply to an exchange program in France.

DEMANDE D'ADMISSION AU PROGRAMME D'ÉCHANGE

Nom .... Prénom ....

Date de naissance ....

Lieu et pays de naissance ....

Établissement scolaire ....

Adresse permanente ....

Adresse actuelle ....

Téléphone (domicile) .... Téléphone (travail) ....

État civil (marié, célibataire) ....

Personne à prévenir en cas d'accident:

   Nom ....

   Adresse ....

   Téléphone (domicile) .... Téléphone (travail) ....

Séjours à l'étranger:

   Vous avez déjà habité à l'étranger?   oui ......   non ......

   Vous avez déjà visité l'étranger?   oui ......   non ......

   Pays: Durée du séjour:

   ....

   ....

Vous préférez habiter

   .... avec une famille

   .... dans une résidence universitaire

Si vous avez moins de 18 ans

Nom des parents ou du représentant légal

....

Adresse ....

....

Téléphone (domicile) ....

Téléphone (travail) ....

IV. Des dédicaces. It's the last week of your last semester at the university and all of the seniors in your French class have brought their yearbooks to class. As your friends ask you to write something in their yearbooks, use an appropriate sentence in the superlative to complete the message. Finally, write two complete messages (again using at least one superlative) for two of your friends.

Cher (ère) _____ ,
Tu es _____
J'espère que tu vas passer un été formidable. Bonne chance à l'université !
_____

Pour mon ami _____ ,
_____
Mes meilleurs vœux pour l'avenir !
_____

À mon amie _____ ,
_____
J'apprécie l'aide que tu m'as apportée avec mes devoirs de français. Bonne chance !
_____

À mon (ma) camarade de classe _____ ,
_____
Je vais penser à toi si je continue mes études de français. Écris-moi !
_____

À _____ ,
_____
Je te souhaite beaucoup de bonheur dans la vie. N'oublie pas tes amis de la classe de français !
_____

V. À quelle heure? Americans are not used to reading times on the 24-hour clock. Answer your friends' questions by translating the times in the announcements here and on page 206, into conversational time.

TF 1

10.35 TF 1 VISION PLUS
11.00 INTERNATIONAUX
DE TENNIS
1/8 finale simple messieurs à Roland-Garros.
12.00 H.F. 12
12.30 ATOUT CŒUR
Emission proposée et présentée par Patrick Sabatier.
Avec: William Sheller; Gilles Dorleac; Frank Fernandel.
13.00 TF 1 ACTUALITÉS
14.00 INTERNATIONAUX
DE TENNIS
1/4 finale simple dames.
18.25 LE VILLAGE
DANS LES NUAGES
18.50 HISTOIRE D'EN RIRE
Avec: Jean-Marie Proslier.

19.05 MÉTÉO PREMIÈRE
19.15 ACTUALITÉS RÉGIONALES
19.40 LES UNS
POUR LES AUTRES
Jeu animé pas Anne-Marie Peysson.
Avec: Jeane Manson.
20.00 TF 1 ACTUALITÉS
20.35 L'AVENIR DU FUTUR:
PANIQUE DANS LA RUE
Film d'Elia Kazan. Scénario: Richard Murphy. Adaptation: Daniel Fuchs. Musique: Alfred Newman.

22.05 DÉBAT:
ALERTE: DES NOUVEAUX
MICROBES ATTAQUENT

23.10 INTERNATIONAUX
DE TENNIS
Résumé.
23.35 TF 1 ACTUALITÉS

1. At what times can we watch the tennis tournament on TV? _____

2. At what time is there a weather report? _____

3. When is the last news broadcast (**actualités**)? _____

accueil de Bretagne

QUIBERON
Morbihan

Office Municipal de Tourisme

Rue de Verdun
56170 Quiberon

Télex: 950 538

Téléphone (97) 50.07.84
(97) 50.15.92 (réservation hôtelière)

Heures d'ouverture

SAISON
Tous les jours de 9 h à 19 h

HORS SAISON
Tous les jours de 9 h à 12 h 30
et de 14 h à 18 h 30
sauf le dimanche

CONCERTS

ÉGLISE SAINT-GERMAIN-DES-PRÉS (296.93.56). – 21 h: « Jugement » de Marie-Noël. Avec Emmanuelle Riva (Dominique Probst).

OPÉRA-COMIQUE (296.12.20). – 18 h 30: Concert Mozart. Avec Pierre Doukan, violon solo. 20 h 30: Récital Pascal Devoyon, piano (Mozart, Franck). 22 h 30: Musique traditionnelle d'Amérique Indienne. Avec Luzmila Carpo.

SALLE CORTOT (763.80.16). – 20 h 30: Le Sextuor de clarinettes français, S. Tuxen-Bang, B. Collinet et J. Sandras (Yvonne Desportes, Bernard Fleurent).

SALLE GAVEAU (563.20.30). – 21 h: Quatuor Arcana (Milhaud, Mihalovici).

SALLE PLEYEL (563.07.96). – 20 h 30: Choeur de l'Orchestre de Paris. Avec Rafael Kubelik, Mira Zakal (Mahler).

THÉÂTRE DES CHAMPS-ELYSÉES (723.47.77). – 20 h 30: Ch. Eschenbach et J. Frantz, piano à quatre mains (Brahms, Schubert).

THÉÂTRE DE LA VILLE (274.22.77). – 18 h 30: Orchestre de chambre Franz-Liszt de Budapest (Mendelssohn, Dvorak).

4. During what hours is the Brittany tourist office in Quiberon open during the summer season?

_____

5. When is it open during the off-season? _____

6. At what time does the Mozart concert begin? _____

7. At what time does the piano concert at the Champs-Élysées Theater begin? _____

8. When can you hear the chorus of the Paris Orchestra? _____

VI. **Pourquoi je veux étudier en France.** The application form that you filled out in Exercise III requires that you write a short composition explaining why you want to study in France. Talk about your French studies in the United States, your interests, and why you want to spend some time in France. Use a separate sheet of paper.

1. Give your name, age, and nationality.

2. Talk about your studies in the United States.

3. Describe yourself and your interests.

SUPPORTS SYSTÈME-D

VOCABULAIRE: (1) Nationalités; (2) cours, programmes; (3) personnalité, loisirs, sports, études

FONCTION: Descriptions

GRAMMAIRE: L'accord des adjectifs; le superlatif

✦ DEUXIÈME ÉTAPE ✦
Quelques jours à l'hôtel (Text p.356–p.367)

L·I·S·O·N·S!

I. Prélecture. You're making arrangements for a trip to a city in the United States. As part of your preparation, you need to decide in which hotel you're going to stay. First, select the city you'll visit. Then consult a travel guide (such as an American Automobile Association publication) and pick a hotel. Explain why you selected this particular hotel and give as much information about it as possible. Do this exercise in English on a separate sheet of paper.

II. Lecture: Nous descendons à l'hôtel.

A. L'hôtel Saint-Germain. Read the hotel's brochure and price card. Then choose the answer that best completes each statement.

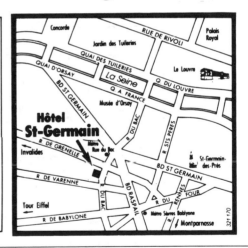

*S*i vous désirez résider au centre de Paris, dans l'un de ses quartiers les plus privilégiés et les plus pittoresques, l'Hôtel Saint-Germain met à votre disposition ses 29 chambres entièrement rénovées. Cet ancien hôtel particulier bénéficie d'une situation exceptionnelle au cœur de Saint-Germain-des-Prés, quartier "rive gauche", symbole d'une réalité artistique, culturelle et historique de Paris. Laissez la voiture au parking et partez à pied à la découverte des boutiques de mode, des antiquaires, des galeries d'art, des musées (Louvre, Orsay, Rodin, Invalides, Tuileries).

Hôtel Saint Germain

HOTEL SAINT-GERMAIN ★★ ᴺᴺ
88, rue du Bac - 75007 PARIS
Tel. : 548-62-92 - 548-94-17

Juin

M *adame*

En réponse à votre demande nous avons l'avantage de vous communiquer nos prix par jour, Taxe et Service compris :

Chambre grand lit, douche, WC privés .... *308 - 360*

Chambre 2 lits, salle de bains, WC privés . *420*

Nous vous serions reconnaissants pour confirmer votre réservation de nous envoyer un dépôt de *1 et nuit* F.

Dans cette attente nous vous prions d'agréer nos salutations distinguées.

1. The Hotel Saint-Germain is
   a. on the outskirts of Paris.
   b. in the center of Paris.
   c. in a picturesque village near Paris.

2. The rooms in the hotel
   a. have been recently renovated.
   b. each represent an artistic period in French history.
   c. are neither of the above.

3. If you're in this hotel and want to visit some of the museums, you should
   a. take your car.
   b. take the subway.
   c. go on foot because the museums are nearby.

D. INTER HOTEL. The European chain of hotels called **INTER HOTEL** has its own symbols for the services it provides in each of its branches. Based on the symbols, answer the questions about each hotel.

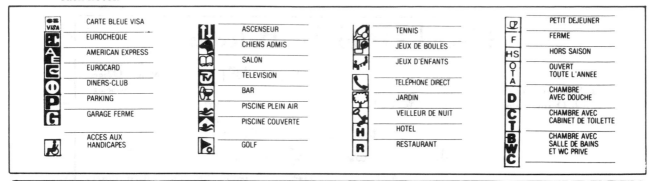

	CARTE BLEUE VISA
	EUROCHEQUE
	AMERICAN EXPRESS
	EUROCARD
	DINERS-CLUB
	PARKING
	GARAGE FERME
	ACCES AUX HANDICAPES

	ASCENSEUR
	CHIENS ADMIS
	SALON
	TELEVISION
	BAR
	PISCINE PLEIN AIR
	PISCINE COUVERTE
	GOLF

	TENNIS
	JEUX DE BOULES
	JEUX D'ENFANTS
	TELEPHONE DIRECT
	JARDIN
	VEILLEUR DE NUIT
	HOTEL
	RESTAURANT

	PETIT DEJEUNER
	FERME
	HORS SAISON
	OUVERT TOUTE L'ANNEE
	CHAMBRE AVEC DOUCHE
	CHAMBRE AVEC CABINET DE TOILETTE
	CHAMBRE AVEC SALLE DE BAINS ET WC PRIVE

LE HAVRE ●

INTER HOTEL
Astoria ★★★

13, cours République.
76600. Tél. 35 25 00 03
Télex 190075
M. TERNISIEN

○ Février à mars.
Janvier et décembre.

R - OTA - Menu moins de **70,00**
F - Grill - 3 salles de 60 couverts.

ENV. - Face à la gare, centre ville.

H - OTA - 35 ch - 31 DWC - 4 BWC - mini **180,00** maxi **280,00** - 🍴 **20,00**. Etape commerciale à partir de **230,00 F**

PAU ●

INTER HOTEL
du Commerce ★★

9, rue du Mal. Joffre
64000.
Tél. 59 27 24 40
Télex 540193
M. H. BESIOU

Vend., sam. et dim. des mois de janv., fév., mars, avril, oct., nov., déc.

H - OTA - 51 ch - 30 BWC - 21 DWC - mini **159,00** - maxi **223,00** - 🍴 **18,00** - Minitel - 51 TVC - Vidéo - Séminaire 3 salles - Chambres calmes sur patio - Etape commerciale à partir de **220,00 F.**

R - 0 comme H - Menu moins de **70,00 FF** - F le dim. - 2 salles (80 et 40 p.), 1 salon privé (25

p.) - Cadre rustique - Spécialités régionales.

ENV. - 🚂 500 m - ✈ 10 km - Plein centre ville. A proximité Château et Boulevard des Pyrénées. Excursions au départ de l'hôtel (saison d'été).

DIJON ●

INTER HOTEL
du Jura ★★★

14 av.
Maréchal Foch 21000
Tél. 80 41 61 12
Télex 350485
M. Gérard GORGES

○ Juillet et août.
Janv. à avril et nov. à déc.

H - OTA - 75 ch - BDWC - mini **150,00** maxi **300,00** - 🍴 **25,00** - Séminaire 2 salles 100 p - Etape commerciale **220,00 F.**

R - Sans mais conseille Restaurant **La Porte Guillaume de l'Hôtel du Nord** Pl. Darcy à Dijon à 250 m. Tél. 80 30 58 58. Menu moins de **70,00 FF** pour groupes. Plats enfants. Caveau

de dégustations. Propr. Fam. FRACHOT.

ENV. - 🚂 150 m - ✈ 5 km - Suivre Direction gare Dijon-ville. Dijon, ancienne capitale des Ducs de Bourgogne. Cathédrale, Palais, Musée. Circuits à la demande.

1. According to the symbols, what services are offered by the hotel **INTER HOTEL Astoria** in Le Havre? _____

_____

_____

2. According to the symbols, what services are offered at the INTER HOTEL **du Commerce** in

Pau? _____

_____

_____

3. What services does the INTER HOTEL **du Jura** provide? _____

_____

_____

E. La note d'hôtel. In French, answer the questions about the hotel bill.

MOIS de MAI	26	27	28	29		
ARRANGEMENT						
CHAMBRE	240	240	240	240		
PETIT DÉJEUNER ET SUPPLÉMENTS	21	21	21	21		
BAR	8	8	8	8		
TÉLÉPHONES	1 1	3		8 5		

1. Combien de nuits a-t-elle passées à cet hôtel? _____

2. Dans quelle chambre? _____

3. Combien coûte la chambre la nuit? _____

4. Combien est-ce qu'elle a payé le petit déjeuner? _____

PRATIQUE DE LA GRAMMAIRE

On pages P25–P26 of this Workbook, you will find additional, highly structured, self-correcting exercises on ordinal numbers and the irregular verbs **sortir** and **partir.** If you feel unsure about these structures, or if you wish additional practice, do those exercises in preparation for Exercises III through VI.

III. **Notre arrivée à Paris.** Imagine that you and your friends have made a trip to Paris. While you're there, you write a short note to your French instructor. Based on the cues, describe your arrival, when and how you got a hotel room, and what the hotel room is like. Use a separate sheet of paper.

3h—arriver à Paris / 3h30—aller au service d'accueil / demander une chambre / trouver une chambre à l'hôtel Élysée / 3h45—prendre un taxi pour aller à l'hôtel / 4h—entrer dans l'hôtel / description de la chambre: prix, petit déjeuner, numéro de la chambre, étage, salle de bains, etc.

IV. **Rendez-vous à 9h.** Some travelers are meeting friends in Paris. The people they are to meet are staying in the same hotel and arrive first. The travelers arrive late at night and leave messages at the desk for their friends.

Modèle: Patrice → Bertrand / 11h30 / ch. 35 / 8h30, salle à manger

1

> Bertrand,
> Je suis arrivé à 11h.30. Je suis à la chambre 35, au troisième étage.
> Rendez-vous à 8h.30 dans la salle à manger.
>   Patrice

2

Laura → Aurélie / 11h45 / ch. 14 / 9h, salle à manger

3

Nicolas et Julie → Thomas et Élodie / 12h / ch. 26 / 9h30, réception

212   *Allons-y! Third Edition*

V. Et toi? Use the verbs **sortir** and **partir** to answer the questions about your activities.

1. Quand est-ce que vous sortez d'habitude avec vos amis? _____

   _____

2. Est-ce que vous êtes sorti(e) hier soir? _____

   _____

3. Où est-ce que vous allez quand vous sortez avec vos amis? _____

   _____

4. À quelle heure est-ce que vous partez de chez vous pour aller à l'université? _____

   _____

5. À quelle heure est-ce que vous êtes parti(e) de chez vous ce matin? _____

   _____

6. À quelle heure est-ce que vous partez de l'université l'après-midi? _____

   _____

VI. Pour réserver une chambre. You and your friends want to stay in the **Grand Hôtel des Balcons** in Paris. Because you're the only one who knows French, it is your task to write to reserve the rooms. Using the model below, write your letter (see p. 209 for the hotel's address). Make sure to get enough rooms for all of you. Use a separate sheet of paper.

                                                        St. Paul, MN
                                                        le 9 juillet 19____

L'hôtel des Roches Blanches
Route Port-Miou
13260 Cassis, France

  Messieurs,
  Je voudrais réserver une chambre pour une personne, avec salle de bains.
Je dois arriver à Cassis le 10 septembre et rester jusqu'au 18.
  En attendant la confirmation de ma réservation, je vous prie de croire,
Messieurs, à mes sentiments distingués.

                                                        Alexander Rice
                                                        530 Jefferson Street
                                                        St. Paul, MN 55103, USA

TROISIÈME ÉTAPE

Chez les Baptizet (Text p.368–p.380)

L·I·S·O·N·S!

I. Prélecture. In your opinion, what are the advantages of staying with a family when you participate in an education-abroad program? Are there possible disadvantages? _____

_____

_____

_____

_____

_____

II. Lecture: Les auberges de jeunesse

The following text deals with youth hostels, an alternative form of lodging for young people traveling in Europe and other parts of the world. After you've read the text, you'll be asked to do an exercise that requires you to guess the meaning of certain words from the context in which they are used. Guessing from context is a very important reading strategy that you should practice whenever you encounter a word that is not familiar to you.

Quand vous voyagez en France ou dans d'autres pays, vous désirez peut-être prendre une chambre dans un hôtel à une, deux ou trois étoiles, ou même dans un hôtel à quatre étoiles si vous avez beaucoup d'argent. Ces hôtels sont confortables, les chambres ont souvent une salle de bains ou au moins un lavabo et le service y est presque toujours impeccable. Pourtant, l'hôtel ne peut pas toujours offrir l'occasion de sympathiser avec d'autres voyageurs et on se trouve souvent isolé dans sa chambre.

Pour les jeunes entre 18 et 30 ans, une autre possibilité de logement se présente: les auberges de jeunesse. Il y a environ 200 auberges de jeunesse qui accueillent les jeunes en France. Elles ont l'avantage de ne pas être très chères (de 25 à 60F la nuit), elles ont souvent une cuisine où l'on peut préparer ses repas et, surtout, elles donnent aux touristes la possibilité de rencontrer des jeunes de tous les pays du monde. L'ambiance y est communale: on échange les impressions de voyage, on peut manger ensemble ou préparer les repas ensemble, on parle toutes les langues et on apprend beaucoup de choses.

Certaines auberges de jeunesse ont des chambres individuelles, d'autres ont le style dortoir. La salle de bains se trouve au bout du couloir. Si l'auberge offre la pension complète, le prix des repas est très raisonnable (6F50 pour le petit déjeuner, 21F pour le déjeuner ou le dîner).

Si vous voulez être logé dans une auberge de jeunesse, il faut avoir une carte d'adhésion qui coûte 20F en France. Pour l'obtenir, écrivez à la Fédération Unie des Auberges de Jeunesse, 6, rue Mesnil, 75116 Paris.

Les auberges de jeunesse sont une très bonne solution pour les jeunes qui désirent voyager mais qui n'ont pas beaucoup d'argent. Ce ne sont pas des logements de luxe, mais elles sont confortables et propres. Et surtout, des jeunes de toutes les nationalités établissent des liens qui facilitent la communication entre des cultures diverses.

A. Devinez! Using the context of the reading and the other examples provided, guess the meanings of the words in boldface.

Nom .... Cours ....

⑨

3ᵉ Étape

1. «Il y a environ 200 auberges de jeunesse qui **accueillent** les jeunes en France.» «Dans les aéroports il y a des affiches qui **accueillent** les visiteurs: Bienvenue aux Canadiens! Bienvenue aux Américains!» «Le président des États-Unis **a accueilli** le premier ministre français devant la Maison Blanche.»

   accueillir = _____

2. «Certaines auberges de jeunesse ont des chambres individuelles, d'autres ont le style **dortoir**.» «Dans les écoles secondaires en France il y a souvent des **dortoirs** avec plusieurs lits pour les élèves qui n'habitent pas à la maison.»

   un dortoir = _____

3. «Si vous voulez être logé dans une auberge de jeunesse, il faut avoir une **carte d'adhésion**.»

   une carte d'adhésion = _____

4. «Des jeunes de toutes les nationalités établissent des **liens** qui facilitent la communication entre des cultures diverses.» «Vous et votre frère avez des **liens** de parenté, vous et vos amis avez des **liens** d'amitié.»

   des liens = _____

B. **Les précisions.** Answer the following questions about the passage. It's not necessary to write complete sentences.

   1. Les auberges de jeunesse sont pour les touristes de quel âge? _____

   2. Quel est le prix normal d'une chambre dans une auberge? _____

   3. Combien coûte le repas du matin? _____

   4. Et le repas du soir? _____

   5. Si vous passez trois nuits dans une auberge de jeunesse et que vous ne prenez que le petit déjeuner, combien allez-vous payer? (N'oubliez pas qu'il faut être membre de la Fédération

      Unie des Auberges de Jeunesse.) _____

É·C·R·I·V·O·N·S!

PRATIQUE DE LA GRAMMAIRE

On pages P26–P28 of this Workbook, you will find additional, highly structured, self-correcting exercises on the contrast between the **passé composé** and the imperfect. If you feel unsure about the use of the two tenses, or if you wish additional practice, do those exercises in preparation for Exercises III through VI.

III. **Une histoire d'amour.** Use the following cues and the **passé composé** and the imperfect to tell the story of Roland and Albertine. Write on a separate sheet of paper.

Begin your story with *Roland et Albertine se sont rencontrés chez Paul.*

Roland et Albertine / se rencontrer / chez Paul. Tout le monde / danser et manger. Ils / ne pas avoir envie de danser. Ils / sortir de la maison. Ils / aller se promener. Le lendemain / ils / se retrouver / sur les quais de la Seine. Il / faire beau. Le soleil / briller. La Seine / être belle. Des amoureux / se promener sur les quais. Roland et Albertine / s'embrasser tendrement. Quelques semaines plus tard / ils / se fiancer. Au mois de juin / ils / se marier. Leurs parents / être très contents. Au mariage / tout le monde / s'amuser. Roland et Albertine / être très heureux.

IV. Une interview. The editor of a small French newspaper has asked you to interview one of your classmates about his/her childhood. Before you meet with the person, write at least eight questions you want to ask. Then interview the person and, finally, report the person's answers. Be sure to distinguish between the **passé composé** and the imperfect when you write your questions and your report. Use a separate sheet of paper.

V. Une lettre de remerciements. Complete the following thank-you letter by filling in the blanks with appropriate words. For many of the blanks there is more than one answer. Note: **remercier** = *to thank*.

Grenoble, le 15 septembre 19____

_____ Annie,

Me voilà rentrée à Grenoble et le travail _____. Je te

_____ mille fois de ta gentillesse et je _____

aussi remercier _____ mari. J'ai _____ un mois

_____ agréable et j'_____ que tu

_____ accepter mon invitation à passer Noël chez moi.

Quand je t'ai _____, je suis d'abord passée par Paris avant de

_____ à Grenoble. J'ai rendu _____ à des

_____ américains qui _____ pour IBM. J'ai

passé trois jours chez eux et je suis enfin _____ à Grenoble il y a

trois jours. Aujourd'hui j'ai repris mes _____ et je suis très

_____ de retrouver mes élèves. J'ai trois cours d'anglais et deux

cours d'_____ européenne. C'est _____ de

travail, mais j'aime bien.

J'espère que tout va _____ chez toi. Embrasse les enfants

pour moi et écris-moi pour confirmer nos _____ pour les

vacances d'hiver.

_____ encore une fois.

Grosses bises,

Laura

⌒ **4ᵉ Étape**

VI. Encore une lettre de remerciements. You've just spent a month in Paris with French friends. Now that you're back, write a letter to thank your friends for everything they did for you. Use the letter in Exercise V as a guide. You might also want to talk about the highlights of your trip or what you're doing now. Use a separate sheet of paper.

1. Open the letter.

2. Thank your friends for everything.

3. Say what you did after you left them.

4. Tell them what you're doing now.

5. Close the letter.

FONCTIONS: (1) Écrire des lettres; (2) remerciements; (3) temps, descriptions; (5) écrire des lettres

SUPPORTS SYSTÈME-D

VOCABULAIRE: (3) Voyages; (4) études, loisirs

GRAMMAIRE: (3) Imparfait; passé composé

QUATRIÈME ÉTAPE

(Text p.381–p.387)

⌒ É·C·O·U·T·O·N·S!

I. Bienvenue aux États-Unis! Christine Lemond is a French exchange student who has just arrived at the local high school. She doesn't speak English very well, so you are helping her prepare a biographical data form for her advisor. As you listen to her, fill in the appropriate information.

Biographical Data Form

Last name ....

First name ....

Address ...., av. Pascal, Orléans, France

Telephone ....

Birthdate ....

Father's first name ....

Mother's first name ....

Number of brothers .... sisters ....

Languages studied ...., ...,

..............................., ..., ...

Reasons for coming to the United States

1. ....

2. ....

Additional information ....

....

....

....

PHOTO

II. Dans quel hôtel descendre? Your friends want to know which hotels they should go to. As they tell you what they're looking for, look at the choices and select the hotel that is most appropriate.

Modèle: You read:

🏨 **Annapurna** Ⓜ 🛏, rte Altiport ☎ 79 08 04 60, Télex 980324, Fax 79 08 15 31, ≼ la Saulire, 🍴, ⅃₆, 🔲 – 🛗 📺 ☎ 🚗 🅿 – 🏊 70. ⒜Ⓔ Ⓞ Ⓔ 𝘝𝘐𝘚𝘈. 🍽 rest
15 déc.-avril – **R** 295 (déj.)/315, enf. 150 – **53 ch** ⊑ 1250/2500, 4 appart. – ½ P 1060/1500.

🏨 **Carlina** 🛏, (a) ☎ 79 08 00 30, Télex 980248, Fax 79 08 04 03, ≼, 🍴, ⅃₆, 🔲 – 📺 ☎ 🚗 🅿. ⒜Ⓔ Ⓞ Ⓔ 𝘝𝘐𝘚𝘈. 🍽 rest
20 déc.-20 avril – **R** 240 (déj.)/290, enf. 125 – **55 ch** (½ pens. seul.) – ½ P 975/1575.

You hear: Nous voulons passer les vacances d'hiver à Courchevel, en Savoie. Nous cherchons un hôtel de grand standing, mais nous ne voulons pas payer plus de 1 000F la nuit. Est-ce qu'il faut descendre à l'hôtel Annapurna ou à l'hôtel Carlina?

You see and check: l'hôtel Annapurna _____

l'hôtel Carlina _____✓____

1

🏨 **Terminus-Bristol,** 7 pl. Gare ☎ 89 23 59 59, Télex 880248, Fax 89 23 92 26 – 🛗 📺 ☎ – 🏊 30. ⒜Ⓔ ⓄⒺ 𝘝𝘐𝘚𝘈
AZ **g**
R voir rest. **Rendez-vous de Chasse** ci-après - **L'Auberge R** 85/150 🍷 – ⊑ 48 – **70 ch** 350/800 – ½ P 450/480.

🏨 **Majestic,** 1 r. Gare ☎ 89 41 45 19, Fax 89 24 08 62 – 🛗 ☎. ⒜Ⓔ ⓄⒺ 𝘝𝘐𝘚𝘈
AY **k**
R 80/160 🍷, enf. 40 – ⊑ 30 – **40 ch** 215/250 – ½ P 230.

---

l'hôtel Terminus-Bristol _____

l'hôtel Majestic _____

2

🏨 **France et rest. Royal Poitou,** 215 rte de Paris ☎ 49 01 74 74, Télex 790526, Fax 49 01 74 73 – 🛗 📺 ☎ 🅿 – 🏊 60. ⒜Ⓔ ⓄⒺ 𝘝𝘐𝘚𝘈
BV **a**
R 90/220 – ⊑ 30 – **57 ch** 320/380 – ½ P 300/325.

🏨 **Ibis Beaulieu** Ⓜ, quartier Beaulieu ☎ 49 61 11 02, Télex 790354, Fax 49 01 72 76 – 📺 ☎ ♿ 🅿 – 🏊 40. ⒜Ⓔ Ⓔ 𝘝𝘐𝘚𝘈
BX **t**
R *(fermé dim. d'oct. à mai)* 74/120 🍷, enf. 38 – ⊑ 29 – **47 ch** 235/275.

---

l'hôtel France _____

l'hôtel Ibis _____

3

🏨 **Midi,** 4 av. Toulouse ☎ 41.04.62, Télex 500401 – 🛗 🛏wc 🚿wc 🔲 🚗 🅿. ⒜Ⓔ Ⓞ Ⓔ 𝘝𝘐𝘚𝘈
AZ **f**
fermé 15 déc. au 15 janv. et dim. du 15 oct. au 15 mars – SC : **R** *(fermé le midi du 15 oct. au 15 mars et dim.)* 41/120 🍷 – ⊑ 16 – **47 ch** 95/165 – P 143/222.

🏨 **H. Alsace** sans rest, 2 av. Carnot ☎ 68 32 01 86 – 📺 ☎. Ⓔ 𝘝𝘐𝘚𝘈
BX **a**
⊑ 25 – **20 ch** 130/240.

---

l'hôtel Midi _____

l'hôtel Alsace _____

4

Beach Plaza M, av. Princesse Grace, à la plage du Larvotto ℰ 93 30 98 80, Télex 479617, Fax 93 50 23 14, ≤, 🚗, « Bel ensemble balnéaire, piscines, plage aménagée » – 🉐 ▤ 📺 ☎ ⅘, 🚗 – 🔼 50 à 300. 🆎 ⓪ E 𝘝𝘐𝘚𝘈   CS **b**
Le Gratin R carte 270 à 400 – **Le Café-Terrasse R** carte 195 à 360 – �ê 112 – **295 ch** 1940, 9 appart.

Mirabeau M, 1 av. Princesse Grace ℰ 93 25 45 45, Télex 479413, Fax 93 50 84 85, ≤, ⊿ – 🉐 ▤ ch 📺 ☎ ⅘ – 🔼 100. 🆎 ⓪ E 𝘝𝘐𝘚𝘈. ⅘ rest   FV **n**
R voir rest. **La Coupole** ci-après – �ê 130 – **99 ch** 1200/1900, 4 appart. 2500 – ½ P 1190/1340.

l'hôtel Beach Plaza _____

l'hôtel Mirabeau   _____

5

🏠 **Toulouse** sans rest, 183 r. Grande ℰ (1) 64 22 22 73 – 📺 🕿 🚗. E 𝘝𝘐𝘚𝘈   BY **h**
fermé 20 déc. au 20 janv. – �ê 25 – **18 ch** 110/255.

🏠 **Victoria** sans rest, 112 r. France 📞 422.23.33, 🐷 – ⊟wc 🛁wc ☎ 🅿. E 𝘝𝘐𝘚𝘈   AY **t**
SC : ⊊ 17,50 – **18 ch** 95/240.

l'hôtel Toulouse   _____

l'hôtel Victoria   _____

III. À quelle heure . . . ? Your friends give you a list of events that they're interested in attending. Since they don't understand French very well, they ask you to call and find out at what time each event will begin. As you listen to the recorded messages, jot down (in English) the time when each event starts.

Modèle: You see: le film

          You hear: Ce soir, la séance commence à 18h.

          You write: *6:00 P.M.*

1. le concert _____

2. le récital _____

3. le film _____

4. le dîner _____

5. le match de tennis _____

6. le spectacle _____

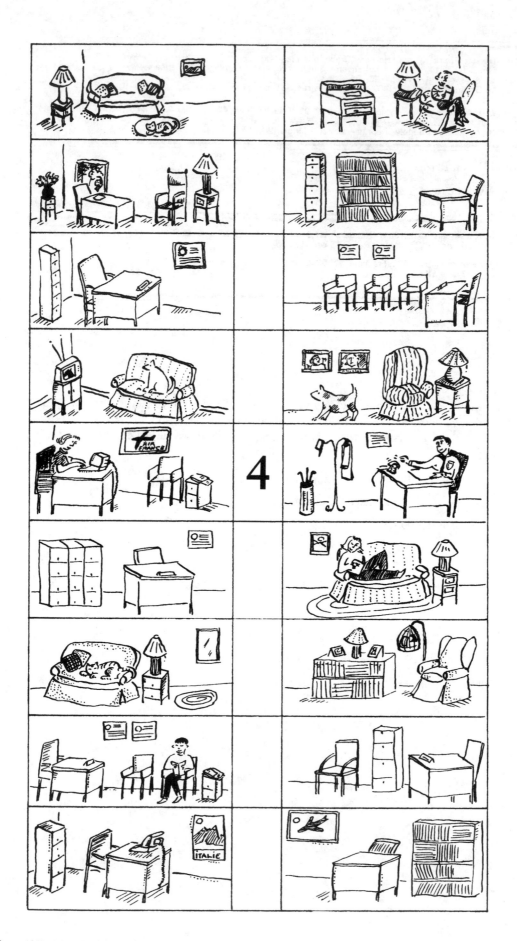

IV. À quel étage sont-ils? You're at the information desk in the lobby of a large office-apartment building. As the receptionist tells you where particular offices or people are located, label the appropriate floor of the drawing on page 220. Remember that the **rez-de-chaussée** is equivalent to the first floor in the United States.

> *Modèle:* You hear: Les bureaux (*offices*) d'Air France? Ils sont au 4ᵉ étage.
>
> You write in the space provided next to the airline office (on the fifth floor of the building): **4**

V. Une expérience désagréable. Annick is talking about her last visit to the doctor. As you listen to her monologue, complete the paragraph by filling in the verbs. Be sure to distinguish between the **passé composé** and the imperfect. Note that a woman is talking, so you need to make the correct past-participle agreements. The text will be read three times.

Je ne me _____ pas très bien depuis quelques jours quand j'_____

enfin _____ de consulter un médecin. J'_____ donc

_____ rendez-vous avec le docteur Buvard pour 10h. Je

_____ un peu en avance et j'_____ une dizaine de

malades qui _____ déjà là. Je n'_____ vraiment pas en

forme. J'_____ de la fièvre et j'_____ morte de fatigue.

Vers 11h30, je _____ enfin _____ dans le cabinet du

docteur Buvard où je _____ jusqu'à midi. Quand le docteur

_____, il _____ si pressé que la consultation

n'_____ que cinq minutes. Il ne s'_____ pas du tout à

mes symptômes et il m'_____ de prendre des aspirines et de me coucher.

Pour ça j'_____ vingt-cinq dollars! Si tu as besoin d'un médecin, ne va surtout
pas chez le docteur Buvard!

VI. Deux hôtels parisiens. Listen to the discussion about two Paris hotels. Then fill in the information requested for each hotel.

	le Sheraton	l'hôtel Chomel
1. où il se trouve	_____	_____
	_____	_____
	_____	_____
2. le nombre d'étages	_____	_____
3. le nombre de chambres	_____	_____
4. le prix d'une chambre pour deux	_____	_____
5. où on prend le petit déjeuner	_____	_____
	_____	_____
6. les avantages	_____	_____
	_____	_____
	_____	_____
7. les clients	_____	_____
	_____	_____

Des cartes postales. While you're in France, you write postcards to a variety of people.

1. The first postcard is to a person who doesn't know where you are and what you're doing.

2. The second postcard is to your French instructor. Talk about your arrival in France and at the hotel. Say something about the hotel and your room.

3. The third postcard is to a friend from your French class. Talk about the family you're staying with in France.

TRAVAIL DE FIN DE CHAPITRE
▼ ▼ ▼ ▼ ▼ ▼ ▼ ▼ ▼ ▼ ▼ ▼ ▼ ▼ ▼ ▼

📼 **I. Student Tape**

Listen again to the Student Tape for Chapter 9. Then do the following exercise.

You're at the **Bureau d'Accueil** in the city of Grenoble, where you are told about three types of rooms in three different hotels. Write down the information about each room as you hear it. Then decide which room you'll take. You will not necessarily understand everything that is being said. Listen for key words and try to get some details about each room.

Chambre numéro 1

Étage _____

Prix/nuit _____

Pour combien de personnes _____

Avec ou sans salle de bains _____

Avec ou sans téléphone _____

Petit déjeuner compris (oui ou non) _____

Ascenseur (oui ou non) _____

Restaurant (oui ou non) _____

Chambre numéro 2

Étage _____

Prix/nuit _____

Pour combien de personnes _____

Avec ou sans salle de bains _____

Avec ou sans téléphone _____

Petit déjeuner compris (oui ou non) _____

Ascenseur (oui ou non) _____

Restaurant (oui ou non) _____

Chambre numéro 3

Étage _____

Prix/nuit _____

Pour combien de personnes _____

Avec ou sans salle de bains _____

Avec ou sans téléphone _____

Petit déjeuner compris (oui ou non) _____

Ascenseur (oui ou non) _____

Restaurant (oui ou non) _____

Je vais prendre la chambre numéro _____ parce que _____

_____

II. Jeu: Comment s'appellent ces villes? Use the clues to find the names of the French cities. If necessary, consult an encyclopedia or a map of France.

1.   + D U N   4.

   + B L +

2.   3   5.   L +

3.   6.

T +   + D U N

CHAPITRE · DIX
Installons-nous!

TRAVAIL PRÉPARATOIRE
▼▼▼▼▼▼▼▼▼▼▼▼▼▼

I. Planning Strategy

Your French-speaking friend is having some difficulty telling about events that occurred in the recent past. In addition, she needs some strategies for renting an apartment and talking about rooms and furniture. Suggest some phrases and vocabulary for communicating these ideas.

1. I don't have a lot of money and I need to rent an apartment. What things should I ask to make

   sure that I'm getting a good deal? _____

   _____

   _____

   _____

   _____

2. What rooms are likely to be found in an apartment or house? _____

   _____

   _____

   _____

   _____

3. What expressions are useful if I want to talk about the very recent past? _____

   _____

   _____

   _____

II. Student Tape

Descriptions d'appartements. You will hear descriptions of four different apartments. Decide which apartments (1, 2, 3, 4) meet the following requirements.

1. Which apartments have parking? _____

2. Which apartment is likely to be the least expensive? _____

3. Which apartment seems the safest? _____

4. Which apartments are centrally located? _____

5. Which is the smallest apartment? _____

PREMIÈRE ÉTAPE

On cherche un appartement *(Text p.390–p.397)*

L·I·S·O·N·S!

In France, advertisements for housing tend to come in a variety of forms. Most ads appear in the classified section of the newspaper. But both newspapers and magazines carry large ads for housing in various parts of the country. **Le Figaro Magazine,** *for example, always has several pages of ads promoting such highly desirable locations as the Riviera and Paris. As you read the following ads, try to discover how the promoters try to appeal to potential customers.*

I. Prélecture. If you were looking for a house or apartment, what features would be most important? For example, would you insist on a certain number of rooms, on a fireplace, on a garage? Define your preferences in detail. _____

_____

_____

_____

_____

_____

_____

II. Lecture: Des maisons et des appartements

A. Compréhension. Based on the information in the ads, answer the questions on pages 227–228.

Nom .... Cours ....

10

1ère Étape

1. What parts of France are covered by the ads? _____

_____

2. What different kinds of apartments are advertised? _____

_____

_____

Une réalisation aux appartements grand standing du studio au 5 pièces duplex. De superbes balcons ou terrasses ouvrent sur un jardin intérieur paysager.

CET APPARTEMENT-STUDIO AU CŒUR DE PARIS A 398.000 F*

Le 26 RUE DE PARADIS bénéficie d'un environnement exceptionnel : central, bien desservi, tout proche des Gares du Nord et de l'Est, des Grands Magasins, de l'Opéra et de Beaubourg.

La rue de Paradis, jalonnée de somptueuses vitrines, est, de longue tradition, le domaine de la Porcelaine et de la Cristallerie, connu de la France entière.

Studios et 2 pièces ont des surfaces qui permettent de les aménager comme de vrais appartements et les prestations sont à la hauteur : vidéophone, parking.

Cet immeuble construit en 1975, est la propriété des caisses de retraite de Imperial Chemical Industries PLC, qui en ont confié la commercialisation par appartement à COGEDIM Vente.

Exemple d'aménagement d'un appartement-studio de 38 m².

3. Of the two ads that offer apartments on the Mediterranean, which one seems to be the better deal? Give reasons for your choice. _____

_____

_____

_____

4. What are the advantages and disadvantages of the three types of apartments offered in the Paris region?

Le Square Chaumont: _____

_____

_____

_____

Villa St Fargeau: _____

_____

_____

_____

Appartement–Studio à Paris: _____

_____

_____

_____

5. Of all the apartments listed, which one would you prefer to buy and why? _____

_____

_____

_____

É·C·R·I·V·O·N·S!

PRATIQUE DE LA GRAMMAIRE

On pages P28–P29 of this Workbook, you will find additional, highly structured, self-correcting exercises on the verbs **connaître** and **mettre**. If you feel unsure about these verbs, or if you wish additional practice, do those exercises in preparation for Exercises III through VI.

III. Qu'est-ce que ça veut dire? (*What does that mean?*) The following abbreviations are commonly used in apartment descriptions in French classified ads. Write the word that corresponds to each abbreviation.

1. banl. _____

2. arrdt. _____

3. balc. _____

4. cft. _____

5. P. _____

6. séj. _____

7. dche. _____

8. chbre. _____

9. gar. _____

10. s. de bns_____

11. ét. _____

12. ch. _____

13. cuis. _____

14. s. à manger _____

IV. L'appartement de M. Abdiba. Regardez bien le plan de l'appartement du pharmacien Abdiba. Ensuite complétez la description.

L'appartement de M. Abdiba est assez grand et très pratique. A l'entrée, à droite, il y a une

_____ que M. Abdiba utilise comme bureau. Il y met ses livres, son

ordinateur et son fichier (*filing cabinet*). Du bureau, on traverse un petit _____

pour arriver à la porte de la _____. À côté de la cuisine il y a le

_____ et juste à côté se trouve la _____ avec une

_____, un _____ et un _____. La

salle de _____ est spacieuse avec une porte qui mène sur la

_____ . Enfin, la _____ a aussi une porte qui donne sur

(*leads to*) la terrasse.

M. Abdiba est très content de son appartement. C'est un peu cher, mais il a un

_____ pour sa voiture. Il y a aussi une _____ (qui ne

figure pas sur le plan) en sous-sol qui lui permet de garder quelques bonnes bouteilles de vin.

V. Les petites annonces. Briefly describe in French each house or apartment in the following ads. Don't worry about including everything. Simply use the words you've learned. Use a separate sheet of paper.

1.
BY OWNER

Super quality living can be yours in this custom built home–Smithfield St. Spacious master bdrm suite, + 3 lg bdrms, LR w/fireplace, huge kitchen, 2½ baths, 2400 sq. ft. + 500 sq. ft. finished bsmt, deck & patio, view of Mt. Nittany, near park. $149,500. Principal only. 238-5572

2.
615 Townhouses

2 BDRM TOWNHOUSE

5 min from campus, 10 from Nittany Mall. Near bus line, shopping, in Woodycrest. Incl 2 lg bdrms, 1½ baths, attic, bsmt, microwave, dishwasher, Jennaire grilling range, refrig., w/d hookups. Whole-house fan, sundeck & greenhouse window. Sewer & water paid. Kids, pets ok. $470+ deposit, lease. 238-0229 after 10:30 am to see. Avail Jan 1

3.
LG 2 Bdrm apt in SC w/personal entrance. Kitchen & appliances, dining room, 1½ baths & balcony. New carpet. No pets. Sublet to 9 '88. $390/mo. Call 238-0573

4.
IMMACULATE

This spacious well-built 3-4 bdrm home features a family room w/fireplace, living room, formal dining room, eat-in kitchen, 2½ baths, 2-car garage & much more. Pleasantly situated in a Park Forest cul-de-sac. Priced to sell at $139,000.
Phone 234-3310
No Realtors please

5.
OPEN HOUSE
SUNDAY, APRIL 12 From 12-6

Large 3 bedroom Cape Cod beautifully landscaped on 2.35 acres just 5 miles from State College in Walnut Grove Estates. Large country-style kitchen, 2 full baths, large dining room, large living room and extra large 2-car garage w/storage loft above.

(Follow the signs) Through Houserville on Houserville Road to Rock Road, turn left and go approx. ½ mi. to Big Hollow Road. Turn left again and go approx ¾ mi. to Walnut Grove Drive. Turn right and our house is the second house on the left.

505

VI. Ma maison/mon appartement. In a letter to your friend in Quebec, you describe your house or apartment. You talk about how many rooms you have, what they are, what floor you live on, whether you have a garage and/or yard, how far your place is from the university, and so on. Use a separate sheet of paper.

DEUXIÈME ÉTAPE

On s'installe *(Text p.398–p.405)*

L·I·S·O·N·S!

I. Prélecture. Each student has his or her particular study space. If you could create the ideal room for studying, what would it look like? What would you have in it? How would it be decorated?

_____

_____

_____

_____

_____

II. Lecture: Pour les juniors: Des meubles pleins d'astuces! Ads often contain words that we don't know. However, because the words are typically accompanied by pictures, we can usually guess what they're all about.

Compréhension. Read the ad for young people's furniture. Then answer the questions that follow.

1. In French, list all the furniture and other objects you see in the ad. _____

_____

_____

_____

Nom .... Cours ....

10

2e Étape

2. If this were your room, what other items would you add? _____

_____

_____

3. What is the English equivalent of the expression **boîtes de rangement?** _____

_____

4. What does the ad say about the **boîtes de rangement?** _____

_____

5. In what colors is the desk available? _____

_____

6. What is the English equivalent of **tablettes range-disques?** _____

_____

7. The verb **ranger** is the root of the expressions **boîtes de rangement** and **range-disques.**

What do you think the verb **ranger** means in English? _____

8. Write a logical sentence using the verb **ranger.** _____

_____

_____

É·C·R·I·V·O·N·S!

PRATIQUE DE LA GRAMMAIRE

On pages P29–P30 of this Workbook, you will find additional, highly structured, self-correcting exercises on interrogative pronouns (people) and the verb **venir.** If you feel unsure about these structures, or if you wish additional practice, do those exercises in preparation for Exercises III through VI.

III. Voilà nos meubles. Label each piece of furniture in the following drawings.

1. *un canapé* _____   2. _____   3. _____

4. _____   5. _____   6. _____

7. _____ 8. _____ 9. _____

10. _____ 11. _____

IV. Et dans la chambre . . . You and your family are moving. Before the moving van arrives, you make lists of all the furniture, classified by the room in which each item should be placed. Using the following categories, create your lists on a separate piece of paper.

À mettre dans la salle à manger

À mettre dans la cuisine

À mettre dans la chambre au premier étage

À mettre dans la chambre au rez-de-chaussée

À mettre dans le bureau

À mettre dans la salle de séjour

V. Une semaine de vacances. Your friend is about to go on vacation and you'd like to know her plans. In particular, you want to know with whom she's going to spend her vacation. Use **où, qu'est-ce que, quand,** and the appropriate forms of **qui** to ask your questions.

Modèle: aller

Où est-ce que tu vas? ou *Avec qui est-ce que tu vas . . . ?* ou
Quand est-ce que tu y vas?

1. partir _____

2. aller avec _____

3. faire _____

4. descendre chez _____

5. voir _____

6. s'occuper des billets _____

7. téléphoner à _____

8. rentrer _____

VI. Nous avons déménagé. You're writing a letter in which you tell a French friend about moving. Using the drawings, write the part of the letter that tells about the move.

L·I·S·O·N·S!

I. Prélecture. Based on your experiences (present or past) in finding housing in your town, answer the following questions. If you haven't looked for housing yourself, tell about the experiences of someone you know.

1. What steps do you have to take to find housing in your area? _____

_____

_____

2. Does your college or university have services to help students find housing? What are they?

_____

_____

3. What are the contractual conditions for renting a university dorm room or apartment? What

deposits must you make? _____

_____

_____

4. What problems arise between landlords (rental agencies) and students? _____

_____

_____

II. Lecture: La chambre en ville: rare!

*In France, it's often difficult for students to find housing. Even if a university is organized as a campus (which is not always the case), dorms fill up very quickly, and special, non-university, student residences (**des foyers**) can accommodate only a small number of people. Students are therefore always looking for individual rooms to rent in town. Read the following article from the magazine **Phosphore** and then do the comprehension exercise.*

Pas de place en foyer ou en résidence universitaire . . . Il va falloir *se loger en ville.* Pas facile, mais ce n'est pas une raison pour partir battu: des organismes sont là pour vous orienter, des mutuelles pour vous aider et des H.L.M. (*high-rise apartment buildings*) ouvrent leurs portes. Bref, vous n'êtes pas tout seul.

Première étape, le C.R.I.J. (Centre régional d'information jeunesse) où Mme B . . . vous reçoit chaleureusement. En cas d'urgence elle connaît des hôtels pas trop chers et des centres d'hébergement. Elle a dans sa manche des adresses de foyers, d'agences immobilières qui peuvent dépanner, et même un organisme H.L.M. Mais si vous êtes étudiant elle vous orientera vers le C.R.O.U.S. (Centre régional des œuvres universitaires et scolaires) qui dispose aussi d'un service de logement en ville. Le fichier des offres est à la disposition des étudiants dès la fin juin.

Le C.R.O.U.S. fait tout pour tranquilliser les propriétaires: conseils juridiques gratuits, contrat type de location, assurance obligatoire pour les étudiants contre les risques d'incendie et dégâts des eaux. Mais il essaie surtout d'aplanir les difficultés entre les étudiants et leurs logeurs. *«Les propriétaires se plaignent que les étudiants font trop de bruit ou tardent à payer leur loyer,* explique M.P . . . , *alors j'essaie de leur faire comprendre que ce n'est pas de leur faute s'ils touchent leur bourse avec plusieurs mois de retard.»* Il a dressé une liste impressionnante des exigences que les propriétaires

Nom .... Cours ....

10

3ᵉ **Étape**

tentent d'imposer à leurs locataires: pas de visites, pas d'appareils électriques, la chambre doit être libérée durant les week-ends . . . *«et hier encore, ajoute-t-il, je discutais avec un propriétaire qui se plaignait que son locataire avait invité sa petite amie».*

Une autre solution pour faire baisser les prix du mètre carré est de partager un appartement. Marie-Odile a tenté l'expérience l'année dernière en louant un deux-pièces avec une amie. Elle en est un peu revenue: *«Il faut vraiment bien s'entendre, avoir les mêmes goûts, les mêmes horaires car nous avons finalement été très dépendantes l'une de l'autre.»* Tous les témoignages confirment que ce type de cohabitation est en général de courte durée. Mais on devient amis pour la vie si l'on ne se brouille pas (*if you don't split up because of fights*)!

Et si, dans vos recherches, la chance vous boude, vous pouvez toujours vous inspirer de la solution adoptée par Annick et Brigitte. Elles habitent chez leurs parents, bien que leur domicile soit à plus de 30 km de la fac.

Plutôt que d'investir dans un logement, elles se sont acheté une voiture en commun. Même écho chez Sylvie qui résume bien la situation: *«Je ne vois pas l'intérêt d'avoir une chambre indépendante. Bien sûr, mes parents râlent un peu, mais finalement je fais ce que je veux!»*

A. **Compréhension du texte.** This article was written to give students some ideas about how they might go about getting housing. To understand the article, it's therefore important to isolate the main ideas. List four solutions that are proposed in the article.

1. _____

2. _____

3. _____

4. _____

B. **Analyse du texte.** You can learn a great deal about student life in France from an article such as this one. Answer the questions based on your interpretation of the text.

1. How easy or difficult is it for French students to find housing, compared to what American students have to do? _____

_____

_____

_____

_____

2. What kinds of student behavior do building owners complain about? Do they have the same complaints here in the United States? _____

_____

_____

3. According to M. P. . . from the C.R.O.U.S., what kinds of rules do building owners try to impose on students? Is this more or less strict than the rules found in this country? What kinds of rules might an American student have when renting a room in someone's house?

_____

_____

_____

_____

_____

4. What attitude do French students have toward sharing an apartment with another student? Is this a common practice in France? Why or why not? _____

_____

_____

_____

É·C·R·I·V·O·N·S!

PRATIQUE DE LA GRAMMAIRE

On pages P30–P31 of this Workbook, you will find additional, highly structured, self-correcting exercises on interrogative pronouns (things) and the expression **venir de**. If you feel unsure about these structures, or if you wish additional practice, do those exercises in preparation for Exercises III through VI.

III. Deux invitations. Read the two invitations. Then answer the questions that follow.

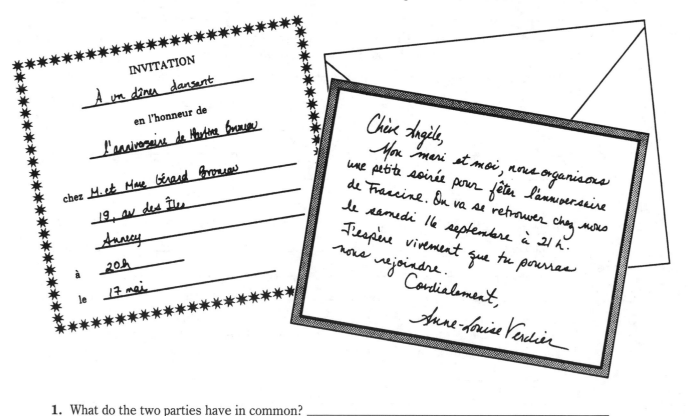

1. What do the two parties have in common? _____

_____

2. In what way(s) do the parties differ? _____

_____

3. One invitation is much more formal than the other. Point out as many signs of this difference in formality as you can. _____

_____

_____

IV. Invitons nos amis! You're the social secretary for a wealthy family. It's your job to send out the invitations for a variety of events. Use the form below and the directions for each invitation.

1. The invitation is for a birthday party. It's the eighteenth birthday of the daughter of the house, Élodie de Vincennes.

2. This invitation is for a party given by the teenage son Clément for his friends. It should be rather informal.

3. This invitation is for a dinner party given by M. and Mme de Vincennes.

INVITATION

_____

en l'honneur de

_____

chez _____

_____

_____

à _____

le _____

V. Une interview. You have just won a contest. As a result, you will be able to spend a day with any famous person you choose (a singer, an actor or actress, a political figure, a sports personality, etc.). There are lots of things you would like to find out from this person. However, because you know that you will be nervous, you write out some questions in advance. Identify the celebrity you'd like to meet. Then, using the appropriate forms of the interrogative pronouns **qui, que,** and **quoi,** prepare at least eight questions about both people and things. Write on a separate sheet of paper.

VI. Un message. You and a friend have organized a party at your house. The day of the party, you leave a message for your friend, confirming the time and place of the party and reminding him/her of what you, he/she, and a third friend will each do in final preparation. Use a separate sheet of paper.

QUATRIÈME ÉTAPE
(Text p.415–p.420)

É·C·O·U·T·O·N·S!

I. Les meubles. First, look at the drawing of the kitchen. When you hear an item mentioned, circle **oui** if that item is in the drawing or **non** if it is not.

1. oui	non	**5.** oui	non
2. oui	non	**6.** oui	non
3. oui	non	**7.** oui	non
4. oui	non	**8.** oui	non

Nom .... Cours ....

10

⌒ 4ᵉ Étape

Now look at the drawings of the two bedrooms. When an item is mentioned, write **g** if it is in the **grande chambre** or **p** if it is in the **petite chambre**.

9. _____   13. _____

10. _____   14. _____

11. _____   15. _____

12. _____   16. _____

Chapitre dix   **241**

Finally, listen to the description of the **salle de séjour** and fill in the blank floor plan. The description will be read twice.

II. Dictée. Your French friend Simone, who has just moved, gives you a detailed description of her new house. As you listen to her, complete the description by filling in the blanks. You'll hear the description three times.

Notre maison est assez _____. Il y a quatre _____, une

_____, deux _____, une _____

avec un _____ et une _____. Nous avons aussi un

_____ pour nos deux voitures.

   Les _____ que je préfère sont la cuisine, la salle de séjour et ma

chambre. La cuisine est tout _____: il y a un _____, un

_____ à micro-ondes et un _____. Il y a aussi une

grande table où j'aime faire mes devoirs. Dans la salle de séjour, nous avons un grand

_____ confortable et des _____. Nous y avons aussi la

_____ et le _____. Avec son _____

et ses _____ au mur, c'est la pièce que je préfère.

III. Nous cherchons un appartement. You and your friends are looking for an apartment to share. Your friends ask specific questions as you scan the ads. Circle the number or numbers of the apartments that correspond to the questions they're asking. You will hear each question twice.

Modèle: You hear: Est-ce qu'il y a un appartement avec un interphone?
   You say: *Pardon?*

   You hear: Est-ce qu'il y a un appartement avec un interphone?
   You circle: 1 (2) 3 4 5

locations non meublées offres		
1. AV. DE VERDUN, dans très bel imm. ancien, 7ᵉ ét., asc 3 P., tt cft. Parfait état. 4 000 F + ch. Tél. le matin, 60-54-33-12 **2.** RÉGION PARISIENNE, dans une très agréable rés., à prox. gare, cft moderne, 3 P., 4ᵉ ét., asc., interphone, balc., gar. sous-sol. 3 500 F + ch. Tél. 59-28-76-14	**3.** LUXEMBOURG, Studio tt cft, 2ᵉ ét., asc., imm. pierre, salle dche, kitchenette, cab. toil., cave, piscine, park. 2 900 F + ch. Tél. 67-89-15-75 **4.** 7e ARRDT., 2 P., séj. + chbre, cuis. équip., RdC., petite rés., ch. comp. 2 100 F. Tél. 65-31-74-49	**5.** BANLIEUE PARISIENNE, 4 P. dans rés. calme, près tts commodités, clair, ensoleillé, comprenant: entrée, gde cuis., séjour av. balc., 3 chbres, w.-c., s. de bns., nombreux placards, park, jard., sous-sol. 5 500 F. Tél. 22-46-81-39

1. 1 2 3 4 5   5. 1 2 3 4 5

2. 1 2 3 4 5   6. 1 2 3 4 5

3. 1 2 3 4 5   7. 1 2 3 4 5

4. 1 2 3 4 5   8. 1 2 3 4 5

IV. Dictée. You call a real estate agency to get some information about available apartments. The office is closed, but you get a recorded message describing three of the apartments currently available. As you listen to the messages, jot down the key information about each apartment. You will hear each message twice.

Appartement numéro 1

Arrondissement? _____

Nombre de pièces? _____

Nombre de chambres à coucher? _____

Prix par mois? _____

Charges comprises? _____

Appartement numéro 2

Quelle sorte d'appartement? _____

Vieux ou moderne? _____

Quelles pièces? _____

_____

Prix par mois? _____

Chauffage compris? _____

Appartement numéro 3

Nombre de chambres? _____

Quelles autres pièces? _____

_____

Étage? _____

Ascenseur? _____

Interphone? _____

Prix par mois? _____

Charges comprises? _____

V. **Quel appartement?** Listen to the radio announcements for apartments for rent. Then write the number of the apartment that best fits each set of requirements.

◆ **Requirements:** You and your friends are looking for a large apartment not far from the university. You want at least two bedrooms, a living room, and preferably a dining room. You need a large bathroom. Since you don't have any furniture, you need a furnished apartment that has a fully equipped kitchen. If the utilities are included, you can pay as much as 5 000 francs per month.

Appartement numéro: _____

◆ **Requirements:** A family you know is looking for an unfurnished apartment in the suburbs. They don't want to pay more than 7 500 francs a month. The apartment should have three bedrooms, a large bathroom, a living room, and a modern kitchen.

Appartement numéro: _____

◆ **Requirements:** Your parents are going to spend a year in France. They're interested in an apartment that has at least two bedrooms and are willing to live in the suburbs. They would like a living room, but they don't care about a dining room. They're hoping to pay 5 500 francs or less per month.

Appartement numéro: _____

R·É·D·I·G·E·O·N·S!

Maison à vendre. You've decided to sell your house in France, but you don't want to use a real estate agency. That means you have to create your own flyer advertising the house. Using the ads in the textbook and the workbook as models, create a fairly elaborate ad that highlights all the amenities. Remember: You're trying to *sell* the house, so be sure to include all of its positive features (rooms? garage? yard? neighborhood? close to schools? close to shopping?, etc.). Use a separate sheet of paper.

TRAVAIL DE FIN DE CHAPITRE
▼ ▼ ▼ ▼ ▼ ▼ ▼ ▼ ▼ ▼ ▼ ▼ ▼ ▼ ▼ ▼ ▼

I. Student Tape

Listen to Chapter 10 of the Student Tape again and answer the following questions.

Description Number 1

1. What four requirements does the person have for an apartment? _____

_____

Nom .... Cours ....

10

Rédigeons!

⌨ **Travail de fin de chapitre**

2. What is the description of the apartment?

Location: _____

Number of rooms: _____

Other features: _____

Description Number 2

3. Why is this apartment ideal for entertaining? _____

_____

_____

Description Number 3

4. Why is this apartment ideal for a single person who doesn't have much money? _____

_____

Description Number 4

5. Besides the rent, what is the renter responsible for? _____

_____

6. What makes this a secure apartment building? _____

_____

II. Jeu: Mots croisés. Fill in the crossword puzzle. Be careful: one number may require more than one word.

Horizontalement

  I. balcon (abréviation); on y met la nourriture

 III. les enfants aiment jouer _____ boules; après le dîner, on fait la _____

  V. quand on met la table, il faut mettre des _____

 VI. meubles pour les livres

VIII. il est 12 heures et le soleil brille; meuble pour les vêtements

 IX. on y fait des tartes

  X. la capitale de l'Italie (en italien)

 XI. un sujet à l'école

XII. "still"

XIII. _____ va?

XIV. un bâtiment

 XV. le lycée Montaigne et le lycée Pascal sont des _____

XVI. l'endroit où l'on prépare les repas

XVII. le ciel est couvert, il y a des _____

XVIII. le contraire de sortir; 12 mois; un meuble confortable

Verticalement

1. il se trouve dans la salle de bains; elle est nécessaire pour manger

3. j'ai parlé _____ élèves; une salle de _____; mot entendu à l'aéroport

4. rouge pâle

5. il le faut pour couper la viande; partie de la négation

6. on l'utilise pour monter au dixième étage

7. une chaise très confortable

8. étage (abréviation); ce qu'il faut faire quand on est fatigué

9. une carte de crédit

10. adjectif possessif

11. on les utilise pour faire du toast; et cetera (abréviation)

13. contraire de sucré; l'homme qui est marié; avec ou sans salle de _____?

15. _____ à manger

16. _____ compris

17. la chambre ou la salle de séjour; je vais (infinitif)

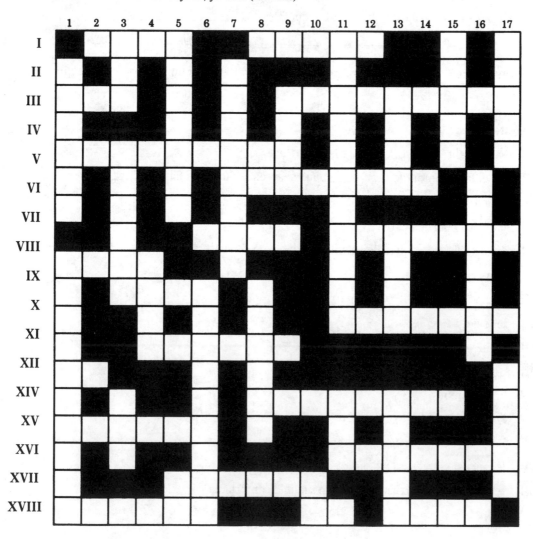

CHAPITRE · ONZE
Habillons-nous!

TRAVAIL PRÉPARATOIRE
▼▼▼▼▼▼▼▼▼▼▼▼▼

I. Planning Strategy

Your French-speaking friend needs your help with English. Suggest some words and expressions he might use to accomplish the following tasks.

1. What adjectives and expressions can I use to describe clothing I like? _____

   _____

   _____

2. What adjectives and expressions can I use to describe clothing I dislike? _____

   _____

   _____

3. What questions is a salesperson in a clothing store likely to ask me? _____

   _____

   _____

4. What expressions and words do I need to answer the salesperson's questions? _____

   _____

   _____

5. What questions is a salesperson in a shoe store likely to ask me? _____

   _____

   _____

6. What expressions and words do I need to answer the shoe salesperson's questions? _____

   _____

   _____

7. What words and expressions can I use to say that something is necessary? _____

   _____

   _____

II. Student Tape

Quel temps fait-il? You will hear three conversations. As you listen, tell what the weather is like when each one takes place. Then write some words or expressions to support your answers.

Conversation 1

Le temps: _____

Mots et expressions: _____

Conversation 2

Le temps: _____

Mots et expressions: _____

Conversation 3

Le temps: _____

Mots et expressions: _____

◣◢ PREMIÈRE ÉTAPE ◣◢
La mode de printemps et d'été *(Text p.428–p.441)*

L·I·S·O·N·S!

Every two years, a book called **Francoscopie** *by Gérard Mermet is published in France. The book is a type of almanac that examines some of the major issues affecting the French and their way of life. In addition to providing some interesting statistics, the author includes his own thoughts and interpretations. In the 1991 edition, in a section called* **"Apparence,"** *he discusses trends in clothing and the amount of money the French spend on their appearance. As you read the selection, focus on the trends the author describes.*

I. Prélecture. Give your thoughts on the importance of clothing and appearance in the United States.

1. In your opinion, how important is clothing in determining how others judge you? _____

   _____

   _____

2. Do you think that it's possible to guess people's personality traits by the way they dress? Give an example of someone you know. _____

   _____

   _____

   _____

3. What factors seem to determine fashion trends in the United States? Do you try to keep up with fashion trends? Why or why not? _____

   _____

   _____

   _____

   _____

4. How important is appearance to you? How do you tend to appraise people? _____

   _____

   _____

   _____

   _____

Nom .... Cours ....

11

1ère Étape

II. Lecture: Apparence

> **Budget habillement en baisse, mais fortes différences sociales**
> - **Les adultes moins intéressés par la mode, les enfants davantage**
> - **Nouveaux lieux d'achat**
> - **Les mots changent, les gestes demeurent**

L'habit fait l'individu

Au vieux proverbe français qui prétend que «l'habit ne fait pas le moine», un proverbe allemand répond au contraire que «les vêtements font les gens». C'est ce dernier qui semble le mieux adapté à la *société des apparences* caractéristique de cette fin de siècle. La mode fut (*was*) pendant longtemps un phénomène de masse; l'heure est aujourd'hui à la personnalisation. Le vêtement est l'un des moyens de communiquer aux autres (et à soi-même) une certaine image de soi (*of oneself*).

> *La part des dépenses d'habillement diminue régulièrement:*
> - *12% du budget des ménages en 1870;*
> - *9,6% en 1970;*
> - *7% en 1989.*

Aux yeux de beaucoup d'étrangers, la France continue d'être le pays du bon goût et des beaux habits. De fait, la haute couture française se situe toujours au premier rang mondial. Pourtant, les Français consacrent de moins en moins d'argent à leur habillement. Un phénomène particulièrement sensible depuis 1983, date à laquelle les dépenses ont commencé à diminuer en volume à prix constants (c'est-à-dire indépendamment des évolutions de prix). L'ensemble des catégories sociales est concerné, même si les dépenses restent très inégales.

> - *La dépense vestimentaire annuelle est d'environ 3 000 F par personne.*
> - *Les femmes dépensent 30% de plus que les hommes,*
>   *les filles 30% de plus que les garçons.*

Au début des années 50, la situation était inversée: les hommes dépensaient 30% de plus que les femmes pour s'habiller; les dépenses concernant les filles étaient nettement inférieures à celles faites pour les garçons. Durant la période de forte expansion économique, entre 1953 et 1972, les dépenses vestimentaires des femmes ont progressé nettement plus vite que la moyenne (*the average*). Celles des enfants ont triplé pendant que celles des adultes doublaient. Les dépenses des filles ont augmenté davantage que celles des garçons.

> - *Les enfants et adolescents sont de plus en*
>   *plus sensibles aux signes de reconnaissance.*

Si la mode joue un moindre rôle dans les achats des adultes, elle se manifeste dès l'école primaire chez l'enfant et prend une importance considérable à l'entrée au collège. Tout ce qui peut permettre une identification du vêtement ou de l'accessoire a une importance: inscriptions, formes, matériaux et surtout marques. Vêtements *Creeks, Compagnie de Californie, Naf-Naf*, blousons *Chevignon, Perfecto* ou *Liberto*, chaussettes *Burlinglon*, chaussures *Reebok*, sacs *Hervé Chapelier*, etc.

> - *La recherche de prix moins élevés se généralise.*

Si les Français dépensent moins pour leurs vêtements, c'est surtout parce qu'ils les payent moins cher, en utilisant de façon plus systématique les diverses possibilités qui s'offrent à eux: périodes de soldes, dépôts-vente (*wholesalers*), magasins d'usines (*factory outlets*), «discounters», etc.

Cette évolution des dépenses s'accompagne de nouvelles attitudes devant le vêtement. Celui-ci n'est plus depuis longtemps considéré comme un produit de première nécessité. Le souci de confort et de la durée, la recherche de l'originalité sont des critères qui pèsent de plus en plus sur les achats.

> **S ➤** 58 % des Français sont très ou assez attentifs à la mode, 41 % peu ou pas du tout attentifs. Mais 85 % font selon leur humeur pour se sentir bien, même si cela ne correspond pas forcément à la mode (11 % suivent la mode).
> **S ➤** 63 % des hommes préfèrent les jupes courtes, 46 % des femmes préfèrent les longues. 10 % des hommes considèrent que cela dépend...
> **S ➤** 76 % des femmes dorment avec une chemise de nuit et 47 % des hommes un pyjama. Ils sont 56 % parmi les 18-24 ans, 38 % des 25-34 ans, 63 % des 35-44 ans, 66 % des 45-59 ans, 82 % des 60 ans et plus.
> **S ➤** 45 % des ménages ont jeté des vêtements au cours des trois derniers mois. 35 % en ont donné. 2 % en ont vendu (9 % des cadres).
> **E ➤** Les Français ont acheté environ 30 millions de jeans en 1990, dont 11 pour des enfants.
> **E ➤** 60 % des vêtements achetés par les hommes sont fabriqués dans des pays en voie de développement.

A. Compréhension. Based on your understanding of the reading, answer the following questions.

1. What are two of the major trends in clothing that the author mentions? _____
_____
_____

2. What English proverb is equivalent to **"L'habit ne fait pas le moine"**? _____
_____

3. Which segment of the French population tends to spend the most on clothing? _____
_____

4. What factors have influenced the French to spend less money on clothing? _____
_____
_____

5. What seems to be important to French young people when they buy clothing? Do you think this is also true in the United States? Why or why not? _____
_____
_____
_____

6. Which statistics did you find most interesting about clothing in France? Why? _____
_____
_____

B. Et maintenant à vous! How do you spend your money? Fill in the survey by indicating what percentage of your money you tend to spend on each item.

Mes dépenses (en pourcentages)

1. Sorties ciné, restau	_____%	7. Nourriture _____%
2. Petites choses	_____%	8. Cadeaux _____%
3. Disques, vidéos	_____%	9. Transports _____%
4. Essence	_____%	10. Produits de beauté _____%
5. Vêtements	_____%	11. Pour l'avenir (à la banque) _____%
6. Livres, magazines	_____%	12. Aider ma famille _____%

Now create a self-portrait based on how you spend your money. For example, if you spend a great deal of money on presents for others, you're probably a very generous person. Show how your expenditures reflect your personality. Use a separate sheet of paper and write in French.

É·C·R·I·V·O·N·S!

PRATIQUE DE LA GRAMMAIRE

On pages P32–P33 of this Workbook, you will find additional, highly structured, self-correcting exercises on the use of the subjunctive and of the infinitive to express necessity. If you feel unsure about these structures, or if you wish additional practice, do those exercises in preparation for Exercises III and IV.

III. Ce qu'ils portent. In French, describe the clothing that two of your friends (one female, one male) wear on different occasions. Be precise: identify items of clothing as well as materials and colors. Use a separate sheet of paper.

> **Modèle:** *Mon amie Jackie est toujours à la mode. Pour aller en classe elle porte d'habitude __ en coton et __ . Quand nous sortons le soir, elle porte __ . À la maison elle met __ . Elle a __ bleu qu'elle porte très souvent parce qu'elle aime le bleu.* Etc.

IV. La mode et vous. You've recently applied for a position as an apprentice clothing designer in a fashion house. While your application is being considered, you receive a letter asking about your preferences in clothes. Read the paragraph from the letter and respond with a letter of your own. Use a separate piece of paper.

> *. . . En particulier, nous voudrions connaître vos préférences en ce qui concerne l'habillement pour hommes et pour femmes. Quels habits est-ce que vous préférez porter? Quels tissus préférez-vous et pourquoi? Quelles couleurs préférez-vous? Quelles sortes de vêtements est-ce que vous aimeriez créer? Qu'est-ce qui est important pour vous dans la mode?*

L'art d'écrire: L'expansion de la phrase

*You've been doing a great deal of writing in the **Écrivons!** sections of Chapters 1 through 10. Now that you've built up your vocabulary and grammar, this new section, **L'art d'écrire,** is designed to take a more systematic approach to writing. In each of these sections, a particular aspect of writing will be treated, beginning with the sentence and moving to the paragraph and multiple paragraphs. As you progress, you will learn to refine your writing skills while you slowly build a style of your own. You will learn to communicate more accurately and you should develop greater ease in expressing your ideas.*

Each of these sections provides some basic writing principles and examples that will guide you in subsequent exercises.

Much of the writing you've done thus far has consisted of the basic sentence structure that includes nouns, pronouns, verbs, objects, and time and place indicators. Now you need to learn how to add some variety to your sentences to make your writing more interesting and precise.

L'expansion de la phrase: Les adjectifs

One easy way to expand a sentence is to add adjectives and descriptive expressions that provide details about a noun. When adding such details, remember that an adjective agrees in gender and number with the noun it modifies. Study the following models to see how adjectives can make a sentence more precise and informative:

Too vague: Ce garçon est élève à l'école de Toulouse. (*How old is the boy? Is he a good student? What level of school does he attend?*)

More precise: Ce **petit** garçon est un élève **exceptionnel** à l'école **primaire** de Toulouse.

Too vague: J'ai acheté un pull et un pantalon. (*What do the sweater and pants look like?*)

More precise: J'ai acheté un pull **bleu marine** et un pantalon **gris en laine.**

L'expansion de la phrase: Les adverbes

You may also expand a sentence by using adverbs to give more information about a verb, an adjective, another verb, or an entire clause. Adverbs tend to express time, place, manner (how something is done), and degree (how much). In French, regular adverbs are created by adding **-ment** to the feminine form of an adjective (**général → générale → généralement**). Note how adverbs add information to the following sentences:

Too vague: J'aime ce film. (*How much do you like it?*)

More precise: J'aime **bien** ce film.
J'aime **beaucoup** ce film.
J'aime **énormément** ce film.

Too vague: Elle parle français. (*How well does she speak French?*)

More precise: Elle parle **assez bien** français.
Elle parle **bien** français.
Elle parle **couramment** français.

Too vague: Il fait attention en classe. (*Is this always true?*)

More precise: Généralement il fait attention en classe.

Some useful adverbs:

absolument	absolutely
constamment	constantly
couramment	fluently
extrêmement	extremely
franchement	frankly
généralement (en géneral)	generally
heureusement	fortunately
immédiatement	immediately
malheureusement	unfortunately
probablement	probably
rarement	rarely

V. Add an adverb to each sentence.

Modèle: Si tu vas au Louvre, il faut voir les antiquités égyptiennes.
Si tu vas au Louvre, il faut absolument voir les antiquités égyptiennes.

1. Il porte un chapeau. _____

2. Les voleurs sont sortis de la banque. _____

3. Je fais mes devoirs. _____

4. Mes parents sortent. _____

5. Il ne s'est pas fait mal. _____

6. Elles ne sont pas d'accord avec moi. _____

7. Nous allons au théâtre. _____

8. Ils n'ont pas pu venir. _____

9. Elle est en France. _____

VI. Des manchettes de journaux. (*Newspaper headlines.*) Create sentences using the following newspaper headlines. Invent details by adding adjectives, descriptive expressions, and/or adverbs. Don't forget the verbs!

Modèle: Tempête dans le Jura

Pendant la nuit, une tempête de neige très sévère a créé des difficultés énormes sur les routes du Jura. ou Hier, la première tempête de neige de la saison a surpris les automobilistes du Jura.

1. Chat trouvé

_____

_____

2. Accident sur l'autoroute

_____

_____

3. Touristes arrivent en France

_____

_____

4. Couturier s'installe chez Lanvin

_____

_____

5. Adolescents français aux États-Unis

_____

_____

6. Nouveau restaurant

_____

_____

7. Réunion des pays francophones

_____

_____

DEUXIÈME ÉTAPE

La mode d'automne et d'hiver (_Text p.442–p.456_)

L·I·S·O·N·S!

I. Prélecture. Name some people who have a great deal of influence on American society and represent our culture. Are these people athletes, actors and actresses, political figures, musicians, scientists, writers, teachers? Are any fashion designers among them? Tell why each person is important to our understanding of American culture. Use a separate sheet of paper.

II. Lecture: Claude Montana: star malgré lui

Avec un style très personnel, Claude Montana, qui dit _«je crée pour une femme parfaite, idéale, qui m'inspire»_, est un transfuge du prêt-à-porter (_ready-to-wear_). Cette star malgré lui, personnage énigmatique, avare de sourires et peu soucieux de signes extérieurs de richesse, est passé chez Lanvin en 1989. Après une période d'adaptation dans cette maison plus que centenaire, il triomphe en juillet 1990 avec son premier Dé d'or (_golden thimble_) obtenu haut la main. Né en 1949 à Paris, issu d'une famille catalane par son père et allemande par sa mère, fils de grands bourgeois protestants, Claude Montana eut une jeunesse remuante. Figurant (_extra_) à l'Opéra, créateur de bijoux en papier mâché, il entre ensuite chez le champion du vêtement de cuir Mac Douglas. En 1973, il présente sa première collection sous son propre nom, avec des modèles spectaculaires et des femmes aux épaules massives et dès 1979, il est le plus applaudi des créateurs lors des défilés de prêt-à-porter dans la Cour du Louvre.

France-Amérique, 9–15 février 1991

Nom .... Cours ....

11

2ᵉ Étape

A. Exercice de compréhension. Based on your understanding of the reading, answer the following questions.

1. Whom does Claude Montana have in mind when he creates his clothing? _____

   _____

2. What kind of personality does he seem to have? _____

   _____

   _____

3. For whom does he work and what line of clothing does he create? _____

   _____

4. What is his family background? _____

   _____

   _____

5. What did he do before he became a fashion designer? _____

   _____

Lecture: Valéry Cornille et Dominique Léotard

C'est dans un petit appartement, rue Saint-Honoré, que Valérie Cornille et Dominique Léotard se sont lancées dans la mode. Et ça a marché. Succès oblige, elles se sont installées ensuite dans un ancien atelier d'architecte au fond d'une cour. Une maison-boutique où elles accueillent leurs clientes et amies, pour la plupart des femmes qui travaillent et cherchent à concilier la mode avec leur emploi du temps. C'est pour elles qu'elles ont créé une collection où les prix sont bien étudiés, la coupe de qualité et les tissus couture et où les ensembles se dépareillent à volonté.

Points forts: les jupes déclinées en plusieurs modèles, taille haute légèrement tulipe, longues à plis ou drapées d'esprit paréo, en tweed, grain de poudre et crêpe (à partir de 850 F), et les vestes simples et élégantes: vedette de la saison, le spencer, très court, uni ou gansé de velours (1 800 F à 2 000 F). Un grand bravo aussi au sept-huitième en laine et cachemire assorti à une jupe droite, 3 000 F et 900 F, et aux tee-shirts en jersey gansé de satin, 800 F. Les coloris de l'hiver, safran, chaudron, gris, sont adoucis par des tons pastel.

B. Exercice de compréhension. Answer the following questions about Valéry Cornille and Dominique Léotard.

1. Where did Cornille and Léotard get started in the fashion business? _____

   _____

2. For whom do they design clothes? _____

   _____

3. What are the key characteristics of the customers who go to Cornille and Léotard? _____

   _____

   _____

4. What kinds of clothes do Cornille and Léotard design? What is their price range? _____

_____

_____

_____

C. Et maintenant à vous! Use your imagination to describe the clothes you would create if you were a fashion designer. Specify whom you would design for and the types of clothes you would design (for men, women, children; formal wear, casual wear, etc.). If you know how to draw, sketch a sample of one of your designs. Use a separate sheet of paper.

É·C·R·I·V·O·N·S!

PRATIQUE DE LA GRAMMAIRE

On pages P33–P35 of this Workbook, you will find additional, highly structured, self-correcting exercises on the object pronouns **me, te, nous,** and **vous** and on regular verbs ending in **-re.** If you feel unsure about these structures, or if you wish additional practice, do those exercises in preparation for Exercises III through VI.

III. Qu'est-ce qu'ils ont acheté? Look at the drawings and tell what clothes your friends bought during their shopping trip.

1. _____   10. _____
2. _____   11. _____
3. _____   12. _____
4. _____   13. _____
5. _____   14. _____
6. _____   15. _____
7. _____   16. _____
8. _____   17. _____
9. _____   18. _____

IV. **Qu'est-ce qu'il faut que j'apporte?** It's winter vacation and you're about to visit a friend in Quebec City. Write a letter to your friend to find out what the weather is like and what kinds of clothing you should bring. Use specific clothing terminology to ask your questions. For example: **J'aime faire du jogging. Est-ce que c'est possible en hiver au Québec? Si oui, je vais apporter un sweat.** Use a separate piece of paper.

V. **Ce que je porte d'habitude.** Make a list of the clothes you usually wear during each season.

Au printemps	En été	En automne	En hiver
_____	_____	_____	_____
_____	_____	_____	_____
_____	_____	_____	_____
_____	_____	_____	_____
_____	_____	_____	_____
_____	_____	_____	_____

VI. **Il faut apporter . . .** Jacques, a Swiss exchange student, is coming to your university. Write him a letter telling what the weather is like during each season in your region and specifying what clothes he should bring to accommodate each season. Whenever possible, use some expressions of necessity with either the subjunctive or the infinitive. Use a separate sheet of paper.

L'art d'écrire: La ponctuation

When you're writing, it's very important to use proper punctuation. Punctuation marks tell the reader how your writing should be read. They therefore contribute significantly to the meaning of a text. In general, punctuation in French is used in the same way as in English.

- The *period* (**le point**) indicates that a sentence is finished:

  Les «Punk» aiment la provocation et critiquent tout ce qui est conventionnel.

- The *question mark* (**le point d'interrogation**) is used to show that a sentence or phrase is meant to pose a question:

  Où est-ce que tu vas cet été?

- The *exclamation mark* (**le point d'exclamation**) is used to give a command or to express strong feeling:

N'oublie pas d'apporter un pantalon de ski!

Quelle surprise!

- The *semicolon* (**le point-virgule**) signals a pause between two sentences that are closely related in meaning. Both sentences are complete and could stand by themselves, but the semicolon indicates that they should be read as one unit of meaning:

Jean et Michel sont entrés dans le bureau du professeur; ils étaient tous les deux très nerveux.

- The *colon* (**le deux-points**) is used to announce a quote or to introduce an enumeration:

Marie-Claire a dit: . . .

Son sac-à-dos est toujours plein: cahiers, livres, stylos, crayons, calculatrice, règle, papiers de toutes sortes.

Two punctuation marks, the comma and quotation marks, have uses that are both similar and slightly different from English.

- The *comma* (**la virgule**) signals a slight pause between two words in a sentence. The comma has three basic uses:

    1. A comma separates the words in a series:

       J'ai acheté un anorak, des gants, une   I bought a ski jacket, gloves, a scarf,
       écharpe et des chaussettes.   and socks.

    In the preceding example, note that commas are placed after the first two elements in both the French and the English sentences (**anorak**—*ski jacket*, **gants**—*gloves*). There is a difference, however, in the punctuation of the last two elements of the series. In French, no comma is placed before **et (. . . une écharpe et des chaussettes)**, but in English, there is often a comma before *and (. . . a scarf, and socks)*.

    2. Two commas are used to separate an appositive from the rest of a sentence. An appositive is a short explanation of another word within the sentence. It is put between two commas and placed directly next to the word being explained:

       Jean, le frère de ma mère, habite en France.

    In this sentence, **le frère de ma mère** explains who **Jean** is.

    3. A comma is often used to separate elements at the beginning or end of a sentence. In this case, the comma usually adds emphasis:

       Et toi, comment vas-tu?
       Écoute, Pierre!
       Et le nouveau sac, combien est-ce que tu l'as payé?
       Hervé et moi, nous allons faire du ski cet hiver.

- The first thing to note about *quotation marks* (**les guillemets**) in French is that they are written differently: English = " . . . "; French = «. . .».

    1. The most frequent use of quotation marks is to indicate that someone is speaking. Note that the quotation marks are placed at the beginning and end of a conversation:

       «Qu'est-ce que tu vas faire demain?
       —Je pensais aller au centre commercial, et toi?
       —Il faut que j'achète quelque chose pour ma mère; c'est son anniversaire.
       —Alors, pourquoi ne pas venir avec moi? Il y a des boutiques très chic au centre
       commercial.»

2. Another use of quotation marks is to show that you're quoting someone else:

Marie-Claire a dit: «Qu'est-ce que vous faites ici?»
Sophie a répondu: «Nous venons t'aider avec les préparatifs.»

3. Finally, quotation marks are put around words that are foreign, highly technical, invented, slangy or vulgar; used in a special sense; or are titles of songs, poems, or articles.

En français, «bagnole» est un terme familier pour le mot «voiture».
Dans les «high schools» américains, les élèves ont l'occasion de pratiquer beaucoup de sports.
Jacques Prévert a écrit le poème «Familiale».

VII. Add correct punctuation to the following sentences.

1. Nous avons vu Janine Marc François et Sylvie

2. Quand tu vas au centre commercial achète-moi du parfum

3. À quelle heure est-ce que tu reviens toi

4. Et ce pantalon combien coûte-t-il

5. Les Français conscients de la mode apprécient les beaux vêtements

6. Et vous pourquoi n'avez-vous pas réussi à l'examen

7. C'est super Quel magasin extraordinaire

8. Samedi dernier je me suis levée à 9h j'ai pris le petit déjeuner j'ai retrouvé mes amis aux Galeries Lafayette et nous avons passé la journée à faire des courses. Qu'est-ce que tu as fait toi

9. Sa mère lui a demandé Est-ce que tu veux de la soupe

10. Ils ont eu une mauvaise note à l'examen il faut qu'ils parlent au professeur

11. J'ai rangé ma chambre cassettes dans le tiroir vêtements dans la commode raquette de tennis dans le placard chaussures sous le lit

VIII. Enzo Ferrari. The following is an article about Enzo Ferrari, the "grandfather" of the Formula 1 car. All the punctuation has been removed from the article and it's up to you to put it back in. Note that larger spaces between words indicate that some kind of punctuation is needed. Don't forget to make new sentences begin with a capital letter.

Étroitement lié à l'un des sports les plus populaires de notre siècle   l'automobilisme   son nom est l'un de ceux qui   désormais   ont fait époque   nous parlons naturellement de **Enzo Ferrari**   fondateur de la célèbre maison de Maranello en Italie   ses voitures de course ont remporté tout ce qu'il était possible de remporter   des dizaines de pilotes téméraires ont conduit   les uns après les autres   les bolides rouges obtenant ainsi célébrité et richesse   dans le bureau privé de Ferrari sont passés les plus grands personnages   le Shah d'Iran   Herbert Von Karajan   Tony Curtis   Paul Newman   Clint Eastwood   et beaucoup d'autres encore   pour choisir en personne la berline ou la   spider   de leur goût   mais qui est ce   grand-père   de la formule 1

Enzo Ferrari naît à Modène le 18 février 1898   après la première guerre mondiale et un début difficile   il devient pilote chez Alfa Roméo où il reste plusieurs années   puis Ferrari travaille comme technicien pour la grande firme italienne   de 1929 à 1938 il est à Modène où il fonde sa propre   écurie   il retourne chez Alfa Roméo comme directeur mais un an après   il présente sa première création à la Mille Miles   dès lors   le mythe de la Ferrari n'a jamais cessé de fasciner les foules de passionnés d'automobilisme   en Italie comme à l'étranger

L·I·S·O·N·S!

I. Prélecture. Besides clothing, what other aspects of appearance contribute to a person's individuality? In other words, what can a person do to express personality through appearance?

_____

_____

_____

_____

_____

II. Lecture: Chaussures, coiffure, accessoires: la mode au pluriel

Les années 70 avaient été celles de la chaussure utilisée à « contre-emploi ». Les tennis, baskets et autres chaussures de sport servaient plus au bureau, à l'école ou au marché que sur les courts ou dans les stades.

La chaussure est aujourd'hui moins le symbole de la décontraction que celui de la personnalisation. Ce qui n'exclut pas l'influence des modes lancées par les fabricants, en particulier à destination des jeunes. Les adolescents sont les plus sensibles aux marques et aux modèles « de l'année ».

Les champions de la pantoufle

En 1988, chaque Français a acheté en moyenne 2,4 paires de chaussures de cuir, 1,0 en textile, 0,9 paire en matière synthétique et... 1,4 paire de pantoufles. Nos compatriotes consomment trois fois plus de pantoufles ou chaussons que les Allemands, quatre fois plus que les Danois, sept fois plus que les Italiens, cent vingt fois plus que les Portugais ! La « charentaise » reste le symbole d'une France frileuse, avide de confort et très attachée à son logement. Si le foyer est le cocon de la vie des Français, la pantoufle est celui du pied.

Les Français vont chez le coiffeur en moyenne 7,5 fois par an. 10 % n'y vont jamais.

Les jeunes ont souvent voulu affirmer par des coiffures délibérément outrancières leur refus de s'intégrer totalement au monde des adultes (Beatles, Punks, Skinheads, etc.). Aujourd'hui, un certain classicisme domine, mais on constate un certain regain d'intérêt pour la mode, surtout de la part des femmes et des jeunes.

Les accessoires vestimentaires jouent un rôle essentiel.

Leur fonction est à la fois psychologique et économique. Ils permettent de modifier à peu de frais l'apparence d'un vêtement éventuellement ancien et de lui donner une touche plus personnelle : montre de gousset, boucle d'oreille, nœud papillon, pour les hommes ; écharpes, ceintures, sac, colliers pour les femmes. Même la chaussette, longtemps austère et neutre, ne se cache plus. Seuls les compléments plus traditionnels du vêtement (chapeau, gants, etc.) sont en voie de disparition, malgré quelques tentatives périodiques de réhabilitation.

L'accessoire devient essentiel

Le tatouage, que l'on peut considérer comme un accessoire très particulier, concerne des catégories spécifiques de la population, attachées à sa signification symbolique (virilité, marginalité, appartenance à un groupe ou à un individu). Les femmes sont plus nombreuses que par le passé à y recourir.

Nom .... Cours ....

11

3ᵉ Étape

A. Compréhension du texte. What does this selection from *Francoscopie 1991* tell you about the French? Answer the questions.

1. Other than the statistics, what are some of the facts you learned about shoe preferences in France? _____

_____

_____

_____

_____

_____

2. What tends to be the preference in hairstyles today? _____

_____

_____

_____

_____

_____

3. How do the French complement their clothing? What kinds of accessories are mentioned in the article? _____

_____

_____

_____

_____

_____

4. What unusual "accessory" is mentioned in the article? What symbolic significance does it have?

_____

_____

_____

_____

B. Analyse du texte. What similarities and differences can you identify between American and French customs related to appearance? Use some of the facts from the article to make your comparisons. Use a separate sheet of paper. You may write in English.

YVESSAINTLAURENT
■*rive gauche*■

PRATIQUE DE LA GRAMMAIRE

On pages P35–P36 of this Workbook, you will find additional, highly structured, self-correcting exercises on the direct-object pronouns **le, la, l'**, and **les** and on the irregular verb **voir**. If you feel unsure about these structures, or if you wish additional practice, do those exercises in preparation for Exercises III through V.

III. **Tu chausses du . . .** Your friends want to know which French shoe sizes correspond to their American sizes. Give the French equivalents. Use the information on page 458 of your textbook.

Modèle: homme / pointure américaine: 6
Tu chausses du 39.

1. femme / pointure américaine: 5

   _____

2. homme / pointure américaine: 10

   _____

3. homme / pointure américaine: 7½

   _____

4. femme / pointure américaine: 6½

   _____

5. femme / pointure américaine: 9

   _____

6. homme / pointure américaine: 9½

   _____

IV. **Quelles chaussures?** Tell what style of shoe you wear for each of the following occasions.

Modèle: pour aller en classe
Pour aller en classe, je mets des tennis.

1. pour sortir avec mon ami(e)

   _____

2. quand il neige

   _____

3. pour aller à la plage

   _____

4. pour aller à une soirée

   _____

5. pour faire les courses

_____

6. pour faire du jogging

_____

V. Commentaires d'un(e) couturier(-ère). Imagine that you will be the guest commentator at a fashion show and must describe the clothes a male and female model are going to wear. To prepare yourself for your presentation, write out what you're going to say. Give a complete description of the outfit that each model will wear, including the fabrics, the colors, and the shoes. For help, you may cut out pictures from magazines. Use a separate sheet of paper.

> _Modèle:_ _Et voilà Jacqueline. Elle porte un tailleur très chic avec un chemisier à manches longues en coton imprimé, une veste . . ._

L'art d'écrire: Lettre adressée à des amis ou à des parents

In French, specific conventional expressions are used to begin and end letters. When people write to friends, their letters are generally informal, although they still follow a prescribed format, as shown below.

****

_Paris, le 3 juillet 19___ (Place and date)

Chère amie, (Salutation in middle of page)

J'ai bien reçu ta lettre du 15 juin . . . (Indent first line of paragraph)

(Body of letter, with each new paragraph indented)

Amitiés, (Closing)

(Signature)

****

Salutations for friends
Chère amie, / Cher ami,
Chère Marie, / Cher Pierre,
Ma chère Sylvie, / Mon cher Hervé,
Bonjour,

Salutations for relatives
Chers parents,
Cher Père, / Cher Papa,
Chère Mère, / Chère Maman,
Cher Oncle, / Chère Tante,
Ma chère cousine, / Mon cher cousin,
Ma chère Isabelle,

The first sentence
J'ai bien reçu ta lettre du . . .
Je réponds à ta lettre du . . .
Merci de ta lettre du . . .
Je te remercie de ta lettre du . . .
Je suis désolé(e) d'apprendre que . . .
Je suis heureux(-se) de savoir que . . .
Merci de m'avoir écrit pour . . .
Ta lettre du ___ m'est bien arrivée.

Closings for friends
Amicalement,
Amitiés,
Cordialement,
Je t'embrasse (bien fort), (*Love,*)
À bientôt,
Salut,

Closings for relatives
Bons baisers, (*Love and kisses,*)
Bons baisers à toute la famille,
Je vous (t')embrasse affectueusement,
Embrasse(z) tout le monde pour moi,
Bises, (*Love,*)

VI. Des lettres. Decide how you would begin and end a letter to each of the following people.

1. votre meilleur(e) ami(e) en France

_____

_____

2. votre tante Yvette au Québec

_____

_____

3. votre mère

_____

_____

4. votre père

_____

_____

5. votre neveu Charles

_____

_____

6. votre ami(e) au Cameroun

_____

_____

VII. Lettre à un(e) ami(e). You've been corresponding regularly with a person of your own age in France. Write him/her a letter using the appropriate conventional expressions. Invent the details of the letter. Use a separate sheet of paper.

Nom .... Cours ....

11

◆◝◟◞◟ QUATRIÈME ÉTAPE ◟◞◟◝◆
(Text p.469–p.475)

⌒ É·C·O·U·T·O·N·S!

I. Aux Galeries Lafayette. You will hear a conversation in which Janine tells her mother what she and her two friends, Paul and Monique, did at Galeries Lafayette. As you listen, write each person's initials next to the departments he or she visited. Use: **J** for Janine, **P** for Paul, and **M** for Monique.

1. rayon des parfums _____
2. rayon des vêtements pour hommes _____
3. rayon des vêtements pour femmes _____
4. rayon photos _____

5. rayon alimentation _____
6. rayon des sports _____
7. salon de coiffure _____

II. De quoi est-ce qu'il s'agit? Listen carefully to each conversation. Then decide which of the two drawings best represents one of the details of the conversation.

Modèle: You see: C'est quelle pointure?

39   36

_____   _____

You hear: —Bonjour, Madame. Je peux vous aider?
        —Oui, il me faut des escarpins.
        —Et quelle est votre pointure?
        —Je chausse du 36.
        —Et la couleur?
        —Des escarpins bleu marine, s'il vous plaît.
        —Voilà, Madame. Essayons ces escarpins-ci.
        —Oui. Ils me vont très bien. Je les prends.

You check:

39   36

_____   ✓

1. C'est quelle pointure?

45   38

_____   _____

2. C'est quel magasin?

_____   _____

3. C'est quelle taille?

48   44

_____   _____

4. C'est quelle robe?

_____   _____

III. Mini-dictée. Listen to the conversation between Alice and her mother and fill in the blanks with the appropriate forms of the verbs you hear. You will hear the conversation twice.

MAMAN: Alors, Alice, tu es prête?

ALICE: Oh là là. Je ne _____ pas quoi _____. De toute

façon, je ne _____ pas _____ chez les Mirot.

MAMAN: Tu n'_____ pas raisonnable. C'_____ le

baptême de leur neveu et il faut absolument que nous y _____.

ALICE: Bon, alors. Qu'est-ce qu'il faut _____ pour aller à un baptême?

MAMAN: _____ ta jolie robe rose. Elle te _____ très

bien. Il est important que tu _____ quelque chose d'élégant.

ALICE: Et avec ça? Je _____ quelles chaussures?

MAMAN: Eh bien, pourquoi pas les escarpins blancs?

ALICE: Et quel sac? Le rose ou le blanc?

MAMAN: Mais _____, tu ne _____ vraiment pas

d'effort! Il vaut mieux que tu _____ le sac blanc. Il va parfaitement
avec les chaussures.

ALICE: Est-ce qu'il faut vraiment que j'_____ avec toi?

MAMAN: Pas de discussion! Il est essentiel que tu _____ à la fête

aujourd'hui. Et d'ailleurs, il est préférable que tu _____ de bonne

humeur et que tu _____ de la patience pendant que nous y sommes!

ALICE: Bon. D'accord. Alors, on y va? Tu es prête? Il faut que nous _____

tout de suite! Il est essentiel que je _____ parler à Marc avant la

cérémonie. Viens!

MAMAN: Ah bon. Quand il s'agit de garçons, tu es pressée tout d'un coup! Quelle fille! J'arrive, j'arrive!

IV.   **Dictée: Achetons des vêtements.** Listen to the description of Yves's and Christine's shopping trip. The complete description will be read once; then each sentence will be read twice. Write what you hear. You may want to listen to the entire passage one more time to check your work.

_____

_____

_____

_____

_____

_____

_____

_____

_____

_____

_____

_____

_____

V.   **Dans les grands magasins.** Listen as Yves and Christine discuss their shopping trip. Then supply the required information about each of them.

1.   Christine est allée au rayon des _____ et au rayon des _____

_____. Elle a acheté _____.

Elle n'a pas trouvé _____.

2.   Yves a fait ses achats au rayon des _____. Il a acheté _____

_____. Il n'a pas acheté _____.

VI.   **Où sont-ils?** Listen to the four conversations. Then match the number of each conversation to the store in which it takes place.

_____ Monoprix

_____ magasin de chaussures

_____ Galeries Lafayette

_____ Boutique Dior

VII. Qui est-ce? Listen to the four descriptions. Then match the number of each description to the appropriate drawing.

R·É·D·I·G·E·O·N·S!

On va visiter les États-Unis. You receive the following letter from a French friend who is planning a trip to the United States. Before answering the letter, outline the main ideas you want to include. Then write your letter using the appropriate format. Use a separate sheet of paper.

◆ ◆

Toulouse, le 5 avril, 19—

Cher (Chère) ————,

Bonne nouvelle! Ma famille et moi, nous allons visiter les États-Unis! Ma fille Jacqueline ne peut pas faire le voyage parce qu'elle prépare ses examens. Mais mon fils Henri, mon mari, mon père et moi (bien sûr), nous allons prendre l'avion à Paris et nous espérons être à New York le 25 juin. Nous voulons visiter la ville de New York et ensuite nous avons l'intention de traverser les États-Unis en voiture. On nous a dit qu'on peut louer une voiture très bon marché et que les autoroutes américaines sont excellentes.

Quel temps va-t-il faire chez toi en juillet? Quelles sortes de vêtements faut-il apporter? Est-ce que les chambres d'hôtel sont très chères? Est-il nécessaire de réserver les chambres à l'avance? Peut-on trouver de bons restaurants? Quels endroits faut-il visiter? Qu'est-ce que tu nous recommandes?

Comme tu le vois, j'ai beaucoup de questions. J'attends ta lettre avec impatience. À bientôt.

Amicalement,
Chantal

TRAVAIL DE FIN DE CHAPITRE
▼ ▼ ▼ ▼ ▼ ▼ ▼ ▼ ▼ ▼ ▼ ▼ ▼ ▼ ▼ ▼

I. Student Tape

Listen again to the three conversations on the Student Tape and list the articles of clothing mentioned in each conversation.

1. _____

   _____

2. _____

   _____

3. _____

   _____

II. Jeu: Êtes-vous poète? Sometimes the simplest words become poetic when combined with other words. By following the guidelines below, create poems that use some of the vocabulary about clothing from this chapter. As a follow-up project, one student may collect all the poems written by the class and create an anthology that can be duplicated for all class members. Use a separate sheet of paper.

Poem format: 1 noun
                    2 adjectives
                    3 verbs
                    1 noun

Modèle: *foulard*
          léger, magique
          cache, révèle, enveloppe
          mystère

Copyright 1992 Heinle & Heinle Publishers

CHAPITRE · DOUZE
Cherchons du travail!

11 ▭ Travail
de fin de
chapitre

12 Planning
Strategy

TRAVAIL PRÉPARATOIRE
▼▼▼▼▼▼▼▼▼▼▼▼▼▼

I. Planning Strategy

Your French-speaking friend continues to ask for your help with English. Suggest some words and expressions she might use to accomplish the following tasks.

1. What common words and expressions are used to talk about work and employment? _____

_____

_____

2. What are some expressions I can use to express emotion? _____

_____

_____

3. What words and expressions should I use when I want someone to do something? _____

_____

_____

4. What expressions do I need to express a variety of negative ideas? I already know how to use "no" and "not." _____

_____

_____

5. How do I express enthusiasm? _____

_____

_____

6. How do I express disappointment? _____

_____

_____

II. Student Tape

C'est pour quel poste? You will hear four job interviews. Match the number of each interview with the appropriate job.

_____ camp counselor

_____ salesperson in a clothing store

_____ French teacher in an American high school

_____ traveling salesperson

PREMIÈRE ÉTAPE

Les petites annonces *(Text p.490–p.504)*

L·I·S·O·N·S!

I. Prélecture. Ads for businesses can be found in a variety of places (phone books, magazines, newspapers, flyers). Although formats and content may differ according to the type of business being advertised, all ads use a variety of visual techniques (color, drawings, photos, typefaces) to catch a customer's attention. Find three printed American business advertisements and answer the following questions about each. Use a separate sheet of paper and attach your advertisements to it.

1. What technique(s) does the advertiser use to catch the reader's attention?

2. Which words seem to be the most important in the ad and why?

3. In your opinion, is this a successful ad that would make consumers want to buy the service or product? Why or why not?

II. Lecture: Des publicités

RESTAURANT
SPECIALITES AFRICAINES
Ouvert tous les soirs
mayombe
Tél. : (61) 59.50.50
26, rue de la République 31300 Toulouse
Fermé dimanche et lundi

CABARET - SPECTACLE

Le MISSISSIPI QUEEN

et son équipage vous invitent dans un cadre
raffiné à découvrir un spectacle "SHOWBOAT",
ambiance NEW ORLEANS qui vous mènera
jusqu'à l'aube...

18, bd Griffoul Dorval - Tel : 61.34.99.88

Le Cactus
- Bar de 7h à 2h du matin
- Pub musical de 21h à 2h du matin

13 bd Lascrosses (face au Palais des Sports)
Tél. : 61.21.68.81. Ouvert 7 jours/7

L'ACCIDENT TUE !

1,000,000 F

(100 MILLIONS DE CENTIMES)

Capital immédiatement versé
à votre famille si vous êtes victime
d'un accident mortel.

Pour une cotisation
trimestrielle de **300** F !

Les assureurs peuvent proposer une surprime
si la profession constitue
un élément d'aggravation du risque.

ngpi
Groupement National
de Prévoyance
et d'Information
4, rue Pétrelle 75009 Paris

CAFÉ - CONCERT
Ragtime BAR JAZZ
14 Pl. Arnaud Bernard   61.22.73.01

**COUSTOUZY
Meubles
SUPER PROMOTIONS
de PAQUES** —20% sur literie et sièges

10 % DE REMISE

Avenue du Docteur Guilhem,
31810 VENERQUE ☎ 61 08 58 32

MAIGRIR

**BRIDES-LES-BAINS:
VOTRE ETAPE
RESULTATS**

Venir maigrir à Brides-les-
Bains, c'est mettre tous les
atouts de son côté. Des eaux
diurétiques et laxatives, un
suivi médical personnalisé,
la diététique à l'honneur dans
tous les menus, tout concourt
à l'efficacité de votre parcours amaigrissement.

**ETABLISSEMENT THERMAL
DE BRIDES-LES-BAINS
79 55 22 34**

Nom .... Cours ....

12

1ère Étape

Compréhension. Based on the information from the ads, answer the questions.

1. The nine ads represent five different types of places or services. What are they? _____

_____

_____

2. What do all the restaurant ads have in common? _____

_____

3. Name one attention-getter for each ad. _____

_____

_____

_____

_____

_____

_____

_____

_____

_____

4. Which of the ads do you find most effective? Least effective? Why? _____

_____

_____

_____

_____

_____

É·C·R·I·V·O·N·S!

PRATIQUE DE LA GRAMMAIRE

On pages P36–P37 of this Workbook, you will find additional, highly structured, self-correcting exercises on negative expressions. If you feel unsure about these expressions, or if you wish additional practice, do those exercises in preparation for Exercises III and IV.

III. Le curriculum vitæ de François Maillet. Read the sample résumé and answer the questions.

CURRICULUM VITÆ

Nom:	Maillet
Prénom:	François
Date Et Lieu De Naissance:	le 17 juillet 1962 à Avignon
Domicile:	160, av. de Fronton, 31200 Toulouse
Téléphone:	61.48.02.09
Expérience:	Commercial chez Philon Pharmaceutique (Toulouse), 1983–1988
	Chef des ventes (Philon), 1989 au présent
Études:	Étudiant en licence de sciences économiques (gestion) à Paris I, 1980–81
	Étudiant en marketing à Pennsylvania State University (U.S.A.), 1981–1983
	Étudiant de langue à l'université de Marburg (Allemagne), juillet et août 1983
Diplômes:	Bac B 1978 (à l'âge de 16 ans)
	DEUG de Gestion 1980 à Paris I
	MBA 1983 à Pennsylvania State University
Stages:	1 mois au service des ventes chez Caussinus Constructions (Toulouse), juillet 1981
Langues:	Anglais (lu, écrit, parlé couramment)
	Allemand (lu, parlé)
Divers:	Connaissance de la culture américaine
	Excellent contact humain, bonne présentation
Références:	Le professeur Michaud à Paris I
	Le professeur Bayard à Paris I
	Le professeur Mark à Pennsylvania State University
	Le chef des ventes à Caussinus Constructions
	Le directeur des ventes à Philon

---

1. In what two fields of study did François specialize? _____

   _____

2. In your opinion, how has François's education prepared him for a career in business? _____

   _____

   _____

   _____

3. Given François's education and work experience, what types of jobs do you think he's best suited for? _____

_____

_____

4. What are the differences between a typical American résumé and a French résumé? _____

_____

_____

_____

IV. Votre curriculum vitæ. You're applying for jobs in a French-speaking country. On a separate piece of paper, use the French résumé format to create your own résumé in French. If you are at the beginning of your studies, invent the details based on your educational and career plans.

L'art d'écrire: Le développement d'une idée

As you learn to write in French, it's important to progress from a single sentence to two or more connected sentences. One way of expanding what you write is to give proof for what you're saying. That is, you provide arguments that extend and illustrate your basic ideas. For example:

Idée:	Pour un long voyage, le bateau est moins agréable que l'avion.
Argument:	L'avion est plus rapide; on arrive plus tôt à sa destination.

Many times you can also develop the idea in an opposing manner:

Idée:	Pour un long voyage, le bateau est plus agréable que l'avion.
Argument:	On peut se reposer et s'amuser pendant le voyage; on est moins fatigué quand on arrive à sa destination.

This technique is not limited to general ideas. You can also develop very practical statements:

Idée:	Ma mère n'aime pas voyager.
Argument:	Elle doit tout organiser, elle doit faire tous les préparatifs et elle trouve que c'est beaucoup de travail.

V. Develop the following ideas by adding one or two arguments. When appropriate, adopt the point of view of your choice.

1. Pendant les vacances, je préfère voyager en voiture (en avion, par le train, en autocar, etc.).

_____

_____

2. Les Américains prennent plus souvent l'avion que le train. _____

_____

_____

3. Le calendrier scolaire américain me semble mieux que le calendrier français. _____

_____

_____

4. De nombreux Américains visitent la France tous les ans. _____

_____

_____

5. Il est difficile de travailler dans le monde des affaires internationales. _____

_____

_____

6. Il est important d'étudier une ou deux langues étrangères si l'on veut réussir dans le monde des affaires. _____

_____

_____

7. Il est important de faire des études à l'étranger. _____

_____

_____

DEUXIÈME ÉTAPE
Une lettre de candidature *(Text p.505–p.514)*

L·I·S·O·N·S!

I. Prélecture. List (in English) the types of information you would include in the following business letters.

1. a job-application letter

_____

_____

2. a letter of reference for someone

_____

_____

3. a letter inviting someone to come for a job interview

_____

_____

4. a letter written by a salesperson who wants to make an appointment with a potential customer

_____

_____

5. a letter to get more information about an exchange program

_____

_____

Nom .... Cours ....

12

2e Étape

II. Lecture: Des lettres officielles. Read the following letters. Then answer the questions.

    A. La lettre d'accompagnement (*cover letter*)

Jeanne Lasalle
19, avenue Fontenac
43000 Rennes

Rennes, le 14 juin 19___

Monsieur le Directeur
Service de Recrutement
Éditions Araignée
6, rue Pascal
54087 Limoges

Monsieur le Directeur,

    Suite à votre annonce parue dans LE FIGARO du 13 juin, je me permets de poser ma candidature pour le poste de représentante de la région nord-ouest.

Comme vous le montrera mon curriculum vitae ci-joint, je viens de terminer mes études à l'université de Rennes où j'ai obtenu une maîtrise en langues étrangères avec spécialisation en anglais. J'ai de plus fait un stage chez le libraire Laffont à Rennes et j'ai passé trois mois en Allemagne pour perfectionner mon allemand.

Votre offre d'emploi m'intéresse beaucoup et j'ose espérer que vous prendrez ma demande en considération.

Dans l'attente d'une réponse favorable de votre part, je vous prie d'agréer, Monsieur le Directeur, l'expression de mes salutations les plus distinguées.

Jeanne Lasalle

p.j. 1

1. What kind of a job is Jeanne Lasalle applying for? _____

_____

2. What are her qualifications? _____

_____

3. What other types of information could Jeanne have included in her letter? _____

_____

_____

_____

B. La lettre de demande de renseignements

Philippe Royer   Lyon, le 20 octobre 19___
Lycée Anselme
45, avenue Belfort
69007 Lyon, France

                                        Madame Elaine Leary
                                        Heinle and Heinle Publishers, Inc.
                                        20 Park Plaza
                                        Boston, MA 02116, USA

          Madame,
     Je vous prie de bien vouloir m'adresser votre dernier catalogue
concernant les ouvrages édités par votre maison à l'intention de
l'enseignement de l'anglais langue étrangère. Je vous serais également
obligé de me faire parvenir le nom de votre représentant en France.
     Une réponse rapide de votre part nous permettrait d'immédiatement
passer commande des manuels dont nous avons besoin.
     Veuillez agréer, Madame, l'expression de mes salutations
distinguées.

                                    Philippe Royer

4. What information does Philippe Royer need? _____

_____

_____

5. What is likely to happen once he receives the information? _____

_____

C. La lettre de commande

Michèle Bernat
67, rue Gibert
97200 Bordeaux

Bordeaux, le 14 août 19__

La Redoute
59081 Roubaix

Monsieur,

Je vous serais obligée de bien vouloir m'expédier le blouson en cuir marron (tour de poitrine : 80/84cm) figurant dans votre catalogue sous le numéro 843 (page 73).

Afin d'éviter toute confusion, je vous rappelle qu'il s'agit d'un blouson pour homme, doublé, col fermé par patte et boucle et aux manches raglan.

La livraison pourra en être effectuée à mon domicile dans les meilleurs délais. Le paiement sera réalisé par carte de crédit numéro 346 8879003.

Veuillez accepter, Monsieur, l'expression de mes sentiments les meilleurs.

Michèle Bernat

6. What is Michèle Bernat ordering and what specific information does she supply? _____
_____
_____

7. Where should the item be delivered and how will the payment be made? _____
_____

General question

8. How does the format of the three French business letters differ from the format of an
American business letter? _____
_____
_____
_____

You've already learned how to write letters to friends, family, and people you know. These letters, although they have a specific format, are generally informal in language and tone. When writing to people you don't know, however, you need to compose more formal letters (**lettres officielles**).

---

*Name and address
of sender*
**Pierre Joubert
4, rue Fontainebleau
69001 Lyon**

Place and date

Lyon, le 3 mars 19___

*Name and address
of recipient*
**Madame Julie Roland
47, rue Mansard
69001 Lyon**

Salutation in middle of page
Madame,

First sentence (indented)
Je vous serais obligée de me faire parvenir le catalogue des vêtements d'hiver offerts par votre maison . . .

Body of letter, with each new paragraph indented.

Closing salutation (indented)
Avec mes remerciements, je vous prie d'agréer, Madame, mes sentiments distingués. *(Long formula for "Sincerely")*

Signature

Pierre Joubert

Salutations for superiors or people you don't know

1. If the person does not have a title, simply put either **Monsieur** or **Madame**. Don't use the person's last name.

2. If the person has a specific title, add it to **Monsieur** or **Madame** (**Monsieur le Directeur, Madame la Directrice, Monsieur le Maire, Madame la Présidente**).

The first sentence

1. When asking for something (such as information):

Veuillez	
Veuillez avoir l'obligeance de	
Je vous prie de	**m'adresser . . .**
Je vous serais obligé(e) de	**m'indiquer . . .**
Je vous serais reconnaissant(e) de	**me faire parvenir . . .**
Je vous prie de bien vouloir	

2. When informing someone of something:

J'ai l'honneur de porter à votre connaissance . . . (formal)

Je vous informe que . . . (neutral)

J'ai le plaisir de vous informer que . . . (positive)

J'ai le regret de vous informer que . . . (negative)

Closings

In English, we close formal letters with "Sincerely" or "Sincerely yours." In French, longer closings are required. Generally, you may select any of the following equivalents of "Sincerely." The words in parentheses indicate variations:

Veuillez accepter (agréer), Monsieur (Madame), mes salutations (mes sentiments) distingué(e)s (les meilleur[e]s).

Je vous prie d'accepter (d'agréer), Monsieur (Madame), mes sentiments respectueux (dévoués/les meilleurs).

Je vous prie de bien vouloir accepter (agréer), Monsieur le Directeur (Madame la Directrice), l'expression de mes sentiments les plus respectueux.

III. **Des lettres.** Decide what conventional expressions you would use to begin and end letters to the following people.

1. le maire de Besançon / demande d'un extrait d'acte de naissance (*birth certificate*)

Salutation: _____

Première phrase: _____

Formule finale: _____

_____

2. le directeur des ventes / demande du catalogue de chaussures

Salutation: _____

Première phrase: _____

Formule finale: _____

_____

3. femme inconnue / demande de renseignements sur les programmes d'échange

Salutation: _____

Première phrase: _____

Formule finale: _____

_____

4. homme inconnu / commande d'un anorak du catalogue «Les 3 Suisses»

Salutation: _____

Première phrase: _____

Formule finale: _____

_____

5. votre employeur / vous ne pouvez plus travailler pour lui en été

Salutation: _____

Première phrase: _____

Formule finale: _____

_____

É·C·R·I·V·O·N·S!

PRATIQUE DE LA GRAMMAIRE

On pages P37–P38 of this Workbook, you will find additional, highly structured, self-correcting exercises on the use of the subjunctive or the infinitive to express emotion and volition. If you feel unsure about these structures, or if you wish additional practice, do those exercises in preparation for Exercises IV and V.

IV. **Je suis content(e) . . .** You've just received a letter from a friend telling you that she got a very good job in a bank in France. Write a letter (using the appropriate informal tone and format) expressing your positive reactions and feelings about the good news. You might also express your regret that you won't be seeing your friend before she leaves the country. In addition, ask her to send you some magazines and cassettes from France. You can use them in your French class. Use a separate sheet of paper.

V. **Une lettre de demande.** You're looking for a summer job in Québec. Write a letter to the owner of a small computer store, applying for the position of salesperson. Begin your letter with the sentence: **En réponse à votre annonce parue dans le journal d'hier, je voudrais poser ma candidature pour le poste de vendeur (vendeuse) dans votre magasin.** Describe your qualifications, previous experience, and appropriate personality traits. You should also mention when you will be ready to begin work. Use a separate sheet of paper.

Nom .... Cours ....

12

3e Étape

TROISIÈME ÉTAPE
Une interview (Text p.515–p.522)

L·I·S·O·N·S!

I. Prélecture. On a separate piece of paper, list the changes that have occurred in household chores in the last 50 years or so. Which chores that used to be done by hand are now done by machines? What additional changes do you predict for the future? How has mechanization changed the lives of people (particularly women)?

II. Lecture: Moulinex veut «libérer» le monde

Moulinex veut «libérer» le monde

Avec son célèbre slogan, «Moulinex libère la femme», la firme est depuis plus d'un demi-siècle en France synonyme de simplicité, d'efficacité et d'économie au foyer. Avec le rachat, début 1991, de l'allemand Krups, elle se trouve propulsée au premier rang mondial de sa spécialité.

Par Camille Hérisson

Chaîne de montage d'aspirateurs chez Moulinex

Elle devance maintenent Philips, Electrolux, Braun et Bosch/Siemens, compte 25 usines et 15.000 salariés à travers le monde, et réalise un chiffre d'affaires de 8 milliards de francs ($ 1,4 milliard).

Son histoire se confond avec celle de son fondateur, Jean Mantelet, décédé il y a quelques mois à l'âge de 90 ans. Un personnage haut en couleurs. Inventeur fécond toujours en avance d'une idée et industriel avisé, il aura manifesté, plus qu'aucun autre, un sens aigu du produit et des besoins du consommateur.

Parti de rien, Jean Mantelet fabriquait, dans les années 30, des pulvérisateurs pour l'agriculture à Alençon, en Normandie. Un jour, entendant sa femme pester, à la cuisine, contre les grumeaux qu'elle ne parvenait pas à éliminer de sa purée, ce bricoleur de génie imagina un appareil rudimentaire mais efficace constitué de trois pièces de métal : un tamis, une manivelle, un trépied.

LE PLUS SIMPLE APPAREIL

Le moulin à légumes était né. Il allait faire le tour du monde.

A partir de cet ustensile, Jean Mantelet crée un véritable empire de ce qui va devenir l'électroménager. Il commence, en 1932, par reconvertir son usine normande, qui bientôt va essaimer, et fabrique le presse-purée sur une grande échelle. Il ne tarde pas à sortir 7.000 unités par jour.

Deuxième trouvaille géniale : en 1955, l'inventeur adapte un moteur électrique aux petits appareils ménagers. C'est l'époque du grand développement de l'automobile, ce qui fait dire à l'inventeur : « Les hommes ne veulent plus pédaler sur un vélo ; pourquoi voulez-vous que leurs épouses acceptent encore de tourner la manivelle ? » Dans les magazines, on salue comme le « libérateur » des femmes au foyer celui qui a trouvé le moyen d'alléger leurs tâches.

Mais, dans les années 80, le fondateur a vieilli. La firme décline. Elle frôle même le dépôt de bilan. C'est, hors des frontières, la conséquence de la concurrence asiatique et, en France, celle du grand rival « Seb ». Mais la dégringolade de Moulinex est aussi due à une série d'innovations malheureuses aggravées par une politique commerciale mal adaptée au marché.

En 1988, le « Patron » décide de vendre l'entreprise par actions à ses employés. Lui-même n'y conservera qu'un rôle de conseil. Un directoire est nommé et la firme retrouve son dynamisme. Mais des conflits de personnes éclatent à la direction qui risquent de freiner son redressement. C'est alors, au début de 1991, que le « père du presse-purée disparaît et que ses successeurs, pour aller de l'avant, rachètent Krups.

Dans la corbeille de ce mariage franco-allemand, Moulinex apporte sa maîtrise des produits innovants et bon marché, et Krups, sa réputation de qualité et de robustesse. La firme française n'était guère présente aux Etats-Unis jusqu'alors ; aujourd'hui, elle profite de la forte implantation de Krups pour y écouler ses produits. Et la position de l'Allemand outre-Rhin, à proximité des pays de l'Est, constitue un atout supplémentaire pour le nouveau groupe. On sait combien les consommateurs de ce vaste marché potentiel sont avides de s'équiper en électroménager.

Le rachat de Krups par Moulinex s'inscrit dans une stratégie répandue dans ce secteur industriel dont la restructuration s'opère, dans le monde entier, à coups d'absorptions et de fusions. « C'est le seul moyen de faire face aux coûts de lancement des nouveaux produits qui exigent des investissements toujours plus considérables », explique Roland Darneau, le nouveau président de Moulinex. « Grandir ou périr », telle est la règle. ■

Reprinted with permission of the *Journal Français d'Amérique.*

Vocabulaire:

devance: is ahead of
usines: factories
chiffre d'affaires: sales figure
pulvérisateurs: pulverizers of hard substances
pester: cursing (complaining)
grumeaux: lumps (in a sauce)
bricoleur: do-it-yourselfer
tamis: strainer

manivelle: crank
trépied: tripod
moulin à légumes: food processor
électroménager: home appliance
alléger: to lighten
tâches: tasks
absorptions et fusions: buyouts and mergers

A. Vocabulaire. List all the cognates you can find in the text. Then circle the ones that relate to the business world. Finally, reread the article, noting how much you can understand with the help of these cognates.

_____

_____

_____

_____

_____

B. Compréhension et analyse. Based on the information in the article, answer the questions.

1. What is the history of Moulinex? How did the company come into being? _____

_____

_____

_____

2. What happened to the company over the years? _____

_____

_____

_____

3. What is the company's slogan? Why and to whom is this slogan particularly appealing?

_____

_____

_____

4. What single event helped Moulinex become the top company in home appliances in 1991?

_____

_____

5. What does each of the two companies bring to the product? _____

_____

_____

6. In your opinion, what kinds of products could Moulinex invent in the future to continue to

lighten housework? _____

_____

_____

7. According to the article, buyouts and mergers are increasing in the business world. What reason is given for this tendency? In your opinion, what are the risks and benefits of mergers? _____

_____

_____

_____

L'art d'écrire: Le développement d'une idée (suite)

In the first **étape**, you learned how to expand and support an idea by offering arguments, explanations, and proof. You may also expand an idea by using examples that come from personal experience, observation, or reading.

When you give an example, be sure that it fits your idea. Keep your example short and concise, but give enough details to make its relationship to your main idea obvious. For instance:

Idée:	Pour un long voyage, le bateau est plus agréable que l'avion.
Argument:	On peut se reposer et s'amuser pendant le voyage; on est moins fatigué quand on arrive à sa destination.
Exemple:	Par exemple, la première fois que je suis allé en France, j'ai pris le bateau. Le voyage était assez long (cinq jours), mais il y avait beaucoup de jeunes. Nous avons nagé et joué aux cartes, nous avons dansé et nous avons parlé français avec d'autres passagers.
Idée:	Ma mère n'aime pas voyager.
Argument:	Elle doit tout organiser, elle doit faire tous les préparatifs et elle trouve que c'est beaucoup de travail.
Exemple:	Elle doit acheter les billets et faire les réservations. Puis c'est elle qui fait les valises et qui s'occupe des animaux (deux chiens et un chat). Et en plus, elle prépare quelque chose à manger pour le voyage.

III. Choose three of the ideas that you developed in the first **étape** (Exercise V on page 275). On a separate sheet of paper, recopy the idea and the supporting argument. Then expand further by adding an example.

IV. Develop each of the following ideas by adding one or two supporting arguments and one example.

1. Les appareils ménagers libèrent la femme. _____

_____

_____

_____

2. La fusion des entreprises crée des monopoles qui sont désavantageux pour les consommateurs.

_____

_____

_____

_____

3. Les États-Unis, c'est un pays intéressant à visiter. _____

_____

_____

_____

É·C·R·I·V·O·N·S!

PRATIQUE DE LA GRAMMAIRE

On pages P38–P39 of this Workbook, you will find additional, highly structured, self-correcting exercises on the indirect-object pronouns **lui** and **leur**. If you feel unsure about these pronouns, or if you wish additional practice, do those exercises in preparation for Exercises V and VI.

V. Résumé de l'article. Use the direct-object pronouns **le, la, l'**, and **les** and the indirect-object pronouns **lui** and **leur** to complete the summary of the Moulinex article.

La carrière de Jean Mantelet, fondateur de Moulinex, a débuté dans les années 30 avec son invention du pulvérisateur pour l'agriculture. Sa femme qui, bien sûr, faisait tout le travail à la

cuisine, _____ a indiqué un jour qu'elle en avait marre des grumeaux dans ses sauces. Jean,

toujours prêt à _____ aider, a donc inventé le premièr appareil ménager. Quand Jean voit le succès

de son ustensile, il _____ vient à l'esprit de _____ vendre en France et dans le monde entier.
Mais ce n'est pas la fin de l'histoire. En 1955, Jean Mantelet ajoute un moteur au moulin à légumes,

et _____ voilà, chef de la première entreprise électroménagère. Son slogan, «Moulinex libère la

femme», a pour but d'attirer les consommateurs qui font tout le travail à la maison. Il _____ offre
une vie moins dure et moins compliquée au moyen d'appareils qui font le travail presque tout seuls.

Ces appareils, ils _____ invente selon les besoins des consommateurs.

Jusqu'aux années 80, la firme Moulinex continue à prospérer. Mais à cette époque, la concurrence du Japon et des États-Unis mène à un déclin de l'entreprise. En 1988, Jean Mantelet

décide de _____ vendre à ses employés. Il _____ offre des actions (*stocks*) sans retenir contrôle de
la société. L'achat de la firme allemande Krups relance Moulinex qui se retrouve au premier rang mondial en 1991.

Par ses inventions, Jean Mantelet a réussi à créer un empire électroménager qui continue à faciliter les tâches de ceux (femmes ou hommes) qui s'occupent de la maison. Il a contribué à la

libération des femmes en _____ donnant plus de temps pour développer leurs talents et leurs

intérêts. Il a contribué à la libération de l'homme en _____ encourageant à participer aux tâches ménagères.

VI. On a separate piece of paper, write a short composition on one of the following topics. Be sure to present supporting arguments and examples.

Nom .... Cours ....

12

∩ **4ᵉ Étape**

1. La carrière qui m'intéresse le plus

FONCTIONS: Écrire une composition; le développement des idées; décrire

GRAMMAIRE: Le superlatif; le comparatif

2. La libération des femmes n'est pas encore un fait accompli

FONCTIONS: Écrire une composition; exprimer une opinion

QUATRIÈME ÉTAPE

(Text p.523–p.529)

∩ **É·C·O·U·T·O·N·S!**

I. La formation supérieure. Listen to the statements of four young people who have just completed their secondary education and are explaining their career goals. Match each of the four commentaries to the appropriate school ad below.

STAGES PRATIQUES - AIDE EFFECTIVE AU PLACEMENT

ENTREZ DANS LE MONDE DU TOURISME

Une formation professionnelle solide
qui s'harmonise au charme et à la distinction

PRIORITÉ AUX LANGUES - AUDIO-VISUEL
PRATIQUE DE L'INFORMATIQUE
DIPLÔMES PROFESSIONNELS ET D'ÉTAT

— • —

ACADÉMIE DES HÔTESSES ET STEWARDS
ENSEIGNEMENT PRIVÉ

53, bd Sébastopol - bureau 32 - 75001 PARIS
☎ **42.96.80.90**   MÉTRO/RER : CHATELET

Enseignement supérieur privé et formation continue.

CESCE

Centre d'Etudes Supérieures
de la Communication d'Entreprise

Formation intensive
à la Communication multimédias:
écrit, radio, vidéo, télématique.

Communication externe et interne,
relations presse et publiques, communication globale.

SESSION DE 6 MOIS : Septembre-Février / Février-Juillet
Enseignement théorique et pratique, stage

Admission: BAC + 2 ou expérience professionnelle.

LANGUES & AFFAIRES

Premier établissement européen pour l'enseignement à distance des langues du commerce et des affaires.

Préparez un métier d'avenir, dans une perspective internationale : **BTS Commerce International, Action Commerciale, Bureautique et Secrétariat, Traducteur Commercial.**

Enseignements à distance, à votre rythme, adaptés à votre niveau et à votre disponibilité. Inscription toute l'année. Orientation et formation continue.

Langues & Affaires, Service **4626**
35 rue Collange, 92303 PARIS-LEVALLOIS
Tel. : 42.70.81.88 - 42.70.73.63

---

isea
Institut Supérieur
de l'Entreprise et des Affaires

92, av. Charles de-Gaulle
92200 Neuilly-sur-Seine
(1) 47 47 06 40 +

COMMUNICATION RELATIONS PUBLIQUES

---

atelier
préparatoire
claire-marie
neufville
françoise
conte

PRÉPARATION AUX CONCOURS
D'ENTRÉE DES ÉCOLES
SUPÉRIEURES D'ART

19-21, rue Chapon
75003 PARIS

✆ **42.77.61.96**

CERAM

UNE GRANDE ECOLE
DE COMMERCE
AU SEIN DE LA PREMIERE
TECHNOPOLE FRANÇAISE
SOPHIA ANTIPOLIS

avec Digital Equipment, Air France,
l'Ecole des Mines, le CNRS...

BP 20 - Sophia Antipolis - 06561 Valbonne Cedex
Tél. 93 95 45 95

II. Le, la, l', les, lui, leur? Circle the object pronoun you hear in each sentence.

1. le   la   l'   les   lui   leur
2. le   la   l'   les   lui   leur
3. le   la   l'   les   lui   leur
4. le   la   l'   les   lui   leur

5. le   la   l'   les   lui   leur
6. le   la   l'   les   lui   leur
7. le   la   l'   les   lui   leur
8. le   la   l'   les   lui   leur

III. Les postes disponibles. Listen to the employers' descriptions of the jobs they have available. Then provide the requested information for each description.

1. Poste: _____

   Ville: _____

   Expérience: _____

   Langue(s): _____

   Salaire: _____

2. Poste: _____

   Ville: _____

   Expérience: _____

   Langue(s): _____

   Salaire : _____

3. Poste: _____

   Ville: _____

   Expérience: _____

   Langue(s): _____

   Salaire: _____

4. Poste: _____

   Ville: _____

   Expérience: _____

   Langue(s): _____

   Salaire: _____

ATR

SETTIMIO BIONDI
Vice-President Procurement

Avions de Transport Régional

316, ROUTE DE BAYONNE - BP 3107 - 31026 TOULOUSE CEDEX - FRANCE
PHONE : (33) 61.30.44.74 - TELEX : 533 984 F - FAX : (33) 61.30.07.40

MICHEL MARTUCHOU

INGÉNIEUR EN CHEF
DÉPARTEMENT COOPÉRATION TECHNIQUE

TÉL. : 67.58.23.77
TÉLEX : 480 619 MIDISEL
TÉLÉFAX 67.58.96.69

COMPAGNIE DES SALINS DU MIDI
ET DES SALINES DE L'EST
68, COURS GAMBETTA
34063 MONTPELLIER CEDEX 2 F

AIR FRANCE

MIREILLE LUFEAUX

ATTACHÉE DES SERVICES COMMERCIAUX

DIRECTION REGIONALE
2 BOULEVARD DE STRASBOURG - 31000 TOULOUSE - 62.84.04

Reprinted with permission of the *Journal Français d'Amérique.*

IV. Mini-dictée: TGV: Le Texas à grande vitesse. Listen to the news item and fill in the blanks with the words you hear. The text will be read twice.

C'est finalement le TGV qui l'a emporté sur son concurrent _____ FasTrac

pour équiper le Texas d'un _____ à grande vitesse. Les autorités texanes,

dans un _____ unanime, ont confié au _____ mené par

GEC-Alsthom, associé pour l'occasion à la Morrison Knudsen Corporation, grande

_____ américaine de _____ basée à Boise (Idaho), le

soin de relier Houston à Dallas (_____ km) à près de

_____ km/h dès _____.

Le _____ prévoit aussi, en _____, une

_____ Dallas–San Antonio, avec _____ à Austin, la

_____ de l'État, et plus tard, si la _____ existe, une

liaison San Antonio–Houston, ce qui ferait au total un triangle de 1.000 km de voies

_____.

Certes, la _____ du TGV français et dix ans d'_____

ont _____ un rôle dans la prise de décision, mais c'est surtout le montage

financier qui fut l'argument décisif. Car il y a tout de même une _____ pour

que le projet se réalise: c'est que son financement _____ trouvé dans les

deux ans, et surtout qu'il _____ entièrement assuré par des fonds privés, le

Texas ayant déjà à faire face à un déficit _____ de $4,7 milliards pour les deux

prochaines _____.

V. Une interview. Listen to the interview for a position with a firm that publishes children's books. Then fill in the information requested below. You may answer in English or French.

Location of company? _____

Interviewee's education? _____

Interviewee's experience? _____

Willing to travel? _____

Attraction to job? _____

_____

Personal traits? _____

Foreign language(s)? _____

Starting date? _____

R·É·D·I·G·E·O·N·S!

Mes qualifications. You've been asked to write a self-portrait for a job-placement agency. Include your family background, personal qualities, education, work experience, leisure-time activities and hobbies, the types of work you're interested in, and any other information that you think will help the agency to match you with appropriate job openings. Use a separate sheet of paper.

SUPPORTS SYSTEME-D

> **VOCABULAIRE:** Adjectifs; famille; formation; métiers
>
> **FONCTIONS:** Écrire une composition; décrire les personnes
>
> **GRAMMAIRE:** L'accord des adjectifs

TRAVAIL DE FIN DE CHAPITRE
▼▼▼▼▼▼▼▼▼▼▼▼▼▼▼▼▼

I. Student Tape

Listen again to the four job interviews that you heard at the beginning of the chapter. Then answer the following questions.

Interview Number 1

1. What job is the person being interviewed for? _____

_____

2. Where did the person do her studies? _____

_____

3. Has she held a teaching job before? _____

_____

Nom .... Cours ....

12
Rédigeons!

📼 **Travail de fin de chapitre**

Interview Number 2

4. In what region of France would the person be working? _____

_____

5. How many years of experience does the person have? _____

_____

6. What job has the person held before? _____

_____

7. Is the person interested in traveling? _____

_____

Interview Number 3

8. What qualifies the person for the job? _____

_____

9. What does the person eventually want to do as a career? _____

_____

Interview Number 4

10. What is one of the most important requirements for the job? _____

_____

11. What qualifications does the person have? _____

_____

II. Jeu: Chaînes de mots. Each of the following series of words are logically connected (for example, they may be a chronological sequence of events, synonyms, antonyms, or a cause and effect). Find the words that fit between the first and last words. The first letter of each word is provided and cues are given in parentheses.

1. petites annonces

    l __ __ __ __ __   (on pose sa candidature)

    i __ __ __ __ __ __ __ __   (on se présente)

    o __ __ __ __ __   (la bonne nouvelle)
    premier jour de travail

2. achats

    v __ __ __ __ __   (le contraire)

    c __ __ __ __ __ __ __ __ __   (personne qui vend)

    c __ __ __ __ __ __   (personnes qui achètent)
    chiffre d'affaires

3. compagnie

e _ _ _ _ _ _ _ _ (synonyme)

s _ _ _ _ _ _ _ (synonyme)

s _ _ _ _ _ _ _ _ _ _ _ (d'autres lieux de la même compagnie)
industrie

4. travail

p _ _ _ _ _ (personne qui a des employés)

c _ _ _ _ s _ _ _ _ _ _ _ _ (synonyme)

s _ _ _ _ _ _ (synonyme d'employé)
travail à plein temps

CHAPITRE · TREIZE
Voyageons!

TRAVAIL PRÉPARATOIRE
▼▼▼▼▼▼▼▼▼▼▼▼▼

I. Planning Strategy

A student from France is planning to do some traveling—first, with a group of American students she has met; then, on her own. She comes to you for some help with the English vocabulary and expressions needed to talk about travel.

1. She wants to participate in planning the group trip. What are some questions the group will need to answer as they plan the trip? _____

_____

_____

_____

2. Prepare a list of verbs she will need to know to work out an itinerary with the group. _____

_____

_____

_____

3. Later on in the year, she would like to take a train trip, by herself, starting from Chicago and ending up in Seattle. Mention three pieces of information she might want to get at the train station and tell her how to ask for this information. (If you have never taken a train trip, use your experience with other forms of travel as a source of ideas.) _____

_____

_____

_____

4. Finally, predict three questions that a ticket seller (or travel agent) might ask when she goes to get her ticket and suggest some expressions to use in answering these questions. _____

_____

_____

_____

_____

 ### II. Student Tape

Two friends find themselves standing in the same line at a Paris train station. They talk and then each one takes care of his/her business. Listen to the conversation on the Student Tape. Then answer the following questions.

Voyageur 1: Véronique

1. Où va-t-elle?

   a. à Orléans

   b. à Limoges

   c. à Bordeaux

   d. en Espagne

2. Combien de personnes vont l'accompagner?

   a. une autre personne

   b. deux autres personnes

   c. trois autres personnes

   d. tout un groupe

3. Combien de temps va-t-elle y passer?

   a. un week-end

   b. huit jours

   c. plusieurs semaines

   d. on ne sait pas

Voyageur 2: Jean-Pierre

4. Où va-t-il?

   a. à Orléans

   b. à Limoges

   c. à Bordeaux

   d. en Espagne

5. Combien de personnes vont l'accompagner?

   a. une personne

   b. deux personnes

   c. trois personnes

   d. tout un groupe

6. Combien de temps va-t-il y passer?

   a. un week-end

   b. huit jours

   c. on ne sait pas

   d. un mois

PREMIÈRE ÉTAPE

On fait un voyage *(Text p.538–p.547)*

L·I·S·O·N·S!

*Poetry is first of all word play. Poets create their poems out of words, paying attention not only to literal meaning but to sounds, rhythms, and associations. Consequently, when you read a poem, you need to pay close attention to the words themselves. In this **étape**, you are going to read a short poem by Max Jacob (1876–1944), a poet who was "serious" about the idea of "playing" with words.*

I. **Prélecture.** The poem is about a female acrobat who is taking a train trip. What ideas do you bring to the reading of this poem?

   1. What do you associate with an acrobat? What kind of life do you imagine she leads? _____

      _____

      _____

      _____

   2. What do people do while traveling by train (or plane)? _____

      _____

      _____

      _____

   3. Locate on the map of France (p. 536 in the text) the following cities: **Paris, Nantes, Saumur.**

Nom .... Cours ....

13

1ᵉʳᵉ Étape

II. Lecture: La Saltimbanque en wagon de 3ᵐᵉ classe

La saltimbanque! la saltimbanque!
a pris l'express à neuf heures trente,
a pris l'express de Paris-Nantes.
Prends garde garde, ô saltimbanque,
que le train partant ne te manque.
Et voici son cœur qui chante:
oh! sentir dans la nuit clémente
qu'on suit la direction d'un grand fleuve
dans la nuit de l'ouest, dans la nuit veuve!
Mais on ne me laissera donc pas seule
sous mon rêve avec mon saule.
Gens de Saumur! gens de Saumur!
Oh! laissez-moi dans ma saumure.

Abstenez-vous, gens de Saumur,
de monter dans cette voiture.
Elle rêve à son maillot jaune
qui doit si bien aller à sa chevelure
quand elle la rejette loin de sa figure.
Elle rêve à son mari qui est jeune,
plus jeune qu'elle, et à son enfant
qui est visiblement un génie.
La saltimbanque est tcherkesse;
elle sait jouer de la grosse caisse.
Elle est belle et ne fait pas d'épates;
elle a des lèvres comme la tomate.

Vocabulaire:

la saltimbanque: acrobat
Prends garde: Take care
ne te manque: you don't miss
suit: is following
veuve: widowed
seule: alone
saule: willow
saumure: pickling juice
maillot: leotard (also **maillot jaune:** leader's shirt in Tour de France bicycle race)

chevelure: hair
figure: face
tcherkesse: Circassian (inhabitant a Circassia, southern part of former Soviet Union)
grosse caisse: bass drum
ne fait pas d'épates: doesn't show off
lèvres: lips

III. Analyse. Answer the following questions about the poem.

1. Summarize briefly the basic situation: Where is the acrobat? Where is she going? Is this a long trip? Why might she be going there? Why might she be riding in third class? _____

_____

_____

_____

_____

2. Most of the poem is presented in the words of the poet-narrator; however, one section presents the words the acrobat says to herself. Identify this section. What is she saying to herself? Why?

_____

_____

_____

_____

3. What does the acrobat dream about during the trip? What do her dreams reveal about her? _____

_____

_____

4. Find instances where the poet plays with the sounds of words (for example, **trente / Nantes).**

_____

_____

_____

Find instances where the word play is on the shape (letters) of the word rather than on the

sound. _____

_____

_____

5. What is strange and humorous about the end of the poem? Does this ending affect the way you

feel about the poem as a whole? _____

_____

_____

_____

É·C·R·I·V·O·N·S!

PRATIQUE DE LA GRAMMAIRE

On pages P39–P40 of this Workbook, you will find additional, highly structured, self-correcting exercises on geographical names and prepositions. If you feel unsure about this structure, or if you wish additional practice, do those exercises in preparation for Exercises IV and V.

IV. **Pourquoi ne pas y aller avec nous?** Write a short note to a friend, describing a trip that you are planning and inviting your friend to go with you. Follow the outline given below and use appropriate expressions to begin and end the letter. Use a separate sheet of paper.

1. Tell where you are planning to go.
2. Tell who is going with you.
3. Tell where you are planning to leave from.
4. Invite your friend to accompany you.

 FONCTIONS: Pour proposer un voyage; pour parler d'un voyage

V. **Un groupe de lycéens français chez nous.** A group of French **lycée** students are touring your part of the United States by bus. They are going to be in your area for four days and will stay with local families. Make up an itinerary for the group that includes meals, activities, and time with the host families. The group will arrive late Thursday afternoon and leave early Tuesday morning. Use a separate sheet of paper.

Modèle: jeudi (9 avril)
          5h arrivée à (Charleston)
          6h30 dîner . . . , etc.

L'art d'écrire: L'organisation d'un paragraphe

When you expand your writing to include several connected sentences, the basic unit of organization becomes the paragraph. *While paragraphs may be organized in various ways, they usually follow a pattern that is much like the one discussed in the previous chapter—that is, a main idea supported by arguments and illustrated by examples. Often, the main idea is expressed in the first sentence of the paragraph and then summed up, in different words, at the end of the paragraph:*

> **Pour un long voyage, le bateau est plus agréable que l'avion.** On peut se reposer et s'amuser; on n'est pas fatigué quand on arrive à sa destination. La première fois que je suis allé en France, j'ai pris le bateau. Le voyage était long, mais il y avait beaucoup de jeunes. Nous avons joué au shuffleboard et aux cartes, nous avons dansé et nous avons parlé français avec d'autres voyageurs. **Par conséquent, quand nous sommes arrivés au Havre, nous n'avons pas eu l'impression d'être transportés brusquement d'une culture à une autre.**

Some paragraphs may have only arguments and no examples; others may have examples without arguments. In addition, it is not always necessary to restate the main idea at the end.

VI. **Deux paragraphes.** Analysez les paragraphes suivants en isolant les parties indiquées. Attention: il n'est pas nécessaire qu'un paragraphe ait toutes les parties qu'on a mentionnées.

1. Ma mère n'aime pas voyager. Elle doit tout organiser, elle doit faire tous les préparatifs. Elle achète les billets et fait les réservations. Puis elle fait les valises et s'occupe des animaux (deux chiens et un chat). Et c'est elle qui prépare quelque chose à manger pour le voyage. C'est pourquoi elle trouve que c'est moins fatigant de rester chez nous.

    a. Idée principale: _____
    _____

    b. Argument(s): _____
    _____

    c. Exemple(s): _____
    _____
    _____

    d. Idée principale (résumé): _____
    _____

2. Premier carrefour ferroviaire français, Lyon voit le trafic de ses gares augmenter de jour en jour. Plus de 12 millions de voyageurs ont fréquenté les gares lyonnaises en 1980. Le trafic a encore progressé avec la mise en service des TGV en 1981.

    a. Idée principale: _____
    _____

    b. Argument(s): _____
    _____

    c. Exemple(s): _____

_____

_____

    d. Idée principale (résumé): _____

_____

VII. Organisons un paragraphe! En suivant le schéma établi dans l'Exercice VI, notez des idées et des exemples que vous voudriez utiliser pour développer *un* des sujets suivants.

    1. Le système ferroviaire américain   **3.** Un moyen de transport oublié—la marche à pied

    2. Les vacances idéales   **4.** Voyager seul(e) ou voyager en famille?

    Idée principale: _____

_____

    Arguments: _____

_____

_____

    Exemples: _____

_____

_____

_____

_____

VIII. Un paragraphe. Rédigez le paragraphe que vous avez préparé dans l'Exercice VII. Utilisez une autre feuille de papier.

DEUXIÈME ÉTAPE

On prend le train *(Text p.548–p.559)*

L·I·S·O·N·S!

The SNCF offers a great variety of services to its travelers. You are going to read part of a brochure aimed at people who wish to combine train and bike travel.

I. Prélecture. Answer the following general questions about train and bike travel.

    1. For what reasons might someone want to combine traveling by train and by bike? _____

_____

_____

    2. In what circumstances might someone want to bring along his/her own bike? _____

_____

3. In what circumstances might it be preferable to rent a bike upon arrival? _____

_____

II. Lecture: On va faire du vélo aussi? Answer the following questions on the basis of information given in the *Guide du train et du vélo.*

Guide du train et du vélo

vous emportez votre vélo :

**EN MÊME TEMPS
QUE VOUS DANS LE TRAIN**

● **en bagage à main, gratuitement.**

Tous les jours, dans plus de 2 000 trains de petit parcours, vous pouvez emporter votre vélo comme un bagage à main. Vous assurez vous-même le chargement dans le fourgon à bagages, la surveillance et le déchargement de votre vélo. Dans certains trains, un fourgon signalé par une affichette est spécialement réservé.

Ces trains sont repérés dans les indicateurs horaires de la SNCF par un pictogramme en tête de colonne horaire.

Les services d'accueil et de vente sont en outre, dans les gares, à votre disposition pour vous les indiquer.

En banlieue de Paris, vous pouvez utiliser :

● tous les trains des samedis, dimanches et fêtes,
● les trains des mercredis en dehors des périodes horaires de 6h 30 à 9h 30 et de 16h 30 à 19h.

Toutefois, certains trains désignés dans les indicateurs de banlieue ne sont jamais accessibles.

● **remis au service bagages SNCF**

Dans certains trains, votre vélo voyagera en même temps que vous (renseignez-vous dans votre gare).

Vous devez l'enregistrer une demi-heure ou une heure avant votre départ, selon les gares. Vous pouvez le retirer une demi-heure environ après votre arrivée.

les prix* par vélo

Droit d'enregistrement:	30 F
Enlèvement à domicile:	25 F
Livraison à domicile:	25 F

* Prix au 30/ 4/ 87

vous n'emportez pas votre vélo :

TRAIN + Vélo

La SNCF met à votre disposition dans 287 gares un service de location de vélos.

Il vous suffit de présenter une carte d'identité et de verser une caution de 250 F.

Si vous présentez :
– une Carte Bleue, une Carte Bleue Visa, Eurocard, Master Card, Access,
– une carte d'abonnement à libre circulation, carte demi-tarif, carte Vermeil, carte France Vacances, carte Jeune,

vous ne payez pas cette caution.

1. What is the least expensive way to have a bike ready for you at the end of your train trip? How can you tell if it is possible to do this on the train you are planning to take? _____

_____

_____

_____

2. How much will you pay to check your bike if you bring it to the station with you? On arrival at your destination, how long will you have to wait before you can pick up your bike? _____

_____

_____

3. Imagine that you are planning to rent a bike for five days. How much will you have to pay when you pick the bike up? Why? How much will you have to pay when you bring it back? Explain.

_____

_____

_____

É·C·R·I·V·O·N·S!

PRATIQUE DE LA GRAMMAIRE

On pages P40–P41 of this Workbook, you will find additional, highly structured, self-correcting exercises on the future tense. If you feel unsure about this structure, or if you wish additional practice, do those exercises in preparation for Exercises III and IV.

III. **Si . . .** Complétez les phrases suivantes à l'aide d'un verbe au futur. Essayez de varier les verbes autant que possible.

1. Ce soir, si j'ai assez de temps, je _____

_____

2. Un jour, si vous travaillez beaucoup, vous _____

_____

3. S'il fait beau ce week-end, nous _____

_____

4. Si je gagne à la loterie, je _____

_____

5. Si je (ne) réussis (pas) à l'examen, le professeur _____

_____

6. Si mes amis organisent une soirée, nous _____

_____

7. Si je (ne) gagne (pas) beaucoup d'argent cette année, mes parents _____

_____

_____

8. Si je vais en Europe, _____

_____

IV. **Dans dix ans.** Imaginez la vie future des personnes indiquées. Dans dix ans, où habiteront-elles, quel travail feront-elles, etc? Écrivez au moins trois phrases au sujet de chaque personne. Quelques verbes possibles: **être, avoir, habiter, travailler, aller, pouvoir.**

1. mon (ma) meilleur(e) ami(e)

_____

_____

_____

2. mes parents

_____

_____

_____

3. moi

_____

_____

_____

4. mon professeur de français

_____

_____

_____

L'art d'écrire: L'enchaînement des phrases—liaisons temporelles

As a paragraph develops, the train of thought is often easier to follow if the connections between sentences are made clear. When you write to friends or family members, you often recount your past activities and future plans. In other words, your paragraphs are organized by _time_.

The most general connecting expressions based on time are those that indicate order—**d'abord** (_first_), **ensuite** and **puis** (_then_), and **enfin** (_finally_). It is also possible to use more specific connecting words that refer to the day, week, month, or year. Some of these expressions are specific to the past, such as **dernier (la semaine dernière, le mois dernier, mardi dernier)**, or to the future, such as **prochain (l'année prochaine, dimanche prochain)**. Others may be used to talk about the past or the future: **le lendemain** (_the next day_), **deux jours après** (_two days later_). In the exercises that follow, concentrate on clarifying the time relationships between the different activities and events.

V. Deux paragraphes. Rédigez deux paragraphes en développant les sujets suivants et en faisant attention à l'enchaînement des phrases. Utilisez une autre feuille de papier.

1. Ce que je fais le matin avant d'aller à l'école (Utilisez **d'abord,** etc.)

2. Un voyage que j'ai fait (Utilisez des expressions temporelles précises.)

VI. Des vacances de neige. Vous serez en France l'année prochaine. Puisque vous aimez les sports d'hiver, vous voudrez faire du ski. Au mois de février, vous irez à Annemasse, dans les Alpes. Racontez _au futur_ les différents moments de votre voyage à Annemasse tels que vous les imaginez en suivant le schéma proposé et en consultant l'horaire des trains (p. 302). Chaque paragraphe doit comprendre plusieurs phrases reliées par des expressions temporelles. Utilisez une autre feuille de papier.

1. les préparatifs (aller à la gare, acheter des billets de train, faire des réservations)
2. le départ pour les Alpes (aller à la gare, consulter le tableau des trains, etc.)
3. la semaine à Annemasse (hôtel, repas, activités)
4. le voyage de retour (départ d'Annemasse, arrivée à Paris)

PARIS   GENÈVE   ÉVIAN

RESA TGV ☐ 1 ☐ 3 *Pour connaître le prix correspondant à la couleur de votre RESA TGV,*
☐ 2 ■ *consultez le tableau "Prix des Relations" p. 10 et 11.*
☐ *TGV ne circulant pas ce jour-là.*

N° du TGV		921	923	913	925	927	929
Restauration		🍽	🍽	🍽		🍽	🍽
Paris-Gare de Lyon	D	7.35	10.36	10.36	14.32	17.40	19.13
Mâcon-TGV	A	9.15			16.13		
Bourg-en-Bresse	A				16.32		21.09
Culoz	A				17.21		
Bellegarde	A	10.37	13.34	13.34	17.45	20.41	22.15
Genève	A	11.08	14.05		18.15	21.11	22.45
Annemasse	A	a	a	14.16		a	a
Thonon-les-Bains	A	a	a	14.40		a	a
Evian-les-Bains	A	a	a	14.53		a	a

ÉVIAN   GENÈVE   PARIS

RESA TGV ☐ 1 ☐ 3 *Pour connaître le prix correspondant à la couleur de votre RESA TGV,*
☐ 2 ■ *consultez le tableau "Prix des Relations" p. 10 et 11.*
☐ *TGV ne circulant pas ce jour-là.*

N° du TGV		920	922	924	916	926	928
Restauration		🍽	🍽	🍽	🍽	🍽	🍽
Evian-les-Bains	D	a	a	a	15.57	a	a
Thonon-les-Bains	D	a	a	a	16.10	a	a
Annemasse	D	a	a	a	16.33	a	a
Genève	D	7.09	10.02	13.01		16.50	19.29
Bellegarde	D	7.35	10.29	13.28	17.19	17.19	19.56
Culoz	D						20.22
Bourg-en-Bresse	D				18.26	18.26	
Mâcon-TGV	D			14.54	18.47	18.47	
Paris-Gare de Lyon	A	10.39	13.34	16.38	20.31	20.31	23.09

A Arrivée   D Départ   a Correspondance à Bellegarde.
Pour les gares de Culoz, Bourg-en-Bresse et Mâcon-TGV voir également le tableau page 37.
🍽 Service restauration à la place en 1ʳᵉ classe, en réservation.
EuroCity.

VOCABULAIRE: La gare; les trains

FONCTIONS: Pour parler d'un voyage; pour préparer un itinéraire; pour acheter un billet de train; pour faire des réservations

GRAMMAIRE: Le futur

Nom .... Cours ....

13

3e Étape

TROISIÈME ÉTAPE
Sur les routes et les autoroutes (Text p.560–p.573)

L·I·S·O·N·S!

Unfortunately, the proportion of fatal automobile accidents is extremely high in France. You are going to read a news article about governmental reactions to this situation.

I. Les accidents de la route. Answer the following questions about driving in the United States.

1. What period(s) of the year is(are) the most dangerous on American roads and highways? _____

_____

2. What do you think are the three major causes of automobile fatalities? _____

_____

3. What measures have cities and states in the United States taken in order to reduce the number

of fatal automobile accidents? _____

_____

_____

II. Les automobilistes et le permis de conduire. Read the following news article, then answer both the general and the specific questions.

Un été meurtrier

De nombreux automobilistes perdent leur permis de conduire

Les préfets de police ont reçu, début août, l'ordre de surveiller les petites et moyennes routes de France et de suspendre sur-le-champ les permis de conduire des automobilistes gravement délinquants. Cette consigne du gouvernement est venue à la suite d'un week-end catastrophique (cent trente-cinq morts) à la fin du mois de juillet lors des grands départs en vacances.

L'hécatombe sur les routes de France cet été a, en effet, incité le gouvernement français à prendre des mesures disciplinaires beaucoup plus sévères que d'habitude. Une nouvelle procédure permet maintenant au préfet, à son représentant ou à un membre de la commission administrative de suspendre le permis de conduire et de retirer immédiatement pour une durée maximale de deux mois le permis au conducteur auteur d'une infraction dangereuse au code de la route. L'automobiliste dispose de quinze jours pour faire appel devant la commission ad-

ministrative.

Les préfets ont, semble-t-il, fait diligence pour suivre les nouvelles consignes. Dès le premier week-end, ils auraient retiré cent vingt-six permis de conduire. Le second, celui du 15 août s'avérait non moins douloureux pour automobilistes non respectueux du code. Bilan : près de 200 retraits immédiats de permis de conduire, selon les bureaux régionaux de l'Agence France-Presse.

L'excès de vitesse, le premier coupable

« Monsieur le préfet, j'ai besoin de mon permis : je travaille en voiture ». Malgré la supplique que lui adresse cet ouvrier qui roulait à 131 kilomètres-heure au lieu de 90 au volant de sa Golf GTI rouge, le préfet du Tarn-et-Garonne est, comme les préfets des autres régions de France, resté intraitable et a frappé sans hésitation le jeune conducteur d'une suspension de permis de conduire de 28

jours.

C'est l'excès de vitesse qui a été le plus souvent sanctionné, nombre d'automobilistes ayant été surpris à rouler à 90 kilomètres-heure dans les agglomérations où la vitesse est limitée à 60 kilomètres-heure et à 130 kilomètres-heure sur les routes de rase campagne où elle était limitée à 90 kilomètres-heure. L'infraction la plus grave a été commise par un conducteur d'une Peugeot 205 GTI roulant à 196 kilomètres-heure sur une portion de voie autorisée à 110.

La Prévention routière affirme que les causes d'accident sont d'abord l'alcool et la vitesse — souvent les deux associés — viennent ensuite l'inattention, la fatigue et le mauvais état du véhicule.

Les nouvelles mesures de sécurité ne touchent pas uniquement les Français puisque des étrangers ont dû acquitter sur-le-champ une amende automatique de 900 F avant de pouvoir reprendre le volant.

General questions

1. What news events led up to the writing of this article? _____
    _____
    _____
    _____

2. What examples does the reporter give to illustrate the main topic of the article? _____
    _____
    _____
    _____

Specific questions

3. What happens to drivers who are affected by the new policy? _____
    _____
    _____

4. Are exceptions made for drivers with special needs or problems? Explain. _____
    _____
    _____
    _____

5. What are the major causes of road accidents in France? _____
    _____
    _____

6. Do the new policies apply to foreign as well as French drivers? Explain. _____
    _____
    _____

É·C·R·I·V·O·N·S!

PRATIQUE DE LA GRAMMAIRE

> On pages P41–P43 of this Workbook, you will find additional, highly structured, self-correcting exercises on the pronouns **y** and **en.** If you feel unsure about these structures, or if you wish additional practice, do those exercises in preparation for Exercises III and IV.

III. Une panne. Vous écrivez une carte postale à un(e) ami(e) français(e). Vous lui racontez un voyage que vous avez fait en voiture. Au cours de ce voyage, vous avez eu un petit ennui (*problem*)—un pneu crevé ou une panne de moteur ou une panne d'essence. Utilisez une autre feuille de papier.

VOCABULAIRE: Les voyages en voiture

FONCTION: Pour parler d'un voyage

IV. On va vous rendre visite. Your French friend and his/her family are planning to visit the United States and will stay in a city that is within a day's drive of where you live. You have suggested that they rent a car and come to visit you and your family, and they have accepted your invitation. On a separate sheet of paper, write a note to your friend explaining how to get from the city to your town.

1. Explain where your town is located in relation to other towns and landmarks.
2. Suggest which roads to take.
3. Tell approximately how long the trip will require.
4. Warn your friend not to go too far over the speed limit. (**Ne dépassez pas __ miles à l'heure.**)

VOCABULAIRE: Les voyages en voiture

FONCTION: Pour voyager en voiture

L'art d'écrire: L'enchaînement des phrases—liaisons logiques

In the previous **étape,** you saw how connecting words may be used to organize a paragraph based on time. Many paragraphs, however, are organized on the basis of *conflicting* or *opposing ideas.* In other words, they reflect the writer's thought processes as he/she considers both sides of an argument.

After you have explored one point of view (for example, the advantages of something), you may use one of the following expressions to introduce the opposite point of view (in this case, the disadvantages): **mais, cependant** (*nevertheless*), **il est vrai que** (*it is true that*):

En France, les trains sont excellents. Il y en a beaucoup, ils sont toujours à l'heure et ils sont généralement très confortables. **Pourtant,** à certaines époques de l'année (au commencement et à la fin des grandes vacances), il faut réserver sa place longtemps à l'avance et les trains sont souvent bondés (*crowded*).

Once you have presented both sides of the argument, you may wish to conclude in favor of one side or the other. If you choose the second set of arguments (in this case, the disadvantages), you may introduce your conclusion with an expression of *consequence*: **donc** (*therefore*), **par conséquent** (*consequently*), **c'est pourquoi** (*that's why*):

C'est pourquoi je ne prends jamais le train à l'époque des vacances.

On the other hand, if you are convinced by the first set of arguments (here, the advantages), you may introduce your conclusion with expressions such as **malgré cela** (*in spite of that*) or **néanmoins** (*nevertheless*):

Malgré cela, le train est le moyen de transport le plus agréable. Je voyage toujours par le train.

In the exercises that follow, concentrate on clarifying the logical relationship between your arguments.

V. Des arguments. Complétez les paragraphes suivants en utilisant les expressions suggérées et en proposant vos propres arguments.

1. L'avion est le moyen de transport préféré d'un grand nombre de voyageurs. (deux avantages)

_____

_____

_____

Il est vrai que (deux inconvénients) _____

_____

_____

Malgré cela _____

_____

_____

2. Le monde moderne devient de plus en plus petit. (deux raisons) _____

_____

_____

C'est pourquoi (deux conséquences) _____

_____

_____

Cependant (un problème) _____

_____

_____

VI. À mon avis. Rédigez deux paragraphes où vous présentez les avantages et les inconvénients de quelque chose. Dans un des paragraphes, indiquez que les avantages sont plus importants que les inconvénients; dans l'autre, montrez le contraire. Vous pouvez écrire les deux paragraphes sur le même sujet ou, si vous préférez, sur deux sujets différents. Utilisez une autre feuille de papier. Sujets possibles: **Voyager en voiture / Voyager à bicyclette / Visiter un pays étranger / Visiter le pays où on habite / Passer les vacances en famille / Passer les vacances avec des amis.**

QUATRIÈME ÉTAPE
(Text p.574–p.580)

É·C·O·U·T·O·N·S!

I. En vacances. Identify the countries where the following people spend their vacations. Write the letter of the country (as shown on the map of the world on page 307) in the space provided.

1. Henri Dorin _____

2. Françoise Kircher _____

3. Jean-François Dumay _____

4. Janine Chosson _____

5. les Bretesché _____

6. Pierre et Annick Palun _____

7. Marc Brunet _____

8. Lucien Grévisse et famille _____

Nom .... Cours ....

13

∩ 4e Étape

II. Passé, présent, futur? Tell whether the verbs in the sentences you hear refer to the past, the present, or the future.

1. passé présent futur   6. passé présent futur

2. passé présent futur   7. passé présent futur

3. passé présent futur   8. passé présent futur

4. passé présent futur   9. passé présent futur

5. passé présent futur   10. passé présent futur

III. Les pronoms y et en. In each short conversation you will hear, the pronoun **y** or **en** will be used once. Write the word or words that the pronoun replaces in each conversation.

Modèles: You hear: —Moi, je dois aller en ville cet après-midi. Tu as le temps de m'accompagner?
                —Oui. Allons-y!
      You write: *en ville*

      You hear: —Tu as acheté des poires?
                —Oh là là. J'ai oublié les poires.
                —Mais j'en ai besoin pour ma tarte.
      You write: *des poires*

1. _____   5. _____

2. _____   6. _____

3. _____   7. _____

4. _____   8. _____

IV. Mini-dictée: Les optimistes. As you listen to the discussion about optimistic people, fill in the blanks with the appropriate verb forms. The discussion will be read twice.

Les optimistes sont sûrs que tout _____ bien pour eux. Ils

_____ à tout, ils n' _____ jamais de problèmes, ils

_____ toujours heureux. Jean-Claude est optimiste. Quand on lui pose des

questions, il répond ainsi:

—Tu _____ riche un jour?

—Oh, oui. J' _____ un tas d'argent.

—Où _____ -tu?

—Je me _____ construire une maison en Floride et une autre en Europe.

V. Dictée: Nous irons chez des amis. Francine and her family are going to visit friends in Besançon. Write what you hear. The complete text will be read once. Then each sentence will be read twice. You may want to listen to the entire text one more time to verify your work. Use a separate sheet of paper.

VI. Au guichet. While waiting in line at the train station, you overhear some conversations. Fill in the information requested below based on what you have overheard.

1. How many tickets? _____ Destination? _____

   Length of stay? _____

2. How many tickets? _____ Destination? _____

   Length of stay? _____

VII. En voyage. Listen to parts of four conversations that take place while people are traveling. Based on what you overhear, match the means of transportation with the appropriate conversation.

a. en avion   **b.** par le train   **c.** en voiture   **d.** à vélo

1. _____   **2.** _____   **3.** _____   **4.** _____

VIII. Les haut-parleurs. Whenever you are in a train station or airport in France, American tourists who don't speak French ask you questions about the train or plane announcements they have heard over the loudspeakers. Based on what you hear, answer their questions.

1. **a.** What track does the train from Nantes arrive on? _____

   b. When will it be here? _____

   c. Do we have plenty of time to get our luggage onto the train? _____

2. **a.** What time does the train leave for Strasbourg? _____

   b. We don't smoke. Where is the nonsmoking section? _____

   c. We have first-class tickets. Where do we sit? _____

3. **a.** When is the TGV going to pull out? _____

   b. Are there any stops before we get to Marseille? _____

4. What did the announcement say about Flight 432 from Pointe-à Pitre? _____

   _____

5. **a.** Where is Flight 24 going? _____

   b. What gate does it leave from? _____

Nom .... Cours ....

13

Rédigeons!

📼 Travail
de fin de
chapitre

R·É·D·I·G·E·O·N·S!

Un voyage inoubliable. (*An unforgettable trip.*) Racontez un voyage que vous avez fait. Quand est-ce que vous avez fait ce voyage? Où? Comment? Avec qui? Pourquoi? Qu'est-ce qui s'est passé pendant le voyage? Gardez-vous un bon ou un mauvais souvenir de ce voyage? Pourquoi? (Utilisez une autre feuille de papier.)

FONCTIONS: Pour parler d'un voyage; pour préparer un itinéraire; pour enchaîner des idées; pour
situer des actions dans le passé

GRAMMAIRE: Le passé composé et l'imparfait; le pronom **y**

TRAVAIL DE FIN DE CHAPITRE
▼▼▼▼▼▼▼▼▼▼▼▼▼▼▼▼

📼 **I. Student Tape**

Listen again to the conversation on the Student Tape for Chapter 13. Then answer the following questions.

1. Qui va accompagner Véronique? _____

_____

2. Est-ce qu'elles vont descendre dans un hôtel? Si non, où? _____

_____

3. Quand est-ce qu'elles vont partir? Quand est-ce qu'elles vont rentrer à Paris? _____

_____

4. Quelle sorte de billet Véronique prend-elle? _____

_____

5. Pourquoi réserve-t-elle cette fois? _____

_____

6. Qui va accompagner Jean-Pierre? _____

_____

7. Est-ce qu'ils vont descendre dans un hôtel? Si non, où couchent-ils? _____

_____

8. Quand est-ce qu'ils vont partir? Dans quel train? _____

_____

9. Est-ce qu'ils vont voyager en couchettes ou en wagon-lits? Pourquoi? _____

_____

10. Qui a droit à une réduction de tarif? Pourquoi? _____

_____

II. Jeu: Es-tu vagabond(e) ou sédentaire? Partez de la case numéro 1. Répondez aux questions en vous déplaçant dans la direction des flèches (*arrows*) qui correspondent à vos réponses. Une fois arrivé(e) à une des sorties A, B, C, D, E ou F, vérifiez les réponses.

1. A Paris le temps est souvent:	2. On arrive en Corse:	3. Le plus rapide est:	4. L'autobus et le car sont-ils synonimes?
nuageux →	en bateau →	l'avion →	oui
beau ↓	en train ↓	l'hélicoptère ↓	non ↓
5. Plusieurs wagons forment:	6. Les bicyclettes peuvent-elles rouler sur l'autoroute? non →	7. Pour traverser rapidement la ville:	8. Pour refaire le plein d'essence tu vas:
un train →		je prends → l'autobus	à la station → service
un car ↓	oui ↓	je prends la voiture ↓	au bar ↓
9. On ski mieux:	10. Notre Dame de Paris est:	11. Il tombe plus de neige:	12. A la mer il vaut mieux avoir:
lorsqu'il y a du soleil →	une église →	sur les montagnes →	un maillot de bain →
lorsqu'il pleut ↓	un musée ↓	dans la vallée ↓	des chaussures de ski ↓
13. Une étendue de sable au bord de la mer est:	14. A Arles on trouve des ruines antiques:	15. Le parasol protège:	16. On peut pêcher dans un torrent:
une plage →	oui →	du soleil →	oui →
une dune ↓	non ↓	de la pluie ↓	non ↓
17. Marseille est au bord de la mer:	18. On prend le train:	19. Dans les musées on peut prendre des photos avec le flash: non →	20. Pour visiter une ville il faut:
oui →	à la gare →		une carte (un plan)
non ↓	sur l'autoroute ↓	oui ↓	une chaise longue
ville ↗	orage ↗	froide ↗	un téléphérique ↑
21. Toulon est le nom d'une:	22. Une pluie forte s'appelle:	23. La neige est:	24. Pour atteindre le sommet d'une montagne il faut:
île ↱	avalanche ↗	chaude ↱	une moto

A
B
C
D
E
F

SOLUTIONS - **Es tu un vagabond ou un sédentaire?:** 1. nuageux, 2. en bateau, 3. l'avion, 4. oui, 5. un train, 6. non, 7. je prends l'autobus, 8. à la station service, 9. lorsqu'il fait soleil, 10. une église, 11. sur les montagnes, 12. un maillot de bain, 13. une plage, 14. oui, 15. du soleil, 16. oui, 17. oui, 18. à la gare, 19. non, 20. une carte (un plan), 21. ville, 22. orage, 23. froide, 24. un téléphérique. **Sortie A:** Tu es un vrai «pigeon voyageur», tu ne crains pas les barrières climatiques ou linguistiques... Bon voyage! **Sortie B:** Tu es sans aucun doute fait pour voyager; pendant les vacances peut-être as-tu déjà vu de nombreux pays sinon dès que tu le pourras, prépare tes valises et prends la route! **Sortie C:** Avec une bonne provision de cartes géographiques et de dictionnaires, tu es prêt(e) pour l'aventure.... Commence par ton pays et continue ensuite à l'étranger... **Sortie D:** Bouger un peu ne te ferait pas de mal; tu es préparé(e), mais tu as encore besoin de nombreuses expériences... **Sortie E:** Te déplacer tout seul n'est peut-être pas très prudent pour toi. Essaie de te faire adopter par un groupe de jeunes et essaie de découvrir le goût de l'aventure petit à petit. **Sortie F:** Tu as des affinités avec l'écrivain romancier Salgari qui, sans avoir jamais voyagé, imagina des contrées lointaines et les décrivit merveilleusement. Tu peux, cependant, commencer par acheter un atlas...

Nom .... Cours ....

14

Planning
Strategy

CHAPITRE·QUATORZE
Dînons!

TRAVAIL PRÉPARATOIRE
▼▼▼▼▼▼▼▼▼▼▼▼▼▼

I. Planning Strategy

Your French friend comes to you with three sets of questions.

A. He is planning to invite some people to be his guests for dinner at a restaurant. What would be appropriate to say when inviting the following people?

1. A fellow student _____

2. A faculty member and his/her spouse _____

_____

B. He would also like to know what to say when at the restaurant. Make suggestions for each of the following circumstances.

3. When arriving at the restaurant _____

_____

4. When ordering _____

_____

5. When getting ready to leave the restaurant _____

_____

C. He has found answering the telephone somewhat awkward. Suggest some expressions to use in each of the following situations.

6. When making a phone call to a classmate _____

_____

7. When answering a call for himself _____

_____

8. When answering a call for his roommate (who is there) _____

_____

9. When answering a call for his roommate (who is not there) _____

_____

 II. Student Tape

Listen to the two conversations for Chapter 14. Then circle the letter of the best description of what is happening in each conversation.

1. a. One friend is inviting another to have dinner at his home.

   b. One friend is inviting another to a third friend's birthday party.

   c. One friend is inviting another to join him for dinner at a restaurant.

   d. One friend is inviting himself for dinner at another friend's house.

2. **a.** Two women are having a bite to eat at a fast-food restaurant.

   b. Two women are deciding on a good place to eat.

   c. Two women are eating dinner at a very expensive restaurant.

   d. Two women are unable to decide where to eat.

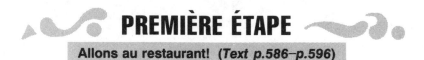

PREMIÈRE ÉTAPE

Allons au restaurant! *(Text p.586–p.596)*

L·I·S·O·N·S!

*The **Michelin Guide rouge,** in addition to providing information about hotels, also lists restaurants. Its rating system, which uses stars to signify a restaurant's quality, is known the world over. In this **étape,** you will be asked to use your reading skills to get information from some selected pages of the **Guide rouge.***

I. Prélecture. When choosing a restaurant, you may consider such factors as atmosphere, type of cuisine, quality of food, price, service, reputation, specialties, and other matters that are unique to you and to the occasion. In each of the following situations, list the primary factors you would consider when selecting a restaurant.

1. You are home from school and are going out with your family for dinner. _____

_____

2. You are home from school and are going out for a meal with some friends. _____

_____

3. You are taking a special friend out to dinner. _____

_____

4. You are celebrating a milestone in your life (graduation, engagement, etc.). _____

_____

Les prix

REPAS

enf. 55	**Prix du menu pour enfants**
➜	**Établissement proposant un menu simple à moins de 70 F**
R 65/120	**Menus à prix fixe :** minimum 65 maximum 120
65/120	**Menu à prix fixe** minimum 65 non servi les fins de semaine et jours fériés
bc	**Boisson comprise**
♟	**vin de table en carafe**
R carte 120 à 285	**Repas à la carte** – Le premier prix correspond à un repas normal comprenant : hors-d'œuvre, plat garni et dessert. Le 2ᵉ prix concerne un repas plus complet (avec spécialité) comprenant : deux plats, fromage et dessert
⬡ 30	**Prix du petit déjeuner** (généralement servi dans la chambre)

Nom .... Cours ....

14

1ère Étape

II. Trouvons un restaurant! As you are driving through southwestern France, you decide to stop in Toulouse. You consult the **_Guide Michelin_** to find a good restaurant. Study the entries for Toulouse and the explanatory charts on pages 312 and 313. Then answer the questions.

La table

LES ÉTOILES

❀❀❀ | **Une des meilleures tables, vaut le voyage**
19 | Table merveilleuse, grands vins, service impeccable, cadre élégant... Prix en conséquence.

❀❀ | **Table excellente, mérite un détour**
87 | Spécialités et vins de choix... Attendez-vous à une dépense en rapport.

❀ | **Une très bonne table dans sa catégorie**
495 | L'étoile marque une bonne étape sur votre itinéraire.
Mais ne comparez pas l'étoile d'un établissement de luxe à prix élevés avec celle d'une petite maison où à prix raisonnables, on sert également une cuisine de qualité.

REPAS SOIGNÉS A PRIX MODÉRÉS

Vous souhaitez parfois trouver des tables plus simples, à prix modérés ; c'est pourquoi nous avons sélectionné des restaurants proposant, pour un rapport qualité-prix particulièrement favorable, un repas soigné, souvent de type régional. Ces restaurants sont signalés par la lettre **R** en rouge. Ex. **R** 100/125.

XXX ❀❀ **Les Jardins de l'Opéra** -Gd H. de l'Opéra- (Toulousy), 1 pl. Capitole ✆ 61 23 07 76, Télex 521998, Fax 61 23 41 04, ☆ – ▤. ᴀᴇ ⓞ ᴇ 𝘝𝘐𝘚𝘈   FY q
fermé 11 au 31 août, 2 au 6 janv., dim. et fériés – **R** 300/450 et carte
Spéc. Ravioli de foie gras au jus de truffe, Pigeonneau farci au chou tendre et foie gras, Mignon de veau à la purée de cèpes. Vins Côtes-du-Frontonnais.

XXX ❀ **Vanel**, 22 r. M. Fontvieille ✆ 61 21 51 82, Fax 61 23 69 04 – ▤. ᴀᴇ ⓞ ᴇ 𝘝𝘐𝘚𝘈   GY e
fermé 12 au 22 juil., 9 au 19 août, dim. et fériés – **R** 330/450
Spéc. Tête de cèpe farcie et gratinée (saison), Pigeon rôti avec le hachis de champignons, Feuilleté léger au citron. Vins Cahors.

XX **Orsi "Bouchon Lyonnais"**, 13 r. Industrie ✆ 61 62 97 43, Fax 61 63 00 71 – ▤. ᴀᴇ ⓞ
ᴇ 𝘝𝘐𝘚𝘈   GY f
fermé dim. – **R** 190/200.

XX ❀ **La Belle Époque**, 3 r. Pargaminières ✆ 61 23 22 12 – ▤. ᴀᴇ ⓞ 𝘝𝘐𝘚𝘈   EY d
fermé 13 au 21 juil., 2 au 19 août, sam. midi, lundi midi, dim. et fériés – **R** 190 bc/270, enf. 120
Spéc. Foie gras cru de canard au sel, Poulette engraissée à l'épinette, Saint-Jacques à la nage de Sauternes (oct. à mars). Vins Gaillac, Coteaux de Gascogne.

XX **Chez Emile**, 13 pl. St-Georges ✆ 61 21 05 56, Fax 61 21 42 26, ☆ – ▤. ᴀᴇ ⓞ ᴇ 𝘝𝘐𝘚𝘈
fermé Noël au Jour de l'An, dim. et lundi – **Rez-de-Chaussée** (poissons) **R** 195 ⚲ – 1er
étage (viandes) **R** 175 ⚲.   GY r

X La Bascule, 14 av. M. Hauriou ✆ 61 52 09 51, ☆ – ▤   FZ u

X **Rôtisserie des Carmes**, 11 pl. Carmes ✆ 61 52 73 82 – ᴇ 𝘝𝘐𝘚𝘈   FZ a
fermé dim. soir – **R** 78/118, enf. 35.

---

1. What's the difference between a one-star, a two-star, and a three-star restaurant? _____

   _____

   _____

   _____

2. Give as much detailed information as you can about the restaurant Vanel. _____

   _____

   _____

   _____

3. Which restaurant would you choose in the following circumstances? Explain the reasons for your choice in as much detail as possible.

   a. You are traveling with your family. _____

   _____

   _____

   b. You are traveling with a friend to whom you would like to offer a special treat. _____

   _____

   c. You are traveling with several other students. _____

   _____

É·C·R·I·V·O·N·S!

PRATIQUE DE LA GRAMMAIRE

On pages P43–P44 of this Workbook, you will find additional, highly structured, self-correcting exercises on the uses of the indicative and the subjunctive to express certainty and doubt. If you feel unsure about these structures, or if you wish additional practice, do those exercises in preparation for Exercises III through V.

III. Qu'est-ce que c'est? You are eating in a French restaurant with family members who do not speak French. They are counting on you to explain what each dish is made of.

   Modèle: sole meunière   *fish rolled in flour and cooked in butter*

   1. pâté maison _____

   2. sauté de bœuf bourguignon _____

   3. moules gratinées aux épinards _____

   4. terrine de légumes _____

   5. homard à la crème _____

   6. coquilles St-Jacques à la parisienne _____

   7. haricots verts à la provençale _____

   8. truite à la normande _____

IV. Un restaurant français au Canada. In Canada, federal law requires that menus list dishes in both French and English. Using the following list of English terms, complete the menu for the restaurant La Caravelle in Quebec City.

Crab pâté / Dover sole / Frogs' legs with garlic / Grilled or boiled lobster / Grilled steak with butter and herbs / Liver pâté / Onion soup au gratin / Pepper steak / Rack of lamb with garlic / Salmon scaloppine / Seafood soup / Shrimp cocktail / Shrimp with garlic / Shrimp on a skewer, Valencia style / Smoked salmon / Snails, Burgundy style / Veal scaloppine / Today's special soup

Nos hors-d'œuvre

Cocktail de crevettes

_____

Terrine de crabe

_____

Saumon fumé

_____

Pâté de foie maison

_____

Escargots de Bourgogne

_____

Crevettes à l'ail

_____

Nos potages

Soupe à l'oignon gratinée

_____

Soupe de fruits de mer

_____

Soupe du jour

_____

Poissons et crustacés

Escalope de saumon

_____

Sole de Douvres meunière

_____

Brochette de crevettes,
valenciennes

_____

Homard bouilli ou grillé

_____

Cuisses de grenouilles à l'ail

_____

Nos viandes

Steak au poivre

_____

Entrecôte grillée, maître d'hôtel

_____

Carré d'agneau, piqué à l'ail

_____

Escalope de veau

_____

V. Vos réactions. Répondez aux questions suivantes en qualifiant chaque réponse à l'aide d'une des expressions suivantes: **il est possible / il est impossible / il est probable / il est peu probable / il est certain / il est évident / il est vrai / je suis sûr(e) (certain[e]) / je pense / je ne pense pas / je doute.**

Modèle: Vous êtes étudiant(e)?
Il est évident que je suis étudiant(e)!

1. Vous avez plus de 16 ans, n'est-ce pas? _____

_____

2. Vous allez vous marier un jour? _____

_____

3. Vous allez vous marier avant l'âge de 25 ans? _____

_____

4. Vous allez avoir beaucoup d'enfants? _____

_____

5. Le français est très facile à apprendre, non? _____

_____

6. En général, vos amis réfléchissent avant d'agir (*before they act*), n'est-ce pas? _____

_____

7. En général, les garçons sont plus forts en maths et les filles sont meilleures en littérature, non?

_____

8. Il va faire beau demain, n'est-ce pas? _____

_____

L'art d'écrire: Comment trouver des mots dans un texte

In this chapter, you will learn some strategies for developing and using your French vocabulary. One way to develop your vocabulary on a specific subject is to read about that topic in French. While reading, be alert for French equivalents of English expressions related to the subject that interests you.

Les jeunes et la consommation

«Avantages et méfaits de la société de consommation,» c'était, dans les années 70, le grand classique de leurs sujets de dissertation. Facilement contestataires hier, les jeunes sont sans complexes aujourd'hui. Ils consomment comme ils respirent: sans y penser. Voilà tout.

Leur univers quotidien

«Consommer? C'est manger,» répondaient en 1980 les élèves interrogés par le Centre de documentation de la consommation à Marseille. Associant l'idée à celle de la cuisine ou de la salle à manger, plutôt qu'à leur chambre. «Une première coquille,» où, comme le rappellent Jean Boniface et Alain Gaussel, auteurs des *Enfants consommateurs,* «ils consomment pourtant tout ce qui n'est pas nourriture» . . . c'est-à-dire tout le reste. Dans cet espace dont il se sent propriétaire, l'enfant se révèle à 10 ans un amoureux des collections d'objets. Passé la porte de son domaine réservé, le teen-ager utilise à peu près librement appareils ménagers et téléphone de la maisonnée. Un foyer dans lequel près de la moitié des achats se font sous son influence . . . et qui l'abrite dans 70 % des cas jusqu'à ses 25 ans.

L'école, les magasins du quartier: autant de lieux où la notion de valeur
marchande s'apprend bien avant l'âge de raison.

À l'école de la consommation

Les cours de récréation sont des mini-foires où stylos, chewing-gums et autres trésors s'échangent à des cours ignorés des adultes.

Chez les commerçants, les enfants font de plus en plus jeunes l'apprentissage des courses: 96 % des 5-15 ans y suivent leurs mères. De l'épicier du coin à la grande surface, l'initiation aux circuits de distribution est précoce. Seul un tiers des enfants—les plus âgés—participe aux virées familiales dans les hypermarchés. Mais 62 % sont des habitués du petit commerce.

À 4 ou 5 ans, beaucoup s'aventurent seuls pour acheter le lait ou la baguette du matin. Vers 10 ans, les voilà expédiés au petit supermarché. Fait révélateur: parmi les familles interrogées par l'École des parents, 75 % des mères travaillaient à l'extérieur. Moins souvent disponibles, les parents délèguent plus facilement à la jeune progéniture la responsabilité des achats quotidiens. Du paquet de nouilles au kilo d'oranges, les 10-12 ans ont l'œil sur les étiquettes. En mai 1984, la revue *Que Choisir?* le constatait dans un dossier consacré à leur connaissance des prix. Pour tout ce qu'ils achètent habituellement les enfants ont le pied sur terre. Le prix d'une bouteille de Coca? «Avec ou sans consigne?» répondent-ils. Certains sont même capables d'évaluer correctement le budget alimentaire d'une famille. Conscients du coût du panier de la ménagère—surtout dans les milieux défavorisés—, ils repèrent la hausse du 45 tours, sont incollables sur le prix d'un Levi's. Concernés; et pour cause . . .

> Devenue monnaie courante, l'attribution précoce d'un mini-pécule favorise la maturité économique des enfants.

Frottés à l'argent

En milieu urbain surtout: «Autant les préparer à vivre le porte-monnaie à la main,» se disent bien des parents. À 5 ans, l'âge de la tirelire, 15 % de petits Français reçoivent de l'argent de poche. Jusqu'à 9-10 ans, on le dépense peu . . . et un peu n'importe comment. Passé ce cap, le teen-ager commence à «gérer» son budget, à se débrouiller pour faire acheter par les autres. «Pour l'adolescent, l'argent n'est plus magique. Les jeunes ont de plus en plus tôt conscience de sa valeur abstraite», constate l'Institut de l'enfant.

Des sollicitations permanentes

Ce qui les pousse à consommer? Leurs parents sont quasi unanimes: la pub, d'abord la pub. Les affiches, la radio, les magazines exposent sans cesse les jeunes à ses messages. La télévision surtout:

> Les enfants avaient plus de 1 400 spots par an.

Et, selon un sondage Médiascopie de 1984, 60 % aiment ça! Omniprésente, la publicité alimente leurs conversations comme une culture de clan: 60 % en parlent d'abord à leurs copains.

Pourtant, l'adolescent entretient avec elle des rapports plus complexes qu'on ne l'imagine parfois. Fan du petit film, s'il est bien conçu, mais pas forcément du produit. D'autres références suscitent ses désirs: l'influence de la bande d'amis prolonge celle des médias.

> D'un lycée à l'autre, les modes se propagent aussi vite que les mots nouveaux.

À l'ère de l'individualisme

La pub est leur décor. Plongés dès l'enfance dans l'univers des techniques, des produits, des supermarchés, les jeunes ont plaisir à consommer. «Aujourd'hui, constate Gilles Lipotevsky, philosophe et enseignant, ils ne contestent plus la consommation, ils en profitent. Très tôt, ils ont pris l'habitude d'exprimer leurs goûts. À l'ère du choix, l'école elle-même devient un produit de consommation, sujet à critiques.» Individualistes? Comme tout le monde. «Une très forte tendance à se centrer sur la vie personnelle habite nos contemporains. En fait, la société individualiste est fille de la société de consommation.»

Juniorscopie, Welcomme & Willerval, Larousse; p. 207

VI. **Les jeunes Français et la consommation.** In the reading, find the French equivalents of the following English words and expressions.

1. everyday world _____

2. household appliances _____

3. home (*2 possibilities*) _____

4. a large shopping center (*2 possibilities*) _____

_____

5. take part in family outings _____

6. daily shopping _____

7. advertising _____

8. an individualistic age _____

9. the consumer society _____

VII. **Les jeunes Français et la consommation (suite).** Reread the article, looking for words and expressions that fit the following categories.

1. Find at least five nouns that refer to young people. _____

_____

_____

2. Find at least five verbs that describe what young people do. _____

_____

_____

3. Find at least five nouns that refer to people or places associated with a consumer society. _____

_____

_____

DEUXIÈME ÉTAPE

Allô! Allô! Vous pouvez venir dîner samedi soir? (*Text p.596–p.608*)

L·I·S·O·N·S!

*Humor often takes a common, everyday situation as its point of departure. In this **étape,** you are going to read the text of a vaudeville sketch made famous by the comedian Ferdinand Raynaud. In the sketch, someone tries to make a phone call from a post office in Paris to the town of Asnières, just a few kilometers away.*

I. **Prélecture.** The French phone system is undergoing major modernization. However, in the past (and even today in certain post offices), when you wanted to make a phone call, you would tell the **préposé(e)** (*clerk*) the number you wished to call and when he/she had made the connection, you

Nom .... Cours ....

14

2ᵉ Étape

would step into one of the phone booths to hold your conversation. Try to imagine, under such a system, at least two complications that might arise when trying to place a call.

_____

_____

_____

_____

II. Lecture: Le 22 à Asnières

FERNAND: Pardon, madame la téléphoniste . . . Oh! madame la téléphoniste . . . madame la postière! Oh!

LA PRÉPOSÉE: Vous ne voyez pas que je suis en train de faire mes totaux, non!

FERNAND: Qu'est-ce que vous faites?

LA PRÉPOSÉE: Je fais mes totaux!

FERNAND: Ah! Ben alors! Mais enfin, dans le bureau de poste, c'est bien à vous qu'il faut s'adresser pour téléphoner? Oui? Bon. Parce que des fois,[1] vous savez, on attend, on attend, on dit non, c'est pas là et puis . . . Oh! madame la téléphoniste!

LA PRÉPOSÉE: Oh! Vous êtes pénible,[2] vous, hein! Qu'est-ce que vous voulez?

FERNAND: J'aurais voulu avoir[3] le 22 à Asnières, s'il vous plaît!

LA PRÉPOSÉE: Vous pouvez pas y aller en vélo, non! . . . Allô! le central! . . .[4] Oui! . . . Comment vas-tu, Christiane? Et ta sœur? Elle est malade? Eh bien tant mieux! Tant mieux! Elle est aux assurances sociales? . . .[5] Eh ben, comme ça, elle pourra aller danser toute la semaine. Dis donc, je me rappelle même plus pourquoi je te téléphone . . . Qu'est-ce que vous voulez, vous là?

FERNAND: Je voudrais le 22 à Asnières!

LA PRÉPOSÉE: Ah, oui! Tu me passes le 22 à Asnières . . . Au revoir, Bouchon . . . Au revoir . . .

FERNAND: Merci, madame! Vous pensez que ça va être long? Parce que j'étais venu avec mon vélo, là, et j'ai crevé[6] en venant.[7] J'dis: «Tiens, je vais donner un coup de fil, comme ça, ça va m'avancer . . . »

(Un Américain arrive en bousculant[8] le premier client.)

L'AMÉRICAIN: Vous pouvez pas faire attention!

FERNAND: Oh! Excusez-moi!

L'AMÉRICAIN: *Well! Please,* mademoiselle! *For San Francisco!* Mademoiselle la téléphoniste! *Yes!* San Francisco n° 6307X7!

LA PRÉPOSÉE: Oui, monsieur, voilà! Je branche.[9] Allô! La cabine internationale! . . . Oui! Bon, passez-moi San Francisco! . . . en Pennsylvanie! . . . Le 6307X7! Oui! Bon! Oui! . . . San Francisco, cabine 6!

FERNAND: Et mon Asnières? J'avais demandé le 22 . . . Le 22 à Asnières! Parce qu'on m'attend pour casser la croûte![10] Alors, il faut que je me magne le bol.[11] Vous savez ce que c'est, si vous arrivez en retard . . .

1. sometimes 2. difficult 3. I would like to have had 4. central switchboard or exchange 5. social security 6. I had a flat 7. while coming 8. jostling 9. am connecting 10. to have a bite to eat 11. I have to hurry

(Un Belge bouscule à son tour le premier client.)

FERNAND: Vous me bousculez tous là! Vous pouvez pas . . .

LE BELGE: Excusez! . . . C'est moi qui m'excuse, mademoiselle! J'aurais voulu avoir une fois à Liège, monsieur Vanderman . . . septante-cinq . . .[12] Non, l'adresse, je ne la connais pas . . . Mais enfin . . . Non, je ne connais pas non plus le numéro de téléphone . . . Mais enfin . . . Je sais qu'il est charcutier. Pensez-vous que ce soit possible de l'avoir? Vous seriez bien gentille,[13] hein! Si vous pouviez me sortir d'embarras,[14] hein!

LA PRÉPOSÉE: Vous savez pas ce que vous voulez, quoi! Un faux Belge! Allô! Passe-moi Liège! Belgium! . . . C'est la cabine internationale? . . . Bon! Eh ben alors, Liège, monsieur Vanderman. On n'a pas le numéro mais on sait qu'il est charcutier . . . Eh ben il doit pas y en avoir 36![15] Bon . . . Ah! Bon! Bon! Liège, cabine 3!

FERNAND: Et mon Asnières? J'avais demandé le 22, deux fois 2 . . . Enfin . . . Pas deux fois deux . . . 2 fois dix plus deux . . . Comme 22 v'là les flics . . .[16]

(Un Allemand bouscule le premier client.)

FERNAND: Mais enfin! Qu'est-ce que vous avez tous à me . . .

L'ALLEMAND: *Fräulein, Bitte, sprechen sie deutsch?*

LA PRÉPOSÉE: *Nicht fill!*

L'ALLEMAND: *Ya! für Berlin Herr Karl Fusstrassen zwei Alexanderplatz.*

LA PRÉPOSÉE: *Ya!*

L'ALLEMAND: *So! telefon vierundzwanzig!*

LA PRÉPOSÉE: Lui, au moins,[17] il sait ce qu'il veut! Allô! Passez-moi Berline! . . . Allô! Berline! Vierundzwanzig! comme deux fois le 12! . . . Berline, cabine 5!

L'ALLEMAND: *Was???*

LA PRÉPOSÉE: Euh . . . Berline . . . Cabine fünf!

L'ALLEMAND: *Danke sehr!*

LA PRÉPOSÉE: *Bitte sehr! Auf wiedersehen!*

FERNAND: Eh ben . . . Et mon Asnières?

LA PRÉPOSÉE: Non, mais dites donc, vous là, vous n'êtes pas tout seul[18] ici, non!

FERNAND: Pardon, mademoiselle . . . Et si je vous demandais New York?

LA PRÉPOSÉE: Faudrait savoir[19] c'que vous voulez!

FERNAND: Je demande New York, c'est pas mon droit,[20] non!

LA PRÉPOSÉE: Si vous voulez New York, j'vais vous donner New York! Allô! . . . Passez-moi New York! Non, non, non . . . New York tout simplement . . . New York, cabine 1!

FERNAND: Allô? . . . Allô, New York! . . . Dites donc, vous ne pourriez pas me passer le 22 à Asnières!

Fernand Raynaud, *Ses grandes histoires,*
Philips Records

12. 75 (in Belgian French)   13. That would be very nice of you.   14. If you could help me out . . .
15. There can't be 36 of them!   16. . . . watch out, here come the cops . . .   17. He, at least . . .
18. You're not the only one . . .   19. Ought to know . . .   20. right

III. L'analyse

A. L'histoire. Answer the following questions that outline the basic story of **"Le 22 à Asnières."**

1. Why is Fernand trying to call **le 22 à Asnières?** _____

_____

2. Why does he become impatient? _____

_____

_____

_____

_____

3. How does he finally try to resolve his problem? In your opinion, will he be successful? _____

_____

_____

B. Le comique. Two major comic techniques are *repetition* and the introduction of *incongruity* (i.e., things that don't fit their context).

1. In the sketch, find at least three examples of comic repetition. _____

_____

_____

_____

2. Find as many examples as you can of incongruities, of actions or situations that don't fit and that end up being comic (for example, the operator having a conversation with the central

switchboard operator and forgetting the number). _____

_____

_____

_____

_____

_____

_____

_____

_____

É·C·R·I·V·O·N·S!

PRATIQUE DE LA GRAMMAIRE

On pages P44–P45 of this Workbook, you will find additional, highly structured, self-correcting exercises on the conjugation and uses of the conditional tense. If you feel unsure about this structure, or if you wish additional practice, do those exercises in preparation for Exercises IV through VI.

IV. Une vie de rêve. Vous imaginez la vie idéale que vous pourriez mener un jour. En vous inspirant des expressions suggérées et en mettant les verbes au conditionnel, écrivez un paragraphe dans lequel vous racontez cette vie. Utilisez une autre feuille de papier. Verbes et expressions: **(ne pas) être marié(e) / habiter / (ne pas) avoir des enfants / travailler / passer le week-end / voyager,** etc.

> *Modèle: Ma vie serait facile (difficile, simple, compliquée, pareille à ma vie actuelle, très différente de la vie que je mène actuellement). Etc.*

V. Une invitation à dîner. Karen Ludlow passe une année en France. Elle va à l'université d'Angers et elle habite avec la famille de Jacqueline Chartrier. Un jour, Karen reçoit une invitation par la poste.

> Chère Mademoiselle,
>
> À l'occasion du 21e anniversaire de notre fille Solange, ma famille organise un dîner chez nous, 12, rue Parmentier, le samedi, 17 mai, à 20 h. 30.
>
> Nous serions tous très heureux si vous pourriez être des nôtres.
>
> Auriez-vous la gentillesse de donner réponse aussitôt que possible.
>
> Veuillez agréer, chère Mademoiselle, l'expression de mes sentiments les meilleurs.
>
> Simone Joyale

Relevez dans l'invitation de Mme Joyale l'équivalent français des expressions suivantes.

1. Dear Miss Ludlow _____

2. for Solange's birthday _____

3. to join us _____

4. RSVP _____

5. Very truly yours _____

VI. Trois invitations à écrire. Rédigez les invitations suivantes en utilisant les formules de politesse appropriées. Utilisez une autre feuille de papier.

1. Les parents de Jacqueline Chartrier invitent des amis de Jacqueline à venir dîner chez eux pour fêter l'anniversaire de leur fille.

2. Karen Ludlow invite des amis de Jacqueline à venir passer la soirée chez Jacqueline pour fêter l'anniversaire de sa «sœur» française. (Attention: elle écrit à des gens qu'elle connaît bien.)

3. Vous venez de passer plusieurs mois chez une famille française. Avant de rentrer aux États-Unis, vous voulez remercier votre famille et leurs amis de leur gentillesse à votre égard. Vous décidez donc de leur préparer un repas typiquement américain. Vous les invitez donc pour le 4 juillet, la fête nationale américaine. Écrivez l'invitation.

L'art d'écrire: Comment trouver des mots dans un dictionnaire

You can often expand your French vocabulary through careful reading, but sometimes you also need to consult a dictionary. When using a French-English dictionary, you need to pay attention to two potential problems: (1) the large number of possible French equivalents for many English words and (2) the need to distinguish words from expressions.

Suppose that you want to find the French equivalent of *to charge something* (in the sense of *to buy on credit*). The dictionary entry for *charge* lists over 40 words and expressions. To decide which one to use, consider the following:

1. Does the word perform more than one grammatical function? If so, which one do you want? (In the case of *charge,* about two-thirds of the possibilities are nouns, but you are interested in *charge* as a verb.)

2. Does the dictionary limit the meaning of any of the choices? (For example, the possibility **charger de** is followed by the notation [to entrust].)

3. Does the word fit into an expression? (The dictionary gives the expression *to charge to someone's account,* **mettre sur le compte de.** That is the one you want.)

4. If none of the choices seems right, the next step is to cross-check the best possibilities in the French-English part of the dictionary.

An additional complication may arise when you try to find the French equivalent of an English expression—for example, *to be wild about* (in the sense of *to really like*). When dealing with an expression, it is important to recognize that you cannot translate it word for word. Instead, you need to identify the key word in the expression (here, *wild*) and then follow the strategies suggested above.

VII. Comment dit-on . . . ? Using a French-English/English-French dictionary, try to find a French equivalent for each of the following words.

1. to spend (in the sense of *to spend money*) _____

2. to save (in the sense of *to save money*) _____

3. allowance (in the sense of *weekly allowance*) _____

4. commercials (in the sense of *commercials on TV*) _____

VIII. Comment dit-on . . . ? (suite) Using a French-English/English-French dictionary, find a French equivalent for each of the following English expressions.

1. to be wild about (a product) _____

2. to be hooked on (for example, TV) _____

3. spending money (noun) _____

4. bank account _____

TROISIÈME ÉTAPE

Une recette *(Text p.609–p.620)*

L·I·S·O·N·S!

Pariscope and L'Officiel des spectacles offer information not only on entertainment options but also on restaurants. Moreover, in addition to listing restaurants by type of cuisine, they also provide more in-depth reviews of two or three restaurants each month. In this étape, you are going to read three restaurant reviews from Pariscope. There will be numerous words and expressions that you have not seen before. However, by using the reading strategies you have been practicing, you should be able to get the gist of each review and also some practical information about each restaurant.

I. Prélecture. First, read the two short reviews of restaurants located in Boston.

Taste of France

Situated in Boston's majestic Old City Hall, **Maison Robert** offers "Cuisine Française" at its best. From hors d' oeuvres to entrees to desserts, a meal at Maison Robert is comparable to dining on the avenues of Paris - delicious, romantic and memorable.

There are two dining areas to choose from: the elegant Bonhomme Richard room and the outdoor Ben's Café, where we chose to dine. For hors d' oeuvres, we tried the Escargots de Bourgogne, a tasty combination of snails, spinach and garlic butter, and Grilled Smoked Shrimp on a bed of tomato and basil. Both were superb. For the main course, we feasted on a trio of classic French entrees. The Grilled Duck Breast with Blueberry Sauce was tender and pleasingly sweet; the two complimented each other very well. Our Lobster poached in Sauterne and Caviar Butter was also a delicacy, as was the Roast Filet Mignon in Pineau des Charentes sauce. The filet mignon was thick, flavorful and grilled to perfection.

Maison Robert's dessert menu is equally exquisite, featuring such sweet sensations as Crêpes Suzette and Baked Custard. The ultimate happy ending. We left the café expecting to catch a glimpse of the Eiffel Tower, and found it in the form of the Prudential Building. Entrees are priced from $19-35. Open weekdays for lunch and Mon.-Sat. for dinner. 45 School St., 227-3370.

Asian Oasis

Kowloon Café in Copley Place may only be four months old, but the food, atmosphere and reputation of this Chinese eatery is catching on like dragonfire. Many will enjoy Kowloon for its diversity; dishes are prepared Cantonese, Szechuan, Thai or Hong Kong style. Others will revel in the modern, colorful dining areas. Chances are Kowloon will be long-remembered for both.

A day at Kowloon begins with an Express Lunch, offering combination specials, rice and noodles - all under $7. After 4 p.m., the fast-food setting turns into fine dining that features an array of selections. So many, in fact, we asked Manager Eddie Yee to order for us. We began with Kyo Koong and Peking Dumplings as appetizers. The Kyo Koong was shrimp wrapped in wanton skin, and the dumplings were fried and filled with spiced pork. Delicious. Yee then ordered four main courses, all of which were extremely tasty and uniquely different. The Orange Beef was crispy, mildly spicey and sauteed in orange liqueur. Fancy Chicken was served in a shelled pineapple half with cashews, mushrooms and pineapple chunks. Aromatic Crisp Shrimp combined shrimp with peppers and broccoli in a thick, tangy sauce, and the Pad Thai was a rich noodle dish with shrimp, bean sprouts and egg. All of the entrees, and Kowloon itself, earned our high recommendation. Confucius would be proud. Dinners priced $2.75-16.95. Open daily for lunch and dinner. Copley Place, 247-8877.

Nom .... Cours ....

14

3e Étape

Now list the types of information provided in the two reviews. _____

_____

_____

_____

_____

La Gourmandière. Après avoir mérité les louanges de la presse gastronomique au « Chalet de Villebon », Jean-Claude Giraud a repris les fourneaux de cette belle auberge de charme, qui jouxte les bois de Verrières. Dans un cadre au charme buccolique, juste à quelques minutes de Paris, ce chef-propriétaire au caractère enjoué et généreux, nous propose sa bonne cuisine, faite d'élégance et de tradition. On peut s'y régaler à peu de frais, en choisissant ce bon menu à 70 francs s.n.c, composé par exemple d'un cocktail d'avocat aux fruits de mer, du « plat gourmand » (ris et langue de veau sauce périgueux), puis de salade, fromages et dessert au choix. À la carte, on trouve aussi une, salade d'écrevisses tièdes aux trois herbes, un superbe foie gras frais à la cuillère, des gambas moscovites, un copieux cassoulet, un rognon de veau beaugé, ou une exquise tarte fine aux pommes. L'addition d'un excellent repas, arrosé d'un Givry enchanteur: environ 280 F t.c. Menus à 70 et 120 F s.n.c.
1, rue Antoine Bièvres, 91-Bièvres. 60.19.20.92 (Autoroute pont de Sèvres, sortie Bièvres Nord). Fermé Lundi. Service jusqu'á 22H30. Tennis. Practice de golf.

La chaumière de Chine. Au déjeuner, il est souvent difficile de trouver une table libre, dans ce confortable restaurant, tant les amateurs sont nombreux à venir goûter les recettes originales et parfois insolites, que M. et Mme Yau ont ramené de leur Chine natale. Les soirées, plus calmes, permettent d'y apprécier enfin, un vrai canard laqué à la pékinoise, qu'il n'est pas nécessaire de commander à l'avance, comme c'est si souvent le cas. On en déguste tout d'abord la peau délicieusement croustillante, enroulée dans de petites crêpes de riz, avant de savourer la chair de ce palmipède, sautée aux légumes. Au nombre des plats les moins habituels, on note aussi une fondue chinoise, et des gambas ou du filet de bœuf servi frémissant, sur une plaque de fonte chaude. Les dim sum (délicieux petits plats à la vapeur), les crevettes au sel de cinq parfums, le bœuf sauce d'huîtres ou le poulet aux mangues, sont tout aussi recommandables. L'addition: environ 160 francs tout compris. Menu à 68 F s.c. au déjeuner (sauf Dimanche). 23, avenue Pierre-1er de Serbie (16e). 47.20.85.56. Service jusqu'à 23h.
Jean-Claude MARIANI

Brasserie Lutetia. Après avoir suivi Joël Robuchon à l'hôtel Nikko en 1978 et dirigé les fourneaux du Nova Park Elysées, Jacky Fréon chef de cuisine de l'Hôtel Lutetia notamment du Paris, est revenu à ses premières amours, ses vrais débuts datant de 1974, aussi dans un hôtel Concorde, au Lafayette. À la brasserie Lutetia, dans une ambiance toujours très parisienne et un nouveau décor très réussi de Slavick, il a été conçu une carte séduisante et bien équilibrée. Des plats de bonne tradition comme le cervelas alsacien en salade, le civet d'oie aux lentilles vertes le chateaubriand et sa sauce béarnaise, le mulet grillé des simples, la sole meunière servie avec des pommes à l'anglaise et pour terminer votre repas en douceur, le domino aux marrons et sauce anglaise au café. Ce panorama gourmand se complète d'un superbe banc d'huîtres dont le généreux plateau à 145 F qui se compose de six claires, 4 praires, ½ tourteau, 2 clams, crevettes grises, bulots et bigorneaux. Env. 180 F, accueil chaleureux du directeur M. Manpu, et service aimable compris. Formule spéciale autour d'un plat: 81 F vin n.c.
23, rue de Sèvres (6e). 45.44.38.10. Service jusqu'à minuit.
Jeanne CHADENIER

II. **Où dîner?** While in Paris, you receive a letter from your parents asking you to look after some of their friends who will be visiting France. When you meet the friends, they ask for help in choosing a place to dine. You consult *Pariscope* and answer their questions about the three restaurants featured that week.

1. What are these restaurants like? (food, atmosphere)

   a. _____

   _____

   b. _____

   _____

   c. _____

   _____

2. Which is the least expensive? _____

   Which is the most expensive? _____

3. Your parents' friends are staying at a hotel on the **Rive Droite**, near the **Opéra.** Which restaurant will be the easiest to reach? (You can refer to the map of Paris in your textbook, on page 168.) _____

4. What foods do the reviewers recommend?

   a. _____
   _____

   b. _____
   _____

   c. _____
   _____

5. Your parents' friends invite you to join them for dinner. Which restaurant would you prefer? Why? _____
   _____
   _____

É·C·R·I·V·O·N·S!

PRATIQUE DE LA GRAMMAIRE

On page P45 of this Workbook, you will find additional, highly structured, self-correcting exercises on the relative pronouns **qui** and **que.** If you feel unsure about these structures, or if you wish additional practice, do those exercises in preparation for Exercises III through V.

III. **À mon avis . . .** Vous donnez votre opinion sur des gens de votre choix. Utilisez **qui** dans la première phrase, **que** dans la deuxième et une préposition + **qui** dans la troisième.

Modèle: Les gens qui . . .
Les gens qui me font attendre m'énervent.

Les gens que . . .
Les gens que j'admire sont pour la plupart (mainly) *très intelligents.*

Les gens (à) qui . . .
Les gens à qui j'écris sont généralement des amis d'enfance. ou
Les gens pour qui j'ai beaucoup de respect sont les médecins.

1. Les amis qui _____
   _____
   _____

   Les amis que _____
   _____
   _____

Les amis (à) qui _____

_____

_____

2. Les hommes qui _____

_____

_____

Les hommes que _____

_____

_____

Les hommes (à) qui _____

_____

_____

3. Les femmes qui _____

_____

_____

Les femmes que _____

_____

_____

Les femmes (à) qui _____

_____

_____

4. Le professeur qui _____

_____

_____

Le professeur que _____

_____

_____

Le professeur (à) qui _____

_____

_____

IV. Pour faire une casserole de poulet et de légumes. Votre jeune cousin(e) a mangé une casserole que vous avez préparée et il (elle) vous demande la recette. Vous décidez de lui faire une explication détaillée en prose en résumant toute la préparation du plat. Étudiez la recette, qui vient d'un livre de cuisine canadien, puis suivez le modèle. Utilisez une autre feuille de papier.

Casserole de Poulet et de Légumes

Pour 6 personnes:

6 morceaux de poulet (poitrines ou cuisses, au choix)
½ tasse de farine
sel
poivre
paprika
2 oignons (émincés)
6 pommes de terre (pelées et coupées en gros cubes)
6 carottes (égratignées et coupées en rondelles)
6 côtes de céléri (épluchées et coupées en morceaux)
½ tasse de beurre
persil

1. Faire préchauffer le four jusqu'à 350°.

2. Mélanger la farine, le paprika, du sel et du poivre dans un bol, puis enrober de ce mélange les morceaux de poulet. Secouer légèrement pour enlever le surplus de farine.

3. Mettre les morceaux avec le beurre dans une casserole à petit feu, couvrir, laisser à mijoter sept minutes.

4. Retirer aussitôt la casserole du feu.

5. Ajouter les légumes, couvrir, mettre au four. (Si vous voulez, ajouter un demi-verre de vin blanc ou d'eau.)

6. Faire cuire une heure ou jusqu'à ce que les légumes soient tendres.

7. Servir la casserole de poulet et de légumes saupoudrée du persil haché.

Bon Appétit!

Recette

Modèle: D'abord, tu vas à la boucherie et tu achètes . . .

V. Un plat que j'ai préparé. Rédigez un paragraphe dans lequel vous décrivez un plat que vous avez préparé ou que vous avez aidé à préparer. Indiquez ce que vous avez acheté (et où), qui vous a aidé (ou si vous l'avez fait tout[e] seul[e]), ce que vous (et l'autre personne) avez fait, qui a mangé le plat et comment le plat a été reçu. Utilisez une autre feuille de papier.

L'art d'écrire: Comment écrire des phrases françaises

Although it takes a long time to write (and speak) French very well, you can begin to sound more authentic by learning how to imitate the French models that you read (and hear). Thus, once you have found words and expressions you wish to use, you can avoid creating sentences that are simply translations from English by observing the basic patterns of French sentences and keeping their structure while replacing their content.

⌒ **4ᵉ Étape**

For example, consider the French sentence: **Très tôt, ils ont pris l'habitude d'exprimer leurs goûts.** One way to change the subject (and even the perspective) while maintaining the basic pattern of the sentence is: **Très tard, nous avons pris l'habitude de faire des économies.**

VI. Imitons! Write your own sentences by changing the topics and perspectives (affirmative-negative, past-present-future, you-someone else, etc.) of the following French sentences taken from **"Les jeunes Français et la consommation."** In the first three items, the basic structure is indicated by italics; retain these words in your sentences. In the final three items, you must decide for yourself which words you are going to keep.

1. Consommer, *c'est* manger. _____

2. *Seul* un tiers des enfants—les plus âgés—*participe* aux virées familiales dans les hypermarchés.

   _____

   _____

3. *À* quatre ou cinq *ans,* beaucoup *s'aventurent seuls pour* acheter le lait ou la baguette du matin.

   _____

   _____

4. Ce qui les pousse à consommer? Leurs parents sont quasi unanimes: la pub, d'abord la pub.

   _____

   _____

5. Plongés dès l'enfance dans l'univers des techniques, des produits, des supermarchés, les jeunes ont plaisir à consommer. _____

   _____

   _____

6. En fait, la société individualiste est fille de la société de consommation. _____

   _____

   _____

 QUATRIÈME ÉTAPE
(Text p.621–p.627)

⌒ **É·C·O·U·T·O·N·S!**

I. Le futur ou le conditionnel? Listen to the sound and context of each sentence. Then write **F** if the main verb is in the future or **C** if it is in the conditional.

1. _____   3. _____   5. _____   7. _____   9. _____

2. _____   4. _____   6. _____   8. _____   10. _____

II. Au restaurant. At a restaurant, three friends are discussing what to order. On the menu, circle the items they finally choose.

LA BONNE BOUCHE

Les hors-d'œuvre

Assiette de crudités

Oeufs mayonnaise

Jambon melon

Terrine de crabe

Escargots de Bourgogne

Les potages

Bisque de homard

Soupe à l'oignon gratinée

Consommé au vermicelle

Les poissons

Truite aux amandes

Filet de sole meunière

Langoustines mayonnaise

Moules marinières

Coquilles St-Jacques

Les viandes

Escalope de veau au citron

Steak au poivre

Côte de porc grillée

Bœuf bourguignon

Châteaubriand sauce béarnaise

Les fromages

Camembert, Brie, Roquefort

Les desserts

Glace à la vanille

Mousse au chocolat

Crème caramel

Tartelette aux fruits

Fraises au sucre

Les boissons

Café

Thé

Vin blanc

Vin rouge

Eau minérale

III. Une recette: Les œufs parmentière. In France, recipes are often given on the radio. As you listen to this recipe for a well-known egg dish, circle the ingredients that will be needed.

Now listen as the cook explains step-by-step how to prepare this dish. Number the drawings to show the correct order.

Chapitre quatorze   **331**

IV. **Mini-dictée: Les pessimistes.** As you listen to the discussion about pessimists, fill in each blank with the appropriate form of the conditional.

Les pessimistes, eux aussi, ont des rêves, mais ils sont moins sûrs de les réaliser. François est pessimiste. Quand on lui pose des questions, il répond ainsi:

—Tu _____ être riche un jour?

—Oui, mais il _____ avoir beaucoup de chance.

—Si tu avais beaucoup d'argent, que _____-tu?

—Je _____, je _____ construire une maison pour ma

famille. Mes sœurs _____ jouer au tennis. Ma mère ne

_____ pas obligée de travailler. La vie _____

merveilleuse . . . si j'étais riche.

V. **Dictée: Les bonnes manières.** Listen to the text, which will be read once in its entirety. Then each sentence will be read twice. Write what you hear. If you wish, listen to the entire passage again to verify your work. Use a separate sheet of paper.

VI. **Vous pourriez prendre un message?** While staying with a French family in Bordeaux, you find yourself home alone. When the phone rings, you answer and jot down (in French or in English) the messages for your French "father" (Serge Chaumeau), his wife (Denise), and their son (Jean-Philippe).

Date:_____ Heure:_____	Date:_____ Heure:_____
A l'attention de M._____	A l'attention de M._____
en votre absence	**en votre absence**
M._____	M._____
Société_____	Société_____
Téléphone_____	Téléphone_____
A TÉLÉPHONÉ ☐ MERCI D'APPELER ☐ EST PASSÉ VOUS VOIR ☐ VOUS RAPPELLERA ☐ DEMANDE UN ENTRETIEN ☐ **URGENT** ☐	A TÉLÉPHONÉ ☐ MERCI D'APPELER ☐ EST PASSÉ VOUS VOIR ☐ VOUS RAPPELLERA ☐ DEMANDE UN ENTRETIEN ☐ **URGENT** ☐
Message	Message

```
┌─────────────────────────────────────────┐
│ Date :_____  Heure :_____ │
│                                           │
│ A l'attention de M._____│
│                                           │
│   en votre          absence               │
│                                           │
│ M._____ │
│                                           │
│ Société _____│
│                                           │
│ Téléphone _____│
│                                           │
│ ┌───────────────────────────────────────┐ │
│ │ A TÉLÉPHONÉ           □  MERCI D'APPELER □│ │
│ │ EST PASSÉ VOUS VOIR  □  VOUS RAPPELLERA □│ │
│ │ DEMANDE UN ENTRETIEN □  URGENT          □│ │
│ └───────────────────────────────────────┘ │
│                                           │
│   Message                                 │
│                                           │
│                                           │
│                                           │
│                                           │
│                                           │
│                                           │
└─────────────────────────────────────────┘
```

VII. Proverbes et expressions. As you listen to the discussion about food and the French language, complete the proverbs and expressions that are mentioned. Do they all have English equivalents? Write as many of the equivalents as you can. You may wish to listen to the conversation more than once.

1. On a _____ sur la planche.

2. Mon oncle s'est trouvé _____.

3. C'est long comme _____ sans _____.

4. Un repas sans _____ est comme une journée sans _____.

5. Il faut _____ dans son _____.

6. Quand _____ est tiré, il faut le _____.

7. Il vaut mieux aller chez le _____ que chez le _____.

Equivalents

1. _____

2. _____

3. _____

4. _____

5. _____

6. _____

7. _____

A. Un dîner inoubliable. Write a letter to your French "family" describing an unforgettable meal that you had in a restaurant or at someone's home. Give as much information as possible about the context of the meal (Where? When? With whom? Why?) and about the meal itself. Use a separate sheet of paper.

VOCABULAIRE: Les plats, le restaurant, la cuisine

FONCTION: Pour parler de ce qu'on veut manger

GRAMMAIRE: Le passé composé et l'imparfait

B. Les jeunes Américains et la consommation. Write a short essay about American young people and their role in the modern consumer society, comparing them with their French counterparts. Use the suggestions offered in the **L'art d'écrire** sections of this chapter to develop a vocabulary list. Then employ the techniques and strategies presented in Chapters 11, 12, and 13 to organize and write your essay. Use a separate sheet of paper.

TRAVAIL DE FIN DE CHAPITRE
▼▼▼▼▼▼▼▼▼▼▼▼▼▼▼▼▼▼

 Student Tape

Listen again to the two conversations on the Student Tape for Chapter 14. Then answer the following questions.

1. Qu'est-ce que Jean-Michel propose comme restaurant? _____

_____

2. Qu'est-ce que Laurent a envie de manger? _____

3. Et Jean-Michel? _____

4. Pourquoi Jean-Michel offre-t-il de payer le dîner de Laurent? _____

_____

5. En entendant l'offre de Jean-Michel, qu'est-ce que Laurent propose? _____

_____

6. Quelle est la réaction de Jean-Michel? _____

_____

7. Pourquoi les deux femmes ne vont-elles pas dîner au premier restaurant qu'elles voient? _____

_____

8. Quel restaurant choisissent-elles? Pourquoi? _____

_____

9. Que va manger et boire la femme qui commande en premier? _____

_____

10. Et son amie? _____

Pratique
de la
grammaire

14
Redigéons
▭ **Travail
de fin de
chapitre**

Pratique de la grammaire

▼▼▼▼▼▼▼▼▼▼▼▼▼▼▼▼▼▼▼▼▼▼▼▼▼▼▼▼▼▼▼▼

The exercises in this section of the Workbook are designed to give you practice with specific grammatical structures. After the title of each grammar topic is the page where it is explained in the textbook. At the end of each group of exercises is the page of this Workbook where you will find the answer key. Do all exercises on a separate sheet of paper. This will facilitate the checking and correcting of your answers.

CHAPITRE · PREMIER

Première étape

▶ *Les verbes réguliers en* -er *(1ère et 2e personnes)* *(Text p.16)*

I. Conjuguez. Give the appropriate conjugated forms of each verb.

1. chanter

   a. Je . . . . . assez bien.
   b. Tu . . . . . très bien.
   c. Nous . . . . . souvent.
   d. Vous . . . . . mal.

2. étudier

   a. Tu . . . . . l'espagnol?
   b. Nous . . . . . le français.
   c. Vous . . . . . l'allemand?
   d. J' . . . . . l'anglais.

3. voyager
   (*Remember to insert an* **e** *in the* **nous** *form.*)

   a. Vous . . . . . souvent.
   b. Je . . . . . très peu.
   c. Tu . . . . . rarement.
   d. Nous . . . . . beaucoup.

II. Parlons de vous! (*Let's talk about you!*)

1. First assume that your teacher asks you questions. Answer affirmatively, using **je** and the appropriate form of the verb.

   a. Vous parlez anglais?
   b. Vous habitez à . . . . . ?
   c. Vous voyagez beaucoup?

2. Now assume that your friend asks you questions. Answer affirmatively or negatively as indicated, using **je** and the appropriate form of the verb.

   a. Tu étudies beaucoup? Oui, . . .
   b. Tu travailles? Non, . . .
   c. Tu chantes bien? Oui (non), . . .

3. Finally, assume that your teacher asks the class questions. Answer affirmatively or negatively as indicated, using **nous** and the appropriate form of the verb.

   a. Vous nagez? Oui, . . .
   b. Vous parlez anglais? Oui, . . .
   c. Vous mangez beaucoup? Non, . . .

(answers, p. P46)

► *Tu et vous* (Text p.22)

III. Vous ou tu? In asking the following questions, decide whether to use **vous** or **tu.**

1. Find out if each person lives in Paris.   *Vous habitez à Paris?*

   a. your father's boss
   b. your cousin
   c. your parents' friends

2. Find out if the following people go swimming often.

   a. your teacher
   b. your best friend
   c. your mother and father

3. Find out if each person speaks French.

   a. your aunt and uncle
   b. your neighbor's father
   c. your professor's little daughter

(answers, p. P46)

Deuxième étape

► *Les verbes réguliers en* **-er** *(3ᵉ personne)* (Text p.25)

IV. Les étudiants. There are many foreign students in Paris. They speak different languages, study in different programs, like different beverages in the cafés. Complete each statement with the appropriate form of the verb.

1. Quelle langue est-ce qu'ils parlent?

   a. Antonio . . . . . espagnol.
   b. Olga . . . . . russe.
   c. Peter et Reginald . . . . . anglais.

2. Où est-ce qu'ils étudient le français?

   a. Verity . . . . . le français à l'Alliance française.
   b. Heinrich . . . . . le français à la Sorbonne.
   c. Fabiola et Margarita . . . . . le français à COPE.

3. Qu'est-ce qu'ils aiment boire (*to drink*) au café?

   a. Yoshi . . . . . boire un demi.
   b. Ivan et Natasha . . . . . boire des Oranginas.
   c. Mary Ellen . . . . . boire un thé nature.

V. Et Madeleine? Respond negatively to each inquiry, replacing the proper name with the appropriate subject pronoun.

Modèle: Jean-Louis étudie l'anglais. Et Madeleine?
          Mais non, elle n'étudie pas l'anglais.

1. Martine parle espagnol. Et Annick (*f*) et Chantal?
2. Jean-Alex habite à Grenoble. Et Nicolas et Mathieu?
3. M. et Mme Breton chantent bien. Et Jeannette?
4. Simone étudie l'espagnol. Et Pierre et Sylvie?
5. Vous et Éric, vous parlez italien, n'est-ce pas? Et Marc et moi?
6. Toi, tu voyages beaucoup, n'est-ce pas? Et Moi?

(answers, p. P46)

▶ **L'article défini (le, la, l', les)** *(Text p.28)*

VI. Les préférences. People often have strong likes and dislikes in food. Complete the following sentences, using the appropriate definite articles (**le, la, l', les**).

1. Hervé n'aime pas du tout . . . . . café. Il aime mieux . . . . . thé.
2. Josette aime . . . . . bière, mais elle préfère . . . . . vin.
3. Éric adore . . . . . frites, mais il n'aime pas . . . . . salade.
4. Chantal aime beaucoup . . . . . eau minérale; Véronique préfère . . . . . boissons alcoolisées.
5. Nous aimons . . . . . sandwiches. J'aime mieux . . . . . fromage; Gérard préfère . . . . . jambon.
6. Tu aimes . . . . . pizza? Moi, je préfère . . . . . omelettes.

(answers, p. P46)

Troisième étape

▶ *Le verbe irrégulier* **être** *(Text p.34)*

VII. Où est . . . ? Tell where each person is by completing the sentence with the appropriate form of **être**.

1. Georges . . . . . à Rome.
2. Monique et Chantal . . . . . à Genève.
3. Je . . . . . à Londres.
4. Vous . . . . . à Madrid.
5. Nous . . . . . à Moscou.
6. Tu . . . . . à Montréal.

(answers, p. P46)

▶ *Les noms de profession* *(Text p.39)*

VIII. Je suis avocat(e). Tell the correct profession of each person.

Modèle: Est-ce que Georges est avocat? (médecin)
Non, il n'est pas avocat; il est médecin.

1. Est-ce qu'Annick est professeur? (avocat)
2. Est-ce que Michel est ingénieur? (mécanicien)
3. Est-ce que tu es secrétaire? (journaliste)
4. Est-ce que Nicole et Francine sont étudiantes? (assistant)
5. Est-ce que Juliette est dentiste? (architecte)
6. Est-ce que vous êtes médecins? (comptable)

(answers, p. P46)

▶ *Les adjectifs de nationalité* *(Text p.37)*

IX. Ah, bon. Il est anglais. All of the following people are natives of the country in which they live. Make the logical association based on the information given.

Modèle: Ralph habite à Londres.
Ah, bon. Il est anglais.

1. Silvano habite à Rome.
2. Yvonne habite à Québec.
3. Leonid et Andrei habitent à Moscou.
4. Luisa et Marisela habitent à Lisbonne.
5. Konrad habite à Berlin.
6. Suimei (*f.*) habite à Pékin.
7. Ruth et Fred habitent à Chicago.
8. Violette et Jacqueline habitent à Paris.

(answers, p. P46)

CHAPITRE DEUX

✓ ## Première étape

▶ *Le verbe irrégulier* **avoir** *(Text p.55)*

I. **Nos besoins.** (*Our needs.*) Yvette is talking about what she and her friends need in order to do their schoolwork. Complete each sentence with the appropriate form of the verb **avoir**.

1. Jean-Pierre . . . . . besoin d'un carnet.
2. Annick et moi, nous . . . . . besoin de livres.
3. Est-ce que tu . . . . . besoin de quelque chose?
4. Marie-Claire et Anne . . . . . besoin de stylos.
5. Moi, j' . . . . . besoin d'une calculatrice.
6. Est-ce qu'on . . . . . besoin d'un cahier pour le cours de français?

II. **Oui, mais . . .** React to the following statements about possessions by telling what the people do *not* have. Pay attention to who the speaker is.

Modèle: Yvonne: Moi, j'ai une voiture. (vélo)
Oui, mais tu n'as pas de vélo.

1. Gérard: Moi, j'ai une calculatrice. (ordinateur)
2. Sylvie: Éric a un téléviseur. (magnétoscope)
3. Vincent: Toi, tu as un cahier. (livres)
4. Xavier: Monique et moi, nous avons un appartement. (maison)
5. Marianne: Chantal a des cassettes. (chaîne stéréo)
6. Claire: Simone et Véronique ont un vélo. (vélomoteur)

(answers, p. P46)

▶ *Les adjectifs possessifs (1ère et 2e personnes)* *(Text p.59)*

III. **C'est mon livre.** Answer the questions affirmatively, using the appropriate form of **mon, ton, notre**, or **votre**.

Modèles: Le livre est à toi?   Les cassettes sont à nous?
      Oui, c'est mon livre.   *Oui, ce sont vos (nos) cassettes.*

1. Le cahier est à toi?
2. Les clés sont à toi?
3. La calculatrice est à toi?
4. La maison est à vous?
5. Le magnétoscope est à vous?

6. Les chiens sont à vous?
7. La chambre est à moi?
8. Les livres sont à moi?
9. L'appartement est à nous?
10. Les disques compacts sont à nous?

IV. **L'inventaire.** (*The inventory.*) You and your roommate (**camarade de chambre**) are leaving your apartment at the end of the school year. As your landlord (**propriétaire**) watches you pack, you discuss who has what. Complete the conversation by using **mon, ma, mes, ton, ta, tes, votre, vos, notre**, or **nos**.

VOUS: Bon, j'ai . . . . . radioréveil, ... chaîne stéréo, ... cassettes et
         . . . . . sac à dos. Est-ce que tu as . . . . . chaise, ... cahiers et . . . . . Walkman?

VOTRE CAMARADE
 DE CHAMBRE: Oui. Eh bien, nous avons . . . . . téléviseur, ... livres et . . . . . ordinateur.

VOTRE PROPRIÉTAIRE: Oui, mais vous n'avez pas . . . . . plantes et . . . . . motocylette. Et attention!
         Vous avez . . . . . clés!

(answers, p. P46)

Deuxième étape

▶ *Le verbe irrégulier* **faire** *(Text p.67)*

V. Les activités. You ask some of your friends about their activities. Use appropriate forms of the verb **faire** to complete the questions and answers.

1. Joseph, est-ce que tu . . . . . du ski?
2. Oui, je . . . . . du ski nautique.
3. Élisabeth, toi et ton mari, est-ce que vous . . . . . du tennis?
4. Oh, oui, nous . . . . . du tennis.
5. Est-ce que Jacques . . . . . des promenades?
6. Non, mais les amies de Jacques, Hélène et Martine, elles . . . . . souvent des promenades.
7. Qu'est-ce qu'on . . . . . en France pour s'amuser?

(answers, p. P47)

▶ *Les questions d'information* **(qui, qu'est-ce que, où, pourquoi)** *(Text p.65)*

VI. Des questions. You are trying to get to know your friend Marcel a little better. Here are the answers he gives to your questions; you write the questions that you asked to provoke these answers.

Modèle: J'habite à Marseille.
Où est-ce que tu habites?

1. Je suis étudiant parce que j'aime étudier.
2. Dans mon sac à dos il y a des livres et des cahiers.
3. Je travaille à l'aéroport.
4. L'aéroport est à Marignane.
5. Mon ami Jean-Pierre travaille avec moi à l'aéroport.
6. Pour aller au travail, nous avons une voiture.

VII. Pour faire continuer la conversation. You are sitting in a café with some friends. Whenever someone makes a statement or asks a question, you keep the conversation going by asking a follow-up question using **où, qui, qu'est-ce que,** or **pourquoi**.

Modèle: J'adore les chats.
Pourquoi est-ce que tu aimes les chats?

1. Je n'habite pas à Paris.
2. Mon amie Jacqueline déteste les chiens.
3. J'ai un vélomoteur et une motocyclette.
4. Il n'y a pas de livres dans notre chambre.
5. Je cherche quelque chose.
6. Il y a des gens qui n'aiment pas le rock.

(answers, p. P47)

Troisième étape

▶ *Les adjectifs possessifs (3ᵉ personne) (Text p.77)*

VIII. Bien sûr. (*Of course.*) When a friend asks if certain objects belong to people you know, give obviously affirmative answers by using **bien sûr** and the appropriate third-person form of the possessive adjective.

Modèle: C'est la voiture de Charles?
Bien sûr, c'est sa voiture.

1. C'est le sac de Sylvie?
2. C'est la maison de tes parents?
3. Ce sont les clés de ton frère?
4. Ce sont les disques compacts de tes cousins?
5. C'est la voiture de ton oncle?
6. C'est l'adresse de tes amis?
7. Ce sont les plantes de tes sœurs?
8. Ce sont les posters de Michel?

IX. His and hers. Give the French equivalent of the following English phrases.

1. his calculator
   her calculator

2. her keys
   his keys

3. his VCR
   her VCR

4. her pen
   his pen

5. his chair
   her chair

6. her address
   his address

X. L'inventaire. (*The inventory.*) Pierre and his sister Danielle have been away at school. Their father watches them unpack and describes to his wife what the children have brought back. Complete the father's description with the appropriate possessive adjectives.

1. Bon. Pierre a . . . . . magnétoscope, ... chaîne stéréo, ... cassettes et . . . . . appareil-photo.
2. Danielle a . . . . . calculatrice, ... vélo et . . . . . cahiers; elle n'a pas . . . . . appareil-photo.
3. Très bien. Ils ont . . . . . radiocassette, ... livres, ... ordinateur. Mais où est . . . . . argent (*money*)?!?

(*answers, p. P47*)

CHAPITRE · TROIS

Première étape

▶ *Le verbe irrégulier* **aller** *(Text p.93)*

I. Je reste à la maison. You are sick and cannot go out, but you are very curious about where other family members are going. Complete each question with the appropriate form of the verb **aller.**

1. Où . . . . . Marianne?
2. Où est-ce que vous . . . . . , Victor et toi?
3. Et Mémé et Pépé, où est-ce qu'ils . . . . . ?
4. Et toi, Maman, où est-ce que tu . . . . . ?
5. Et Sylviane et Françoise, où est-ce qu'elles . . . . . ?

II. Vous allez souvent à Paris? Using the number in parentheses as a guide to the number of trips per month, tell how frequently each person goes to Paris. Remember that **de temps en temps** and **quelquefois** either begin or end the sentence, that **souvent** and **rarement** come right after the verb, and that **ne . . . jamais** goes around the verb.

Modèle: Jacques Crépelle (1)
   Jacques Crépelle va rarement à Paris.

1. je (10)   2. Annick Leclair (4)   3. nous (1)   4. tu (4 ou 5)   5. M. et Mme Santerre (0)

(*answers, p. P47*)

▶ *La préposition* **à** *et l'article défini* *(Text p.95)*

III. Ce soir. When someone asks where you and your friends are going tonight, everyone has a different suggestion. Fill in the blanks with the appropriate form of **à** and the definite article (**le, la, l', les**). Make any necessary contractions.

Où est-ce que nous allons ce soir?

1. . . . . . café!   2. . . . . . théâtre!   3. . . . . . . piscine!   4. . . . . . cinéma!
5. . . . . . université!   6. . . . . . restaurant!   7. . . . . . parc!   8. . . . . . stade!
9. . . . . . gare!   10. . . . . . hôtel de ville!

IV. Où est-ce que vous allez? Tell where the following people are and are not going.

Modèle: Sylvie / église / cathédrale
Sylvie va à l'église, elle ne va pas à la cathédrale.

1. tu / théâtre / cinéma
2. vous / pharmacie / bureau de poste
3. Jean et Martine / lycée / université
4. je / café / restaurant
5. Claire / banque / librairie
6. nous / gare / aéroport
7. Philippe et Raymond / musée / parc
8. Pierre / maison de Rabelais / hôtel

(answers, p. P47)

▶ *Le futur immédiat (Text p.97)*

V. Demain. Say that you and your friends are going to do certain things tomorrow.

Modèle: Anne-Marie / aller à l'université
Anne-Marie va aller à l'université demain.

1. je / visiter le musée
2. Jean-Paul / aller en ville
3. nous / faire un tour à vélo
4. mes amis / faire des devoirs
5. tu / regarder le film
6. mes frères / rester à la maison

(answers, p. P47)

Deuxième étape

▶ *La préposition **de** et l'article défini (Text p.103)*

VI. Les noms, les adresses et les numéros de téléphone. Complete the following questions about names, addresses, and telephone numbers. Use **de** and the definite article (**le, la l', les**) and make any necessary contractions.

1. Quel est le nom . . . . . hôtel?
2. Quelle est l'adresse . . . . . pharmacie?
3. Quel est le numéro de téléphone . . . . . librairie?
4. Quel est le nom . . . . . cinéma?
5. Quelle est l'adresse . . . . . restaurant?
6. Quel est le numéro de téléphone . . . . . piscine?
7. Quel est le nom de famille . . . . . grands-parents de Sylvie?
8. Quel est le nom . . . . . professeur d'histoire?
9. Quel est le numéro de téléphone . . . . . cousines de Francine?

VII. Où est . . . ? Using the prepositions **près de, loin de, à côté de, en face de, au bout de, au coin de**, locate as precisely as possible the following places in the town where you're staying. (See the map on p. 81 of this Workbook.)

Modèle: le Café du Théâtre
Le Café du Théâtre est à côté de la librairie Molière.

1. l'hôtel Villages
2. la bibliothèque municipale
3. le bureau de Tourisme
4. le parc de la Colombière
5. l'église Notre-Dame
6. l'hôtel St-Bernard

(answers, p. P47)

► *L'impératif* (Text p.106)

VIII. Les petits. (*The little ones.*) You have been left in charge of Nicole and David, the children of some French friends of your parents. At various times, you have to tell the children, individually and together, what to do and what not to do; you also suggest activities for the three of you.

    1. Dites à Nicole . . .

        a. de parler lentement (*slowly*).
        b. d'être sage.

    2. Dites à David . . .

        a. de faire attention.
        b. de manger lentement.

    3. Dites à Nicole et à David . . .

        a. de ne pas regarder la télé.
        b. d'avoir de la patience.

    4. Proposez . . .

        a. d'aller au parc ensemble.
        b. de chanter ensemble.

(answers, p. P47)

Troisième étape

► *Le présent du verbe irrégulier* **prendre** (Text p.114)

  IX. Comment est-ce qu'ils vont en ville? People use different means of transportation to go downtown. Complete the following sentences with the appropriate form of the verb **prendre**.

    1. Éric . . . . . l'autobus.
    2. Nous . . . . . le métro.
    3. Tu . . . . . ton auto.
    4. Je . . . . . mon vélo.
    5. Mes parents . . . . . un taxi.
    6. Vous . . . . . le train.

  X. Il apprend l'anglais, mais il ne comprend pas très bien. You and your friends are interested in learning new things. Some of you have more success than others. Complete the following sentences with an appropriate form of **apprendre** or **comprendre**.

    1. Chantal . . . . . le chinois. Elle . . . . . très bien son professeur.
    2. Mon frère et moi, nous . . . . . l'espagnol, mais nous ne . . . . . pas très bien la grammaire.
    3. Je voudrais . . . . . à faire du ski.
    4. Qu'est-ce que vous . . . . . à l'école? Est-ce que vous . . . . . bien vos professeurs?
    5. Georges et Nicole . . . . . à faire du vol libre (*free fall*).

(answers, p. P48)

► *L'heure* (Text p.116)

  XI. Quelle heure est-il? Rewrite the following times as they might appear in a document written in English.

    Modèle: trois heures vingt de l'après-midi
               3:20 P.M.

    1. six heures et quart du matin
    2. une heure et demie de l'après-midi
    3. neuf heures moins le quart le soir
    4. minuit cinq
    5. cinq heures moins vingt-cinq du matin
    6. midi moins dix

(answers, p. P48)

CHAPITRE · QUATRE

Première étape

▶ *Les jours de la semaine* (Text p.131)

I. La semaine de Philippe. Using the calendar as a guide, answer the questions about Philippe's life. A vertical arrow indicates something he does every week. The absence of an arrow indicates something that will occur only this week.

L	M	M	J	V	S	D
école	école	aller au parc	école	école	école	église
↓	↓		↓	↓	↓	↓
				aller au cinéma	visiter le musée	

1. Quels jours est-ce que Philippe va à l'école?
2. Quels jours est-ce que Philippe ne va pas à l'école?
3. Quel jour est-ce que Philippe va à l'église?
4. Quand est-ce que Philippe va au parc?
5. Quand est-ce que Philippe va visiter le musée?
6. Quand est-ce que Philippe va aller au cinéma?

(answers, p. P48)

▶ *Le verbe irrégulier* **vouloir** (Text p.133)

II. Dimanche après-midi. You and your friends are talking about what you want to do on Sunday afternoon. Complete the sentences with the appropriate form of the verb **vouloir.**

1. Hélène . . . . . aller au parc.
2. Je . . . . . faire un tour en voiture.
3. Mon père dit (*says*): «Maman et moi, nous . . . . . aller au musée.»
4. Mon frère et ses amis . . . . . regarder un match de foot à la télé.
5. Et toi, qu'est-ce que tu . . . . . faire?

III. Pourquoi? Use the first cue to ask why each person wants or doesn't want to do something; then use the second cue to answer the question. Use the appropriate form of **vouloir** in both the questions and the answers.

Modèle: (tu) ne pas aller au cinéma / regarder la télé

> —*Pourquoi est-ce que tu ne veux pas aller au cinéma?*
> —*Parce que je veux regarder la télé.*

1. (tu) apprendre le français / visiter Paris
2. (ta sœur) ne pas faire une promenade / étudier son français
3. (toi et ton ami) ne pas manger à la maison / déjeuner au restaurant
4. (tes parents) aller à Chamonix / faire du ski

(answers, p. P48)

Deuxième étape

▶ *Les adverbes désignant le présent et le futur* (Text p.142)

IV. Les projets d'Antoine. The calendar informs you of Antoine's plans for the next two weeks. Today is June 6. Using the calendar as a guide, tell what he plans to do at the times specified below.

L 6	matin: travailler à la maison; après-midi: aller en ville; soir: aller au cinéma avec des amis . . . . .
M 7	visiter le musée . . . . .
M 8	après-midi: faire des courses en ville; soir: rester à la maison . . . . .
J 9	matin: faire un tour à vélo; soir: aller en discothèque . . . . .
D 12	matin: aller à l'église; après-midi: déjeuner avec mes parents . . . . .
L 13	faire des achats . . . . .
M 14–D 19	aller à Londres . . . . .

Modèle: jeudi matin
   Jeudi matin il va faire un tour à vélo.

1. ce matin   **2.** jeudi soir   **3.** cet après-midi   **4.** la semaine prochaine
5. lundi prochain   **6.** ce soir   **7.** dimanche matin   **8.** mercredi après-midi

(answers, p. P48)

▶ *Les expressions* **espérer** *et* **avoir l'intention de** (Text p.144)

V. Raymond is talking about his future plans and those of his friends and family. Complete the sentences, using the appropriate form of **espérer**. Remember to change **é** to **è** when the ending is not pronounced.

1. J' . . . . . aller aux États-Unis un jour.
2. Nous . . . . . voyager en Afrique.
3. Mes parents . . . . . visiter l'Australie.
4. Où est-ce que tu . . . . . habiter dans vingt ans?
5. Mon amie Christiane . . . . . avoir cinq enfants.
6. C'est vrai? Vous . . . . . aller en Amérique du Sud?

VI. L'avenir. Use the cues to write a sentence telling what each person has in mind for the future. Then use the question form in parentheses to ask a similar question of someone else.

Modèle: ce soir / Paul / vouloir / regarder la télé (qu'est-ce que / tu)
   Ce soir Paul veut regarder la télé. Qu'est-ce que tu veux faire ce soir?

1. demain matin / Martine / aller / faire des courses en ville (qu'est-ce que / tu)
2. la semaine prochaine / Jacques / avoir l'intention de / parler à son prof de maths (qu'est-ce que / vous)
3. l'année prochaine / mes parents / vouloir / aller en Europe (où est-ce que / tes parents)
4. ma sœur / espérer / être une actrice célèbre / un jour (qu'est-ce que / ta sœur)

(answers, p. P48)

Troisième étape

▶ *Le présent des verbes pronominaux* (Text p.151)

VII. Chez nous, on se couche à . . . Tell the usual bedtime of each family member by completing the sentences with the appropriate form of the pronominal verb **se coucher.**

1. Ma sœur . . . . . à 9h.
2. Mes parents . . . . . entre 10h et 11h.
3. En semaine, mon frère et moi, nous . . . . . vers 11h.
4. Le week-end, je . . . . . vers minuit.
5. Tes frères et sœurs et toi, à quelle heure est-ce que vous . . . . . d'habitude?
6. Mais toi, tu ne . . . . . pas à minuit en semaine, non?

VIII. Le matin, chez les Cousineau. Annick Cousineau is telling what happens at her house on a typical weekday morning. Use the cues to write sentences describing these activities.

Modèle: mon père / se lever / le premier
Mon père se lève le premier.

1. ma mère et mon frère / se lever / à 7h
2. je / ne pas se lever / avant 8h
3. ma mère / préparer / le petit déjeuner
4. mon frère et moi, nous / se préparer / pour aller à l'école
5. ma mère et mon père / ne pas se parler / le matin
6. mon frère / se dépêcher / pour prendre l'autobus
7. moi, je / aller à l'école / à pied
8. ma famille et moi, nous / ne pas s'amuser / le matin

(answers, p. P48)

▶ *Le futur immédiat des verbes pronominaux* (Text p.154)

IX. Aujourd'hui. Using the cues, explain what each person is going to do today.

Modèle: Hélène / se coucher de bonne heure ce soir
Hélène va se coucher de bonne heure ce soir.

1. Dominique et Sylviane / se parler au téléphone ce matin
2. moi, je / se lever à 6h
3. Jean-Pierre et Martine / se promener à vélo
4. Bernard et moi, nous / se retrouver à la bibliothèque
5. vous autres, vous / s'amuser au festival
6. Hervé / se reposer cet après-midi

(answers, p. P48)

▶ *L'impératif des verbes pronominaux* (Text p.156)

X. Le frère et la sœur de Jacqueline. Jacqueline's parents both work. As a result, Jacqueline has to take care of her little brother Gérard and her little sister Monique before and after school. She spends most of her time telling them what to do and not to do. Complete each item with an appropriate command from the list on p. 156 of the textbook.

1. Monique! Gérard! . . . . . Il est déjà 7h40. Vous devez aller à l'école dans vingt minutes.
2. Gérard! . . . . . Monique est déjà prête (*ready*)!
3. Monique! . . . . . Ne pleure pas! (*Don't cry!*) Voici ton sac à dos.
4. Monique! Gérard! . . . . . Nous allons manger maintenant.
5. Alors, Monique, tu vas jouer aux dames chez Jacqueline? . . . . .
6. Gérard! Monique! . . . . . Vous n'allez pas vous coucher tout de suite. Vous pouvez regarder la télé, si vous voulez.

XI. Un verbe pronominal: oui ou non? Some French verbs have both a pronominal and a nonpronominal form. In some cases, the meanings are different: **Où se trouve Caracassonne?** (*Where is Caracassonne located?*) **Je ne trouve pas mes clés.** (*I can't find my keys.*) In other cases, the difference is grammatical: **Marie va retrouver ses amis au café** (*Marie is going to meet her friends at the café.*) **Marie et ses amis vont se retrouver au café.** (*Marie and her friends are going to meet [each other] at the café.*) Decide which sentence in each pair requires the pronominal form and which one requires the nonpronominal form. Use the tense suggested in parentheses.

1. parler / se parler

   a. Elle va . . . . . à ses cousins demain. (*infinitif*)
   b. Ses parents et ses grands-parents . . . . . tous les week-ends. (*présent*)

2. trouver / se trouver

    a. Où . . . . . le commissariat de police? (*présent*)
    b. J'ai besoin de . . . . . ma calculatrice. (*infinitif*)

3. retrouver / se retrouver

    a. Où est-ce qu'on va . . . . . ? (*infinitif*)
    b. Où est-ce que tu vas . . . . . tes amis? (*infinitif*)

4. promener / se promener

    a. Tous les soirs nous . . . . . notre chien. (*présent*)
    b. Mes amis et moi, nous aimons . . . . . en voiture. (*infinitif*)

(answers, p. P48)

CHAPITRE · CINQ

Première étape

▶ *La date, les mois et les saisons* (Text p.177–179)

I. Quelle est la date? Write out the following dates in French.

Modèle: 5.2

    le cinq février

1. 12.1   **2.** 30.9   **3.** 23.5   **4.** 1.3   **5.** 6.12   **6.** la date de votre anniversaire

II. On célèbre . . . Complete the sentences by telling in which month each holiday is celebrated.

    1. On célèbre la fête nationale suisse en . *août* .
    2. On célèbre Noël en . . . . .
    3. On célèbre la Saint-Valentin au mois de . . . . .
    4. On célèbre Pâques en . . . . . ou en . . . . .
    5. On célèbre la fête nationale française et la fête nationale américaine au mois de . . . . .
    6. On célèbre «Thanksgiving» au mois de . . . . .
    7. On célèbre le jour de l'an en . . . . .
    8. On célèbre la fête du Travail au mois de . . . . .
    9. On célèbre la fête des pères en . . . . .
    10. On célèbre l'arrivée de Christophe Colomb en Amérique au mois d' . . . . .

III. En quelle saison . . . ? Tell in what season each activity usually takes place.

    1. On joue au football américain . . . . .
    2. On se baigne dans la mer . . . . .
    3. On fait du ski . . . . .
    4. On plante son jardin . . . . .

(answers, p. P48–P49)

▶ *Le passé composé avec* **avoir** (Text p.180)

IV. Les verbes réguliers en -*er*. Fill in each blank with the **passé composé** of one of the suggested verbs. Be sure the paragraph makes sense when you are through. Use each verb only once. Verbs: **regarder, commencer, quitter, écouter, téléphoner, passer** (*to spend [time]*), **étudier, manger**

Hier j' . . . . . la soirée (*evening*) avec mon amie Suzanne. Nous . . . . . nos devoirs et nous . . . . . le français. La mère de Suzanne . . . . . la radio. Son père et sa sœur . . . . . la télé. Après avoir fini nos devoirs, Suzanne . . . . . à son ami Richard. Ensuite, nous . . . . . quelque chose. À 9h30 j' . . . . . la maison de Suzanne pour rentrer à la résidence.

V. Les verbes irréguliers. Use the **passé composé** of an appropriate verb from the following list to complete each sentence logically. You may use a verb more than once. Verbs: **avoir, être, faire, prendre, apprendre, comprendre**

1. J' . . . . . un accident ce matin.
2. Nous . . . . . à Paris et nous . . . . . beaucoup de choses.
3. Est-ce que tu . . . . . l'article sur l'énergie nucléaire?
4. Ils n' . . . . . pas . . . . . l'autobus.
5. Elle . . . . . une promenade.

VI. Des questions. Use the cues to form questions in the **passé composé.**

Modèle: pourquoi / vous / prendre / taxi / ?
Pourquoi est-ce que vous avez pris un taxi?

1. quand / vous / être / Paris / ?
2. quand / elle / avoir / accident / ?
3. que / ils / faire / hier / ?
4. pourquoi / elle / ne pas apprendre / français / ?
5. est-ce que / tu / prendre / métro / ?

(answers, p. P49)

Deuxième étape

▶ *Les adverbes et les prépositions désignant le passé* (Text p.191)

VII. Quand . . . ? Your friends, François and Nicole, have had a very busy month. Using the calendar as a guide, answer the questions about their activities. In some cases, there may be more than one way to respond. Today is Thursday the twenty-second.

LUNDI	MARDI	MERCREDI	JEUDI	VENDREDI	SAMEDI	DIMANCHE
5	6	7 acheter une voiture	8	9	10	11
12 à Londres	13	14	15	16 de Londres	17 théâtre	18 à la maison
19 dîner en ville	20 musée	21 téléphoner à Marc	22	23	24	25
26	27	28	29	30	31	

Modèle: Quand est-ce qu'ils ont dîné en ville?
Ils ont dîné en ville lundi dernier (il y a trois jours).

1. Quand est-ce qu'ils sont allés au théâtre?
2. Quand est-ce qu'ils sont restés à la maison?
3. Quand est-ce qu'ils ont acheté leur voiture?

4. Quand est-ce qu'ils ont fait un voyage à Londres?
5. Quand est-ce qu'ils sont rentrés de Londres?
6. Combien de temps est-ce qu'ils sont restés à Londres?
7. Quand est-ce qu'ils sont allés au musée?
8. Quand est-ce qu'ils ont téléphoné à Marc?

(answers, p. P49)

▶ *Le passé composé avec* **être** *(Text p.193)*

VIII. Où sont-ils allés? Complete the sentences with the appropriate form of the **passé composé** of **aller.**

1. Sylvie . . . . . au bureau de tabac.
2. Nous . . . . . à la gare.
3. Paul et Philippe . . . . . au stade.
4. Je . . . . . à la librairie.
5. Elles . . . . . à la piscine.
6. Est-ce que tu . . . . . à la bibliothèque?
7. Vous . . . . . au bureau de poste, n'est-ce pas?

IX. Le participe passé. It is important to distinguish between verbs conjugated with **être**, whose past participles agree with the subject, and verbs conjugated with **avoir**, whose past participles do *not* agree with the subject. Read the following sentences, paying attention to the speaker and, when appropriate, to the person addressed. If the form of the past participle is correct, put an X in the blank; if the form is incorrect, add the necessary letter(s).

1. Marie-Claude: Moi, je suis arrivé . . . . . il y a une heure. Et toi, Édouard, quand est-ce que tu es arrivé . . . . . ?
2. Jacques: Ma sœur et moi, nous sommes allé . . . . . à la librairie, mais nous n'avons pas acheté . . . . . de livres.
3. Gabrielle: Voilà mes amies Frédérique et Anne. —Salut. Est-ce que vous avez pris . . . . . le métro? Où est-ce que vous êtes descendu . . . . . ?
4. Michel: Mon père est allé . . . . . en ville, mais ma mère est resté . . . . . chez nous.
5. Nathalie: Mes cousins Jean-Pierre et Dominique ont habité . . . . . à Marseille pendant un certain temps, puis ils sont allé . . . . . à Grenoble.
6. Thierry: J'ai eu . . . . . un accident. Je suis sorti . . . . . d'un magasin sans regarder.

X. L'interrogatoire. (*The interrogation.*) When you were in high school, your parents were very strict. They would question you and your sister about all of your activities. Using the cues, recreate your parents' questions. In the first set of questions, they are talking only to your sister. In the second set, they are questioning the two of you.

Votre sœur

Modèle: quand / quitter la maison / ?
      Quand est-ce que tu as quitté la maison?

1. où / aller / ?
2. prendre le métro / ?
3. où / descendre / ?
4. combien de temps / rester / librairie / ?
5. que / acheter / ?

Vous et votre sœur

Modèle: que / faire / hier soir / ?
      Qu'est-ce que vous avez fait hier soir?

6. où / aller / ?
7. avec qui (*with whom*) / dîner / ?
8. avoir un accident / ?
9. pourquoi / ne pas téléphoner / ?
10. à quelle heure / rentrer / ?

(answers, p. P49)

Troisième étape

▶ *Le passé composé des verbes pronominaux* (Text p.200)

XI. À quelle heure est-ce qu'ils se sont levés ce matin? Complete the sentences with the appropriate form of the **passé composé** of **se lever**. Pay attention to the identity of the speaker or the person addressed.

1. Jacqueline . . . . . vers 8h.
2. Georges et son frère . . . . . à 9h30, comme d'habitude.
3. Moi (Sylvie), je . . . . . de très bonne heure.
4. Moi (Gérard), je . . . . . de très bonne heure aussi.
5. En fait, Sylvie et moi, nous . . . . . à la même heure.
6. Éric ne . . . . . pas . . . . . de très bonne heure.
7. Et toi, à quelle heure est-ce que tu . . . . . ?

XII. Des questions pour Catherine et Jean-Michel. Answer the following questions, using the cues in parentheses. Pay attention to the person to whom each question is addressed.

1. Jean-Michel, à quelle heure est-ce que tu t'es levé ce matin? (à 8h)
2. Et toi, Catherine? (à 7h30)
3. Est-ce que vous vous êtes couchés de bonne heure hier soir, vous deux? (non)
4. Catherine, est-ce que tu t'es dépêchée pour aller à tes cours ce matin? (non)
5. Catherine et Jean-Michel, vous avez fait une petite excursion à Vence samedi dernier. Vous vous êtes bien amusés? (très bien)
6. Catherine et Jean-Michel, est-ce que vous vous êtes disputés la semaine dernière? (non)
7. Jean-Michel, pourquoi est-ce que tu n'es pas allé au concert avec les autres? (se tromper de jour)

XIII. La semaine dernière. Using the cues, recount the major events of last week in the lives of Marie-Jeanne, her family, and her friends.

Modèle: lundi—moi / se lever à 6h30
Lundi je me suis levée à 6h30

1. lundi—mon amie Diane / ne pas se lever à temps pour aller en classe
2. mardi—mes amis et moi / s'amuser à la piscine
3. mercredi—moi / se disputer avec mon petit ami
4. jeudi—mes amis et moi / se retrouver à la bibliothèque
5. vendredi—mes parents / se lever de très bonne heure
6. samedi—mon frère / se reposer pendant toute la journée
7. dimanche—moi / se coucher très tard

(answers, p. P49)

CHAPITRE ▪ SIX

Première étape

▶ *Les adjectifs démonstratifs (**ce, cet, cette, ces**)* (Text p.216)

I. Add the appropriate demonstrative adjective to each noun.

Modèle: cassette *cette cassette*

1. fruits
2. disque
3. vélo
4. jambon
5. ordinateur
6. voiture

7. croissants	10. baguette	13. salade
8. tartelettes	11. pain	14. hôtel
9. appartement	12. étudiante	15. étudiants

(answers, p. P49)

▶ *Les expressions de quantité* *(Text p.219)*

II. Et votre frère? Use the cues to tell how many of the following items each person possesses.

Modèle: disques / votre frère / beaucoup
Mon frère a beaucoup de disques.

1. livres / votre père / très peu
2. cassettes / votre frère / quelques
3. cahiers / votre sœur / pas beaucoup
4. disques / vos amis / beaucoup
5. stylos / votre mère / peu
6. cassettes / votre petit(e) ami(e) / pas beaucoup

III. Qu'est-ce que vous avez acheté? Tell how much of each item each person bought yesterday.

Modèle: Mme Tanson / eau minérale (1 bouteille)
Mme Tanson a acheté une bouteille d'eau minérale.

1. mon père / pommes (2 kilos)
2. je / Coca (1 litre)
3. Mlle Lecuyer / jambon (4 tranches)
4. nous / croissants (1 douzaine)
5. M. Robichou / pâté (50 grammes)
6. mes cousins / saucisson (1 bout)

IV. Les achats. Evaluate the amounts, using the expressions **beaucoup trop de, trop de, assez de,** and **pas assez de.**

Modèles: Un kilo d'abricots coûte 18 francs. Yves a 23 francs.
Yves a assez d'argent pour acheter un kilo d'abricots.

Mme Leroux a fait trois gâteaux. Elle a invité deux personnes à dîner.
Mme Leroux a fait beaucoup trop de gâteaux.

1. Un Walkman coûte 360 francs. Jean-Jacques a 300 francs.
2. Mme Barron a acheté douze croissants. Il y a deux personnes au petit déjeuner.
3. Anne a acheté trois tartelettes. Il y a trois personnes pour le déjeuner.
4. Un ordinateur IBM coûte 12 000 francs. Nathalie a 9 500 francs.
5. M. Riboux a acheté dix tranches de jambon. Il a invité cinq amis à dîner.

(answers, p. P49)

Deuxième étape

▶ *Le partitif* *(Text p.227)*

V. Add the appropriate partitive article to each noun.

Modèle: pain
du pain

1. salade	5. tarte	9. eau minérale
2. pâté	6. céréales	10. bananes
3. rôti	7. soupe	11. saucisses
4. jambon	8. gâteau	12. Coca

VI. Complete the sentences, using the appropriate articles (definite, indefinite, or partitive). Remember that the indefinite and partitive articles become **de** after a negative expression.

1. J'adore . . . . . pâtisseries. Ce matin j'ai acheté . . . . . éclair et . . . . . religieuses, mais je n'ai pas acheté . . . . . millefeuille.
2. M. Leblanc a pris . . . . . café parce qu'il n'aime pas . . . . . thé.
3. Adèle a . . . . . sœurs et . . . . . frères, mais elle n'a pas . . . . . cousins.
4. Ce sont . . . . . clés de Martine.
5. Dans mon frigo il y a . . . . . tarte, ... lait, ... fruits, ... confiture, ... beurre. Il n'y a pas . . . . . viande parce que je ne mange jamais . . . . . viande.

VII. Goûts et habitudes. Complete the conversations, using the nouns provided and adding the appropriate articles.

1. pain / baguette / pain de campagne
   —Nous prenons toujours . . . . . avec le dîner.
   —Nous aussi. Moi, j'aime beaucoup . . . . .
   —Voici la boulangerie. Entrons! Moi, je vais acheter . . . . .
   —Et moi, je vais prendre . . . . .

2. pâtisseries / tartelette / millefeuille
   —Je vais acheter . . . . .
   —Attention! Quand on mange . . . . . , on grossit (*gets fat*).
   —Je ne résiste pas à la tentation. J'adore . . . . . Et toi, tu vas prendre quelque chose?
   —Oui, pourquoi pas? Je voudrais bien manger . . . . .

3. Coca / eau minérale / citron pressé
   —Vous désirez . . . . . ?
   —Non, j'aime mieux . . . . .
   —Je n'ai pas . . . . . , mais est-ce que vous voulez . . . . . ?

4. sandwich / jambon / fromage / omelette aux fines herbes
   —Je vais manger . . . . .
   —Moi aussi. Est-ce que vous avez . . . . . ?
   —Non, mais nous avons . . . . .
   —Je n'aime pas . . . . . Je vais prendre . . . . .

(*answers, p. P50*)

Troisième étape

▶ *Le présent et le passé composé du verbe irrégulier* **devoir** (*Text p.238*)

VIII. Complete the sentences, using the present tense of the verb **devoir**.

1. Qu'est-ce que tu . . . . . faire demain? Je . . . . . aller chez le dentiste.
2. Nous . . . . . $100 à nos parents. Paul leur . . . . . $35, et moi, je leur . . . . . $65.
3. Pourquoi est-ce qu'ils ne vont pas au cinéma avec nous? Parce qu'ils . . . . . faire leurs devoirs.
4. Où est-ce que vous . . . . . aller aujourd'hui? Nous . . . . . aller au supermarché.
5. Et elle, qu'est-ce qu'elle . . . . . faire? Je ne sais pas. Elle . . . . . demander à ses parents.

IX. Traduisons! Give the English equivalents of the following sentences. Be careful of the translation of the verb **devoir**.

1. Nous devons parler au professeur. (*2 possibilities*)
2. Elle a dû avoir un accident.
3. Je dois 100 dollars à mes parents.
4. Il doit être malade.
5. Elles ont dû aller au laboratoire. (*2 possibilities*)
6. Je dois retrouver mes amis au café. (*2 possibilities*)

X. Parce que . . . Answer the questions, using either the present tense or the **passé composé** of the verb **devoir**.

Modèle: Pourquoi Marianne n'est-elle pas ici? (aller à la bibliothèque)
Parce qu'elle a dû aller à la bibliothèque.

1. Est-ce que Francine va au cinéma avec nous? (non, faire ses devoirs)
2. Les Merlier ne sont pas chez eux ce soir. Où sont-ils? (aller au travail)
3. Pourquoi ne dînez-vous pas souvent au restaurant? (faire des économies)
4. Pourquoi Anne-Louise est-elle allée en ville? (faire des courses)
5. Pourquoi vas-tu à la librairie? (acheter mon livre de français)
6. Pourquoi est-ce qu'ils font des économies? (devoir 150 dollars à leurs amis)

(answers, p. P50)

▶ *L'adjectif interrogatif **quel*** (Text p.240)

XI. Je ne comprends pas! You're very distracted, and when your friends say something, you have no idea what they're talking about. Get clarification by asking questions using a form of **quel**.

Modèle: Mon amie s'appelle Janine.
Quelle amie?

1. J'ai trouvé mes clés.
2. Nous avons visité le monument.
3. Il cherche son chat.
4. Donne-moi la calculatrice.
5. Ma mère a commandé l'ordinateur.
6. J'ai acheté les éclairs.
7. Elles aiment tes disques.
8. Tu as mes cassettes?
9. Ta petite amie a téléphoné.

(answers, p. P50)

CHAPITRE · SEPT

Première étape

▶ *L'accord des adjectifs* (Text p.257)

I. Give the feminine form of each adjective.

1. français	5. dernier	9. lourd	13. vieux
2. petit	6. facile	10. brun	14. grand
3. ennuyeux	7. vert	11. cher	15. beau
4. marron	8. léger	12. blanc	16. rouge

II. Give the plural form of each adjective.

1. petit	5. intéressant	9. laide	13. beau
2. ennuyeuse	6. bon	10. dernier	14. orange
3. noir	7. mauvais	11. gris	15. vert
4. vieille	8. blanche	12. brun	16. vieux

III. De quelle couleur . . . ? Give the color of the following items.

De quelle couleur est . . .

1. la neige?
2. le café?
3. votre maison?
4. votre bicyclette?
5. votre livre de français?
6. votre chambre?
7. votre chaîne stéréo?
8. votre sac à dos (sac)?

De quelle couleur sont . . .

9. les pommes?
10. les épinards?
11. les citrons?

12. tes stylos?
13. tes cahiers?
14. les nuages?

(answers, p. P50)

▶ *La place des adjectifs* (Text p.264)

IV. Add the adjectives in parentheses to the sentences. First make each adjective agree in gender and number with the noun. Then place it correctly in the sentence (before or after the noun).

Modèle: J'ai une calculatrice. (noir / petit)
J'ai une petite calculatrice noire.

1. Nous avons acheté une vidéo. (nouveau / fantastique)
2. J'ai un vélo. (nouveau / japonais)
3. Nous avons mangé dans un restaurant. (italien)
4. J'ai trouvé un portefeuille. (brun / petit)
5. Elle a regardé la vidéo. (nouveau / allemand)
6. C'est un roman. (russe / long)
7. C'est une maison. (vieux / petit)
8. J'ai eu une note à l'examen. (mauvais)

(answers, p. P50)

Deuxième étape

▶ *Le comparatif* (Text p.275)

V. Make comparisons using the cues in parentheses.

Modèle: Jean est grand. (Marc +)
Marc est plus grand que Jean.

1. Janine est intelligente. (Suzanne −)
2. Hervé est généreux. (Monique =)
3. Mes parents sont traditionnels. (les parents de Jacques −)
4. Le cours de français est difficile. (le cours de chinois +)
5. Mes amis sont amusants. (les amis de mes parents −)
6. Le prof de français est patient. (le prof de chinois =)
7. Simone est sympathique. (Isabelle +)

VI. Make comparisons using the cues in parentheses. Remember that **bon** becomes **meilleur** and **bien** becomes **mieux** when you want to say *better.*

Modèle: Les oranges de Californie sont bonnes. (Les oranges d'Espagne +)
Les oranges d'Espagne sont meilleures que les oranges de Californie.

1. Jean chante bien. (Véronique +)
2. François travaille bien. (Alexandre =)
3. Annie mange bien. (Marcel −)
4. Le poulet est bon. (les légumes +)
5. Les notes de Marie sont bonnes. (les notes de Paul −)
6. Ce restaurant chinois est bon. (l'autre restaurant chinois =)
7. Mes amis dansent bien. (je +)
8. Le Perrier est bon. (la Vittel +)

VII. Et votre sœur? Using the cues, compare your possessions to those of other people you know. Use the expressions **plus de ... que, autant de ... que,** and **moins de ... que.**

Modèle: cassettes / votre père
    J'ai plus (moins) de cassettes que mon père. or *J'ai autant de cassettes que mon père.*

1. posters / votre frère
2. livres / votre père
3. plantes vertes / votre sœur
4. disques / vos amis
5. clés / votre mère
6. sœurs / votre ami(e)

VIII. Que pensent les étudiants de leurs cours? Students in the science department have been asked to evaluate their courses. Look at the results of their evaluations and make comparisons.

Cours	Difficulté	Heures de préparation	Nombre d'examens	Excellentes notes	Note moyenne
Biologie	difficile	3h	3	A = 6	B −
Physique	très diff.	5h	4	A = 3	C +
Chimie	assez diff.	4h	4	A = 8	B
Géologie	difficile	3h	5	A = 6	B
Astronomie	facile	2h	2	A = 15	B +

Modèle: être difficile / biologie / physique
    Le cours de biologie est moins difficile que le cours de physique.

1. être difficile / géologie / biologie
2. être difficile / chimie / astronomie
3. on / travailler sérieusement en / physique / chimie
4. on / travailler sérieusement en / astronomie / biologie
5. il y a / examens en / géologie / biologie
6. il y a / examens en / chimie / physique
7. il y a / examens en / astronomie / chimie
8. on / donner des bonnes notes en / astronomie / chimie
9. on / donner des bonnes notes en / physique / biologie
10. en général / on / se débrouiller bien en / astronomie / chimie
11. en général / on / se débrouiller bien en / physique / biologie

(answers, p. P50–P51)

Troisième étape

▶ *Les verbes réguliers en **-ir*** *(Text p.283)*

IX. Qu'est-ce que vous faites? Someone always wants to know what you and your friends are doing or what you did. Answer the questions, using the cues in parentheses. Pay attention to the tense used in the question.

Modèle: Qu'est-ce que tu fais? (finir les devoirs)
    Je finis mes devoirs.

1. Qu'est-ce qu'ils font? (choisir leurs cadeaux)
2. Qu'est-ce qu'elle fait? (choisir un pull-over)
3. Qu'est-ce que vous faites? (réfléchir à notre avenir)
4. Qu'est-ce qu'il a fait? (réussir à ses examens)
5. Qu'est-ce que tu fais? (réfléchir)
6. Qu'est-ce qu'elles ont fait? (obéir à leurs parents)
7. Qu'est-ce qu'ils font? (finir cet exercice)

X. La vie à l'université. Your younger brother is curious about college life. Use the cues to give him some information.

Modèle: profs / choisir / livres difficiles
Les profs choisissent des livres difficiles.

1. on / choisir / cours
2. les étudiants / ne pas obéir toujours / profs
3. je / finir d'étudier / vers minuit (*midnight*)

4. nous / réussir / toujours / examens
5. amis / réfléchir / beaucoup / avenir

(answers, p. P51)

▶ *L'interrogation—l'inversion* *(Text p.285)*

XI. Une conversation. Rewrite each question in the dialogue using **est-ce que.**

MARIE: Pourquoi restes-tu à la maison aujourd'hui? Il fait si beau.
MICHEL: J'ai beaucoup de travail. Et toi, n'as-tu pas de devoirs à faire?
MARIE: J'ai déjà fait mes devoirs. Travailles-tu toujours le samedi?
MICHEL: Non, mais j'ai un examen lundi.
MARIE: Je comprends. Quel examen as-tu?
MICHEL: Un examen d'espagnol.
MARIE: Ah? Étudies-tu l'espagnol et le français?
MICHEL: Oui, j'adore les langues.

XII. Eh bien, . . . (*Well, . . .*) For each statement, ask a follow-up question using inversion and the cues in parentheses. Pay attention to the tense of the verb.

Modèle: Je vais faire un voyage l'été prochain. (où / aller)
Eh bien, où vas-tu aller?

1. Je n'habite pas à Madrid. (où / habiter)
2. Nous cherchons quelque chose. (que / chercher)
3. Mes parents ne sont pas allés au théâtre avec nous. (pourquoi / rester à la maison)
4. J'ai des frères et des sœurs. (combien de / avoir)
5. Marc veut un Coca. (pourquoi / ne pas prendre / lait)
6. Non, il ne va pas faire froid demain. (quel temps / faire)

(answers, p. P51)

CHAPITRE · HUIT

Première étape

▶ *L'imparfait* *(Text p.303)*

I. Les soirs d'été. Françoise Delain is remembering the summer evenings she used to spend at her grandparents' home in the mountains. Complete each sentence with the appropriate imperfect-tense form of the verb in parentheses.

1. (passer) Nous . . . . . l'été avec mes grands-parents.
2. (avoir) Ils . . . . . une maison à la montagne.
3. (aimer) J'. . . . . les soirées chez mes grands-parents.
4. (faire) Après le dîner, ma mère et moi, nous . . . . . la vaisselle.
5. (s'installer) Mon père et mon grand-père . . . . . dans le jardin.
6. (être / vouloir) Mon frère, qui . . . . . le plus jeune de la famille, ... toujours que Pépé parle de sa jeunesse.
7. (habiter) «Pépé, où est-ce que tu . . . . . avant d'acheter cette maison?»
8. (jouer / être) «Est-ce que vous . . . . . ensemble, toi et Mémé, quand vous . . . . . petits?»

II. Vous vous rappelez? Pierre Le Guiniec likes to reminisce with his old friends about what they did when they were young. Use the cues and the imperfect tense to compose sentences about Pierre's past.

Modèle: le samedi / on / jouer au football
Le samedi on jouait au football.

1. tous les jours / je / prendre l'autobus pour aller à l'école
2. à cette époque / nous / habiter très loin du lycée
3. je / aller souvent chez un copain pour déjeuner
4. mes sœurs / quitter la maison toujours après moi
5. mon petit frère / ne pas se lever avant 9h
6. d'habitude / nous / obéir à nos parents
7. ils / avoir beaucoup de patience avec nous
8. autrefois / tu / passer beaucoup de temps en ville
9. toi et tes parents, vous / sortir souvent ensemble

(answers, p. P51)

▶ *Le verbe irrégulier* **pouvoir** *(Text p.306)*

III. On ne peut pas sortir. The following conversations take place at the home of your French family when people want to go out but can't. Complete each sentence with the appropriate form of the verb **pouvoir.** Items 1 through 6 require the present tense, item 7 the imperfect, and item 8 the **passé composé.**

1. Est-ce que je . . . . . aller chez Monique?
2. Non, tu ne . . . . . pas sortir cet après-midi.
3. Est-ce que nous . . . . . aller voir le nouveau film au Rex?
4. Non, vous ne . . . . . pas sortir ce soir.
5. Annick ne . . . . . pas aller à la soirée.
6. Tes cousins ne . . . . . pas y aller non plus.
7. Pourquoi est-ce que Martin ne . . . . . pas sortir?
8. Il n' . . . . . pas . . . . . finir ses devoirs.

IV. On refuse l'invitation. Use **pouvoir** and the cues in parentheses to tell why people are unable to accept invitations.

Modèle: Est-ce que tu veux sortir ce soir? (devoir étudier)
Non, je ne peux pas sortir ce soir. Je dois étudier.

1. Est-ce que tu veux passer la journée à la plage? (devoir aider mes parents)
2. Est-ce que vous voulez aller au cinéma ce soir? (avoir trop de devoirs)
3. Est-ce que tes parents veulent faire du jogging? (être trop fatigués)
4. Est-ce que vous voulez dîner au restaurant ce soir? (ne pas avoir assez d'argent)
5. Est-ce que tu veux aller en ville? (devoir jouer avec mon petit frère)
6. Est-ce que Jean-Pierre veut regarder le film à la télé? (devoir sortir ce soir)

(answers, p. P51)

Deuxième étape

▶ *L'imparfait (suite)* *(Text p.314)*

V. Le bon vieux temps. (*The good old days.*) Much has changed since your grandparents were young. Many people look back and think that things were better in the good old days. This is what happens when sixteen-year-old Madeleine describes her activities to her grandfather. Use the cues in parentheses and the imperfect tense to state the grandfather's memories.

Modèle: Je mange tous les jours à la cafétéria. (à la maison)
Je mangeais tous les jours à la maison.

1. Mes amis et moi, nous allons souvent au cinéma. (aller au café)
2. Je regarde la télé tous les jours. (écouter la radio)
3. Ma mère et mon père travaillent. (aussi)
4. Je fais de l'aérobic. (faire des promenades)
5. Je me lève à 10h du matin le week-end. (7h)
6. Mes amis et moi, nous avons des mobylettes. (vélos)
7. La famille mange rarement ensemble. (toujours)
8. Je veux quitter la maison à l'âge de 18 ans. (rester à la maison)

(answers, p. P51)

▶ Le verbe irrégulier **devoir** *(suite)* *(Text p.316)*

VI. Plusieurs sens. (*Several meanings.*) The verb **devoir** has several meanings, depending on its tense and the context of the sentence. First, use the present tense of **devoir** to tell what people *have to* do today.

1. Georgette . . . . . rester chez elle ce soir.
2. Voici ce que vous . . . . . apprendre pour demain.

Now use the **passé composé** of **devoir** to tell what people *had to* do in the past.

3. Éric . . . . . attendre à la maison l'arrivée de ses cousins.
4. Moi, j'. . . . . passer une heure et demie chez le dentiste.

Now use the present of **devoir** to tell what people *are supposed* to do today.

5. Anne-Marie . . . . . nous retrouver au café à 6h.
6. Les autres . . . . . téléphoner s'ils ne peuvent pas nous accompagner.

Now use the imperfect of **devoir** to tell what people *were supposed* to do in the past.

7. Tu . . . . . être là avant nous, mais nous sommes arrivés les premiers.
8. Chantal . . . . . nous retrouver devant le cinéma, mais elle n'est pas venue.
9. Qu'est-ce que nous . . . . . apporter, les sandwichs ou les boissons?

Now use the present of **devoir** to tell what *is probably* true now about people.

10. Caroline est absente? Elle . . . . . être malade.
11. Tu as mal à la gorge et tu as de la fièvre. Tu . . . . . avoir une grippe.
12. Mme Vincent? Elle . . . . . avoir soixante ou soixante-cinq ans.

Finally, use the **passé composé** to tell what *was probably* true about people or what they *must have* done.

13. Les autres ne sont pas encore là? Ils . . . . . avoir des ennuis avec la voiture.
14. Monique n'est pas venue? Elle . . . . . oublier.
15. Ils n'étaient pas chez eux? Tu . . . . . te tromper d'adresse.

VII. Traduisons! Give the English equivalent of each sentence.

1. Nous devons être à la maison à 6h.
2. Nous devions être à la maison à 6h.
3. Elle doit avoir le mal de mer.
4. Elle a dû se tromper de numéro de téléphone.
5. Ils devaient téléphoner hier soir.
6. Il a dû aller à la banque. (*deux possibilités*)

(answers, p. P52)

Troisième étape

▶ *Le verbe irrégulier* **savoir** *(Text p.324)*

VIII. On ne sait pas. The following conversations take place at your house when people are trying to find out certain information—without much success. Complete each sentence with the appropriate form of the verb **savoir**. Items 1 through 6 require the present tense, item 7 the imperfect, and item 8 the **passé composé.**

1. Est-ce que tu . . . . . l'adresse de Maxime Le Quintrec?
2. Non, je ne . . . . . pas son adresse.
3. Est-ce que vous . . . . . jouer du piano?
4. Non, mais nous . . . . . jouer de la guitare.
5. Éliane ne . . . . . pas pourquoi on a remis l'examen jusqu'à lundi.
6. Jean-Jacques et François ne . . . . . pas la raison non plus.
7. Je ne . . . . . pas que tu avais des sœurs.
8. Quand est-ce que Marguerite . . . . . la date de ses vacances?

IX. Des talents. Using the cues and the verb **savoir**, explain what talent each person has.

1. mes parents / nager
2. Philippe / jouer de la guitare
3. je / faire de la planche à voile
4. Hélène / danser
5. nous / chanter la Marseillaise
6. mon frère / faire du ski de piste
7. vous / parler allemand
8. tu / utiliser un ordinateur

(answers, p. P52)

▶ *Les expressions* **depuis quand, depuis combien de temps, depuis** *(Text p.327)*

X. Une question de temps. Use the first cue to ask a question and the second cue to supply the answer. Remember to distinguish between **depuis combien de temps** and **depuis quand.**

Modèles: M. Parbot / travailler chez Renault / dix ans
Depuis combien de temps est-ce que M. Parbot travaille chez Renault?
Il travaille chez Renault depuis dix ans.

tu / être malade / lundi dernier
Depuis quand est-ce que tu es malade?
Je suis malade depuis lundi dernier.

1. vous / habiter en France / 1975
2. tu / fais des études à l'université / deux ans
3. Anne-Marie / avoir mal à la gorge / trois jours
4. tu / se sentir mal / dimanche dernier

(answers, p. P52)

CHAPITRE · NEUF

Première étape

▶ *Le superlatif* *(Text p.350)*

I. Que pensent les étudiants de leurs cours? Use the cues to make statements in the superlative about a variety of courses.

Modèle: le cours / + difficile / physique
Le cours le plus difficile est le cours de physique.

1. le cours / + facile / biologie
2. le cours / où / il y a / + examens / français
3. le cours / où / on / donner / + bonnes notes / musique
4. le cours / où / il y a / − examens / gymnastique
5. le cours / où / on / donner / − bonnes notes / astronomie
6. le cours / − difficile / comptabilité

II. **À mon avis . . .** Use the cues and the superlative to give your opinion.

Modèle: le haut bâtiment / Paris / la tour Eiffel / +
À mon avis, le plus haut bâtiment de Paris est la tour Eiffel.

1. le bâtiment moderne / Paris / le centre Beaubourg / +
2. la grande ville / États-Unis / New York / +
3. le bon acteur / Hollywood / Robert DeNiro / +
4. la bonne actrice / Hollywood / Meryl Streep / +
5. le film amusant / l'année / *Home Alone* / +
6. le haut bâtiment / ma ville / . . . . . / +
7. le restaurant cher / ma ville / . . . . . / +
8. la vieille église / Paris / Notre-Dame / +
9. la femme admirée / le monde / . . . . . / +
10. l'homme admiré / le monde / . . . . . / +
11. le bon chanteur de rock / le monde / . . . . . / +
12. la bonne vidéo / le monde / . . . . . / +

(answers, p. P52)

▶ *L'heure officielle* (Text p.354)

III. **Quelle heure est-il?** Convert the following official times into conversational time (in English).

Modèle: 13h45
1:45 P.M.

1. 9h15   2. 20h20   3. 12h   4. 18h50   5. 11h30   6. 15h40
7. 23h10   8. 4h05   9. 16h35   10. 21h25

(answers, p. P52)

Deuxième étape

▶ *Les nombres ordinaux* (Text p.361)

IV. **Des francophones à New York.** You're working as an information guide in New York. When French-speaking tourists ask where a place is, you explain in French on what corner (**coin**) it can be found.

Modèle: Où est l'Empire State Building? (5th / 33nd)
Il est au coin de la cinquième avenue et de la trente-troisième rue.

1. Où est la bibliothèque municipale de New York? (5th / 42nd)
2. Où est le restaurant P.J. Clarke? (3rd / 55th)
3. Où est cette librairie? (1st / 36th)
4. Où est cette pharmacie? (10th / 84th)
5. Où est ce théâtre? (8th / 52nd)

(answers, p. P52)

► *Les verbes irréguliers* **sortir** *et* **partir** *(Text p.364)*

V. Qu'est-ce que vous allez faire? Complete the following dialogues, using the appropriate tenses and forms of the verbs **sortir** and **partir**.

Dialogue 1: You question your classmate about his/her plans for this evening.
sortir

—Avec qui est-ce que tu . . . . . ce soir?
—Je . . . . . avec Paul et Martine.
—Ah, vous . . . . . tous ensemble?
—Oui, nous . . . . . en voiture.
—Mais quand est-ce que tu vas faire tes devoirs? Tu . . . . . hier soir aussi!

Dialogue 2: Classes are over for the year. Your teacher asks you about your plans for the summer.
partir

—Vous . . . . . aujourd'hui?
—Oui, je . . . . . pour la France.
—C'est formidable! Vous . . . . . seul(e) ou avec des amis?
—Mon ami et moi, nous . . . . . ensemble et mes parents vont nous retrouver à Paris.
—Et vos parents, quand est-ce qu'ils . . . . .?
—Ma mère . . . . . le 15 juin et mon père . . . . . le 20.
—Allez, au revoir. Et bonnes vacances.

VI. Sortir, partir ou quitter? Fill in the blanks using either **sortir, partir,** or **quitter** in the appropriate tense.

1. Hier matin, je . . . . . la maison avant 8h.
2. Nous ne . . . . . pas souvent le soir. Nous sommes trop fatigués.
3. Quand est-ce que tu . . . . . pour l'Angleterre?
4. Ils . . . . . de la salle de classe, ils . . . . . le bâtiment et ils . . . . . pour aller chez eux.
5. Je vais . . . . . en vacances la semaine prochaine.
6. Elle . . . . . du cinéma avant la fin du film.

(answers, p. P52)

Troisième étape

► *L'imparfait et le passé composé* *(Text p.372)*

VII. Qu'est-ce qu'ils ont fait hier? Explain what each person did yesterday and what the situation was like. Decide which verbs should be in the **passé composé** and which ones should be in the imperfect.

Modèle: Marie / aller / jardin public—faire du soleil
Hier Marie est allée au jardin public. Il faisait du soleil.

1. nous / rester / maison—pleuvoir
2. Micheline / faire des courses—y avoir beaucoup de circulation *(traffic)*
3. Jean et Pierre / aller / Versailles—avoir envie / sortir
4. je / vouloir rendre visite / oncle—prendre / train
5. nous / prendre / métro—être pressés

VIII. Qu'est-ce qu'ils faisaient quand . . . ? Answer the questions, using the cues in parentheses. Be careful to distinguish between the **passé composé** and the imperfect.

Modèle: Qu'est-ce qu'ils faisaient quand tu es arrivé(e)? (jouer aux cartes)
Quand je suis arrivé(e), ils jouaient aux cartes.

1. Qu'est-ce que tu faisais quand Jean-Claude a téléphoné? (prendre le petit déjeuner)
2. Qu'est-ce que vous faisiez quand elle est descendue? (faire la lessive)
3. Qu'est-ce qu'il faisait quand tu es sorti(e)? (travailler au jardin)
4. Qu'est-ce qu'elles faisaient quand il est rentré? (étudier)
5. Qu'est-ce que je faisais quand tu t'es couché(e)? (regarder la télé)
6. Qu'est-ce que nous faisions quand vous êtes allés au café? (faire les courses)
7. Qu'est-ce qu'il faisait quand elle a quitté la maison? (s'occuper des enfants)
8. Qu'est-ce que tu faisais quand Marc est tombé? (mettre la table)

IX. **Une excursion à Versailles.** Use the **passé composé** or the imperfect of the verbs in parentheses to complete the paragraphs.

La première fois que je . . . . . (aller) en France, j'. . . . . (avoir) quinze ans. J' . . . . . (passer) un mois chez mon oncle Christian et ma tante Josette. Mes parents . . . . . (vouloir) que j'apprenne le français. Christian et Josette m'. . . . . (apprendre) beaucoup de choses. Nous . . . . . (visiter) des monuments, nous . . . . . (faire) des excursions en voiture et j' . . . . . (manger) beaucoup de bonnes choses. Un jour, Christian . . . . . (décider) que nous allions passer la journée à Versailles. Nous . . . . . (faire) le voyage par le train et nous . . . . . (s'amuser bien).

Le château de Versailles . . . . . (être) très impressionnant. Je . . . . . (ne pas comprendre) l'histoire que . . . . . (raconter) le guide, mais je . . . . . (savoir) qu'il . . . . . (être) surtout question du roi (*King*) Louis XIV. On l'. . . . . (appeler) aussi le Roi Soleil et son règne . . . . . (durer) 72 ans, de 1643 à 1715. À mon avis, ce roi . . . . . (avoir) des habitudes assez bizarres. Il . . . . . (faire) sa toilette devant tout le monde, et la personne qui . . . . . (pouvoir) l'habiller . . . . . (être) très estimée des autres. Chaque jour, certains aristocrates . . . . . (participer) donc à la cérémonie du lever et du coucher du roi.

Maintenant que j'. . . . . (terminer) mes études de français, je sais que mes idées sur Louis XIV . . . . . (être) très simplistes. Les idées et les actions de Louis XIV . . . . . (beaucoup influencer) le développement politique de la France.

X. **La Révolution de 1789.** Put the sentences into the past, using either the imperfect or the **passé composé** according to the context.

1. La Révolution commence au mois de mai 1789.
2. Le roi ne veut pas écouter les membres de la bourgeoisie.
3. La bourgeoisie n'est pas contente parce qu'elle paie trop d'impôts (*taxes*).
4. Le 14 juillet 1789 les Parisiens prennent la Bastille (une prison).
5. En 1792, les révolutionnaires déclarent la France une république.
6. Le roi Louis XVI n'a plus d'autorité.
7. Le gouvernement révolutionnaire guillotine le roi et sa femme, Marie-Antoinette, en 1793.
8. Napoléon Bonaparte est général dans l'armée française quand la Révolution commence.
9. Il fait la guerre (*war*) en Égypte quand il apprend que le gouvernement français a besoin d'un «leader».
10. En 1799 il rentre en France, il prend le pouvoir (*power*) et enfin, en 1804, il se déclare empereur.
11. Malheureusement (*unfortunately*), Napoléon ne donne pas aux Français la paix (*peace*) qu'ils cherchent.

XI. **L'histoire d'un crime.** In the following account of a bank holdup, change the present tense into either the imperfect or the **passé composé** according to the context.

Il y a deux hommes et une femme dans la banque. Ils arrivent vers 14h. Moi, je suis au guichet. Un des hommes est très grand; il a les cheveux noirs; il a une barbe; il est très mince. Il parle très fort et il a l'air impatient. Il a un pistolet.

L'autre homme n'est pas grand. Il est gros et il a une moustache. Il porte un T-shirt avec «Malibu» inscrit sur le dos. Il demande aux clients de lui donner leurs portefeuilles. Il prend aussi nos montres.

La femme est grande. Elle a les cheveux blonds. Elle porte une blue-jean et un T-shirt rouge. Elle a un sac à dos. Elle prend nos affaires. Ensuite elle sort de la banque. Elle est le chauffeur de la voiture.

La voiture est une Citroën. Elle est grise et elle est assez neuve.

Il y a beaucoup de clients dans la banque. Nous sommes très nerveux. Nous avons peur.

Les employés de la banque sont très courageux. Ils sont calmes. Une employée sonne l'alarme et les hommes quittent la banque très vite.

Heureusement, la police arrive quelques minutes plus tard. Mais les voleurs (*robbers*) ne sont plus là.

(*answers, p. P52–P53*)

CHAPITRE · DIX

Première étape

▶ *Le verbe irrégulier* **connaître** *(Text p.392)*

I. Ils ont beaucoup voyagé. The members of Mireille Loiseau's family have traveled a great deal. Use the present tense of **connaître** to complete Mireille's statements about the places her family members know well.

1. Je . . . . . très bien les États-Unis.
2. Mes parents . . . . bien l'Afrique.
3. Mon oncle . . . . . bien l'Extrême-Orient.

4. Nous . . . . . aussi l'Amérique du Sud.
5. Est-ce que tu . . . . . le nord de la France?
6. Vous . . . . . mieux le Midi, n'est-ce pas?

II. Nous connaissons . . . Nous ne connaissons pas . . . Use either the present or the imperfect of **connaître** to write a sentence about each person's experiences.

Modèles: J'ai visité le Québec plusieurs fois.
Je connais bien le Québec.

Jusqu'à l'âge de sept ans, Michel a habité au Cameroun. Mais il n'y est pas retourné depuis son départ.
Michel connaissait bien le Cameroun quand il était petit.

Nous avons visité Londres une fois. Nous y avons passé deux jours.
Nous ne connaissons pas très bien Londres.

1. Yves a passé deux ans à Lille.
2. J'ai visité Paris une fois. J'avais trois ans à l'époque.
3. Mireille a fait ses études secondaires à Grenoble. Elle y retourne souvent.
4. Moi, j'ai passé mes dix premières années en Belgique, mais la dernière fois que j'ai visité le pays, c'était il y a vingt ans.
5. Nous n'avons jamais été en Suisse.
6. Geneviève et Étienne sont maintenant à San Francisco. Ils y habitent depuis six ans.

(*answers, p. P53*)

▶ *Le verbe irrégulier* **mettre** *(Text p.396)*

III. Use the present tense, the imperative, or the **passé composé** of **mettre** to complete the sentences.

1. *(present)* Quand il fait chaud, je . . . . . un T-shirt.
2. *(passé composé)* Est-ce qu'elle . . . . . son pull-over?
3. *(présent)* Quand est-ce que vous . . . . . la table?

4. *(présent)* Nous . . . . . la table tout de suite.
5. *(impératif, tu)* . . . . . les couteaux dans le tiroir!
6. *(impératif, vous)* . . . . . les assiettes sur la table!
7. *(passé composé)* Est-ce qu'ils . . . . . un anorak?

IV. Use the cues to create sentences.

Modèle: je / mettre *(passé composé)* / livres / sac à dos
J'ai mis les livres dans le sac à dos.

1. elle / mettre *(passé composé)* / sandales
2. tu / mettre *(présent)* / couvert / ?
3. ils / mettre *(présent)* / fauteuil / salle de séjour
4. je / mettre *(passé composé)* / asperges / frigo
5. nous / mettre *(présent)* / 5 000F / banque
6. vous / mettre *(passé composé)* / chaises / cuisine / ?
7. je / mettre *(présent)* / fleurs / table / ?
8. nous / mettre *(passé composé)* / lit / premier étage

(answers, p. P53)

Deuxième étape

▶ *Les pronoms interrogatifs (personnes)* *(Text p.400)*

V. Ils veulent savoir. Georges and Annick were sick last night and couldn't go to the movies with their friends. Today, they ask one of their friends about the activities last evening. Use an appropriate form of **qui** and a preposition (if necessary) to complete their questions.

1. —. . . . . est allé au cinéma hier soir?
   —Bertrand, Patrick, Solange et Denise.

2. —. . . . . vous avez vu en ville?
   —Marie-Claire, Christine et Frédéric.

3. —. . . . . Solange a parlé?
   —À Christine.

4. —. . . . . as-tu parlé?
   —À Marie-Claire et Frédéric.

5. —. . . . . a choisi le film?
   —Patrick.

6. —. . . . . êtes-vous allés après le film?
   —Chez Bertrand.

7. —. . . . . il a invité à passer la nuit?
   —Patrick.

8. —. . . . . Solange est rentrée?
   —Avec Denise.

VI. Qui? Ask questions about the people mentioned in the paragraphs. In the first set of questions, the appropriate interrogative pronouns are provided. In the second set of questions, you have to select the appropriate forms of **qui**.

1. Hier après-midi Élisabeth a accompagné son amie Danielle à la gare. En route Danielle a rencontré deux copains, Richard et Vincent. Tous les quatre ont continué jusqu'à la gare. Quand ils y sont arrivés, Danielle a fait une réservation pour sa mère et Élisabeth a parlé avec les deux garçons.

   a. Qui est-ce qu'. . . . . ?
   b. Qui est-ce que . . . . . ?
   c. Pour qui est-ce que . . . . . ?
   d. Avec qui est-ce qu' . . . . . ?

2. Mes amies Cécile et Francine ont organisé une boum pour l'anniversaire de Simone. Elles ont décidé de faire la soirée chez Cécile. Elles ont invité Hélène, Yvonne, Martine et Josette. Elles ont demandé à la mère de Francine de faire un gâteau.

   a. . . . . . ?
   b. . . . . . ?
   c. . . . . . ?
   d. . . . . . ?
   e. . . . . . ?

(answers, p. P53)

► *Le verbe irrégulier* **venir** *(Text p.403)*

VII. Complete each sentence with the appropriate form of **venir, revenir, devenir,** or **se souvenir de.**
Be careful to select the correct tense.

    1. Tu . . . . . chez nous ce soir?
    2. Mon frère . . . . . de France la semaine dernière.
    3. Ma sœur . . . . . avocate et elle travaille maintenant à New York.
    4. Quand est-ce que vous . . . . . ?
    5. Est-ce qu'ils . . . . . de leur grand-père?
    6. Vous . . . . . avec nous?
    7. Pourquoi est-ce qu'elles . . . . . si tard hier soir?
    8. Je . . . . . de cette ville.

VIII. Use the clues to form sentences.

    1. nous / venir / aux États-Unis / 1958
    2. elles / revenir / France pour visiter Paris
    3. je / se souvenir de / mes dernières vacances / Portugal
    4. après ses études, elle / devenir / astronaute
    5. à quelle heure / ils / revenir / ?

(answers, p. P53)

Troisième étape

► *Les pronoms interrogatifs (choses)* *(Text p.409)*

IX. Un incendie. *(A fire.)* There was a fire at a friend's house last night. Ask him about the fire and
what the firefighters did. Complete each question using one of the following interrogative pronouns:
que, qu'est-ce que, qu'est-ce qui, de quoi, avec quoi.

    1. —. . . . . s'est passé chez toi hier soir?
       —Il y a eu un incendie.
    2. —. . . . . les pompiers ont fait quand ils sont arrivés?
       —Ils ont éteint *(put out)* le feu.
    3. —. . . . . ils ont éteint le feu?
       —Avec de l'eau tirée de la rivière.
    4. —. . . . . a provoqué l'incendie?
       —On ne sait pas.
    5. —. . . . . tu as perdu?
       —Mes vêtements, mes livres, tout.
    6. —. . . . . as-tu besoin maintenant?
       —De vêtements chauds.
    7. —Les pompiers sont toujours là? . . . . . cherchent-ils?
       —L'origine du feu.
    8. —. . . . . tes parents vont faire?
       —Ils vont essayer de trouver une maison dans le même quartier.

X. Quoi? Ask questions about the details mentioned in the paragraphs. In the first set of questions, the
interrogative expression is provided. In the second set, it's up to you to select the appropriate
interrogative pronoun.

    1. Il s'est passé quelque chose de curieux hier. Mon frère faisait une promenade. Il a vu deux
       chiens qui se battaient *(were fighting).* Mon frère a séparé les deux chiens avec une branche
       d'arbre. Ensuite les deux chiens ont attaqué mon frère.

       a. Qu'est-ce qui . . . . . ?   **c.** Qu'est-ce qu'. . . . . ?   **e.** Qu'est-ce que . . . . . ?
       b. Que . . . . . ?   **d.** Avec quoi ce que . . . . . ?

2. Mardi soir j'ai trouvé de l'argent. Je me promenais dans le parc avec mon ami Jean-Paul. Nous parlions de nos cours. Soudain un sac est tombé du ciel. Je l'ai ouvert. À l'intérieur il y avait cent billets de 500 francs!

   a. . . . . . ?   **c.** . . . . . ?   **e.** . . . . . ?
   b. . . . . . ?   **d.** . . . . . ?

XI. **L'art de la conversation.** To be an effective conversational partner, you have to know how to listen to people and ask appropriate follow-up questions. Develop the following conversations, using the elements in parentheses. Be sure to differentiate between questions that have a person as an answer (**qui? qui est-ce que? à qui?** etc.) and those that have a thing as an answer (**qu'est-ce qui? qu'est-ce que? de quoi?** etc.).

Modèles: Je suis allé dans les grands magasins. (acheter)
Qu'est-ce que tu as acheté?

Je suis allée faire mes devoirs à la bibliothèque. (rencontrer)
Qui est-ce que tu as rencontré à la bibliothèque?

   1. Mes parents ont eu un accident. (se passer) . . . . .
   2. Quand nous sommes allés à Paris, nous ne sommes pas descendus dans un hôtel. (descendre chez) . . . . .
   3. Je ne vais pas travailler demain. (faire) . . . . .
   4. J'ai proposé à Gérard d'y aller, mais il hésite. (avoir peur de) . . . . .
   5. Voici mon nouveau vélo. C'est un cadeau. (te donner) . . . . .
   6. Ma sœur va commencer ses études universitaires. (étudier) . . . . .
   7. Michel a téléphoné. (vouloir) . . . . .
   8. Nous sommes allés faire des courses en ville. (rencontrer) . . . . .

   (answers, p. P53–P54)

▶ *L'expression* **venir de** *(Text p.413)*

XII. **Une émission télévisée.** Your friend is in the kitchen preparing dinner while his favorite TV program is on. Use **venir de** to tell him what has just happened on the program.

Modèle: Deux hommes déguisés entrent dans une banque.
Deux hommes déguisés viennent d'entrer dans une banque.

   1. Un des hommes demande tout l'argent.
   2. Ils prennent deux personnes en otages.
   3. Ils quittent la banque et partent dans un vieille voiture noire.
   4. L'employée de la banque téléphone à la police.
   5. Les agents de police arrivent.
   6. Un client leur donne le numéro d'immatriculation de la voiture.
   7. On annonce que cette histoire va continuer la semaine prochaine.

XIII. **Un tremblement de terre.** *(An earthquake.)* The following people were interviewed about their activities and whereabouts just before an earthquake. Use the imperfect of **venir de** and the cues to tell what each person had just finished doing when the earthquake struck.

Modèle: je / faire le ménage
Je venais de faire le ménage.

   1. Hervé et Denise / manger leur dîner
   2. Mme Lecoindre / rentrer chez elle
   3. je / regarder un film
   4. nous / faire les courses
   5. Monique / rendre visite à ses parents
   6. tu / décorer ta chambre
   7. vous / téléphoner à votre cousine

   (answers, p. P54)

CHAPITRE ONZE

Première étape

▶ *L'emploi du subjonctif pour exprimer la nécessité* (Text p.431)

I. Fill in each blank with the appropriate subjunctive form of the verb in parentheses.

1. (être) Il faut que tu . . . . . toujours honnête.
2. (parler) Il est essentiel que vous . . . . . à vos enfants.
3. (finir) Il vaut mieux que tu . . . . . tes devoirs avant le dîner.
4. (mettre) Il faut que vous . . . . . un anorak pour sortir.
5. (savoir) Il est préférable que nous . . . . . la vérité.
6. (manger) Pour être en bonne santé, il faut qu'on . . . . . beaucoup de fruits et de légumes.
7. (réussir) Il est important qu'elles . . . . . à leurs examens.
8. (avoir) Il faut que nous . . . . . beaucoup de patience avec nos étudiants.
9. (regarder) Il faut que tu . . . . . des deux côtés avant de traverser la rue.
10. (acheter) Avant de partir il faut que nous . . . . . les billets.

II. Conseils personnels. Change each general statement of advice into a personal one by using the cues in parentheses and the subjunctive.

Modèle: Il faut étudier. (il est important / tu)
   Il est important que tu étudies.

1. Il faut apprendre une langue étrangère. (il est essentiel / nous)
2. Il faut aller en classe. (il vaut mieux / tu)
3. Il faut faire vos devoirs. (il est nécessaire / vous)
4. Il faut étudier. (il faut / nous)
5. Il faut écouter le professeur. (il est important / vous)
6. Il faut réussir aux examens. (il est préférable / elles)
7. Il faut avoir de la patience. (il est important / il)
8. Il faut être honnête. (il faut / nous)

III. Pour réussir . . . Explain what you have to do to be successful at the university. Use the expressions **il faut que** or **il est nécessaire que** and the subjunctive to transform the sentences.

Modèle: On réussit aux examens.
   Il est nécessaire qu'on réussisse aux examens.

1. Nous étudions le week-end.
2. On va souvent à la bibliothèque.
3. Vous avez beaucoup d'amis.
4. Je suis toujours en classe.
5. Nous parlons aux professeurs.
6. Vous êtes en bonne santé.
7. Tu sais choisir tes professeurs.
8. On prend des cours de sciences.
9. Nous faisons nos devoirs.
10. Vous sortez de temps en temps.

IV. **Que faire?** Your friends have problems. Use **il faut que** and the cues in parentheses to give them advice.

Modèle: Je me dispute souvent avec mes parents. (avoir de la patience)
  Il faut que tu aies de la patience.

1. Elle a toujours mal à la tête. (consulter le médecin)
2. Nous travaillons trop. (prendre des vacances)
3. Mes amis ne s'amusent pas beaucoup. (sortir de temps en temps)
4. Mes vêtements ne me vont pas bien. (maigrir un peu)
5. Il a mal aux dents. (aller chez le dentiste)
6. Nous nous irritons facilement. (être plus calmes)
7. J'ai des difficultés en chimie. (avoir confiance en toi)
8. J'ai besoin d'exercice. (faire de l'aérobic)

(answers, p. P54)

▶ *L'emploi de l'infinitif pour exprimer la nécessité* (Text p.439)

V. **Je vais à l'université.** Your younger sister is about to go to college. Because you know all about college life, you give her some advice. Use **il faut** or **il est nécessaire** first with the subjunctive and then with the infinitive to tell her what to do.

Modèle: beaucoup étudier

  Il faut que tu étudies beaucoup.
  Il faut beaucoup étudier.

1. s'amuser aussi
2. étudier les langues étrangères
3. faire les devoirs régulièrement
4. se reposer assez
5. se faire des amis
6. avoir des bonnes notes
7. réussir aux examens
8. réfléchir à l'avenir

(answers, p. P54)

Deuxième étape

▶ *Les pronoms d'objet direct et indirect* **me, te, nous, vous** (Text p.446)

VI. **En famille.** Family members frequently ask one another questions. Use the cues in parentheses to answer the following questions. Pay attention to who is speaking to whom.

Les parents parlent à leurs enfants.

1. Alors, les enfants, vous nous cherchez? (oui)
2. Vous voulez nous demander quelque chose? (oui)
3. Nous allons vous voir pour le dîner? (non)

L'enfant parle à sa mère.

4. Maman, je peux te parler un moment? (oui)
5. Tu veux me donner 200 francs? (non)
6. Papa et toi, vous m'aimez, n'est-ce pas? (oui)

Le père parle à son enfant.

7. Tu me comprends bien? (oui)
8. Tu vas nous écrire toutes les semaines? (oui)
9. Je peux te téléphoner de temps en temps? (oui)

VII. Demandez à . . . Ask each person the indicated questions.

Demandez à une femme que vous voyez chez des amis . . .

Modèle: si vous la connaissez.
>*Est-ce que je vous connais?*

1. si vous l'avez rencontrée chez les Dupont.
2. si elle vous reconnaît *(recognizes).*
3. si elle vous a parlé de sa famille.
4. si elle vous a téléphoné l'autre jour.

Demandez à un ami . . .

Modèle: s'il vous cherchait.
>*Tu me cherchais?*

5. s'il vous a téléphoné.
6. s'il veut vous accompagner au cinéma.
7. si vous lui avez montré votre nouvelle vidéo.
8. s'il va vous montrer son nouvel ordinateur.

VIII. Fais comme ça. Tell your friend to do the following activities.

Modèle: me / donner / cahiers
>*Donne-moi les cahiers.*

1. me / téléphoner à 6h
2. me / prêter / ton pull-over
3. nous / acheter / des bonbons
4. ne / me / parler
5. ne / nous / téléphoner

(answers, p. P54–P55)

▶ *Les verbes réguliers en* **-re** *(Text p.454)*

IX. Use the verbs in parentheses to complete the following sentences.

1. (vendre / *présent*) Est-ce que Janine . . . . . sa maison?
2. (entendre / *présent*) Qu'est-ce qu'il y a? J'. . . . . un bruit.
3. (attendre / *présent*) Qu'est-ce que vous faites ici? Nous . . . . . nos parents.
4. (perdre / *passé composé*) Ils . . . . . leurs billets.
5. (vendre / *subjonctif*) Il faut que tu . . . . . ton auto.
6. (descendre / *imparfait*) Autrefois, il . . . . . toujours au Sheraton.
7. (entendre parler de / *passé composé*) Est-ce qu'elle . . . . . ce film?
8. (répondre / *passé composé*) Vous n'. . . . . pas . . . . . aux questions?
9. (perdre / *présent*) Pourquoi est-ce que tu . . . . . toujours tes affaires?
10. (rendre / *subjonctif*) Il faut que vous . . . . . ces livres tout de suite!

X. Un voleur. (*A robber.*) Someone just robbed a small clothing store. The police interrogate the salesperson and a couple that had just left the store. Use the cues in parentheses to complete the dialogue.

L'agent de police parle d'abord avec la vendeuse.

L'AGENT: Qu'est-ce que vous vendez ici?
LA VENDEUSE: (nous / vendre) (. . . . .)
L'AGENT: Eh bien, qu'est-ce qui est arrivé?
LA VENDEUSE: (je / entendre / bruit) (je / descendre / sous-sol)
L'AGENT: Vous avez observé quelque chose d'extraordinaire?

LA VENDEUSE:	Non.
L'AGENT:	Qu'est-ce que le voleur a pris?
LA VENDEUSE:	(nous / perdre / 2 000 francs / trois anoraks)

Ensuite, l'agent parle avec M. et Mme Oreillon.

L'AGENT:	Pourquoi étiez-vous ici aujourd'hui?
LES OREILLON:	(nous / rendre / cadeau)
L'AGENT:	Et ensuite?
M. OREILLON:	(je / perdre / patience) (nous / partir)
L'AGENT:	Vous avez reconnu le voleur?
LES OREILLON:	(nous / entendre dire / que le voleur est jeune et grand)

(answers, p. P55)

Troisième étape

▶ *Les pronoms d'objet direct **le, la, l', les*** *(Text p.461)*

XI. Qui? You're discussing weekend activities with some friends. When they ask you questions, answer according to the cues: + = affirmative answer, − = negative answer, and ? = ask another question. Use direct-object pronouns in your answers.

Modèle: Qui écoute souvent la radio? je (+) / Georges (−) / Christophe (?)

> *Moi, je l'écoute souvent, mais Georges ne l'écoute pas. Et toi, Christophe, est-ce que tu l'écoutes souvent?*

1. Qui regarde souvent la télé? je (+) / Isabelle (−) / Vincent (?)
2. Qui regarde les matchs de football à la télé? je (−) / mes frères (+) / Éric et Chantal (?)
3. Qui a vu le film *Trois hommes et un couffin*? je (+) / ma sœur (−) / Renée et Sylviane (?)
4. Qui va aller voir le nouveau film de Woody Allen? je (−) / mes parents (+) / Jeanne (?)

XII. L'accord du participe passé. Use direct-object pronouns to answer the following questions. Remember that a past participle must agree with a preceding direct object.

Modèle: Tu as invité Isabelle? (oui)
> *Oui, je l'ai invitée.*

1. Elle a apporté ses disques? (oui)
2. Vous avez regardé le film? (non)
3. Tu as acheté les tartes? (oui)
4. Ils ont fini les devoirs? (non)
5. Vous avez trouvé les enfants? (oui)
6. Tu as acheté les chaussures? (non)

XIII. La vérité. (*The truth.*) Use the cue and a direct-object pronoun to answer each question.

Modèle: Est-ce que tu fais la vaisselle tous les jours? (oui)
> *Oui, je la fais tous les jours.*

1. Est-ce que tu fais ta lessive de temps en temps? (oui)
2. Est-ce que tu aides tes amis avec leurs devoirs? (non)
3. Est-ce que tu fais toujours tes devoirs? (oui)
4. Est-ce que tu prépares le dîner de temps en temps? (oui)
5. Est-ce que tu as écouté la radio ce matin? (non)
6. Est-ce que tu as compris la leçon sur les objets directs? (oui)
7. Est-ce que tu vas faire les courses ce week-end? (non)
8. Est-ce que tu vas étudier le français l'année prochaine? (oui)

(answers, p. P55)

▶ *Le verbe irrégulier* **voir** *(Text p.466)*

XIV. Complete the sentences with the appropriate tenses and forms of the verb **voir.**

—Est-ce que tu . . . . . Georges le week-end dernier?
—Bien sûr. Je le . . . . . tous les week-ends. Le week-end dernier nous . . . . . un très bon film ensemble.
—Qu'est-ce que vous avez fait d'autre? Vous . . . . . Janine et Philippe?
—Non, nous ne les . . . . . plus très souvent. Et toi, tu les . . . . . régulièrement?
—Non. Autrefois je les . . . . . souvent, mais maintenant qu'ils sont mariés, on ne les . . . . . plus.

XV. Questions et réponses. Complete each question with the correct tense and form of the verb **voir.** Then answer the questions you have created.

1. Quelle est la dernière fois que tu . . . . . tes grands-parents?
2. Est-ce que tu . . . . . souvent des bons films?
3. Est-ce que vous . . . . . des montagnes de votre maison?
4. Quelle est la dernière fois que tes amis . . . . . une pièce de théâtre?
5. Est-ce que tes amis . . . . . le film *Dances with Wolves?*
6. Quand tu étais jeune, quels amis est-ce que tu . . . . . régulièrement?

(answers, p. P55)

CHAPITRE · DOUZE

Première étape

▶ *Les expressions négatives* **ne . . . rien, ne . . . personne,**
ne . . . plus, ne . . . pas encore, ne . . . jamais *(Text p.498)*

I. Des contraires. Answer each question using a negative expression that is the opposite of the term in italics.

> *Modèle:* Est-ce qu'il va *souvent* à la bibliothèque?
> *Non, il ne va jamais à la bibliothèque.*

1. Est-ce que tu as vu *quelqu'un* dans le jardin?
2. Est-ce que *quelqu'un* vous a appelé?
3. Est-ce qu'ils ont fait *quelque chose* ce week-end?
4. Est-ce que *quelque chose* d'intéressant est arrivé?
5. Est-ce qu'il a parlé à *quelqu'un* ce matin?
6. Est-ce qu'il est *encore* à l'hôpital?
7. Est-ce que tu as *déjà* fait tes devoirs?
8. Quand il est à la Martinique, est-ce qu'il mange *toujours* des bananes? (Recall that **des** becomes **de** after a negative expression.)
9. Est-ce qu'elles ont *déjà* trouvé un job?
10. Est-ce que vous avez *encore* faim?

II. Esprit de contradiction. You're not in a very good mood today. Each time someone says something, you say the opposite. Use negative expressions to contradict the statements.

> *Modèle:* Je suis toujours à l'heure.
> *Ce n'est pas vrai. Tu n'es jamais à l'heure.*

1. Nous allons souvent au restaurant.
2. Elle est encore en France.
3. Il comprend tout.
4. Quelqu'un t'attend.

5. Ses parents ont déjà fait de l'alpinisme.
6. J'ai besoin de beaucoup de choses.
7. J'ai rencontré beaucoup de gens en ville hier.
8. Elle pense à tout.
9. J'ai tout fait.
10. Ils sont encore au centre commercial.

III. **Chez les Français.** You're spending a week with a French family. As the family members ask you questions, answer using appropriate negative expressions.

Modèle: Vous avez mangé quelque chose avant de vous coucher?
Non, je n'ai rien mangé (avant de me coucher).

1. Vous êtes encore fatigué(e)?
2. Vous avez déjà mangé ce matin?
3. Vous avez entendu quelqu'un ce matin?
4. Vous avez besoin de quelque chose pour votre chambre?
5. Vous vous couchez toujours avant 10h?
6. Vous avez laissé quelque chose dans la voiture?
7. Vous voulez téléphoner à quelqu'un aujourd'hui?

(answers, p. P55)

Deuxième étape

▶ *L'emploi du subjonctif et de l'infinitif pour exprimer l'émotion et la volonté* (Text p.510)

IV. **C'est bien dommage!** The following sentences are excerpts from letters you've received. Use the cues to express people's reactions.

Modèle: Je ne peux pas aller à la soirée. (je regrette)
Je regrette que tu ne puisses pas aller à la soirée.

1. Je suis malade. (nous sommes désolés)
2. Michel ne peut pas aller à l'université. (mes parents regrettent)
3. Nous partons demain. (je suis triste)
4. Danielle n'a pas l'argent pour aller en Afrique. (nous sommes navrés)
5. Il apprend l'anglais. (nous sommes contents)
6. Nous étudions le français. (mes parents sont surpris)
7. Mes parents vont en vacances. (je suis content[e])
8. Henri part. (nous sommes étonnés)
9. Michèle ne va pas au concert. (Philippe est fâché)

V. **Le cours de français.** Use the cues to tell people's reactions to what happens in your French class.

Modèles: Nous arrivons au cours à l'heure. (le prof est content)
Le prof est content que nous arrivions au cours à l'heure.

Nous partons. (nous sommes désolés)
Nous sommes désolés de partir.

1. Nous étudions la grammaire. (le prof est heureux)
2. Le prof ne veut pas finir la leçon. (je suis étonné[e])
3. Il nous fait passer beaucoup d'examens. (Marc est fâché)
4. L'examen de fin d'année est facile. (les étudiants sont étonnés)
5. Une seule étudiante réussit toujours aux examens. (le prof est surpris)
6. Demain il n'y a pas de cours. (nous sommes ravis)
7. Nous allons passer toute la journée au centre commercial. (nous sommes heureux)
8. Le prof ne peut pas nous obliger à faire des devoirs le samedi. (le prof regrette)

VI. Complétez les phrases. Complete the sentences using either the infinitive or the subjunctive of the verbs in parentheses.

1. (visiter) Je voudrais . . . . . la cathédrale ce matin.
2. (visiter) Je voudrais que vous . . . . . la cathédrale avec moi.
3. (venir) Nous aimerions qu'elle . . . . . nous voir demain.
4. (venir) Elle aimerait . . . . . vous voir demain.
5. (finir) Mon père insiste pour que nous . . . . . nos devoirs avant de sortir.
6. (finir) Moi, je préfère . . . . . mes devoirs très tôt le matin.
7. (rester) Mes frères et moi, nous n'aimons pas . . . . . à la maison le dimanche après-midi.
8. (rester) Ma mère exige que nous . . . . . à la maison avec elle et mon père.

VII. On n'est pas d'accord. You and your friends are always disagreeing about something. You oppose their wishes when you speak to each other (**je / tu**) and when speaking about others (**je / il** ou **elle**). Follow the models.

Modèles: manger de la glace maintenant (je / tu)
　　　　—Je veux manger de la glace maintenant.
　　　　—Mais moi, je ne veux pas que tu manges de la glace maintenant.

　　　　partir en vacances avec ses amis (je / il ou elle)
　　　　—Il (elle) veut partir en vacances avec ses amis.
　　　　—Mais moi, je ne veux pas qu'il (elle) parte en vacances avec ses amis.

1. sortir avec mes parents samedi soir (je / tu)
2. savoir le numéro de téléphone de Michel (je / tu)
3. y aller (je / tu)
4. faire un voyage en Afrique (je / il ou elle)
5. choisir la nouvelle voiture (je / il ou elle)
6. se coucher (je / il ou elle)

(answers, p. P55–P56)

Troisième étape

▶ *Les pronoms d'objet indirect **lui** et **leur*** (Text p.518)

VIII. Replace each noun in italics by the indirect-object pronoun **lui** or **leur**.

Modèles: J'apprends le français *à ma petite sœur.*
　　　　Je lui apprends le français.

　　　　Montrez vos photos *aux étudiants.*
　　　　Montrez-leur vos photos.

1. Dites *aux enfants* de faire attention aux voitures.
2. Qu'est-ce que tu as acheté *pour Micheline?*
3. Est-ce qu'elle donne quelque chose *au prof de français?*
4. Explique ton problème *à ta mère.*
5. Téléphonez *à vos grands-parents.*
6. Nous avons raconté des histoires *aux enfants.*
7. Quelquefois je prête mes disques *à mon frère.*
8. Ils obéissent toujours *à leurs parents.*
9. Je ne parle pas souvent *à mes voisins.*
10. Je vais apprendre *à Suzanne* à jouer aux échecs.

IX. **Qu'est-ce que tu leur as acheté?** Tell what you bought family members and friends on various occasions. Use **lui** or **leur** as appropriate.

Modèle: sœur / anniversaire / des cassettes
Pour son anniversaire, je lui ai acheté des cassettes.

1. mère (belle-mère, femme) / anniversaire / un bracelet
2. père (beau-père, mari) / anniversaire / une cravate
3. sœur (frère) / Noël (Hanouka) / une vidéo
4. grands-parents / Noël (Hanouka) / des livres
5. parents / Noël (Hanouka) / un appareil ménager
6. mon meilleur ami / anniversaire / un porte-monnaie
7. ma meilleure amie / anniversaire / un sac
8. mes cousins / Noël (Hanouka) des disques compacts

X. **Des questions personnelles.** Answer the following questions, replacing the nouns used as direct and indirect objects by their corresponding pronouns.

1. As-tu fait tes devoirs aujourd'hui?
2. Combien de fois par mois est-ce que tu téléphones à tes parents?
3. Quand est-ce que tu as rendu visite à ta grand-mère la dernière fois?
4. Quand achètes-tu les livres pour tes cours?
5. Est-ce que tu connais le président des États-Unis?
6. Quand vas-tu terminer tes études?
7. Pourquoi étudies-tu le français?
8. Est-ce que tu regardes souvent la télé?

XI. **Qu'est-ce que vous avez fait?** Answer the following questions by using the cue in parentheses and a direct- or indirect-object pronoun.

Modèle: Qu'est-ce que vous avez fait avec les livres? (rendre à Hélène)
Nous les avons rendus à Hélène.

1. Qu'est-ce que tu vas faire avec cet anorak? (vendre)
2. Qu'est-ce qu'ils ont fait avec leurs photos? (montrer au professeur)
3. Qu'est-ce qu'elle fait avec la robe? (raccourcir)
4. Qu'est-ce que vous avez demandé à votre voisin? (de me prêter son aspirateur)
5. Qu'est-ce qu'elles ont dit à Jacques? (de dépenser moins)
6. Qu'est-ce que tu as fait de ton foulard? (perdre)
7. Quand va-t-elle mettre ce manteau? (en hiver)
8. Qu'est-ce qu'ils font avec ces vêtements? (donner à des œuvres charitables)

(answers, p. P56)

CHAPITRE · TREIZE

Première étape

▶ *Les noms géographiques et les prépositions* (Text p.542)

I. **Où vont-ils?** Complétez chaque phrase en utilisant la préposition convenable (**à, en, au, aux**).

1. Guy Collet va . . . . . Belgique.
2. Sa sœur Claudine va . . . . . Danemark.
3. Jean-François Rouget va . . . . . Australie.
4. Ses parents vont . . . . . Washington, D.C.
5. Marguerite Audon va . . . . . Tunisie.
6. Ses amis vont . . . . . Philippines.
7. Philippe Barbet va . . . . . Suède.
8. Jean-Louis Guillemin va . . . . . Allemagne.
9. Sa cousine Annick va . . . . . Vénézuela.
10. Les Lellouche vont . . . . . Mexique.

II. **D'où viennent-ils?** Complétez chaque phrase en utilisant la préposition convenable (**de, d', du, des**).

1. Les parents de Victor viennent . . . . . France.
2. Les grands-parents de Micheline viennent . . . . . Canada.
3. Le père d'Annie vient . . . . . États-Unis.
4. Les cousins de Marcel viennent . . . . . Grèce.
5. Les grands-parents de Bernard viennent . . . . . Nouvelle-Zélande.
6. La mère de Roger vient . . . . . Montréal.
7. Les parents d'Ahmed viennent . . . . . Maroc.
8. Les amis de Raymonde viennent . . . . . Argentine.
9. Les cousins de Georgette viennent . . . . . Pays-Bas.

III. **Pour voir . . .** Vous apprenez à des jeunes personnes les pays où se trouvent certains monuments et lieux d'intérêt. Rédigez les phrases en utilisant les éléments donnés.

Modèle: la tour Eiffel / France
Pour voir la tour Eiffel, il faut aller en France.

1. la tour penchée de Pise / Italie
2. le mur des Lamentations / Israël
3. le Sphinx de Guizèh / Égypte
4. Dakar / Sénégal
5. Casablanca / Maroc
6. la Grande Muraille / Chine
7. l'Acropole / Grèce
8. la statue de la Liberté / États-Unis
9. l'Amazone / Pérou ou Brésil
10. la cathédrale de Westminster / Angleterre

IV. **Les unités monétaires.** Un de vos amis va bientôt faire le tour du monde. Vous lui expliquez les unités monétaires dont il va avoir besoin dans les pays suivants.

Modèle: France / francs
En France, tu vas avoir besoin de francs.

1. Japon / yens
2. Angleterre / livres sterling
3. Portugal / escudos
4. Canada / dollars canadiens
5. Suisse / francs suisses
6. Russie / nouveaux roubles
7. Inde / roupies
8. Algérie / dinars
9. Mexique / pesos
10. Viêt-nam / dongs

V. **Ces gens-là arrivent de . . .** En écoutant les annonces à l'aéroport, vous identifiez les pays d'où arrivent les voyageurs. Faites des phrases en utilisant les éléments donnés.

Modèle: La Compagnie Air France annonce l'arrivée du vol 068 en provenance d'Athènes.
Ah, ces gens-là arrivent de Grèce.

1. en provenance de Genève
2. en provenance d'Acapulco
3. en provenance de Moscou
4. en provenance de Francfort
5. en provenance de Chicago
6. en provenance du Caire
7. en provenance de Barcelone
8. en provenance de Bei-jing
9. en provenance de Lisbonne
10. en provenance de Dakar

(answers, p. P56–P57)

Deuxième étape

▶ *Le futur* (Text p.555)

VI. **Le futur.** Mettez le verbe entre parenthèses à la forme convenable du futur.

1. Nous (écouter) du jazz au festival.
2. Elle (choisir) bientôt ses cours pour l'année prochaine.
3. Ils (vendre) leur maison dans quelques années.
4. Est-ce que tu (partir) avec nous?

5. Je (être) très heureuse de vous revoir.
6. Est-ce que vous (avoir) le temps de nous rendre visite?
7. Qui (faire) la vaisselle?
8. Malheureusement nous ne (pouvoir) pas vous accompagner.
9. Je pense qu'elle (prendre) le train.
10. Il (falloir) que vous y fassiez attention.

VII. **En l'an 2025 . . .** Imaginez le monde en l'an 2025. Mettez les phrases suivantes au futur.

Modèle: Nous habitons d'autres planètes.
Nous habiterons d'autres planètes.

1. Les hommes et les femmes sont égaux *(equals)*.
2. On vend le bifteck sous forme de pilule.
3. Nous n'avons pas de guerres.
4. Il n'y a pas de pollution.
5. Nous faisons des voyages interplanétaires.
6. Nous rencontrons des habitants d'autres planètes.
7. On peut passer ses vacances sur la lune.
8. Les enfants apprennent un minimum de quatre langues à l'école.
9. Nous savons guérir le cancer.

VIII. **Le premier jour d'école.** Utilisez le futur pour dire que les enfants suivants feront exactement ce que leurs parents leur demanderont le premier jour d'école.

Modèle: Il faut que tu arrives à l'heure.
J'arriverai à l'heure.

1. Il faut que tu te présentes à Mlle Chartrand.
2. Il faut que vous preniez du lait au déjeuner.
3. Il faut que Michel soit très calme en classe.
4. Il faut que tes frères fassent bien attention en classe.
5. Il faut que vous apportiez un crayon et un cahier.
6. Il faut que tu obéisses à Mlle Chartrand.
7. Il faut que tu mettes ton nouveau pantalon.
8. Il faut que tes sœurs apprennent à écrire.
9. Il faut que vous ayez beaucoup de patience.
10. Il faut que tu joues gentiment avec tes copains.

(answers, p. P57)

Troisième étape

▶ *Les pronoms* **y** *et* **en** *(Text p.566)*

IX. **Pour éviter la répétition.** *(To avoid repeating.)* Récrivez les phrases suivantes en remplaçant les mots en italique par le pronom **y**. Attention à la place du pronom.

1. Ma famille et moi, nous aimons beaucoup la Normandie. Nous allons *en Normandie* tous les étés.
2. Nous passons les vacances *en Normandie* depuis des années.
3. Nous sommes allés *en Normandie* pour la première fois en 1975.
4. Nous allons retourner *en Normandie* l'été prochain.
5. Nous avons une grande salle de séjour dans notre maison. Mes parents regardent la télé *dans la salle de séjour* tous les soirs.
6. Moi, j'aime faire mes devoirs *dans la salle de séjour.*
7. Hier soir ma sœur a écouté des disques compacts *dans la salle de séjour* avec ses copines.
8. Mais le dimanche après-midi mon père travaille *dans la salle de séjour.*
9. Mes parents aiment aller au parc. Le samedi matin mon père dit à ma mère: «On nous attend au parc. Allons *au parc* tout de suite!»
10. Et ma mère répond toujours: «Oui. Mais n'allons pas *au parc* à pied! Prenons nos vélos!»

X. L'itinéraire de Jeanne, d'Henri et de Mireille. Trois amis vont faire un voyage en Bretagne et en Normandie. En consultant leur itinéraire, répondez aux questions. Utilisez le pronom **y** chaque fois que c'est possible.

17 avril—départ de Paris (8h34); arrivée à Rennes (11h45); louer un vélo pour Jeanne;
        Rennes–St-Malo à vélo (coucher à St-Malo)
18 avril—St-Malo–le Mont-Saint-Michel à vélo (coucher à Caen)
19 avril—visite de Caen et de ses environs
20 avril—visite de Caen et de ses environs
21 avril—Caen–Deauville en autocar; arrivée à Deauville (16h)
22 avril—journée sur la plage à Deauville
23 avril—journée sur la plage à Deauville
24 avril—retour à Paris par le train; arrivée à Paris (18h30)

1. Quel jour est-ce qu'ils vont à Rennes?
2. À quelle heure est-ce qu'ils arrivent à Rennes?
3. Est-ce qu'on peut louer un vélo à Rennes?
4. Quelle nuit est-ce qu'ils vont coucher à St-Malo, la première ou la deuxième?
5. Combien de jours est-ce qu'ils vont passer à Caen?
6. Est-ce que l'autocar arrive à Deauville à midi?
7. Où est-ce que les touristes passent le temps à Deauville?
8. À quelle heure est-ce qu'ils rentrent à Paris le 24?

XI. Les parents de Jean-Jacques. Votre ami Jean-Jacques vous parle de sa famille. Vous lui posez des *questions* sur les membres de sa famille en utilisant les expressions données et le pronom **y**. Mettez les verbes au temps indiqué.

Mes parents habitent à Orléans.

1. habiter / depuis longtemps *(présent)*
2. être nés *(passé composé)*
3. avoir une maison ou un appartement *(présent)*

Ma mère travaille chez Bull.

4. depuis combien de temps / travailler *(présent)*
5. pouvoir aller en voiture *(présent)*
6. qu'est-ce que / faire *(présent)*

Mes parents sont actuellement en vacances en Belgique.

7. être / depuis longtemps *(présent)*
8. quand / aller *(passé composé)*
9. combien de temps / passer *(futur immédiat)*

XII. Le pronom *en.* Remplacez les mots en italique par le pronom **en**. Attention à la place du pronom.

1. Il a *des timbres.*
2. Elle ne veut pas *de fromage.*
3. Nous avons acheté *des chaussures.*
4. J'ai trois *sœurs.*
5. Elle a lu cinq *livres.*
6. Nous avons assez *d'argent.*
7. Je vais acheter une douzaine *d'œufs.*
8. Ils ont mangé beaucoup *de pizza.*
9. Tu as besoin *de mon ordinateur?*
10. Nous discutions *de politique* avec nos profs.

XIII. **Un accident.** Vous avez eu un petit accident. Vous n'avez pas été blessé(e), mais vous avez perdu votre sac à dos. Un(e) ami(e) vous pose des questions au sujet de l'accident. Répondez à ses questions en utilisant le pronom **en**.

Modèle: Tu as eu un accident? (oui)
Oui, j'en ai eu un.

1. Il y avait combien de voitures? (trois)
2. Tu as vu des motocyclettes aussi? (non)
3. Est-ce qu'il y avait des témoins *(witnesses)?* (plusieurs)
4. Tu as un autre sac à dos? (deux)
5. Tu veux du thé? (non, merci)
6. Tu veux parler de l'accident? (oui, je veux bien)
7. Tu vas avoir peur des voitures? (non)

XIV. **Un interrogatoire.** Il y a eu un hold-up au bureau de poste et vous en avez été témoin. La police vous interroge à ce sujet. Répondez aux questions en utilisant des pronoms d'objet direct (**le, la, les**), des pronoms d'objet indirect (**lui, leur**) et le pronom **en**.

1. Vous étiez au bureau de poste au moment du crime, non? Bon, est-ce que vous avez vu les deux hommes au guichet douze? (oui)
2. Est-ce que les deux hommes ont parlé à l'employé? (oui)
3. Est-ce que vous avez parlé aux deux hommes? (non)
4. Est-ce qu'il y avait beaucoup de personnes au bureau de poste? (oui, quatre ou cinq)
5. Est-ce qu'ils se rendaient compte de ce qui se passait? (non)
6. Est-ce que vous avez vu des pistolets? (oui / un)
7. Est-ce que vous pouvez faire une description des voleurs? (oui)
8. Est-ce que vous pouvez identifier ces hommes? (oui)

(answers, p. P57)

CHAPITRE · QUATORZE

Première étape

▶ *L'emploi du subjonctif pour exprimer le doute et l'incertitude; l'emploi de l'indicatif pour indiquer la certitude (Text p.590)*

I. **Monique dit . . .** Une de vos amies, Monique, aime inventer des histoires au sujet de sa vie. Quand on vous raconte ce que dit Monique, vous exprimez votre scepticisme en utilisant les expressions entre parenthèses et en mettant les verbes au subjonctif.

Modèle: Monique dit qu'elle va sortir avec Tom Cruise. (je doute)
Je doute qu'elle sorte avec Tom Cruise.

1. Monique dit que ses parents ont trois maisons. (il est impossible)
2. Elle dit qu'elle peut traverser la Manche à la nage. (je doute)
3. Elle dit qu'elle ira en Chine cet été. (je ne pense pas)
4. Elle dit qu'elle réussira à tous ses examens sans étudier. (il est peu probable)
5. Elle dit qu'elle connaît très bien le président des États-Unis. (il n'est pas possible)
6. Elle dit qu'elle va passer l'été en Europe. (il est possible)
7. Elle dit qu'elle est l'étudiante la plus intelligente de l'université. (je doute)
8. Elle dit qu'elle apprendra à faire de la planche à voile en dix minutes. (il est peu probable)

II. Un mauvais compagnon de voyage. Quand votre grand-père voyage avec vous, il est toujours très bavard et il critique tout. Complétez les phrases de votre grand-père en mettant les verbes entre parenthèses à la forme convenable de l'indicatif.

1. Il est évident que tu (ne pas savoir) conduire.
2. Je suis sûr que nous (tourner) à droite pour aller à Aix.
3. Il est clair que vous (manger) trop de bonbons.
4. Je pense que l'autoroute (être) à gauche.
5. Il est probable que nous (aller) être en retard.
6. Je suis sûr qu'il y (avoir) une deuxième sortie pour Aubagne.
7. Je pense que nous (pouvoir) dîner après notre arrivée.
8. Je suis certain que tu (avoir) besoin d'une nouvelle voiture.

III. Nous partons demain. Vous partez en vacances demain avec votre famille. Récrivez les phrases suivantes en faisant attention à l'emploi de l'indicatif et du subjonctif.

Modèles: Il va faire beau demain? C'est peu probable.
  Il est peu probable qu'il fasse beau demain.

  Il va pleuvoir demain? J'en suis certain(e).
  Je suis certain(e) qu'il va pleuvoir (qu'il pleuvra) demain.

1. Notre train part de la gare St-Lazare? Je pense que oui.
2. Il part à 10h23? J'en suis sûr.
3. Nous avons des places réservées? Je ne pense pas.
4. Ce train a des voitures fumeurs et des voitures non-fumeurs? C'est certain.
5. Nous pourrons déjeuner dans le train? C'est possible.
6. Maman préparera des sandwiches? C'est possible.
7. Le train arrivera à l'heure? C'est probable.
8. Les trains français sont ponctuels, n'est-ce pas? C'est vrai.
9. L'oncle Paul sera à la gare quand nous arriverons? C'est peu probable.
10. Nous prendrons donc un taxi? J'en doute.

(answers, p. P57–P58)

Deuxième étape

▶ *Le conditionnel* (Text p.602)

IV. Au restaurant. Vous dînez au restaurant avec des amis. Complétez les commandes que vous faites en utilisant le conditionnel du verbe **vouloir**.

1. Henri . . . . . le menu à 60F.
2. Janine et Annette . . . . . un steak frites et une salade.
3. Je . . . . . le saumon fumé.
4. Noëlle, est ce que tu . . . . . une salade?
5. Qu'est-ce que vous . . . . ., Marc?
6. Et nous . . . . . deux bouteilles d'eau minérale.

V. Quelle trouvaille! *(What a find!)* Vous venez de lire un article au sujet de quelqu'un qui a trouvé une valise pleine d'argent. Imaginez ce que vous et vos amis feriez si vous aviez cet argent. Utilisez le conditionnel du verbe indiqué.

Avec tout cet argent . . .

1. je / acheter des cadeaux pour tous mes
2. Paul / mettre de l'argent à la banque
3. mes parents / ne plus travailler
4. vous / inviter tous vos amis au restaurant
5. tu / voyager partout en Europe amis
6. Philippe / aller au Mexique
7. nous / faire le tour du monde
8. mes amis / s'amuser

VI. Au restaurant. Vous êtes au restaurant avec votre famille. Vous êtes le (la) seul(e) à parler français. Par conséquent, on vous demande de parler au garçon. Utilisez le conditionnel pour être poli(e).

1. Ask the waiter if we could have a table near the window.
2. Tell him that your parents would like the 100F menu.
3. Ask him for a Coke.
4. Ask him if it's possible to pay with a traveler's check.
5. Ask him if he can recommend a good hotel nearby.

(answers, p. P58)

Troisième étape

▶ *Les pronoms relatifs* **qui** *et* **que** *(Text p.615)*

VII. Donne-moi! Employez les éléments donnés pour créer des phrases avec **qui.**

Modèle: le livre / sur la table
Donne-moi le livre qui est sur la table.

1. le stylo / dans mon sac à dos
2. les cassettes / sur l'étagère
3. la fourchette / dans le tiroir
4. les assiettes / dans la salle à manger
5. la recette / sur la table

VIII. Des souvenirs. Refaites les phrases selon le modèle. Employez le pronom relatif **que** et faites attention à l'accord du participe passé.

Modèle: J'ai acheté des disques.
Montre-moi les disques que tu as achetés.

1. J'ai acheté un portefeuille.
2. Paul a acheté des cartes postales.
3. Nous avons acheté une peinture.
4. J'ai acheté des livres de poésie camerounaise.
5. Elles ont acheté une carte de Yaoundé.

IX. À l'université. Employez **qui** ou **que** pour créer une seule phrase à partir des deux phrases données.

Modèle: J'ai aimé le livre. Le professeur m'a donné ce livre.
J'ai aimé le livre que le professeur m'a donné.

1. J'ai fait des photocopies de tes notes. Tu m'as prêté ces notes hier.
2. Marc a lu l'article. J'ai trouvé l'article dans le journal.
3. C'est le prof d'histoire. Elle donne un examen toutes les semaines.
4. Je viens de trouver ton livre de français. Tu l'as perdu il y a huit jours.
5. As-tu réussi à l'examen? Cet examen était sur les verbes irréguliers.
6. Notre prof de français nous raconte des histoires. J'aime bien ses histoires.
7. Qui est l'étudiant? Tu parlais à cet étudiant ce matin après le cours de physique.

X. De la curiosité. Posez une question pour trouver le renseignement que vous avez oublié. Utilisez un pronom relatif (**qui** ou **que**).

Modèle: Ce jeune homme travaille au magasin de disques, mais je ne me souviens pas de son nom.
Comment s'appelle le (quel est le nom du) jeune homme qui travaille au magasin de disques?

1. Georgette lit *(is reading)* un très bon roman, mais j'ai oublié son titre.
2. Didier sort avec une jeune femme très sympathique, mais je ne sais pas son nom.
3. Le train arrive à Cassis à 12h30, mais je ne sais pas à quelle heure il part de Marseille.
4. J'ai acheté un pull hier, mais je ne me rappelle pas combien il coûte.
5. Nous avons parlé à un jeune homme très intéressant, mais nous avons oublié son nom.
6. J'ai acheté mon billet hier, mais je ne sais pas où il se trouve.
7. Elle a visité plusieurs pays francophones, mais je ne me rappelle pas quels pays.

(answers, p. P58)

Answers to *Pratique de la grammaire*

▼▼▼▼▼▼▼▼▼▼▼▼▼▼▼▼▼▼▼▼▼▼▼▼▼▼▼

CHAPITRE ▪ 1

Première étape

I. 1. a. chante **b.** chantes **c.** chantons
d. chantez **2. a.** étudies **b.** étudions
c. étudiez **d.** étudie **3. a.** voyagez
b. voyage **c.** voyages **d.** voyageons

II. 1. a. Oui, je parle anglais. **b.** Oui, j'habite
à . . . . . **c.** Oui, je voyage beaucoup.
2. a. j'étudie beaucoup **b.** je ne travaille
pas **c.** je chante bien *or* je ne chante pas
bien (je chante mal) **3. a.** nous nageons
b. nous parlons anglais **c.** nous ne
mangeons pas beaucoup (nous mangeons
très peu)

III. 1. a. Vous habitez à Paris? **b.** Tu habites à
Paris? **c.** Vous habitez à Paris?
2. a. Vous nagez souvent? **b.** Tu nages
souvent? **c.** Vous nagez souvent?
3. a. Vous parlez français? **b.** Vous parlez
français? **c.** Tu parles français?

Deuxième étape

IV. 1. a. parle **b.** parle **c.** parlent
2. a. étudie **b.** étudie **c.** étudient
3. a. aime **b.** aiment **c.** aime

V. 1. Mais non, elles ne parlent pas espagnol.
2. Mais non, ils n'habitent pas à Grenoble.
3. Mais non, elle ne chante pas bien.
4. Mais non, ils n'étudient pas l'espagnol.
5. Mais non, vous ne parlez pas italien.
6. Mais non, tu ne voyages pas beaucoup.

VI. 1. le, le **2.** la, le **3.** les, la **4.** l', les
5. les, le, le **6.** la, les

Troisième étape

VII. 1. est **2.** sont **3.** suis **4.** êtes
5. sommes **6.** es

VIII. 1. Non, elle n'est pas professeur; elle est
avocate. **2.** Non, il n'est pas ingénieur; il
est mécanicien. **3.** Non, je ne suis pas
secrétaire; je suis journaliste. **4.** Non, elles
ne sont pas étudiantes; elles sont assistantes.
5. Non, elle n'est pas dentiste; elle est
architecte. **6.** Non, nous ne sommes pas
médecins; nous sommes comptables.

IX. 1. Ah, bon. Il est italien. **2.** Ah, bon. Elle
est canadienne. **3.** Ah, bon. Ils sont russes.
4. Ah, bon. Elles sont portugaises.
5. Ah, bon. Il est allemand. **6.** Ah, bon.
Elle est chinoise. **7.** Ah, bon. Ils sont
américains. **8.** Ah, bon. Elles sont
françaises.

CHAPITRE ▪ 2

Première étape

I. 1. a **2.** avons **3.** as **4.** ont **5.** ai
6. a

II. 1. Oui, mais tu n'as pas d'ordinateur.
2. Oui, mais il n'a pas de magnétoscope.
3. Oui, mais je n'ai pas de livres.
4. Oui, mais vous n'avez pas de maison.
5. Oui, mais elle n'a pas de chaîne stéréo.
6. Oui, mais elles n'ont pas de vélomoteur.

III. 1. Oui, c'est mon cahier. **2.** Oui, ce sont
mes clés. **3.** Oui, c'est ma calculatrice.
4. Oui, c'est notre (ma) maison. **5.** Oui,
c'est notre (mon) magnétoscope. **6.** Oui, ce
sont nos (mes) chiens. **7.** Oui, c'est ta
(votre) chambre. **8.** Oui, ce sont tes (vos)
livres. **9.** Oui, c'est votre (notre)
appartement. **10.** Oui, ce sont vos (nos)
disques compacts.

IV. VOUS: mon / ma / mes / mon / ta / tes / ton
VOTRE CAMARADE DE CHAMBRE : notre / nos /
notre
VOTRE PROPRIÉTAIRE: vos / votre / mes

Deuxième étape

V. 1. fais 2. fais 3. faites 4. faisons
5. fait 6. font 7. fait

VI. 1. Pourquoi est-ce que tu es étudiant?
2. Qu'est-ce qu'il y a dans ton sac à dos?
3. Où est-ce que tu travailles? 4. Où est
l'aéroport? 5. Qui travaille avec toi (à
l'aéroport)? 6. Qu'est-ce que vous avez
pour aller au travail?

VII. 1. Où est-ce que tu habites? 2. Pourquoi
est-ce qu'elle déteste les chiens?
3. Pourquoi est-ce que tu as un vélomoteur
et une motocyclette? 4. Qu'est-ce qu'il y a
dans votre chambre? (Pourquoi est-ce qu'il
n'y a pas de livres dans votre chambre?)
5. Qu'est-ce que tu cherches? (Pourquoi
est-ce que tu cherches quelque chose?)
6. Qui n'aime pas le rock? (Pourquoi est-ce
qu'ils n'aiment pas le rock?)

Troisième étape

VIII. 1. Bien sûr, c'est son sac. 2. Bien sûr,
c'est leur maison. 3. Bien sûr, ce sont ses
clés. 4. Bien sûr, ce sont leurs disques
compacts. 5. Bien sûr, c'est sa voiture.
6. Bien sûr, c'est leur adresse. 7. Bien
sûr, ce sont leurs plantes. 8. Bien sûr, ce
sont ses posters.

IX. 1. sa calculatrice / sa calculatrice 2. ses
clés / ses clés 3. son magnétoscope / son
magnétoscope 4. son stylo / son stylo
5. sa chaise / sa chaise 6. son adresse /
son adresse

X. 1. son / sa / ses / son 2. sa / son / ses / son
3. leur / leurs / leur / leur

CHAPITRE • 3

Première étape

I. 1. va 2. allez 3. vont 4. vas
5. vont

II. 1. Je vais souvent à Paris. 2. Annick va à
Paris de temps en temps. (De temps en
temps . . .) 3. Nous allons rarement à
Paris. 4. Quelquefois tu vas à Paris.
(. . . quelquefois.) 5. M. et Mme Santerre
ne vont jamais à Paris.

III. 1. Au 2. Au 3. À la 4. Au 5. À l'
6. Au 7. Au 8. Au 9. À la 10. À l'

IV. 1. Tu vas au théâtre, tu ne vas pas au
cinéma. 2. Vous allez à la pharmacie, vous
n'allez pas au bureau de poste. 3. Jean et
Martine vont au lycée, ils ne vont pas à
l'université. 4. Je vais au café, je ne vais
pas au restaurant. 5. Claire va à la banque,
elle ne va pas à la librairie. 6. Nous allons à
la gare, nous n'allons pas à l'aéroport.
7. Philippe et Raymond vont au musée, ils
ne vont pas au parc. 8. Pierre va à la
maison de Rabelais, il ne va pas à l'hôtel.

V. 1. Je vais visiter le musée demain.
2. Jean-Paul va aller en ville demain.
3. Nous allons faire un tour à vélo demain.
4. Mes amis vont faire des devoirs demain.
5. Tu vas regarder le film demain.
6. Mes frères vont rester à la maison
demain. (*You can also place* **demain** *at the
beginning of the sentence.*)

Deuxième étape

VI. 1. de l' 2. de la 3. de la 4. du
5. du 6. de la 7. des 8. du 9. des

VII. (*Sample answers; other variations are possible.*)
1. L'hôtel Villages est près du cinéma
Vauban. 2. La bibliothèque municipale est
à côté du restaurant Les Trois Frères.
3. Le bureau de Tourisme est au coin de la
rue Chabot et de l'avenue de Bourgogne.
4. Le parc de la Colombière est près de
l'hôpital psychiatrique. 5. L'église
Notre-Dame est au bout de la rue de la
Chouette. 6. L'hôtel St-Bernard est en face
du cinéma Royal.

VIII. 1. **a.** Parle lentement! **b.** Sois sage!
2. **a.** Fais attention! **b.** Mange lentement!
3. **a.** Ne regardez pas la télé! **b.** Ayez de
la patience! 4. **a.** Allons au parc
(ensemble)! **b.** Chantons (ensemble)!

Troisième étape

IX. 1. prend 2. prenons 3. prends
4. prends 5. prennent 6. prenez

X. 1. apprend, comprend **2.** apprenons, comprenons **3.** apprendre **4.** apprenez, comprenez **5.** apprennent

XI. 1. 6:15 A.M. **2.** 1:30 P.M. **3.** 8:45 P.M. **4.** 12:05 A.M. **5.** 4:35 A.M. **6.** 11:50 A.M.

CHAPITRE ▪ 4

Première étape

I. 1. Il va à l'école (il y va) le lundi, le mardi, le jeudi, le vendredi et le samedi. **2.** Il ne va pas à l'école (il n'y va pas) le mercredi et le dimanche. **3.** Il va à l'église (il y va) le dimanche. **4.** Il va au parc (il y va) mercredi. **5.** Il va visiter le musée samedi (après-midi). **6.** Il va aller au cinéma (il va y aller) vendredi (soir).

II. 1. veut **2.** veux **3.** voulons **4.** veulent **5.** veux

III. 1. Pourquoi est-ce que tu veux apprendre le français? Parce que je veux visiter Paris. **2.** Pourquoi est-ce que ta sœur ne veut pas faire une promenade? Parce qu'elle veut étudier son français. **3.** Pourquoi est-ce que (toi et ton ami) vous ne voulez pas manger à la maison? Parce que nous voulons déjeuner au restaurant. **4.** Pourquoi est-ce que tes parents veulent aller à Chamonix? Parce qu'ils veulent faire du ski.

Deuxième étape

IV. 1. Ce matin il va travailler à la maison. **2.** Jeudi soir il va aller en discothèque. **3.** Cet après-midi il va aller en ville. **4.** La semaine prochaine il va aller à Londres. **5.** Lundi prochain il va faire des achats. **6.** Ce soir il va aller au cinéma avec des amis. **7.** Dimanche matin il va aller à l'église. **8.** Mercredi après-midi il va faire des courses en ville.

V. 1. espère **2.** espérons **3.** espèrent **4.** espères **5.** espère **6.** espérez

VI. 1. Demain matin Martine va faire des courses en ville. Qu'est-ce que tu vas faire (demain matin)? **2.** La semaine prochaine Jacques a l'intention de parler à son prof de

maths. Qu'est-ce que vous avez l'intention de faire (la semaine prochaine)? **3.** L'année prochaine mes parents veulent aller en Europe. Où est-ce que tes parents veulent aller (l'année prochaine)? **4.** Ma sœur espère être une actrice célèbre un jour. Qu'est-ce que ta sœur espère être (un jour)?

Troisième étape

VII. 1. se couche **2.** se couchent **3.** nous couchons **4.** me couche **5.** vous couchez **6.** te couches

VIII. 1. Ma mère et mon frère se lèvent à 7h. **2.** Je ne me lève pas avant 8h. **3.** Ma mère prépare le petit déjeuner. **4.** Mon frère et moi, nous nous préparons pour aller à l'école. **5.** Ma mère et mon père ne se parlent pas le matin. **6.** Mon frère se dépêche pour prendre l'autobus. **7.** Moi, je vais à l'école à pied. **8.** Ma famille et moi, nous ne nous amusons pas le matin.

IX. 1. Dominique et Sylviane vont se parler au téléphone ce matin. **2.** Moi, je vais me lever à 6h. **3.** Jean-Pierre et Martine vont se promener à vélo. **4.** Bernard et moi, nous allons nous retrouver à la bibliothèque. **5.** Vous autres, vous allez vous amuser au festival. **6.** Hervé va se reposer cet après-midi.

X. 1. Levez-vous! **2.** Dépêche-toi! **3.** Calme-toi! (Ne t'inquiète pas! Ne t'énerve pas!) **4.** Asseyez-vous! (Dépêchez-vous!) **5.** Amuse-toi bien! **6.** Calmez-vous! (Ne vous énervez pas! Ne vous inquiétez pas!)

XI. 1. a. parler **b.** se parlent **2. a.** se trouve **b.** trouver **3. a.** se retrouver **b.** retrouver **4. a.** promenons **b.** nous promener

CHAPITRE ▪ 5

Première étape

I. 1. le douze janvier **2.** le trente septembre **3.** le vingt-trois mai **4.** le premier mars **5.** le six décembre **6.** (le . . . . .)

II. 2. décembre **3.** février **4.** mars / avril **5.** juillet **6.** novembre **7.** janvier **8.** mai **9.** juin **10.** octobre

III. 1. en automne 2. en été 3. en hiver
4. au printemps

IV. ai passé / avons commencé / avons étudié / a
écouté / ont regardé / a téléphoné / avons
mangé / ai quitté

V. 1. ai eu 2. avons été, avons fait (appris)
3. as compris 4. ont pris 5. a fait

VI. 1. Quand est-ce que vous avez été à Paris?
2. Quand est-ce qu'elle a eu son (un)
accident? 3. Qu'est-ce qu'ils ont fait hier?
4. Pourquoi est-ce qu'elle n'a pas appris le
français? 5. Est-ce que tu as pris le métro?

Deuxième étape

VII. 1. Ils sont allés au théâtre samedi dernier (il
y a cinq jours). 2. Ils sont restés à la
maison dimanche dernier (il y a quatre jours).
3. Ils ont acheté leur voiture il y a quinze
jours (deux semaines). 4. Ils ont fait un
voyage à Londres la semaine dernière (lundi
dernier). 5. Ils sont rentrés de Londres
vendredi dernier (il y a six jours). 6. Ils
sont restés à Londres pendant cinq jours.
7. Ils sont allés au musée mardi dernier.
8. Ils ont téléphoné à Marc hier.

VIII. 1. est allée 2. sommes allé(e)s 3. sont
allés 4. suis allé(e) 5. sont allées
6. es allé(e) 7. êtes allé(e)s

IX. 1. e, X 2. s, X 3. X, es 4. X, e
5. X, s 6. X, X

X. 1. Où est-ce que tu es allée? 2. Est-ce que
tu as pris le métro? 3. Où est-ce que tu es
descendue? 4. Combien de temps est-ce
que tu es restée à la librairie? 5. Qu'est-ce
que tu as acheté? 6. Où est-ce que vous
êtes allé(e)s? 7. Avec qui est-ce que vous
avez dîné? 8. Est-ce que vous avez eu un
accident? 9. Pourquoi est-ce que vous
n'avez pas téléphoné? 10. À quelle heure
est-ce que vous êtes rentré(e)s?

Troisième étape

XI. 1. s'est levée 2. se sont levés 3. me
suis levée 4. me suis levé 5. nous
sommes levés 6. ne s'est pas levé
7. t'es levé(e)

XII. 1. Je me suis levé à 8h. 2. Je me suis
levée à 7h30. 3. Non, nous ne nous
sommes pas couchés de bonne heure hier
soir. 4. Non, je ne me suis pas dépêchée
pour aller à mes cours ce matin. 5. Oui,
nous nous sommes très bien amusés.
6. Non, nous ne nous sommes pas disputés
la semaine dernière. 7. Je me suis trompé
de jour.

XIII. 1. Lundi matin mon amie Diane ne s'est pas
levée à temps pour aller en classe.
2. Mardi mes amis et moi, nous nous
sommes amusés à la piscine. 3. Mercredi,
je me suis disputée avec mon petit ami.
4. Jeudi mes amis et moi, nous nous sommes
retrouvés à la bibliothèque. 5. Vendredi
mes parents se sont levés de très bonne
heure. 6. Samedi mon frère s'est reposé
pendant toute la journée. 7. Dimanche je
me suis couchée très tard.

CHAPITRE · 6

Première étape

I. 1. ces 2. ce 3. ce 4. ce 5. cet
6. cette 7. ces 8. ces 9. cet
10. cette 11. ce 12. cette 13. cette
14. cet 15. ces

II. 1. Mon père a très peu de livres. 2. Mon
frère a quelques cassettes. 3. Ma sœur n'a
pas beaucoup de cahiers. 4. Mes amis ont
beaucoup de disques. 5. Ma mère a peu de
stylos. 6. Mon (ma) petit(e) ami(e) n'a pas
beaucoup de cassettes.

III. 1. Mon père a acheté deux kilos de pommes.
2. J'ai acheté un litre de Coca. 3. Mlle
Lecuyer a acheté quatre tranches de jambon.
4. Nous avons acheté une douzaine de
croissants. 5. M. Robichou a acheté
cinquante grammes de pâté. 6. Mes
cousins ont acheté un bout de saucisson.

IV. 1. Jean-Jacques n'a pas assez d'argent pour
acheter un Walkman. 2. Mme Barron a
acheté beaucoup trop de croissants.
3. Anne a acheté assez de tartelettes.
4. Nathalie n'a pas assez d'argent pour
acheter un ordinateur IBM. 5. M. Riboux a
acheté trop (assez) de jambon pour cinq
personnes.

Answers to *Pratique de la grammaire* **P49**

Deuxième étape

V. 1. de la **2.** du **3.** du **4.** du **5.** de la
6. des **7.** de la **8.** du **9.** de l'
10. des **11.** des **12.** du

VI. 1. les / un / des / de **2.** un (du) / le
3. des / des / de **4.** les **5.** une / du / des /
de la / du / de / de

VII. 1. du pain / le pain / une baguette / un pain
de campagne **2.** des pâtisseries / des
pâtisseries / les tartelettes / un millefeuille
3. un Coca / l'eau minérale / d'eau minérale /
un citron pressé **4.** un sandwich / du
jambon / du fromage / le fromage / une
omelette aux fines herbes

Troisième étape

VIII. 1. dois / dois **2.** devons / doit / dois
3. doivent **4.** devez / devons **5.** doit /
doit

IX. 1. We have to talk to the professor. We're
supposed to talk to the professor. **2.** She
must have had an accident. **3.** I owe my
parents $100. **4.** He must be sick.
5. They probably went to the lab. (They had
to go to the lab.) **6.** I'm supposed to meet
my friends at the café. (I have to meet my
friends at the café).

X. 1. Non, elle doit faire ses devoirs.
2. Ils ont dû aller au travail. **3.** Parce que
nous devons faire des économies. **4.** Parce
qu'elle a dû faire des courses. **5.** Parce que
je dois acheter mon livre de français.
6. Parce qu'ils doivent $150 à leurs amis.

XI. 1. Quelles clés? **2.** Quel monument?
3. Quel chat? **4.** Quelle calculatrice?
5. Quel ordinateur? **6.** Quels éclairs?
7. Quels disques? **8.** Quelles cassettes?
9. Quelle petite amie?

CHAPITRE · 7

Première étape

I. 1. française **2.** petite **3.** ennuyeuse
4. marron **5.** dernière **6.** facile

7. verte **8.** légère **9.** lourde **10.** brune
11. chère **12.** blanche **13.** vieille
14. grande **15.** belle **16.** rouge

II. 1. petits **2.** ennuyeuses **3.** noirs
4. vieilles **5.** intéressants **6.** bons
7. mauvais **8.** blanches **9.** laides
10. derniers **11.** gris **12.** bruns
13. beaux **14.** orange **15.** verts
16. vieux

III. 1. blanche **2.** brun **3.** personalized
answer **4.** personalized answer **5.** jaune,
noir, mauve, vert et orange **6.** personalized answer **7.** personalized answer
8. personalized answer **9.** rouges, jaunes
ou vertes **10.** verts **11.** jaunes
12. personalized answers **13.** personalized
answers **14.** blancs ou gris

IV. 1. Nous avons acheté une nouvelle vidéo
fantastique. **2.** J'ai un nouveau vélo
japonais. **3.** Nous avons mangé dans un
restaurant italien. **4.** J'ai trouvé un petit
portefeuille brun. **5.** Elle a regardé la
nouvelle vidéo allemande. **6.** C'est un long
roman russe. **7.** C'est une vieille petite
maison. **8.** J'ai eu une mauvaise note à
l'examen.

Deuxième étape

V. 1. Suzanne est moins intelligente que Janine.
2. Monique est aussi généreuse qu'Hervé.
3. Les parents de Jacques sont moins
traditionnels que mes parents. **4.** Le cours
de chinois est plus difficile que le cours de
français. **5.** Les amis de mes parents sont
moins amusants que mes amis. **6.** Le prof
de chinois est aussi patient que le prof de
français. **7.** Isabelle est plus sympathique
que Simone.

VI. 1. Véronique chante mieux que Jean.
2. Alexandre travaille aussi bien que
François. **3.** Marcel mange moins bien
qu'Annie. **4.** Les légumes sont meilleurs
que le poulet. **5.** Les notes de Paul sont
moins bonnes que les notes de Marie.
6. L'autre restaurant chinois est aussi bon
que ce restaurant chinois. **7.** Je danse
mieux que mes amis. **8.** La Vittel est
meilleure que le Perrier.

VII. 1. J'ai moins (plus/autant) de posters que mon frère.   **2.** J'ai moins (plus/autant) de livres que mon père.   **3.** J'ai moins (plus/autant) de plantes vertes que ma sœur.   **4.** J'ai moins (plus/autant) de disques que mes amis.   **5.** J'ai moins (plus/autant) de clés que ma mère.   **6.** J'ai moins (plus/autant) de sœurs que mon ami(e).

VIII. 1. Le cours de géologie est aussi difficile que le cours de biologie.   **2.** Le cours de chimie est plus difficile que le cours d'astronomie.   **3.** On travaille plus sérieusement en (cours de) physique qu'en (cours de) chimie.   **4.** On travaille moins sérieusement en (cours d')astronomie qu'en (cours de) biologie.   **5.** Il y a plus d'examens en (cours de) géologie qu'en (cours de) biologie.   **6.** Il y a autant d'examens en chimie qu'en physique.   **7.** Il y a moins d'examens en astronomie qu'en chimie.   **8.** On donne plus de bonnes notes en astronomie qu'en chimie.   **9.** On donne moins de bonnes notes en physique qu'en biologie.   **10.** En général, on se débrouille mieux en astronomie qu'en chimie.   **11.** En général, on se débrouille moins bien en physique qu'en biologie.

Troisième étape

IX. 1. Ils choisissent leurs cadeaux.   **2.** Elle choisit un pull-over.   **3.** Nous réfléchissons à notre avenir. (Je réfléchis à mon avenir.)   **4.** Il a réussi à ses examens.   **5.** Je réfléchis.   **6.** Elles ont obéi à leurs parents.   **7.** Ils finissent cet exercice.

X. 1. On choisit des cours.   **2.** Les étudiants n'obéissent pas toujours à leurs (aux) profs.   **3.** Je finis d'étudier vers minuit.   **4.** Nous réussissons toujours aux examens.   **5.** Mes amis réfléchissent beaucoup à l'avenir.

XI. Pourquoi est-ce que tu restes à la maison? Et toi, est-ce que tu n'as pas de devoirs à faire? Est-ce que tu travailles toujours le samedi? Quel examen est-ce que tu as? Est-ce que tu étudies l'espagnol et le français?

XII. 1. Où habites-tu (habitez-vous)?   **2.** Que cherchez-vous?   **3.** Pourquoi sont-ils restés à la maison?   **4.** Combien de frères et de sœurs as-tu (avez-vous)?   **5.** Pourquoi ne prend-il pas de lait?   **6.** Quel temps va-t-il faire demain?

CHAPITRE ▪ 8

Première étape

I. 1. passions   **2.** avaient   **3.** aimais   **4.** faisions   **5.** s'installaient   **6.** était / voulait   **7.** habitais   **8.** jouiez / étiez

II. 1. Tous les jours je prenais l'autobus pour aller à l'école.   **2.** À cette époque nous habitions très loin du lycée.   **3.** J'allais souvent déjeuner chez un copain.   **4.** Mes sœurs quittaient toujours la maison après moi.   **5.** Mon petit frère ne se levait pas avant 9h.   **6.** D'habitude, nous obéissions à nos parents.   **7.** Ils avaient beaucoup de patience avec nous.   **8.** Autrefois tu passais beaucoup de temps en ville.   **9.** Tes parents et toi, vous sortiez souvent ensemble.

III. 1. peux   **2.** peux   **3.** pouvons   **4.** pouvez   **5.** peut   **6.** peuvent   **7.** pouvait   **8.** a / pu

IV. 1. Je ne peux pas passer la journée à la plage. Je dois aider mes parents.   **2.** Nous ne pouvons pas (je ne peux pas) aller au cinéma ce soir. Nous avons (j'ai) trop de devoirs.   **3.** Ils ne peuvent pas faire du jogging. Ils sont trop fatigués.   **4.** Nous ne pouvons pas (je ne peux pas) dîner au restaurant ce soir. Nous n'avons pas (je n'ai pas) assez d'argent.   **5.** Je ne peux pas aller en ville. Je dois jouer avec mon petit frère.   **6.** Il ne peut pas regarder le film à la télé. Il doit sortir ce soir.

Deuxième étape

V. 1. Mes amis et moi, nous allions souvent au café.   **2.** J'écoutais la radio tous les jours.   **3.** Ma mère et mon père travaillaient aussi.   **4.** Je faisais des promenades.   **5.** Je me levais à 7h le week-end.   **6.** Mes amis et moi, nous avions des vélos.   **7.** La famille mangeait toujours ensemble.   **8.** À l'âge de 18 ans, je voulais rester à la maison.

VI. **1.** doit **2.** devez **3.** a dû **4.** ai dû
5. doit **6.** doivent **7.** devais **8.** devait
9. devions **10.** doit **11.** dois **12.** doit
13. ont dû **14.** a dû **15.** as dû

VII. **1.** We are supposed to (have to) be home at 6 o'clock. **2.** We were supposed to be home at 6 o'clock. **3.** She is probably (must be) seasick. **4.** She must have called the wrong number. (She probably called the wrong number.) **5.** They were supposed to call last night. **6.** He had to go to the bank. (He must have gone to the bank.)

Troisième étape

VIII. **1.** sais **2.** sais **3.** savez **4.** savons
5. sait **6.** savent **7.** savais **8.** a su

IX. **1.** Mes parents savent nager. **2.** Philippe sait jouer de la guitare. **3.** Je sais faire de la planche à voile. **4.** Hélène sait danser.
5. Nous savons chanter la Marseillaise.
6. Mon frère sait faire du ski de piste.
7. Vous savez parler allemand. **8.** Tu sais utiliser un ordinateur.

X. **1.** Depuis quand est-ce que vous habitez en France? Nous habitons en France depuis 1975. **2.** Depuis combien de temps est-ce que tu fais des études à l'université? Je fais des études à l'université depuis deux ans.
3. Depuis combien de temps est-ce qu'Anne-Marie a mal à la gorge? Elle a mal à la gorge depuis trois jours. **4.** Depuis quand est-ce que tu te sens mal? Je me sens mal depuis dimanche dernier.

CHAPITRE · 9

Première étape

I. **1.** Le cours le plus facile est le cours de biologie. **2.** Le cours où il y a le plus d'examens est le cours de français.
3. Le cours où on donne le plus de bonnes notes (les meilleures notes) est le cours de musique. **4.** Le cours où il y a le moins d'examens est le cours de gymnastique.
5. Le cours où on donne les moins bonnes notes est le cours d'astronomie. **6.** Le cours le moins difficile est le cours de comptabilité.

II. **1.** À mon avis, le bâtiment le plus moderne de Paris est le centre Beaubourg. **2.** À mon avis, la plus grande ville des États-Unis est New York. **3.** À mon avis, le meilleur acteur d'Hollywood est Robert De Niro.
4. À mon avis, la meilleure actrice d'Hollywood est Meryl Streep. **5.** À mon avis, le film le plus amusant de l'année est *Home Alone*. **6.** À mon avis, le plus haut bâtiment de ma ville est . . . . . **7.** À mon avis, le restaurant le plus cher de ma ville est . . . . . **8.** À mon avis, la plus vieille église de Paris est Notre-Dame. **9.** À mon avis, la femme la plus admirée du monde est . . . . . **10.** À mon avis, l'homme le plus admiré du monde est . . . . . **11.** À mon avis, le meilleur chanteur de rock du monde est . . . . . **12.** À mon avis, la meilleure vidéo du monde est . . . . .

III. **1.** 9:15 A.M. **2.** 8:20 P.M. **3.** 12:00 noon
4. 6:50 P.M. **5.** 11:30 A.M. **6.** 3:40 P.M.
7. 11:10 P.M. **8.** 4:05 A.M. **9.** 4:35 P.M.
10. 9:25 P.M.

Deuxième étape

IV. **1.** Elle est au coin de la cinquième avenue et de la quarante-deuxième rue. **2.** Il est au coin de la troisième avenue et de la cinquante-cinquième rue. **3.** Elle est au coin de la première avenue et de la trente-sixième rue. **4.** Elle est au coin de la dixième avenue et de la quatre-vingt-quatrième rue.
5. Il est au coin de la huitième avenue et de la cinquante-deuxième rue.

V. sors / sors / sortez / sortons / es sorti(e) / partez / pars / partez / partons / partent / part / part

VI. **1.** j'ai quitté **2.** sortons **3.** pars
4. sortent / quittent / partent **5.** partir
6. est sortie

Troisième étape

VII. **1.** Nous sommes restés à la maison. Il pleuvait. **2.** Micheline a fait des courses. Il y avait beaucoup de circulation. **3.** Jean et Pierre sont allés à Versailles. Ils avaient envie de sortir. **4.** Je voulais rendre visite à mon oncle. J'ai pris le train. **5.** Nous avons pris le métro. Nous étions pressés.

VIII. 1. Quand Jean-Claude a téléphoné, je prenais le petit déjeuner. 2. Quand elle est descendue, nous faisions (je faisais) la lessive. 3. Quand je suis sorti(e), il travaillait au jardin. 4. Quand il est rentré, elles étudiaient. 5. Quand je me suis couché(e), tu regardais la télé. 6. Quand nous sommes allés au café, vous faisiez les courses. 7. Quand elle a quitté la maison, il s'occupait des enfants. 8. Quand Marc est tombé, je mettais la table.

IX. suis allé(e) / avais / ai passé / voulaient / ont appris / avons visité / avons fait / ai mangé / a décidé / avons fait / nous sommes bien amusés / était / n'ai pas compris / racontait / savais / était / appelait / a duré / avait / faisait / pouvait / était / participaient / ai terminé / étaient / ont beaucoup influencé

X. 1. a commencé 2. ne voulait pas 3. n'était pas / payait 4. ont pris 5. ont déclaré 6. n'avait plus 7. a guillotiné 8. était / a commencé 9. faisait / a appris / avait besoin 10. est rentré / a pris / s'est déclaré 11. n'a pas donné / cherchaient

XI. avait / sont arrivés / étais / était / avait / avait / était / parlait / avait / avait / était / était / avait / portait / a demandé / a aussi pris / était / avait / portait / avait / a pris / est sortie / était / était / était / était / avait / étions / avions / ont été / étaient / a sonné / ont quitté / est arrivée / étaient

CHAPITRE · 10

Première étape

I. 1. connais 2. connaissent 3. connaît 4. connaissons 5. connais 6. connaissez

II. 1. Il connaît bien Lille. 2. Je ne connais pas Paris. 3. Mireille connaît très bien Grenoble. 4. Je ne connais pas très bien la Belgique. (Je connaissais bien la Belgique quand j'étais petit[e]). 5. Nous ne connaissons pas la Suisse. 6. Ils connaissent très bien San Francisco.

III. 1. mets 2. a mis 3. mettez

4. mettons 5. Mets 6. Mettez 7. ont mis

IV. 1. Elle a mis des sandales. 2. Tu mets le couvert? 3. Ils mettent le fauteuil dans la salle de séjour. 4. J'ai mis les asperges dans le frigo. 5. Nous mettons 5 000F à la banque. 6. Vous avez mis les chaises dans la cuisine? 7. Je mets les fleurs sur la table? 8. Nous avons mis le lit au premier étage.

Deuxième étape

V. 1. Qui 2. Qui est-ce que 3. À qui est-ce que 4. À qui 5. Qui 6. Chez qui 7. Qui est-ce qu' 8. Avec qui est-ce que

VI. 1. a. Qui est-ce qu'Élisabeth a accompagné à la gare? b. Qui est-ce que Danielle a rencontré? c. Pour qui est-ce que Danielle a fait une réservation? d. Avec qui est-ce qu'Élisabeth a parlé? 2. a. Qui a organisé une boum? b. Pour qui est-ce qu'elles ont organisé la boum? c. Chez qui est-ce qu'elles ont décidé de faire la soirée? d. Qui est-ce qu'elles ont invité? e. À qui est-ce qu'elles ont demandé de faire un gâteau?

VII. 1. viens 2. est revenu 3. est devenue 4. revenez (venez) 5. se souviennent 6. venez 7. sont (re)venues 8. me souviens (reviens)

VIII. 1. Nous sommes venus aux États-Unis en 1958. 2. Elles sont revenues en France pour visiter Paris. 3. Je me souviens de mes dernières vacances au Portugal. 4. Après ses études, elle est devenue (va devenir) astronaute. 5. À quelle heure est-ce qu'ils reviennent (ils sont revenus, ils vont revenir, reviennent-ils)?

Troisième étape

IX. 1. Qu'est-ce qui 2. Qu'est-ce que 3. Avec quoi est-ce qu' 4. Qu'est-ce qui 5. Qu'est-ce que 6. De quoi 7. Que 8. Qu'est-ce que

X. 1. a. Qu'est-ce qui s'est passé hier? b. Que faisait ton frère? c. Qu'est-ce qu'il a vu? **d.** Avec quoi est-ce qu'il a séparé les deux chiens? **e.** Qu'est-ce que les deux chiens ont fait ensuite? **2. a.** Qu'est-ce que tu as trouvé mardi soir? **b.** Qu'est-ce que tu faisais? **c.** De quoi est-ce que vous parliez? **d.** Qu'est-ce qui est tombé du ciel? **e.** Qu'est-ce qu'il y avait à l'intérieur?

XI. 1. Qu'est-ce qui s'est passé? **2.** Chez qui est-ce que vous êtes descendus? **3.** Qu'est-ce que tu vas faire? **4.** De quoi est-ce qu'il a peur? **5.** Qui t'a donné le vélo? **6.** Qu'est-ce qu'elle va étudier? **7.** Qu'est-ce qu'il voulait? **8.** Qui avez-vous rencontré? (Qui est-ce que vous avez rencontré?)

XII. 1. Un des hommes vient de demander tout l'argent. **2.** Ils viennent de prendre deux personnes en otages. **3.** Ils viennent de quitter la banque et ils viennent de partir dans une vieille voiture noire. **4.** L'employée de la banque vient de téléphoner à la police. **5.** Les agents de police viennent d'arriver. **6.** Un client vient de leur donner le numéro d'immatriculation de la voiture. **7.** On vient d'annoncer que cette histoire va continuer la semaine prochaine.

XIII. 1. Hervé et Denise venaient de manger leur dîner. **2.** Mme Lecoindre venait de rentrer chez elle. **3.** Je venais de regarder un film. **4.** Nous venions de faire les courses. **5.** Monique venait de rendre visite à ses parents. **6.** Tu venais de décorer ta chambre. **7.** Vous veniez de téléphoner à votre cousine.

CHAPITRE · 11

Première étape

I. 1. sois **2.** parliez **3.** finisses **4.** mettiez **5.** sachions **6.** mange **7.** réussissent **8.** ayons **9.** regardes **10.** achetions

II. 1. Il est essentiel que nous apprenions une langue étrangère. **2.** Il vaut mieux que tu ailles en classe. **3.** Il est nécessaire que vous fassiez vos devoirs. **4.** Il faut que nous étudiions. **5.** Il est important que

vous écoutiez le professeur. **6.** Il est préférable qu'elles réussissent aux examens. **7.** Il est important qu'il ait de la patience. **8.** Il faut que nous soyons honnêtes.

III. 1. . . . que nous étudiions . . . **2.** . . . qu'on aille . . . **3.** . . . que vous ayez . . . **4.** . . . que je sois . . . **5.** . . . que nous parlions . . . **6.** . . . que vous soyez . . . **7.** . . . que tu saches . . . **8.** . . . qu'on prenne . . . **9.** . . . que nous fassions . . . **10.** . . . que vous sortiez . . .

IV. 1. Il faut qu'elle consulte le médecin. **2.** Il faut que vous preniez des vacances. **3.** Il faut qu'ils sortent de temps en temps. **4.** Il faut que tu maigrisses un peu. **5.** Il faut qu'il aille chez le dentiste. **6.** Il faut que vous soyez plus calmes. **7.** Il faut que tu aies confiance en toi. **8.** Il faut que tu fasses de l'aérobic.

V. 1. . . . que tu t'amuses aussi. / . . . t'amuser aussi. **2.** . . . que tu étudies des langues étrangères. / . . . étudier des langues étrangères. **3.** . . . que tu fasses les devoirs régulièrement. / . . . faire les devoirs régulièrement. **4.** . . . que tu te reposes assez. / . . . te reposer assez. **5.** . . . que tu te fasses des amis. / . . . te faire des amis. **6.** . . . que tu aies des bonnes notes. / . . . avoir des bonnes notes. **7.** . . . que tu réussisses aux examens. / . . . réussir aux examens. **8.** . . . que tu réfléchisses à l'avenir. / . . . réfléchir à l'avenir.

Deuxième étape

VI. 1. Oui, nous vous cherchons. **2.** Oui, nous voulons vous demander quelque chose. **3.** Non, vous n'allez pas nous voir pour le dîner. **4.** Oui, tu peux me parler un moment. **5.** Non, je ne veux pas te donner 200 francs. **6.** Oui, nous t'aimons. **7.** Oui, je te comprends bien. **8.** Oui, je vais vous écrire toutes les semaines. **9.** Oui, tu peux me téléphoner de temps en temps.

VII. 1. Est-ce que je vous ai rencontrée chez les Dupont? **2.** Est-ce que vous me reconnaissez? **3.** Est-ce que vous m'avez parlé de votre famille? **4.** Est-ce que vous m'avez téléphoné l'autre jour? **5.** Tu m'as téléphoné? **6.** Tu veux m'accompagner au cinéma? **7.** Je t'ai montré ma nouvelle vidéo? **8.** Tu vas me montrer ton nouvel ordinateur?

VIII. 1. Téléphone-moi à 6h. **2.** Prête-moi ton pull-over. **3.** Achète-nous des bonbons. **4.** Ne me parle pas. **5.** Ne nous téléphone pas.

IX. 1. vend **2.** entends **3.** attendons **4.** ont perdu **5.** vendes **6.** descendait **7.** a entendu parler de **8.** n'avez / répondu **9.** perds **10.** rendiez

X. Nous vendons . . . . . (student choice of clothing). J'ai entendu un bruit. Je suis descendue au sous-sol. Nous avons perdu 2 000 francs et trois anoraks. Nous avons rendu un cadeau. J'ai perdu patience et nous sommes partis. Nous avons entendu dire que le voleur était jeune et grand.

Troisième étape

XI. 1. Je la regarde souvent, mais Isabelle ne la regarde pas. Et toi, Vincent, est-ce que tu la regardes souvent? **2.** Je ne les regarde pas, mais mes frères les regardent. Et vous, Éric et Chantal, vous les regardez? **3.** Je l'ai vu, mais ma sœur ne l'a pas vu. Et vous, Renée et Sylviane, est-ce que vous l'avez vu? **4.** Je ne vais pas aller le voir, mais mes parents vont aller le voir. Et toi, Jeanne, est-ce que tu vas aller le voir?

XII. 1. Oui, elle les a apportés. **2.** Non, nous ne l'avons pas regardé. **3.** Oui, je les ai achetées. **4.** Non, ils ne les ont pas finis. **5.** Oui, nous les avons trouvés. **6.** Non, je ne les ai pas achetées.

XIII. 1. Oui, je la fais de temps en temps. **2.** Non, je ne les aide pas avec leurs devoirs. **3.** Oui, je les fais toujours. **4.** Oui, je le prépare de temps en temps. **5.** Non, je ne l'ai pas écoutée. **6.** Oui, je l'ai comprise. **7.** Non, je ne vais pas les faire. **8.** Oui, je vais l'étudier.

XIV. as vu / vois / avons vu / avez vu / voyons / vois / voyais / voit

XV. 1. as vu / Je les ai vus . . . **2.** vois / Oui (non) Je les vois . . . **3.** voyez / Oui (non)

Nous les voyons . . . **4.** ont vu / Ils ont vu . . . **5.** ont vu / Oui (non) Ils l'ont vu . . . **6.** voyais / Je voyais souvent . . .

CHAPITRE · 12

Première étape

I. 1. Non, je n'ai vu personne dans le jardin. **2.** Non, personne ne m'a appelé. **3.** Non, ils n'ont rien fait ce week-end. **4.** Non, rien d'intéressant n'est arrivé. **5.** Non, il n'a parlé à personne ce matin. **6.** Non, il n'est plus à l'hôpital. **7.** Non, je n'ai pas encore fait mes devoirs. **8.** Non, quand il est à la Martinique, il ne mange jamais de bananes. **9.** Non, elles n'ont pas encore trouvé de job. **10.** Non, nous n'avons (je n'ai) plus faim.

II. 1. Ce n'est pas vrai. Vous n'allez jamais au restaurant. **2.** Ce n'est pas vrai. Elle n'est plus en France. **3.** Ce n'est pas vrai. Il ne comprend rien. **4.** Ce n'est pas vrai. Personne ne m'attend. **5.** Ce n'est pas vrai. Ses parents n'ont pas encore fait de l'alpinisme. **6.** Ce n'est pas vrai. Tu n'as besoin de rien. **7.** Ce n'est pas vrai. Tu n'as rencontré personne en ville hier. **8.** Ce n'est pas vrai. Elle ne pense à rien. **9.** Ce n'est pas vrai. Tu n'as rien fait. **10.** Ce n'est pas vrai. Ils ne sont plus au centre commercial.

III. 1. Non, je ne suis plus fatigué(e). **2.** Non, je n'ai pas encore mangé ce matin. **3.** Non, je n'ai entendu personne ce matin. **4.** Non, je n'ai besoin de rien pour ma chambre. **5.** Non, je ne me couche jamais avant 10h. **6.** Non, je n'ai rien laissé dans la voiture. **7.** Non, je ne veux téléphoner à personne aujourd'hui.

Deuxième étape

IV. 1. Nous sommes désolés que tu sois malade. **2.** Mes parents regrettent que Michel ne puisse pas aller à l'université. **3.** Je suis triste que vous partiez demain. **4.** Nous sommes navrés que Danielle n'ait pas l'argent pour aller en Afrique. **5.** Nous sommes contents qu'il apprenne l'anglais.

6. Mes parents sont surpris que vous étudiiez le français.   **7.** Je suis content(e) que mes parents aillent en vacances.   **8.** Nous sommes étonnés qu'Henri parte.   **9.** Philippe est fâché que Michèle n'aille pas au concert.

V. 1. Le prof est heureux que nous étudiions la grammaire.   **2.** Je suis étonné(e) que le prof ne veuille pas finir la leçon.   **3.** Marc est fâché qu'il nous fasse passer beaucoup d'examens.   **4.** Les étudiants sont étonnés que l'examen de fin d'année soit facile.   **5.** Le prof est surpris qu'une seule étudiante réussisse toujours aux examens.   **6.** Nous sommes ravis qu'il n'y ait pas de cours demain.   **7.** Nous sommes heureux de passer toute la journée au centre commercial.   **8.** Le prof regrette de ne pas pouvoir nous obliger à faire des devoirs le samedi.

VI. 1. visiter   **2.** visitiez   **3.** vienne   **4.** venir   **5.** finissions   **6.** finir   **7.** rester   **8.** restions

VII. 1. —Je veux sortir avec mes parents samedi soir.—Mais moi, je ne veux pas que tu sortes avec tes parents samedi soir.   **2.** —Je veux savoir le numéro de téléphone de Michel. —Mais moi, je ne veux pas que tu saches le numéro de téléphone de Michel.   **3.** —Je veux y aller.—Mais moi, je ne veux pas que tu y ailles.   **4.** —Il (elle) veut faire un voyage en Afrique.—Mais moi, je ne veux pas qu'il (elle) fasse un voyage en Afrique.   **5.** —Il (elle) veut choisir la nouvelle voiture.—Mais moi, je ne veux pas qu'il (elle) choisisse la nouvelle voiture.   **6.** —Il (elle) veut se coucher.—Mais moi, je ne veux pas qu'il (elle) se couche.

Troisième étape

VIII. 1. Dites-leur de faire attention aux voitures.   **2.** Qu'est-ce que tu lui as acheté?   **3.** Est-ce qu'elle lui donne quelque chose?   **4.** Explique-lui ton problème.   **5.** Téléphonez-leur.   **6.** Nous leur avons raconté des histoires.   **7.** Quelquefois je lui prête mes disques.   **8.** Ils leur obéissent toujours.   **9.** Je ne leur parle pas souvent.   **10.** Je vais lui apprendre à jouer aux échecs.

IX. 1. Pour son anniversaire, je lui ai acheté un bracelet.   **2.** Pour son anniversaire, je lui ai acheté une cravate.   **3.** Pour Noël (Hanouka), je lui ai acheté une vidéo.   **4.** Pour Noël (Hanouka), je leur ai acheté des livres.   **5.** Pour Noël (Hanouka), je leur ai acheté un appareil ménager.   **6.** Pour son anniversaire, je lui ai acheté un porte-monnaie.   **7.** Pour son anniversaire, je lui ai acheté un sac.   **8.** Pour Noël (Hanouka), je leur ai acheté des disques compacts.

X. 1. Oui, je les ai faits. (Non, je ne les ai pas faits.)   **2.** Je leur téléphone . . . . . par mois.   **3.** Je lui ai rendu visite il y a . . . . . jours (mois).   **4.** Je les achète au début du semestre (trimestre).   **5.** Oui, je le connais. (Non, je ne le connais pas.)   **6.** Je vais les terminer. . . .   **7.** Je l'étudie parce que . . .   **8.** Oui, je la regarde souvent. (Non, je ne la regarde pas souvent.)

XI. 1. Je vais le vendre.   **2.** Ils les ont montrées au professeur.   **3.** Elle la raccourcit.   **4.** Je lui ai demandé de me prêter son aspirateur.   **5.** Elles lui ont dit de dépenser moins.   **6.** Je l'ai perdu.   **7.** Elle va le mettre en hiver.   **8.** Ils les donnent à des œuvres charitables.

CHAPITRE · 13

Première étape

I. 1. en   **2.** au   **3.** en   **4.** à   **5.** en   **6.** aux   **7.** en   **8.** en   **9.** au   **10.** au

II. 1. de   **2.** du   **3.** des   **4.** de   **5.** de   **6.** de   **7.** du   **8.** d'   **9.** des

III. 1. Pour voir la tour penchée de Pise, il faut aller en Italie.   **2.** . . . en Israël.   **3.** . . . en Égypte.   **4.** . . . au Sénégal.   **5.** . . . au Maroc.   **6.** . . . en Chine.   **7.** . . . en Grèce.   **8.** . . . aux États-Unis.   **9.** . . . au Pérou ou au Brésil.   **10.** . . . en Angleterre.

IV. 1. Au Japon tu vas avoir besoin de yens.   **2.** En Angleterre . . .   **3.** Au Portugal . . .   **4.** Au Canada . . .   **5.** En Suisse . . .   **6.** En Russie . . .   **7.** En Inde . . .   **8.** En Algérie . . .   **9.** Au Mexique . . .   **10.** Au Viêt-nam . . .

V. 1. Ah, ces gens-la arrivent de Suisse.
2. ... du Mexique.   3. ... de Russie.
4. ... d'Allemagne.   5. ... des États-Unis.
6. ... d'Égypte.   7. ... d'Espagne.
8. ... de Chine   9. ... du Portugal.
10. ... du Sénégal.

Deuxième étape

VI. 1. écouterons   2. choisira   3. vendront
4. partiras   5. serai   6. aurez   7. fera
8. pourrons   9. prendra   10. faudra

VII. 1. Les hommes et les femmes seront égaux.
2. On vendra le bifteck sous forme de pilule.
3. Nous n'aurons pas de guerres.   4. Il n'y
aura pas de pollution.   5. Nous ferons des
voyages interplanétaires.   6. Nous
rencontrerons des habitants d'autres
planètes.   7. On pourra passer ses vacances
sur la lune.   8. Les enfants apprendront un
minimum de quatre langues à l'école.
9. Nous saurons guérir le cancer.

VIII. 1. Je me présenterai à Mlle Chartrand.
2. Nous prendrons du lait au déjeuner.
3. Michel sera très calme en classe.
4. Mes frères feront bien attention en classe.
5. Nous apporterons un crayon et un cahier.
6. J'obéirai à Mlle Chartrand.   7. Je mettrai
mon nouveau pantalon.   8. Mes sœurs
apprendront à écrire.   9. Nous aurons
beaucoup de patience.   10. Je jouerai
gentiment avec mes copains.

Troisième étape

IX. 1. Nous y allons tous les étés.   2. Nous y
passons les vacances depuis des années.
3. Nous y sommes allés pour la première fois
en 1975.   4. Nous allons y retourner l'été
prochain.   5. Mes parents y regardent la
télé tous les soirs.   6. Moi, j'aime y faire
mes devoirs.   7. Hier soir ma sœur y a
écouté des disques compacts avec ses
copines.   8. Mais le dimanche après-midi
mon père y travaille.   9. Allons-y tout de
suite!   10. Mais n'y allons pas à pied!

X. 1. Ils y vont le 17 avril.   2. Ils y arrivent à
11h45.   3. Oui, on peut y louer un vélo.

(Jeanne va y louer un vélo.)   4. Ils vont y
coucher la première nuit.   5. Ils vont y passer
deux jours.   6. Non, il y arrive à 4h de
l'après-midi.   7. Ils y passent le temps sur la
plage.   8. Ils y rentrent à 18h30 le 24.

XI. 1. Est-ce qu'ils y habitent depuis longtemps?
2. Est-ce qu'ils y sont nés?   3. Est-ce qu'ils
y ont une maison ou un appartement?
4. Depuis combien de temps est-ce qu'elle y
travaille?   5. Est-ce qu'elle peut y aller en
voiture?   6. Qu'est-ce qu'elle y fait?
7. Est-ce qu'ils y sont depuis longtemps?
8. Quand est-ce qu'ils y sont allés?
9. Combien de temps est-ce qu'ils vont y
passer?

XII. 1. Il en a.   2. Elle n'en veut pas.
3. Nous en avons acheté.   4. J'en ai trois.
5. Elle en a lu cinq.   6. Nous en avons assez.
7. Je vais en acheter une douzaine.   8. Ils en
ont mangé beaucoup.   9. Tu en as besoin?
10. Nous en discutions avec nos profs.

XIII. 1. Il y en avait trois.   2. Non, je n'en ai pas
vu.   3. Oui, il y en avait plusieurs.
4. Oui, j'en ai deux.   5. Non, merci, je n'en
veux pas.   6. Oui, je veux bien en parler.
7. Non, je ne vais pas en avoir peur.

XIV. 1. Oui, je les ai vus.   2. Oui, ils lui ont
parlé.   3. Non, je ne leur ai pas parlé.
4. Oui, il y en avait quatre ou cinq.
5. Non, ils ne s'en rendaient pas compte.
6. Oui, j'en ai vu un.   7. Oui, je peux en
faire une description.   8. Oui, je peux les
identifier.

CHAPITRE ▪ 14

Première étape

I. 1. Il est impossible que ses parents aient
trois maisons.   2. Je doute qu'elle puisse
traverser la Manche à la nage.   3. Je ne
pense pas qu'elle aille en Chine cet été.
4. Il est peu probable qu'elle réussisse à tous
ses examens sans étudier.   5. Il n'est pas
possible qu'elle connaisse très bien le
président des États-Unis.   6. Il est possible
qu'elle passe (*or* qu'elle aille passer) l'été en
Europe.   7. Je doute qu'elle soit l'étudiante

la plus intelligente de l'université.   8. Il est peu probable qu'elle apprenne à faire de la planche à voile en dix minutes.

II. 1. ne sais pas   2. tournons   3. mangez
4. est (sera)   5. allons   6. a (aura)
7. pourrons (pouvons)   8. as (auras)

III. 1. Je pense que notre train part de la gare St-Lazare.   2. Je suis sûr qu'il part à 10h23.   3. Je ne pense pas que nous ayons des places réservées.   4. Il est certain que ce train a des voitures fumeurs et des voitures non-fumeurs.   5. Il est possible que nous puissions déjeuner dans le train.   6. Il est possible que Maman prépare des sandwiches.   7. Il est probable que le train arrivera à l'heure.   8. Il est vrai que les trains français sont ponctuels.   9. Il est peu probable que l'oncle Paul soit à la gare quand nous arriverons.   10. Je doute que nous prenions un taxi.

Deuxième étape

IV. 1. voudrait   2. voudraient   3. voudrais
4. voudrais   5. voudriez   6. voudrions

V. 1. J'achèterais des cadeaux pour tous mes amis.   2. Paul mettrait de l'argent à la banque.   3. Mes parents ne travailleraient plus.   4. Vous inviteriez tous vos amis au restaurant.   5. Tu voyagerais partout en Europe.   6. Philippe irait au Mexique.   7. Nous ferions le tour du monde.   8. Mes amis s'amuseraient.

VI. 1. Est-ce que nous pourrions avoir une table près de la fenêtre?   2. Ils voudraient le menu à 100 francs.   3. Je voudrais (prendrais bien) un Coca.   4. Est-ce qu'il serait possible de payer par chèque de voyage?   5. Est-ce que vous pourriez recommander un bon hôtel dans le quartier?

Troisième étape

VII. 1. Donne-moi le stylo qui est dans mon sac à dos.   2. Donne-moi les cassettes qui sontsur l'étagère.   3. Donne-moi la fourchette qui est dans le tiroir.   4. Donne-moi les assiettes qui sont dans la salle à manger.   5. Donne-moi la recette qui est sur la table.

VIII. 1. Montre-moi le portefeuille que tu as acheté.   2. Montre-moi les cartes postales que Paul a achetées.   3. Montre-moi la peinture que vous avez achetée.   4. Montre-moi les livres de poésie camerounaise que tu as achetés.   5. Montre-moi la carte de Yaoundé qu'elles ont achetée.

IX. 1. J'ai fait des photocopies des notes que tu m'as prêtées hier.   2. Marc a lu l'article que j'ai trouvé dans le journal.   3. C'est le prof d'histoire qui donne un examen toutes les semaines.   4. Je viens de trouver le livre de français que tu as perdu il y a huit jours.   5. As-tu réussi à l'examen qui était sur les verbes irréguliers?   6. J'aime bien les histoires que notre prof de français nous raconte. *or* Notre prof de français nous raconte des histoires que j'aime bien.   7. Qui est l'étudiant à qui tu parlais ce matin après le cours de physique?

X. 1. Quel est le titre du roman que Georgette lit?   2. Comment s'appelle (quel est le nom de) la jeune femme avec qui Didier sort?   3. À quelle heure part de Marseille le train qui arrive à Cassis à 12h30?   4. Combien coûte le pull que j'ai acheté hier?   5. Comment s'appelle le (quel est le nom du) jeune homme à qui nous avons parlé?   6. Où se trouve le billet que j'ai acheté hier?   7. Quels sont les pays francophones qu'elle a visités?

Text Credits

39, article from *Vital,* no.102, mars 1989, p.37; **45,** excerpt from articles on: Henri Lecomte in *Ça va,* vol.23, no.2, nov.1987; Frédéric Chiu in *Nouvel Observateur,* 22 fév. 1990; **134–135,** excerpt from Émilie Carles, *Une soupe aux herbes sauvages,* Jean Claude Simoën, 1977 (Livre de poche); **138–139,** excerpt from Guillaume Oyono-Mbia, *Notre fille ne se mariera pas,* Édition ORTF/DAEC, Paris, 1971; **155, 158, 161, 162,** excerpts from *Phosphore,* «Vivement la Fac!», no.114, juillet 1990, p.12–16; **174–175,** chart from *Francoscopie,* p.56, Éditions Larousse, 1991; **190,** excerpt from *Nana,* no.18, mai 1990; **236–237,** excerpt from *Phosphore;* **249–250,** from *Francoscopie,* p.37–38, Éditions Larousse, 1991; **254,** from *France-Amérique,* 9–15 fév. 1991; **255,** «Valérie Cornille et Dominique Léotard», from *Jours de France, Madame Figaro,* no.296, 4–9 nov.1989, Éditions Internationales; **259,** «Le roi de la formule un» (Enzo Ferrari), in *Ensemble mensuel pour les jeunes,* jan. 1988; **260,** from *Francoscopie,* p.39–40, Éditions Larousse, 1991; FNICF (Fédération Nationale de l'Industrie de la Chaussure de France); **283,** *Journal français d'Amérique,* 14–27 juin 1991, v. 13, no.13, p.6; **289,** *Journal français d'Amérique,* 14–27 juin 1991; **295,** Max Jacob, «La saltimbanque en wagon de 3ème classe», *Les pénitents en maillots roses,* 1925; **303,** article from *Journal Français d'Amérique,* 9–22 sept. 1988, v.10, no.18; **316–317,** article from *Juniorscopie,* Welcomme & Willerval, Éditions Larousse, p.207; **319–320,** excerpt from Fernand Raynaud, *Ses grandes histoires,* Philips Records; **325,** *Pariscope*

Realia Credits

1, ads: China Express, La Chaumière de Chine, La Pagode d'Orient, Copacabana, Manneken-Pis, Auberge aux Sept Trésors, The Cockney Tavern; **2,** SNCF, Direction de la communication; ad: CODEC; **10–13,** bottle labels: Schweppes France, Cordier, La Belle Brasseuse, Casino, Cidou, Société Générale des Eaux Minérales de Vittel, Floréal, Orangina, Finley, Château Lieujean, Chênailles, La Closerie, Tourtel, Perrier; **18–19,** menu: Tarte Julie Diffusion; **23,** ad: McDonald's Corp.; **24–25,** place mat: restaurant McDonald, Nice Masséna; **39,** Système Charcot; **40,** ad: Sharp, Casio; **45,** Salif Keita, from album cover, *TOP,* no.211, 17–23 mars 1990, Cogedipresse; **61–62,** from *Flash,* no.597, 3–13 mars 1990 (cover, p.1, 11, 20, 47); **66,** from *Frommer's American Guidebook,* Simon and Schuster, Inc., 1989; **67–69,** *Provence, Guide vert,* Pneu Michelin, Services de Tourisme, 1991; **71,** Montréal, Cartes touristiques; **74,** Festival de Cornouaille, Quimper; **87–88,** brochure: Semvat, Réseau urbain; **95–98,** ads: Toyota Motor Sales, Ford Motor Company, Renault, Automobiles Peugeot; **112,** *St. Paul Pioneer Press;* **118,** *Pariscope;* **122–123,** brochures: Cacel Vallon des Fleurs, L'orée de Mercantour, An Rafting, S.I. de la moyenne Vallée du Var; **143,** brochure: Fnac; **148,** ads: Mammouth, Carrefour, Fnac, Monet; **171,** *Être Étudiant;* **180,** Édition Dermolate, Schering Corporation, 1990; **181,** from *Nice Matin,* lundi, 8 juin 1987; **182–183,** packaging: Laboratoire UPSA, Zambon France; Laboratoire Phosma S.A, Vademecum; **187,** *Pariscope;* **188–189,** brochure: Hôtel Mercédès; **192,** ad: Quick; **194,** Chart by Rick Étienne from *Le chasseur français,* fév. 1986; **201–202,** ads: CIEF (Centre International d'Études Françaises de l'Université de Bourgogne), IMFE (Institut Montpelliérain d'Études Françaises), ICLF (Institut de Langue et de Culture Françaises), CITEF (Cours Intensifs de Français), CUEF (Centre Universitaire d'Études Françaises, Université Stendhal Grenoble III); **207,** brochure; Hôtel St. Germain; **208, 218–219,** excerpts from *Guide Michelin rouge, France,* Pneu Michelin, Services de Tourisme, 1991; **261,** by permission of Yves St Laurent of America, Inc.; **272–273,** ads: Restaurant Mayombe, Le Mississippi Queen, Le Cactus, Groupement National de Prévoyance et d'Information, Café-Concert Ragtime, Coustouzy Meubles, Établissement thermal de Brides-les-Bains, Aubuisson Pub, Madame de Savigny; **287,** ads: Académie des Hôtesses et Stewards, CESCE (Centre d'Études Supérieures de la Communication d'Entreprise, Langues et Affaires, ISEA (Institut Supérieur de l'Entreprise et des Affaires), atelier préparatoire claire-marie, CERAM; **312–313,** excerpts from *Guide Michelin rouge, France,* Pneu Michelin, Services de Tourisme, 1991; **324,** from *Where Boston,* Oct. 1990